教育部
人文社会科学研究
2007年度
规划基金项目

中国
大学文化百年
研究系列丛书

实事求是　日新又新

——天津大学文化研究

李义丹
王　杰　主编

SHISHIQIUSHI
RIXINYOUXIN

高等教育出版社·北京
HIGHER EDUCATION PRESS　BEIJING

“天津大学文化百年研究”课题组成员

组　长　刘建平

副组长　李义丹

成　员　肖松山　花建锋　雷　鸣　梁春早　张凤宝　白海力　谭　欣

　　　　马小宝　李秀民　常辽华　杨书元　张俊艳　王世斌　王　杰

主笔人　王　杰

总　　序

我国近现代大学仅有一百多年的历史，它植根于中华民族博大精深的文化底蕴之中，产生于帝国主义列强瓜分中国的危难时刻，经历了跌宕起伏的政权更迭和错综复杂的文化冲突过程，发展于中华民族重新走向振兴的伟大时代。高举中国特色社会主义伟大旗帜，在邓小平理论和“三个代表”重要思想的指引下，认真贯彻落实科学发展观，把握中国先进文化前进方向，深入开展中国大学文化百年研究，认真回顾总结一百多年来我国近现代大学发展、变革的历史进程、文化脉络和基本经验，以史为鉴、面向未来，为实现中国特色大学理想而奋斗，是我们面临的一项具有战略意义的重大课题。

一、我国的近现代大学离不开中国的历史和文化

我国是一个历史悠久的文明古国，文化底蕴博大精深，有着优秀的教育传统。我国的近现代大学是个舶来品，但它是移植和生长在中国的历史和文化土壤上的。因此，它离

不开中国的历史和文化。

一个伟大的民族必然有自己伟大的民族文化，中华民族之所以能够创造出光辉灿烂的文明，并且长盛不衰，就在于它有伟大的中华民族传统文化。春秋战国时期我国曾经有过短暂的诸子百家学术争鸣的繁荣局面，但是自汉武帝采纳董仲舒“罢黜百家，独尊儒术”的建议之后，孔子儒学奠定了其在中国传统社会的正统地位，后来，孔子儒学在漫长的封建社会里历经变迁，但是，作为孔子儒学的精华——“贵仁”和“重礼”却是一以贯之的，长期凝聚着整个中华民族，培育着她的人民和精英，并且造就了中华民族的辉煌过去。

我国先秦时期的《大学》是第一篇系统地论述孔子儒学教育理想的哲学经典,《大学》开宗明义的第一句话就是“大学之道，在明明德，在亲民，在止于至善”。由此可见，“明德济世，修齐治平”是孔子儒学教育理想的核心。“明明德”，就是要求通过格物、致知、诚意、正心，特别是通过“修身”，使受教育者成为道德高尚的君子和士。“亲民，就是要求受教育者在成为道德高尚的君子和士以后，亲近、爱恤人民，以天下为己任，齐家，治国，平天下，服务和推动社会前进。“止于至善”，就是要求受教育者无论是“明德济世”还是“修齐治平”都应当尽可能地达到在当时历史条件下至善至美的境界。

应当充分肯定，自汉武帝之后长达两千多年的封建社会里，以孔子儒家为核心的中华民族传统文化及其“以伦理道德为本位的”教育理想对培养君子、士的人格理想和维护我国这样的泱泱大国发挥了极其重要的历史作用，这是我们为实现中国特色大学理想而奋斗的根基所在。

二、近代以来我国教育战线的思想解放和改革创新

近代以来，面对西方列强坚船利炮的猛烈轰击和现代文明的严峻挑战，经过长期的艰苦探索，我国逐渐明确了以中华民族优秀文化为主体，批判地继承和发展孔子儒学教育理想的精华，在世界多元文化激荡交融中发展中华民族新文化和创建中华民族新教育的战略目标，这是我们为实现中国特色大学理想而奋斗的根本方向。

为了实现这个战略目标，“从科举到学堂”是20世纪初我国教育战线进行的一次重大的思想解放和与之相适应的高等教育的划时代变革，众多学贯中西的大师和教育家们高举“教育救国”的旗帜，在我国积极传播以“通识教育，学术自由，教授治校，教育独立”为主要内涵的西方大学理念，效法西方为在我国建立近现代大学奠定了坚实的基础。值得强调的是，这一时期我国近现代大学的成长，并不只是北大、清华、南开之二三家，蔡元培、梅贻琦、张伯苓之二三人，而是有一个较大的群体，如竺可桢之于浙江大学、唐文治之于上海交通大学、罗家伦之于中央大学、马相伯之于复旦大学、萨本栋之于厦门大学、胡庶华之于湖南大学、熊庆来之于云南大学、何炳松之于暨南大学、钟荣光之于岭南大学等。他们的一个共同追求是继承儒家文化中培养君子、士的人格理想，使之与现代知识分子的养成衔接，谱写了我国近现代教育史上一段辉煌的篇章。但是，由于种种极其复杂的原因，正如陈平原教授深刻地指出的那样，“成功

地移植了西洋的教育制度，却谈不上很好地承继中国人古老的‘大学之道’”。[1]

新中国成立以后，在毛泽东提出“民族的科学的大众的”新民主主义文化观及其在解放区进行教育改革试验的基础上，对建设中国特色社会主义教育体系进行了艰苦的探索。新中国成立初期，毛泽东先后发表了《论十大关系》和《关于正确处理人民内部矛盾的问题》两篇著作，总结了全面学习苏联的经验和教训，从我国的实际情况出发制定了一整套“走自己的道路”的指导方针，创造性地提出“百花齐放、百家争鸣”的繁荣科学文化艺术的方针和“应该使受教育者在德育、智育、体育几方面都得到发展，成为有社会主义觉悟的有文化的劳动者”的教育方针，接着又于1958年创造性地提出“教育必须与生产劳动相结合”的方针，广大教育工作者在这些方针的指导下开展了广泛的教育改革试验。1961年还在科学总结正反两个方面经验教训的基础上制定了《教育部直属高等学校暂行工作条例》，对中国特色社会主义教育理念进行了有益的探索，为建立中国特色社会主义教育体系奠定了初步的基础。“文化大革命”结束以后，经过指导思想上的“拨乱反正”，在邓小平创造性地提出的“教育要面向现代化、面向世界、面向未来”的战略思想指引下，20世纪80年代以来我国教育战线进行了又一次重大的思想解放和与之相适应的又一次高等教育的划时代变革，取得了举世瞩目的巨大成就，进一步确立并巩固了社会主义高等教育制度。我国高等教育实现了历史性的跨越式发展，深化教育改革全面推进素质教育取得了初步成

---

[1] 陈平原：《中国大学十讲》，复旦大学出版社2002年版，第8~9页。

效，我国大学走上了改革开放和社会主义现代化建设的光辉道路，为30多年来我国的经济腾飞、国力增强、生活幸福和社会和谐提供了强大的人才和智力支撑。中共中央政治局在审议并通过《国家中长期教育改革和发展规划纲要（2010—2020年）》时明确地指出："新中国成立特别是改革开放以来，经过全党全社会共同努力，我们开辟了中国特色社会主义教育发展道路，建成了世界最大规模的教育体系，保障了亿万人民群众受教育的权利。……我国实现了从人口大国向人力资源大国的转变。"[1]

在充分肯定近代以来我国教育战线已经取得的举世瞩目的巨大成就的同时，我们必须清醒地认识到，由于种种极其复杂的原因，以中华民族优秀文化为主体，批判地继承和发展孔子儒学教育理想的精华，在世界多元文化激荡交融中发展中华民族新文化和创建中华民族新教育的战略目标至今仍然没有完全实现，需要我们为实现这一伟大目标继续奋斗。

三、我国大学迫切需要实现新的文化觉醒

20世纪90年代中期以来，随着人类社会逐渐进入以经济全球化为基本特征的崭新时代，我国高等教育的发展、改革在前进的道路上日益明显地暴露出众多深层次的矛盾和问题，即大学文化和精神缺失现象，突出表现在人文精

[1]《中央政治局会议通过中长期教育改革发展规划纲要》，http://www.gov.cn/ldhd/2010-06/21/content_1632787.htm，2010-08-20。

神的滑坡，办学目标的功利化倾向，官僚化气息的侵袭严重和缺乏鲜明的办学特色。时代呼唤我国大学实现新的文化觉醒，我们应该深刻揭示大学文化和精神缺失现象在我国出现的深刻根源，对大学应有的文化品位和崇高理想进行再认识，坚定不移地继续为实现中国特色大学理想而奋斗。

众所周知，人类社会曾经长期把人的贪欲视为洪水猛兽，宋明儒学提出“存天理，灭人欲”，古希腊柏拉图认为“有理性是人和其他动物之间的本质区别”。但是，19世纪中叶以来，特别是第二次世界大战结束以来，随着人类社会逐渐进入以经济全球化为基本特征的崭新时代，当前在世界范围内出现了一种以崇尚物质、忽视人文为主要特征的全球性文化生态危机。其实质是一种信仰危机，这种信仰危机也影响了当今世界的高等教育和大学，部分大学出现了人文精神的滑坡和办学目标的功利化倾向，以“促进人的发展为目的”的人文关怀和以“为真理而献身”的独立精神为核心的大学精神传统也受到外部环境的影响和冲击。由此可见，当前在我国出现的这种大学文化和精神缺失现象不是孤立的，它是当前世界范围内出现的大学文化和精神缺失现象在我国的深刻反映。

更为重要的是，由于我国曾经长期处于封建社会，封建思想根深蒂固，近代以来文化革新进行得并不彻底，新中国成立以后又长期受到“以阶级斗争为纲”的错误思想的严重干扰和实行高度集中的行政领导管理体制，在建立和完善社会主义市场经济体制的过程中也产生了不少负面效应，所以，我国出现的大学文化和精神缺失现象不仅是当前在世界范围内出现的大学文化和精神缺失现象在我国的深刻反映，而且有着深刻的国内根源，特别是官僚化的影响和缺乏鲜明的办学特色表现得比较突出。

必须强调指出，尽管当前大学文化和精神缺失现象在我国的出现有着极其复杂的国际、国内的深刻根源，但是，最主要的根源还是由于我国一些大学没有能够理智地应对外部世界种种新的挑战和诱惑，缺乏大学应有的文化品位和崇高理想，有的大学甚至出现了附庸化、工具化和庸俗化的倾向。

四、为实现中国特色大学理想而奋斗

面对当前在我国出现的大学文化和精神缺失现象，我国应当确立什么样的大学理想观呢？国学大师钱穆先生1964年在新亚书院毕业典礼上对学生说过一番话："人生有两个世界，一是现实的俗世界，一是理想的真世界。此两者该同等重视，我们该在此现实俗世界中建立起一个理想真世界。我们都是现实世界中之俗人，但亦须成为理想之真人。"[1] 钱穆先生的这番话讲出了一个既简单又深奥的道理，他让我们明白了在社会现代化和世俗化的过程中，人们既要面对"现实的俗世界"又要坚守"理想的真世界"，正确的态度应当是从"现实的俗世界"出发继续为实现中国特色大学理想而奋斗，这正是当前我国教育战线众多有识之士坚守和追寻的道路。

为了坚守和追寻这条道路，近一个时期以来在我国高

[1] 转引自林少华：《钱学森为何而叹？》，《新京报》，2010年3月2日。

等教育界悄然兴起了一个大学文化问题研究学术思潮。通过研究，人们越来越深刻地认识到，大学不仅是一种客观物质的存在，更重要的是一种文化存在和精神存在，大学文化建设的灵魂是大学应有的文化品位和崇高理想的确立。“育人是大学之本”和“科学是大学之根”是早已被实践证明了的两种大学哲学观，“育人是大学之本”是大学存在的第一要义，“科学是大学之根”是大学存在的核心价值，它们共同构成了大学存在的根本以及大学应有的文化品位和崇高理想的基本内涵。第二次世界大战结束以来新的实践证明，面对以崇尚物质、忽视人文为主要特征的全球性文化生态危机以及其他外部世界的种种挑战，一所不能坚守“育人是大学之本”和“科学是大学之根”的大学是缺乏文化品位和崇高理想的大学，时代呼唤有灵魂的大学。

“‘文化是大学之魂’是大学赖以存在的精神支柱”，就是在新的时代背景下，在我国大学文化问题研究学术思潮深入发展过程中提出的一种崭新的大学哲学观。作为大学赖以存在的精神支柱，“文化是大学之魂”不仅深深地蕴涵在“育人是大学之本”和“科学是大学之根”之中，而且是时代精神的深刻反映。由此可见，“育人为本，科学为根，文化为魂”是三位一体的大学哲学观，它的提出是高等教育哲学在当代中国的新进展，具有重要的理论价值和实践意义，为我们建设有灵魂的大学奠定了新的更加坚实的哲学基础。

长期以来，在我国，人们常常是从政治的视角来看待“中国特色”，把“中国特色”和“社会主义”联系在一起，称之为“中国特色社会主义”。近一个时期以来，我国有越来越多的有识之士认为“中国特色”不仅有政治内涵还有文化内涵，主张在中国化的马克思主义的指导下，坚持“民族的科学的大众的，面向现代化面向世界面向未来的，以人为本自主创新和谐发展的”中国特色社会主义新文化观与普遍意义上的“大学之魂”的有机结合，以中华民族的优秀文化为主体，批判地继承和发展孔子儒学教育理想的精华，学习、借鉴人类一切优秀文明成果，在世界多元文化激荡交融中加强中国特色大学文化建设，特别是中国特色大学精神文化和现代大学制度建设，以文化创新促进教育变革和大学创新，坚定不移地为实现中国特色大学理想而奋斗，这是当代中国历史发展的必然选择。

“中国大学文化百年研究”是由北京大学、清华大学和教育部高等教育出版社联合组建的“大学文化研究与发展中心”牵头，由一批著名大学共同承担的教育部人文社会科学研究 2007 年度规划基金项目，这是一项具有基础性、战略性和前瞻性的重大课题。中国大学百年文化是一个伟大的宝库，这些大学发展、变革的文化脉络和历史进程是中国大学百年文化的一个缩影，认真开展这批大学的“大学文化个案研究”是“中国大学文化百年”课题研究的基础工程，其主要要求是在全面占有史料和深入进行史实研究的基础上，通过典型的人物、事例和环境，以文化为主线，以办学理念和大学精神为重点，以杰出校长、知名教授、优秀学生为主体，挖掘和整理学校在长期教育和办学实践中积淀和创造的具有鲜明个性的深厚的文化底蕴、形成的办学特色和取得的基本经验，以史为鉴，提高自觉，在文化传承和创新的基础上为实现中国特色大学理想而奋斗。为了确保参与课题研究各校“大学文化个案研究”的成果质量，“大学文化研究与发展中心”先后组建了《中国大学文化百年研究系列丛书》编辑委员会和专家论证委员会。两个委员会的顾问顾明远、潘懋元两位先生和主要专家在《中国大学文化百年研究系列丛书》编辑、出版的过程中发挥了重要的、积极的作用，在此，我代表课题组向他们表示衷心的感谢。

经过将近五年的艰苦努力，在一批百年老校和若干所有重大影响的著名大学撰写的思想性强、史料翔实、文脉清晰、结构优化、论述深刻、文字精练、图文并茂和可读性强的文化精品的基础上编辑的《中国大学文化百年研究系列丛书》的出版，是我国高等教育界和大学人的一个创举，具有重大的历史意义和文化价值。为实现中国特色大学理想而奋斗，任重而道远，需要我们长期坚持不懈地努力。

总课题组组长
丛 书 总 主 编　王冀生

2010 年 7 月

序　　言

大学从诞生之日起，便从实践和精神两个层面开始对自身道路的不懈探索，并逐步形成独一无二的文化特色和历久弥新的文化魅力。

现代大学源于中世纪的欧洲，迄今已走过近千年的历程。从西方最古老的博洛尼亚大学将人才培养作为首要任务，到“现代大学之母”柏林洪堡大学“研究教学合一”的办学思想，再到20世纪初主张“高等学校应该为区域经济与社会发展服务”的“威斯康星理念”，大学先后经历了不同的发展阶段。

我国现代大学自1895年北洋大学堂建立至今，实实在在地发展了一百多年，而且走出了一条不断上升的曲线。这条曲线既表现为与传统教育的断裂又不与现代西方大学完全重合，具有“接地气”的旺盛生命力。同时，在发展中大学文化不断充实和丰满，既“兼容并包”了西方大学理念又继承了中国传统教育“人文化成”思想，而且具有时代特点，这就是有别于西方大学的具有中国特色的现代大学文化。追寻中国大学的历史足迹，挖掘每所学校承载的文化内涵，认识大学在引领社会文化繁荣发展、推动民族文化传承创新中举足轻重的作用，是一件意义深远的事。

天津大学的前身北洋大学诞生于甲午战败、国运衰微的晚清时期。她高擎的“兴学强国”的大旗，是中国大学精神的元始。她的成长壮大不仅是我国大学发展历史的一个缩影，也是中国大学从“参用西制”仿照学习向“中国特色”自主创新道路探索前进的典型。

“实事求是”已然成为这所大学的文化根基。1925 年，北洋大学校长赵天麟在总结学校办学经验时，将“实事求是”概括为校训。“实事求是”既受到哈佛大学“以真理为友”校训的启发，又汲取了中华传统文化的精华，它包含了追求真理、严谨治学的科学研究态度，体现了一切从实际出发，重实践、干实事、出实效的工作作风，更反映出一种崇实尚德的人生准则。正如北洋校歌所云“穷学理，振科工，重实验，薄雕虫”、“不从纸上逞空谈，要实地把中华改造”，又与今日倡导之“空谈误国，实干兴邦”的务实精神相契合。

天津（北洋）大学从创建之初就遵循“实事求是”的原则，效法“西人学以致用为本”，教学生著“实在学问经济”论文，树立全新的教育模式。历任掌校人亦不断丰富“实事求是”的内涵，将其作为全校师生的行为准则和道德规范。秉承这一校训，天大（北洋）师生潜心研究，攻关克难，取得一大批标志性成果，为我国科技事业的发展做出了不可磨灭的贡献——仅“十一五”期间，就有 14 项成果获得国家科学技术奖；2012 年，生物质能源专利技术“薯类原料酒精生产方法”被授予中国专利金奖，获得我国专利领域的最高荣誉；2013 年初由天津大学牵头的“天津化学化工协同创新中心”被国家列入首批“2011 计划”。如今，“实事求是”已被镌刻在每一位天大（北洋）人的心中，成为凝聚 20 余万海内外校友的文化共识。

"严谨治学"寓于"实事求是"之中，是天津大学文化的又一集中体现。从中国第一部大学章程——《拟设天津中西学堂章程禀》的严格制订、执行，到首任总教习美国人丁家立 11 年如一日"办事认真，治学严格"，再到教务提调王劭廉"治校严明……不惟学生敬畏如神明，外籍教授莫不心悦诚服……北洋功课愈以森严闻世"，无不体现了严谨治学的校风。著名水利学家、天津大学老校长张含英总结："严格是北洋的一个特点。"机械学家、天津大学知名校友潘承孝回忆："教师督促严、考试严、升留级严，学生也以做一个北洋大学学生而自豪。"即使在硝烟弥漫的抗日战争期间，学校西迁入陕，严谨治学的学风也丝毫未减，至今留下"七星灯火"的美谈。近年来，在"忠诚不倦、业务精湛、挚爱学生、率先垂范"的师德目标指引下，学校涌现出一批严于律己、德业双馨的教师楷模。他们数十年如一日"智山慧海传真火，愿随前薪作后薪"，以一丝不苟的治学态度深深影响着后辈学人。

百余年来，天大（北洋）人始终以"兴学强国"为己任，将"爱国奉献"作为光荣文化传统和核心价值追求，为实现中华民族伟大复兴的"中国梦"而上下求索。天津（北洋）大学从诞生起就肩负着救亡图存、振兴中华的历史使命，创始人盛宣怀提出兴学救国的主张："自强之道，以作育人材为本；求才之道，尤宜以设立学堂为先。"从为培养国家急需人才而进行的学门设置，到 20 世纪早期作为"科学建国的堡垒"开展科学研究，再到历次爱国革命运动中师生的奋勇向前，为新中国高等教育体系的建立发挥的"孵化器"作用，对高校内部管理体制的孜孜探索，乃至为国家培养高层次人才的竭忠尽智、建言献策，提出引领社会主义办学方向的先进思想……在各个历史阶段，天大（北洋）大学总能够站在时代的前沿，用行动诠释爱国的承诺。进入新世纪以来，学校提出“聚焦国家重大战略需求，聚焦世界科技发展前沿”的科技工作方针，将“国家急需，世界一流”作为自己的奋斗目标，受到国家的高度重视，被列入我国高等教育领域“211工程”、“985工程”和“2011计划”三个体现国家意志的战略性计划。

百年淡定笃行，天津大学正迈着坚实的步伐，以锐意创新的姿态，迎接她的双甲子华诞。桃李不言，下自成蹊。昔日御笔硃批的“身世”，兴学强国的使命，实事求是的精神，严谨治学的校风，以工科见长的特点，造就了她大度从容、厚重内敛、求实勤勉、不事张扬的性格，进而成为感召师生校友的强大精神力量。我们坚信，将她独特的文化品格发掘弘扬代代相传，功在今世，泽及后人。

刘建平　李家俊

2013年5月

目　　录

绪　论

——天津大学文化摭论

天津大学的前身是北洋大学，成立于1895年10月2日，是由国家批准建立的我国第一所现代性质的大学。北洋大学是中国近代高等教育的开端，亦是中国近代大学文化的开端。

以上表述涉及如下内容：第一，何谓中国近代高等教育和现代性质的大学？第二，为什么国家确定“天津大学是我国近代高等教育史上建校最早的高等学府”，是中国近代高等教育的开端？第三，北洋大学作为中国近代大学文化的开端表现在哪些方面？以上三方面内容虽然是一所大学自身的问题，但是因为她是“最早的”，是“开端”，关系到中国高等教育的历史和大学文化的起源，故此作为本书的前言加以论述。

一、何谓中国近代高等教育和现代性质的大学？

这是一个涉及高等教育史的问题，必须按照历史学的思维范式去解读。“中国近代”指的是历史学研究中国社会历史进程的分期概念。根据目前的历史学分期，将中国历史分为古代、近代和现代。目前公认的是以1840年第一次鸦片战争作为中国近代历史的开端，之前称为古代史。自然人们也就将1840年以后的我国高等教育称之为“中国近代高等教育”。

正如中国社会历史分期以历史事件为标志，中国高等教育的分期也应该以历史事件为分期标志。那么哪个历史事件能够作为中国高等教育的分期标志呢？自然是在中国近代史历史时期内的中国第一所现代性质的大学（区别于古代大学）的建立。北洋大学建立于 1895 年，是我国最早的现代性质的大学，自然成为中国近代高等教育开端的标志。

以 1895 年北洋大学堂建立作为中国近代高等教育的开端，涉及中国高等教育历史的分期问题，即中国近代高等教育的历史分期应该从什么时间算起。对于中国近代社会的历史分期，历史学者梁景和在《中国近代史基本线索的辩论》中做了比较详尽的介绍，自 1954 年胡绳在《历史研究》创刊号上发表《中国近代历史的分期问题》开始，到 20 世纪的 90 年代，掀起了几次关于近代史分期的辩论热潮，直至今天这种讨论仍在继续。目前通行的是将 1840 年作为中国近代历史的开端，其实这是中国在外敌压迫下被迫开启国门，近代社会因素出现的开始，是中国进入“半封建、半殖民地”社会的开始。这时的社会政治形态、经济形态、文化形态等都开始发生着变化，但是现代性质的高等教育或称为“西学”的高等教育并没有出现，显然以 1840 年定为中国近代高等教育的开端并不准确。

1840 年第一次鸦片战争之后，西方教会学校开始在通商口岸开办西学，但没有建立西式大学。此时的中国政府也还没有自己主动开办西式教育。第二次鸦片战争之后，洋务运动兴起，中国人开始自己开办西学，这种“西文”、“西艺”教育为以后大学的建立创造了条件。直至甲午战争之后，为了救国、强国才开办了中国第一所西式大学——北洋大学堂，因此中国近代高等教育的历史分期，与中国近代历史的分期时间应该有所差异，中国近代高等教育的开端晚于中国近代社会的开端，理应以 1895 年北洋大学堂的建立来划定。

中国近代高等教育作为一个历史时期，又可以细分为初创期和基本成型期。以 1895 年北洋大学堂建立，到 1911 年辛亥革命为止，称为“中国近代高等教育的初创”时期，这一时期的大学在中国还是凤毛麟角的个别现象，辛亥革命后民国建立，新的教育法规颁布，大学数量增加，高等教育层次、类型逐步丰富，进入了中国高等教育的基本成型时期。

"近代高等教育"的提法是一个时间上的划分，而就高等教育的性质而言，我们称其为"现代性质的高等教育"，在大学层次通常称为"现代大学"。其中包括了以下含义：首先，就国内比较，"现代性质的高等教育"是与古代高等教育相对而言，"现代大学"与"古代大学"相对而言。至于我国古代是否有高等教育或大学，现代高等教育的一些元素是否可以在我国古代教育中找到其传承性等问题，到目前也是教育学界研究人员研究的内容之一。我们这里是指与封建教育的区别，就学校教育而言，现代教育属于以传授西方科学技术知识为内容的，以层次教育、班级授课为模式的学校（学堂）教育，与中国传统的封建教育以经学为传授内容，以书院为教育形式不同。由于我国的现代高等教育诞生于清末，中国封建社会的晚期，他既不与历史学所界定的断代时间一致，也不与社会制度变化的时间相一致，这就容易从概念上混淆"近代高等教育"和"现代性质的高等教育"或"现代大学"的区别。

其次，与国际比较，"现代性质的高等教育"或"现代大学"实质是指与西方高等教育的现代内涵和形式相一致的中国高等教育。在黄宇红所著《知识演进过程中的美国大学》中对于美国的"现代大学"是这样表述的："20 世纪知识和科学的一个最大特点是不断地向专业靠拢，简单地称为'知识的专业化'……学科在大学内部形成和发展，大学教师不断职业化和大学组织结构不断复杂化，与 19 世纪 90 年代前的大学不同，构成了美国现代大学的基本模式。"[1] 在此我们不去讨论美国大学如何，只是这段话里表述了现代大学的标志性要素：学科、专业、教师和组织。中国的传统教育是不分学科、不设专业、没有专业化的教师队伍，更不具有现代教育制度，而中国的现代教育就明显具备了这些要素。如北洋大学堂的创立章程中就明确设立法律、矿冶、建筑、机械等学科，组织由中外教师组成的师资队伍，具有现代大学管理理念的规章制度，具备现代大学的教学手段和设备。作为中国现代大学的开创者，尽管内容还不尽完善，但是具有的现代"西学"高等教育的显著特点和与中国传统教育的明显区别，无疑是中国现

[1] 黄宇红：《知识演进过程中的美国大学》，北京师范大学出版社 2008 年版，第 167 页。

代性质的高等教育的开端，是研究中国现代性质高等教育的起点和样板。

二、为什么国家确定“天津大学是我国近代高等教育史上建校最早的高等学府”，是中国近代高等教育的开端?

20世纪末期，中国高等教育进入了百年。1995年10月，天津大学举行百年庆典，这是中国大学的第一个百年校庆。教育部的贺词中明确指出：“天津大学是我国近代高等教育史上建校最早的高等学府。”[1]这句话明确了天津大学的创建是我国近代高等教育史的开端、起源，明确了学校的性质，明确了教育主管部门的态度。这不仅是国家对于天津大学历史地位的认可，也是对于中国近代高等教育历史的明确表态。天津大学的百年校庆，是第一所得到党和国家领导人、教育部和各部委既贺校庆，又贺百年的高校，这充分肯定了天津大学对于中国高等教育做出的历史贡献。

其实，“天津大学是我国近代高等教育史上建校最早的高等学府”，这一历史事实，早有定论。1934年中华民国教育部编印了《第一次中国教育年鉴》，在第二章“大学制度沿革”中写到“自清光绪二十二年鸦片战争以后，海禁渐开，咸丰十年继以英、法联军入京之事，清廷益知外务人才之需要”。“同治元年，始由总理各国事务衙门，聘定英教师二人，正式设立同文馆于北京，专造就翻译人才。”“同治二年（1863年）江苏巡抚李鸿章奏请在上海、广东设立广方言馆，目的虽与同文馆完全相同，而课程则微有差异。此外尚有湖北之自强学堂及湖南东山精舍……”其后一一列举了福建船政学堂、天津水师学堂等七所，并概括指出：“设立以上学堂，其目的皆在培养实用人才，以济当时之急，尚无大学教育之可言也。”[2]

---

[1] 李义丹，王杰：《天津大学简史》，天津大学出版社2006年版，第102页。

[2] 中华民国教育部：《第一次中国教育年鉴》，上海开明书店1934年版，第12页。

接下来又写道："津海关道盛宣怀鉴于开办西学堂为当时急务，乃禀请北洋大臣王文韶在天津设立西学学堂（北洋大学堂），分为头等、二等两种，肄业时期各为四年。""盛氏复奏请开办南洋公学于上海"，"西学学堂及南洋公学之头等学堂及上院，要亦我国大学之雏形也"。[1] 由此可见，北洋大学堂的建立是我国高等教育的开端，这在 80 年前即有定论。

客观地认识这段历史，有利于正确书写我国的高等教育史和正确理解我国的大学文化，为此有必要介绍一下北洋大学建立的客观历史条件，建立的批准程序及其办学层次。换言之，从以上三个方面，回答为什么国家确定"天津大学是我国近代高等教育史上建校最早的高等学府"，是中国近代高等教育和现代大学的开端。

（一）北洋大学建立的历史条件

世上任何事物的产生都是有其客观的历史条件和时间点的。现代大学是现代社会的文明成果，在清末洋务运动之前，中国的传统教育没有自然生长出现代大学，根本原因是封建社会没有提供现代大学成长的社会制度和社会环境。教育学家潘懋元指出："中国高等教育的近代化是一种'后发外生型'的近代化"[2]，是学习西方大学经验的成果。这一成果出现在洋务运动兴起之后，创立于洋务运动勃兴之地，正是因为洋务运动在他所推行的地点实行了向现代社会改革的实践，才有现代性质大学在此地的诞生。

清朝末期，采取"闭关锁国"的政策，第一次鸦片战争前，广州是我国唯一的对外开放口岸。在林则徐到达广州之前，那里的封疆大吏、高级官员，没有一个人了解英国的情况。1840 年第一次鸦片战争爆发，中国被迫签订了不平等的中英《南京条约》，1844 年又签订了《中法黄埔条约》规定："法兰西人亦一体可以建造礼拜堂、医人院、周急院、学房……"在不平等条约的保护下，外国传教士在沿海通商口岸和香港等地开设教堂、学校、医院。这是西

[1] 中华民国教育部：《第一次中国教育年鉴》，上海开明书店 1934 年版，第 12 页。

[2] 阿里·谢沃：《潘懋元——一位中国高等教育学科的创始人》，高等教育出版社 2006 年版，第 152 页。

学以学校教育形式登陆中国的开始。此时西式教育表现出两个特点，一是涉及的地区有限，这些学校开设的地域仅限于广州、福州、上海等对外通商口岸；二是办学层次低，限于启蒙教育和中小学教育。正因如此，西学在第一次鸦片战争以后，并没有引起国人的重视，中国人没有主动开办西式学校。反而是英国的“船坚炮利”，给了国人深刻印象，对于西方文化有了器物层面的认识。曾国藩提出“师夷之智”的主张，魏源提出“师夷长技以制夷”的主张。

1860 年第二次鸦片战争以后，随着一系列不平等条约的签订，为外国教会在中国传教、办学打开了方便之门，西式的学校教育快速发展。同时，国人对于西方文化尤其是物质文化已经有了切肤之痛的认识，从看到与其在表象上器物层面的差距，到深入认识到在教育层面的差距——人的差距。“泰西之强，强于学……然则欲与之争强，非徒在枪炮战舰而已，强在学中国之学而又学其所学也。”[1] 由此，从被动地拒绝西学转而主动地开办西学，第二次鸦片战争到甲午战争之前，中国的近代教育得到了前所未有的发展，出现了中国人自己开办西学的第一次高潮。

1861 年清政府设立总理各国事务衙门，用以处理与西方列强的外交事务。随后，以军事近代化和工商实业近代化为主要内容的“洋务运动”兴起。“洋务活动，是对中国传统外交、军事和工业生产方式的重大变革。”[2] 配合军事和外交需要，洋务运动建立了“西文”、“西艺”和军事类新式学堂。

1862 年恭亲王奕䜣向清政府上《奏设同文馆折》，7 月京师同文馆开学。随后 1863 年建立上海广方言馆、1864 年建立广州同文馆等。这些语言学堂在中国近代教育史上被统称为教授“西文”的学堂。洋务运动建立的军事学堂有 15 所，如 1866 年建立了福州船政学堂、1874 年建立了上海江南制造局操炮学堂、1880 年建立了天津水师学堂、1885 年建立了天津武备学堂等。而“西艺”类学

[1] 舒新城：《中国近代教育史资料》（下册），人民教育出版社 1961 年版，第 907 页。

[2] 王文泉，刘天路：《中国近代史》，高等教育出版社 2007 年版，第 61 页。

堂的建立则比“西文”学堂晚。是因为洋务运动从初期的以“求强”为宗旨改变为以“求富”为宗旨，将“求强”和“求富”结合起来，1876年福州电报学堂建立，1879年天津电报学堂建立，等等。由以上史实我们看到，中国人自己开办西学是从第二次鸦片战争之后开始的，地域分布基本在开放的沿海城市。反之，在1860年之前，不可能有国人自己开办的西学，不开放的内地也不可能有国人自己开办的西学。还是那句话，世上任何事物的产生都是有其客观的时空条件的。

中国近代高等教育（现代大学）的创建，也同样符合这一原则。中国近代高等教育初创于19世纪末叶的晚清末期，其时间点是发生甲午战争后的第二年即1895年，标志性事件是天津北洋大学堂的建立。

中国近代第一所大学首创于天津绝非偶然，这和天津当时处于中国社会中的“领跑”位置是分不开的。

1. 天津为中国近代高等教育的产生营造了必要的环境

教育反映了人类社会发展的一种需求，不同层次的教育是与不同的社会形态相适应的。与自给自足的农业社会相适应的是封建教育，重视科举取士，培养为封建统治服务的管理人才。农业社会对于科学技术需求的低下，没有提供需要大批高级专门人才的市场。现代高等教育产生于工业社会，适应社会对于人才的需求而诞生。19世纪初，英国开始向中国大量走私鸦片，天津则是中国北方最大的走私口岸和贸易市场。第二次鸦片战争，天津被开辟为通商口岸。随着商贸的繁荣，天津成为中国北方最大的贸易港口和工商业大城市。天津不仅经济发达而且地理位置重要，是清政府所在地——北京的门户。为此，清政府在天津设立了专职的“三口通商大臣”和直隶总督。此后，中国的外交中心由上海转移到天津，天津的政治、经济、军事地位骤然上升，成为洋务运动的北方中心，全国的第一重镇。

此时的天津也是中国北方最大的金融中心。1880年英国在天津开设了汇丰银行，1895年英国又在天津开设了麦加利银行，1896年俄国在天津开设了华俄道胜银行，1897年德国在天津开设了德华银行，1899年日本在天津开设了正金银行，等等。

为了保卫京城，清政府投入巨资在黄渤海成立了当时装备先进的北洋水师，设立了培养海战人才的天津水师学堂。同时，为培养新式陆军人才成立了天津武备学堂。

19 世纪末的天津，成为了近代中国工业、金融、商贸最发达的地区，又是政治、军事、文化重镇，繁荣而特殊的社会需要大量具有高等教育水平的人才，这也为受过高等教育的人才提供了市场。19 世纪末的天津，相对发达的经济、文化，为中国高等教育的产生营造了必要的环境。

2. 天津为中国近代高等教育的产生打下了教育基础

高等教育之所以作为人类教育的最高层次，不可能是空中楼阁，它必须有初级教育和中级教育作为基础。中国的现代教育是在“西学东渐”这一世界教育发展潮流的大趋势下逐步成长起来的。第一次鸦片战争之后西学开始进入中国，当时主要是外国教会开办的学校，天津有美国基督教建立的学校。第二次鸦片战争之后天津成为洋务运动的北方中心，为了适应洋务运动的需要，具有中等教育水平的军事学堂、技术学堂应运而生。1880 年，李鸿章在天津开办天津电报学堂。随着电报业的发展，到 1895 年电报学堂已经具有相当的规模，在校学生有 50 人，师资力量雄厚。北洋电报学堂的成功创办为我国近代中等工业技术学校树立了榜样，同时为我国高等教育的建立铺垫了基础。

1881 年天津开办了北洋水师学堂。北洋水师学堂是我国最早的军事专科学校和海军军官学校。北洋水师学堂分设驾驭、轮管两门。课程开设有：英文、地舆图说、算学至开平立诸方、几何原本前六卷、代数至造对数表法、平弧三角法、驾驶诸法、测量天象、推算经纬度诸法、重学、化学、格致等西学课程。以上课程用时四年，结束之后由北洋大臣大考，考试合格派上船实习一年。在船上一年的实习如果所习诸艺都能通晓，则准以参加春、秋两次考试，两次考试，如皆能通过，准保以把总后补。北洋水师学堂的一些教学内容、教学方法和教学环节，已经具备了现代教育的要素。

1885 年天津开办北洋武备学堂。北洋武备学堂为中国陆军学校，“仿照西国武备书院之制，设立学堂，选派德国人充当教师”[1]。学堂的教学内容分为学科和术科，学科属于知识的学习，主要内容有：天文、地舆、格致、测绘、算化诸学、炮台营垒新法等；术科属于技术的培训，主要是在军营实习中学习，包括操习马队、步队、炮队，及行军布阵分合攻守诸式。1890 年，北洋武备学堂还增设了铁路工程科。

1894 年天津开办北洋医学堂。天津开设的这些学堂，主要是以培养军事人才和技术人才为主，属于“一般技艺传习”和进行职业教育的中等专科技术学校。这些学校虽然数量不多，但是开西学之新风，重视自然科学，重视对于实用技术人才的培养。这些可贵的探索，也为我国高等教育的建立铺垫了坚实的基础和积累了宝贵的经验。

当时的天津属于河北（直隶）省管辖，据《河北省志》记载，清末河北省建立有小学堂、中学堂和中等实业学堂、高等实业学堂，初步形成了初等和中等教育的格局，但是缺少高等教育，没有形成完整的现代教育体系。1895 年北洋大学堂的建立，完善了河北省新式教育的体系，使得河北省成为我国第一个新式教育体系完全的省份，为全国新式教育体系的建立提供了经验。

3. 天津为中国现代高等教育的产生提供了认识前提

19 世纪末，除天津以外，上海、广州等地开辟通商口岸较早，经济也比较发达，西学教育开展得也比较早，可是，为什么这些地方没有诞生我国高等教育，而天津却成为了中国现代高等教育的发源地，这除了社会条件以外，还有一个重要因素就是人。其中，天津的两位重要人物——严复和盛宣怀，他们被后世称为教育家。他们的远见卓识和首创精神，使中国近代第一所大学得以在天津建立。

严复是 19 世纪末中国向西方寻找真理的先进代表之一，也是首先最系统地在中国传播“西学”的资产阶级启蒙思想家和翻译家，是中国近代颇有声望的教育家。严复极重视教育，曾被人们列为近代中国 12 个教育人物之一。

[1] 王杰，祝士明：《学府典章》，天津大学出版社 2010 年版，第 36 页。

严复曾留学英国，有机会学习自然科学和阅读著名资产阶级思想家们的著作，并且了解当时英、法等国资本主义社会的情况。由此奠定了他的资产阶级民主主义思想和资产阶级教育思想。严复1879年回国，1880年开始先后任天津北洋水师学堂总教习等职，长达20年之久。严复的教育业绩与天津近代教育事业的发展，有着直接而密切的联系。严复作为维新派的理论家、思想家，作为中国资产阶级启蒙思想家和教育家，其教育思想独具特色。他曾接受洋务派的影响，却又反对洋务派维护封建统治，反对“中学为体，西学为用”的思想；他与康有为、梁启超同倡“变法维新”，并从文化教育上寻求根本出路，持“教育救国”的改良主张，然而又不同于康、梁的托古改制，而直接诉诸“新学”、“西学”，反对“旧学”、“中学”。他是中国近代第一个系统介绍西方教育思想制度的思想家。严复的教育思想在当时起到了特有的启蒙作用，具有鲜明的进步意义和特色。严复提出了著名的“西学救亡”论，主张推行西方教育以救国，将教育与挽救民族危亡，国家富强紧密联系起来，认为教育是“救亡图存”，使国家富强的基本手段。严复主张教育救国同时提倡开展“西学”教育，认为只有用“西学”代替“中学”，认真学习西方资本主义国家先进的东西才是“救亡图存”的正确道路。西方资本主义国家之所以富强，不仅是因为他们船坚炮利，而主要是由于他们的文化教育和科学技术发达。而中国之所以贫穷受人欺侮，是由于封建文化教育禁锢了人们的头脑，阻碍了社会进步。严复指出，要救亡图强“则不容不通知外国事，欲通知外国事，自不容不以西学为要图。此理不明，丧心而已。救亡之道在此，自强之谋亦在此”[1]。严复提倡学习西学，还特别着力宣传崇尚自然科学和自然科学方法。他称自然科学为“格致”，他的著作中很多地方都强调了“格致”的重要性，他说自然科学“有疗贫起弱的实力”。他认为自然科学是其他科学的基础，曾指出，一切科学规律都出于自然科学，研究一切科学必须从自然科学开始。他针对当时主张只学政教，赶时髦的人们说，向西方学习，“通知外国事”，若不学自然科学，“将仅得其皮毛”，这对于国家

---

[1] 王杰，祝士明：《学府典章》，天津大学出版社2010年版，第37页。

前途是有害的。他还指出，即使学习西方政教的人，也要学自然科学，若不通自然科学“则其政论，必多不根”。在教育内容和课程设置方面，严复根据当时西方的学科体系发展的新水平和“学以致用”的精神，主张向受教育者系统传授科学知识和专门技能。严复的教育思想与主张，在当时的中国是先进的。他的许多有关教育的言论和思想是在天津著述、发表的，这无疑对于天津教育的发展产生了巨大的影响。

与严复同时代的另一位教育家，是时任天津海关道的洋务派实力人物盛宣怀。严、盛虽然分属维新派和洋务派，但是其“教育救国”、提倡西学、培养“学以致用”的科技人才的教育主张是相通的。1895 年继维新派“公车上书”之后，9 月盛宣怀向清光绪皇帝上奏《拟设天津中西学堂章程禀》，建议引进西学，开办大学。他在奏折中提出：“职道之愚，当赶紧设立头等、二等学堂各一所，为继起者规式。”[1] 同时，他积极与美国学者丁家立酝酿筹办新式高等学堂，效法西方培植高级人才，亲手建立了我国近代第一所大学。

人的因素也是大学建立的重要因素，这些实例比比皆是。清朝末期，当许多人还禁锢在传统的封建教育思想之中时，严复提出了“西学救亡”论，盛宣怀提出了“参用西制，兴学树人”的教育思想和“兴学强国”的教育主张。他们对于新式教育的认识远远超过同时代的其他人，这也是中国近代第一所大学能在天津创建的重要原因。

概括起来，正如中国高教学会原会长周远清在 2012 年 9 月 15 日召开的“西北联大与中国高等教育发展论坛”上所指出的：“19 世纪下半叶的中国极端贫弱，东、西方殖民势力在中国不断拓展。迫于政权动摇和民族危亡的形势，当时的清政府和有识之士把学习和借鉴西方的高等教育制度，培养高素质人才作为救亡图存的重要举措。在这种历史背景下，以 1895 年创办的北洋大学堂、1896 年创办的南洋公学和 1898 年创办的京师大学堂为代表的一批高等学校纷纷

[1] 张凤来，王杰：《北洋大学—天津大学校史资料选编》（第 1 卷），天津大学出版社 1991 年版，第 4 页。

出现。”[1]

（二）北洋大学建立的批准程序

对于北洋大学堂的建立过程，一些人一直有几个谜点：为什么北洋大学堂的建立是通过军机处直接上报光绪皇帝硃批，而不是通过总理事务衙门按照政务程序上报？为什么申请建立北洋大学堂的奏折要采取紧急军情的上报方式？为什么清政府在“二次维新”后的诏书中没有提及北洋大学堂？解开以上谜点，还要建立在对历史进行科学研究的基础之上。

为什么北洋大学堂的建立是通过军机处直接上报光绪皇帝硃批，而不是通过总理事务衙门按照政务程序上报？明清史专家阎崇年在《大故宫 2》一书中是这样介绍军机处的：“作为改革君主的雍正帝，为加强皇权，采取许多措施……其中，建立了一项前无古人的重要机构——军机处。……为什么要设立军机处呢？雍正四年，因西北用兵，为紧急处理军务，考虑‘以内阁在太和门外儤直者多虑泄露事机，始设’……以期‘入直承旨，办事速密’。”[2]“军机处与内阁有什么不同呢？军机处与内阁，既有联系，又有区别：（1）军机处办理重大机密事务，内阁则办理日常行政事务。……（4）清制，皇帝谕旨下达，分明寄和暗寄两种：明降谕旨，交内阁办，由内阁通过行政系统下达；暗降谕旨，如朱批奏折，由军机处密封后交兵部，传递到当事官员手里，不经中间环节，一竿子插到底……军机处是一个力求准确贯彻皇帝旨意的御前机要处、秘书处。”[3]

读了这段文字，我们再看一下中国第一历史档案馆保存的建立北洋大学堂的档案就好理解了。中国第一历史档案馆保存的清军机处随手档记载：“硃批王折报四百里马递发回……津海关道盛宣怀创办西学学堂禀明立案由。硃批：该

[1] 西北联大与高等教育发展论坛筹委会：《西北联大与中国高等教育发展论坛文集》（内部出版物），2012 年。

[2] 阎崇年：《大故宫 2》，长江文艺出版社 2012 年版，第 56 页。

[3] 阎崇年：《大故宫 2》，长江文艺出版社 2012 年版，第 56 页。

衙门知道。光绪二十一年八月十四日。”[1]随手档给予我们的信息，与阎崇年的解读是一致的。甲午战争失败后，《马关条约》的签订，使中国面临着空前的民族危机，全国群情激愤，光绪皇帝颁布《强国诏》急切寻求救国之策。正是在这样的背景下，北洋大学堂的建立是作为救国之策的“重大机密事务”通过军机处直接上报光绪皇帝的。光绪皇帝硃批后，又直接以军事机密的形式“四百里马递发回”北洋大臣王文韶，而后即刻开学。

上述史实说明，北洋大学的建立是在特殊的历史时期，为了救亡国家政府采取的非常措施，这也正是为什么北洋大学可以完全按照西式大学的蓝图建立，“参用西制”办学的原因。北洋大学是清末特事特办的典型，为此具有“为后起者规式”的作用。

为什么清政府在“二次维新”后的诏书中没有提及北洋大学堂？1901 年清政府实行“新政”后，9 月 14 日下发诏书，饬令“除京师大学堂切实整顿外，着各省所有书院于省城均设大学堂”。因此认为中国的其他大学都建立在京师大学堂之后，或曰八国联军入侵后中国仅存一所京师大学堂。史实是 1900 年英法等八国联军入侵天津，北洋大学堂地处入津之要冲，学堂先被美军所占，后成为德军兵营被迫停办。其后丁家立亲赴德国交涉，从德国政府索赔白银 5 万两。袁世凯指定在天津城北八里的西沽村以北的武库重建北洋大学堂。武库原为天津清军老三营的兵器库，“前临北运河，后带桃花堤，柳岸桃林，相夹成荫，蔚为津沽名胜之巨擘”[2]。1903 年 4 月 27 日，在武库新校舍正式复课，校名仍为“北洋大学堂”。北洋大学堂在新校址开学后，为了解决学堂生源问题，北洋大学堂总教习丁家立受袁世凯委任为保定直隶高等学堂的总教习，并将该学堂建为北洋大学堂的预备学堂。“二次维新”后的诏书中没有提及北洋大学堂是因为它在重建之中。将直隶省的高等学堂作为北洋大学堂的预备学堂，也可见北洋

[1] 张凤来，王杰：《北洋大学—天津大学校史资料选编》（第 1 卷），天津大学出版社 1991 年版，第 20 页。

[2] 张凤来，王杰：《北洋大学—天津大学校史》（第 1 卷），天津大学出版社 1990 年版，第 42 页。

大学堂的办学层次。北洋大学堂开学后的1903年清政府学部曾指出："近来京师、北洋均已设立分科大学，各省亦皆有高等或高等专门学堂"，亦可见清末中国的大学有两所——京师大学堂和北洋大学堂。

（三）北洋大学办学性质和办学层次

对于北洋大学初创时期办学层次的评价说法很多，有的说我国最早的理工科大学是天津西学学堂，头等学堂相当于大学专科；有的说北洋大学堂是近代中国的第一所新型大学，头等学堂为大学本科；等等。问题主要集中在三个方面：第一，北洋大学堂初创是理工科大学还是综合性大学；第二，北洋大学堂初创是本科层次还是专科层次；第三，北洋大学堂初创的二等学堂是大学预科还是中学。以下几个方面很能说明问题。

一是盛宣怀草拟学堂创建蓝图时是与美国学者丁家立商议，以美国哈佛大学为蓝本建立北洋大学堂的。盛宣怀在奏章中明确提出："头等学堂，本年拟先招已通大学堂第一年功夫者，精选三十名列作末班。……至第四年底，头等头班三十名，准给考单挑选出堂。或派赴外洋，分途历练；或酌量委派洋务职事。此外国所谓大学堂也。"[1]已经明确指出北洋大学头等学堂是大学。

二是北洋大学堂创建时设有工程（土木）、矿冶（采矿冶金）、机械和法律4个学科，所设学科都是欧美大学当时的前沿学科。1916年南洋公学向工程院校转型时的《会议案纪要》，对此也有所佐证，其中写道："世界著名工业学校，英国格城皇家实业学校，有土木、机械、电机、矿务、船政、建筑、纺织等科。美国麻省理工学校1865年设教授土木、机械、电机、化学制造、卫生工程、船政驾驶诸科。德国柏林高等工业学校分建筑、土木、机械、船政、化学及冶金诸科。"[2]可见，北洋大学堂的学科设立是着眼于当时世界高等教育前沿的。

三是按照本科4年学制培养出我国第一批大学毕业生。"头等学堂，本年拟先招已通大学堂第一年功夫者，精选三十名列作末班。……至第四年底，头等头

[1] 张凤来，王杰：《北洋大学—天津大学校史资料选编》（第1卷），天津大学出版社1991年版，第4页。

[2] 交通大学校史编写组：《交通大学校史资料选编》，西安交通大学出版社1986年版，第125页。

班三十名，准给考单挑选出堂。”[1] 1895 年成立时，头等学堂直接从天津、上海、香港等地招收“已通大学堂第一年功夫者，精选三十名列作末班”。经过 4 年的学习于 1899 年培养出第一届大学本科毕业生。由香港招生就读于北洋大学堂法科的学生王宠惠，获钦字第一号毕业文凭，这也是我国第一张大学毕业文凭。

四是资送我国第一批大学毕业生出国留学。北洋大学堂以英美精英教育为榜样，办学质量高，教学要求严，其毕业生享受免试进入欧美大学读研究生的待遇。北洋大学堂创建之初，就将资送毕业生留学作为学堂的主要任务之一。盛宣怀在章程中规定该学堂学生毕业后“准给考单挑选出堂。或派赴外洋，分途历练；或酌量委派洋务职事”[2]。同时，在头等学堂章程中列出“头等学堂年经费……所节省之经费，除另造二等学堂及每次考试花红外，其余积存生息，以备四年后挑选学生出洋川资经费”[3]。1899 年北洋大学堂第一批大学本科生毕业，原本毕业后即可赴美国留学，可是因为八国联军攻占了天津，北洋大学堂被德军强占为兵营，学堂被迫停办，留学一事只能搁浅。1901 年，北洋大学堂创始人盛宣怀通过南洋公学资送北洋大学堂第一批学生赴美留学。学堂设“留美学堂监督”一职，由学堂总教习丁家立兼任。丁家立亲自带领北洋大学堂第一批毕业生赴美留学，开中国高等学校留学教育之先河，为我国学习西方先进的科学技术和管理科学，培养高层次的专门人才开辟了一条新路。

五是与西方大学接轨的先进教学模式。北洋大学堂设置有头等学堂和二等学堂。北洋大学堂创办之初设立二等学堂是为解决头等学堂生源问题，这与美国大学为解决本科生源问题在大学中开设预科是一致的。“美国对中国高等教育的影响是显著的，无论是预科制，还是大学模式，都曾被引入中国。”[4] 在王文韶

---

[1] 张凤来，王杰：《北洋大学—天津大学校史资料选编》（第 1 卷），天津大学出版社 1991 年版，第 4 页。

[2] 张凤来，王杰：《北洋大学—天津大学校史资料选编》（第 1 卷），天津大学出版社 1991 年版，第 4 页。

[3] 张凤来，王杰：《北洋大学—天津大学校史资料选编》（第 1 卷），天津大学出版社 1991 年版，第 7 页。

[4] 许美德著，张晓军译：《中国大学 1895—1995：一个文化冲突的世纪》，教育科学出版社 2000 年版，第 37 页。

奏折中写道："二等学堂，本年拟由天津、上海、香港等处先招已通小学堂第三年功夫者三十名，列作头班；已通第二年功夫者三十名，列作二班；已通第一年功夫者三十名，列作三班；来年再续招三十名，列作四班。合成一百二十名为额。第二年起，每年即可拔出头班三十名升入头等学堂。"[1] 1903 年复校后停办二等学堂，正式改办预科，召集旧生和北洋水师学堂学生补习普通学科为预备科，1905 年毕业升入正科第三班。并将保定直隶高等学堂定为北洋大学堂的预备学堂。1902 年清政府颁布《钦定学堂章程》，将教育分为 3 段 7 个层次，第 3 阶段为高等教育，高等教育又分为高等学堂和大学预科两个层次。1904 年清政府又颁布了《奏定学堂章程》，也将教育分为 3 段 7 级，第 3 段为高等教育，高等教育又分为高等学堂和大学预备科、分科大学及通儒院 3 级。1912 年中华民国教育部公布的《大学令》，就曾规定大学预科学生的入学资格为须在中学校毕业，或经试验有同等学力者。由此可见预科是大学的一个办学层次。

北洋大学堂的学科设置具有综合性，初创之时，头等学堂分设律例、工程、矿冶和机械 4 学科。既有社会科学学科，又有自然科学学科。在其后的办学过程中，北洋大学堂不断地根据国家需要增设学科。

北洋大学堂在教学方法上与西方大学一致。教员除国文外一律聘请外籍教员；教材一律使用美国原版教材；教学一律使用英语教学；工程专业设有生产实习环节，文科专业设有社会实践环节。学堂不搞尊孔仪式，不开设经学科目。一改封建教育八股取士传统，为"实在学问经济"的毕业论文。据有关史书记载，1898 年 6 月光绪皇帝才下达谕旨废八股"一律改试策论"，而北洋大学堂在 1895 年创建时就规定了"不做八股试帖，专做策论"，确实是开新风之举措。

就办学成果看，北洋大学堂 1900 年毕业了第一批本科生，1901 年开始派遣毕业生出国留学。学堂创建之初就将毕业生出国留学作为一项主要内容，丁家立亲自兼任北洋大学堂"留美学堂监督"，多次带领北洋毕业生赴美留学。1901

---

[1] 张凤来，王杰：《北洋大学—天津大学校史资料选编》(第 1 卷)，天津大学出版社 1991 年版，第 4 页。

年至 1907 年我国官费留美学生总计约有 100 余人，其中北洋大学堂就占有半数以上，其“参用西制”的办学模式可谓极其成功。

综上所述可见，北洋大学堂创建之始就是一座以西方大学为蓝本建立起来的具有预科和本科两个层次的大学。

基于历史形成、时间节点、外部环境与内部水平，国家确定“天津大学是我国近代高等教育史上建校最早的高等学府”，是中国近代高等教育的开端，是科学的、符合历史事实的。

三、北洋大学作为中国近代大学文化的开端表现在哪些方面？

北洋大学作为中国近代大学文化的开端，树立了中国大学兴学强国的精神，实事求是的校训，严谨治学的校风，典章规式的制度文化，等等。她植根于中国本土，学习西方模式，面向社会现实，形成了融通中西、创新发展、服务国家与民族的独具特色的中国现代大学文化。

鲁迅先生的诗《自题小像》中有这样两句话“风雨如磐暗故园”，“我以我血荐轩辕”。一句用来比喻甲午战败后的中国和北洋大学文化生成的背景，另一句用来比喻北洋大学的建立和文化的起源，再合适不过了。

一百年前的中国，封建制度已经走向风雨飘摇，在各国列强的侵略、瓜分下，中华民族面临着国破家亡的境地。1894 年中日甲午海战中北洋舰队覆灭，屈辱条约签订，国家危如累卵。“四万万人齐下泪，天涯何处是神州？”[1] 谭嗣同喊出了四亿国人的悲愤。亲身经历这次事变的吴玉章在回忆录中写道：“我还记得甲午战败的消息传到我家乡的时候，我和我的二哥曾经痛哭不止……这真是空前未有的亡国条约！它使全中国都为之震动。从前我们还只是被西方大国打败过，现在竟被东方的小国打败了，而且失败得那样惨，条约又订得那样

[1] 谭嗣同：《谭嗣同全集》，中华书局 1981 年版，第 540 页。

苛，这是多么大的耻辱啊！”[1]清光绪皇帝面对国人的痛心疾首，下诏全国，征求“自强”、“求治”之策。一时间，朝野上下总结失败教训，筹划救国之计成为头等急务。1895年9月洋务派代表盛宣怀提议将建立北洋大学堂作为强国之策，他在创建学堂章程中提出：“自强首在储才，储才必先兴学。”[2]“伏查自强之道，以作育人才为本；求才之道，尤宜以设立学堂为先。”[3]将“兴学强国”作为建立学堂的使命和精神追求规定在章程之中。

“兴学强国”开启了中国现代大学的精神元始，中国高等教育从“兴学强国”、“兴学建国”到“科教兴国”，始终重任在肩，而北洋大学是近代中国高等教育中铁肩担道义，高高擎起“兴学强国”大旗的第一人。

在百余年的办学中，她始终践行这一精神与国家共兴衰、与民族共荣辱，以自强不息的精神写下了可歌可泣的教育史诗。一百多年前盛宣怀提出的“兴学强国”精神，是在“中国近代民族觉醒的新起点”上的一次带有突破性的认识转变。从这个起点开始，经过长达一百多年的实践和认识的不断深化，上升到今天“科教兴国”的历史新高度。百余年中天津大学坚守“兴学强国”精神矢志不渝，百余年中“兴学强国”成为了中国大学的普适价值观。

实事求是的办学精神和严谨治学的质量理念是这所大学文化的又一个特点。“实事求是”校训是在百余年的办学实践中形成的独具特色的办学精神，教育学者蒋树声提出：“校训是一所大学独立思想和传统精神的集中表述。”[4]《北洋大学—天津大学校史》第1卷写道：赵天麟任校长期间（1914—1920）总结北洋大学近二十年办学经验，概括出“实事求是”四个字，以之教导学生遂成为“校训”。

北洋大学校训实则产生于1925年北洋大学30年校庆时而不是建校伊始，这

---

[1] 吴玉章：《吴玉章文集》（下册），重庆出版社1987年版，第955页。

[2] 张凤来，王杰：《北洋大学—天津大学校史资料选编》（第1卷），天津大学出版社1991年版，第45页。

[3] 张凤来，王杰：《北洋大学—天津大学校史资料选编》（第1卷），天津大学出版社1991年版，第3页。

[4] 蒋树声：《诚朴雄伟、励学敦行——百年传统与南京大学校训》，《天津高教》，2002年第4期，第12页。

与时代背景有关。现代大学理念反映了资产阶级的办学思想，北洋大学创办于中国封建社会末期，虽然按照西方大学模式建立，也接受了西方的现代办学理念，但在以“中学为体、西学为用”为教育方针的封建社会，毕竟不能堂而皇之地将其作为学校校训，而只能体现在教育实践之中。辛亥革命胜利以后，1912年民国政府颁布了以资产阶级教育思想为基础的《学校系统令》和《大学令》，西方现代教育思想才得以登堂入室。也正是在这样的背景下，北洋大学“实事求是”的校训才得以颁布。

中国的大学是“非纵向继承，而是横向移植”的“后发外生型”，是近代中国向世界先进教育学习的产物。因此，我国大学的办学理念一开始就带有向西方文化借鉴的特点。北洋大学是按照西方大学蓝本建立的，其初创时期即表现了与世界先进大学同步的大学品格，办学理念首先反映了对当时西方先进教育理念的借鉴，同时也表达了对中国文化的传承。北洋大学以美国哈佛大学为蓝本创建，自然也接受了美国大学的教育理念。现代大学源于中世纪的欧洲，美国大学汲取了英国大学“精英”教育和德国大学的教育理念，形成了自己的特色。如哈佛大学校训是“以柏拉图为友，以亚里士多德为友，更要以真理为友”，集中反映了哈佛大学在学术上实事求是、以追求真理为目标的办学精神。而北洋大学“实事求是”的校训，所表达的内涵不仅包容了哈佛大学校训的内涵，而且增加了严谨治学和以德育人的内容，在语言的使用上比之哈佛大学校训更加凝练，反映了中华文化的深厚底蕴。

“实事求是”一词，最早出现于东汉史学家班固撰写的《汉书·景十三王传第二十三·河间献王刘德》：“河间献王德以孝景前二年立，修学好古，实事求是。”讲的是西汉景帝之子河间献王刘德“修学好古，实事求是”的故事。班固认为，刘德的“实事求是”是一种严谨治学的态度和方法。后来被人们沿传引申为：办事求学须根据实证，求索真相，踏踏实实，知之为知之，不知为不知的求真务实精神。

盛宣怀在创建北洋大学堂之初就遵循了“实事求是”的原则，“参用西制，兴学树人”。他认为“西人学以致用为本”。北洋大学堂按照西式大学设置学科、开授课程、使用教材、安排实验、聘任教师，规定："汉文不做八股试帖，专做策论，以备考试实在学问经济。"[1]一改封建教育八股取士传统，为"实在学问经济"的毕业论文。1903年北洋大学堂重新厘定课程，"各学门的功课又分为主修功课、辅修功课和选修功课。主修与辅修为必修功课，选修功课为学生自由选学。毕业时，都要自著论文一篇和毕业设计"[2]，树立了全新的教育模式。

其后的继任者不断丰富"实事求是"的内涵。赵天麟校长确立以"实事求是"为校训，主张学术上实事求是追求真理，管理上实事求是以严治校，人才培养上实事求是德智并重。李书田院长教育北洋学生将"实事求是"作为必备的道德品行。"实事求是"的办学理念不仅指导了学校的发展，而且成为了师生的行为准则和道德规范。

在新的历史时期，天津大学在继承这一优良校训的基础上赋予了其新的内涵，即办事求学，要从实际出发，注重实效，诚实守信，并注重探求真相，开拓创新，把握规律。同时，天津大学继承发扬了北洋大学的优良校风和学风，恪守"实事求是"的校训，在教学上，明确提出了"严谨治学，严格教学要求"的"双严"方针，形成了自己的优势和特色：对教师严格聘任，讲求真才实学，并要求教师兢兢业业，诲人不倦，讲授认真，教学方法具有引导性；对学生严格挑选，严格考核，严格管理，并要求学生自觉自重，勤奋好学，注重素质的全面提高。坚持"实事求是"，从北洋大学到天津大学根据国情走出了一条带有中国大学特色的发展之路。

同时，"实事求是"又是一种锐意进取的敬业精神，是一种勤奋刻苦的学习态度和方法，是一种严肃认真、谦虚谨慎的科学态度，概括成为"严谨治学"的校风。

对于学校，严谨治学是一种校风。在北洋大学堂筹备时，盛宣怀就拟订了

---

[1] 张凤来，王杰：《北洋大学—天津大学校史资料选编》(第1卷)，天津大学出版社1991年版，第13页。

[2] 张凤来，王杰：《北洋大学—天津大学校史》(第1卷)，天津大学出版社1990年版，第31页。

严格的治校章程——《拟设天津中西学堂章程禀》，并严格执行。首任总教习丁家立在校11年，“期内办事认真，治学严格，有实干精神”[1]。接任丁家立的教务提调王邵廉，更是主张“无论治何事，作何业，均须首重实际，事之利于众者为之，否则断不屑为，不贪名，不骛远”[2]。王氏掌校期间，“治校严明，校章所定，贯彻始终，不惟学生敬畏如神明，外籍教授莫不心悦诚服，不稍迟误，北洋功课愈以森严闻世，望门墙者愈多，良风所播，直迄今兹”[3]。赵天麟担任校长后，制订了《国立北洋大学校办事总纲》和《国立北洋大学校学事通则》。这是一部系统、全面的管理规则，在实施过程中，更是要求一丝不苟。改革开放后，天津大学重新厘定了“严谨治学、严格要求”的各项制度，更加科学、规范地执行。

对于教师，严谨治学是一种教风。著名钢铁冶金专家魏寿昆说，北洋大学之所以能够培养出众多国家建设需要的栋梁人才，是因为该校有着“严整不苟的教学计划，丰富完整的教学体系，充实完备的实验设备，认真教学的师资阵容”[4]。王邵廉担任教务提调时经常随堂听课，下课后及时指出教师讲课的不足之处。赵天麟、李书田亲自上讲台为学生授课。刘仙洲、张国藩不仅亲自授课，还亲手为学生编写教材。校长们以身作则、严谨治学，为教师做出了榜样。教师们不仅讲课认真，而且带领学生生产实习一丝不苟，无论是野外勘测、矿井采掘，还是金工实习，教师都身先士卒给以示范。如1915年《国立北洋大学校季刊（冬季）》报道：“令岁矿科已班，偕亚当士，施勃雷两先生至鲁省泰安、张夏等处，崎岖万山间，考察地质，采集标本，盖以世界上最古老地层所在。”[5]历届毕业生每每提及教师的严格教风，总是赞叹不已。著名机械专家潘承孝说：“教师督促

---

[1] 张凤来，王杰：《北洋大学—天津大学校史》（第1卷），天津大学出版社1990年版，第19页。

[2]《王邵廉先生之生平及其治校之往绩与办学之精神》，《北洋周刊》，1936年第133期，第1页。

[3]《王邵廉先生之生平及其治校之往绩与办学之精神》，《北洋周刊》，1936年第133期，第1页。

[4] 左森：《回忆北洋大学》，天津大学出版社1989年版，第31页。

[5]《国立北洋大学校季刊（冬季）》，1915年第1期，第4页。

严、考试严、升留级严，学生也以做一个北洋大学学生而自豪。”[1]著名水利学家张含英说：“‘严格’是北洋的一个特点……正因为要求严格，基本学科的基础才打得比较牢固。”[2]严谨治学、以身作则的教风，培养出一代又一代的优秀人才。

对于学生，严谨治学是一种学风。北洋大学教授曹诚克在《国内矿冶工程教育现状下几个问题》中，列举了北洋大学与其他工科院校所开课程、学时的数据，比较后说：“北洋功课之重，考试之严，青年求学者之视北洋为畏途，不自今日始，而于今为烈。……人家俱称北洋学生为牛，言其终日受鞭策，只知工作，全无休息之谓。”[3]据张含英回忆：“北洋的同学平时很少到校外去活动……大部分同学也就是晚饭后到路旁的桃花堤上走走，一听到钟声（七点钟），便急急忙忙赶快回去。不敢稍加停留。”[4]教学严格，使学生都能自觉自重，研读精勤，一经入校就用功，不能有任何松懈，这种孜孜好学，逐步形成北洋特有的风气。抗日战争期间，学校西迁入陕，在极为艰苦的环境中，北洋严谨治学、笃实勤奋的学风丝毫未减。当时，校址设在陕西汉中城固县古路坝一座天主教堂内，此外还在不远处的七星寺设立了分院。据校友回忆：“学生们专心苦读，图书阅览室由于地方狭小，从早到晚都人满为患。晚间自习时一个大教室，顶多两盏汽灯，晚饭后就有同学抢先进入教室，占灯下座位，晚来的同学只能依次后坐，有些则自己举着蜡烛以补光线之不足。每晚自习都是在煤气灯将要熄灭时，同学们还迟迟不肯离去。黎明，即有同学散布于山坡或树林中开始晨读。”[5]“七星寺的同学也是人人自奋，潜心苦读，开夜车成风。每个教室，有开晚车者，有开早车者，你去我来，经年如此，百数只蜡烛，光焰闪耀彻夜不熄，被誉为‘七星灯

---

[1] 左森：《回忆北洋大学》，天津大学出版社 1989 年版，第 17 页。

[2] 张凤来，王杰：《北洋大学—天津大学校史资料选编》（第 1 卷），天津大学出版社 1991 年版，第 475 页。

[3]《北洋理工季刊》，1935 年第 4 期，第 18 页。

[4] 张凤来，王杰：《北洋大学—天津大学校史资料选编》（第 1 卷），天津大学出版社 1991 年版，第 475 页。

[5]《回忆北洋大学》，天津大学出版社 1989 年版，第 78 页。

火’。”[1]

严谨治学是校风、教风、学风，所反映的是大学坚守真理、追求真理的科学态度，是现代大学精神的核心内容。

天津大学的制度文化既有其自身特色，又对于中国高等教育具有示范意义。

首先，将中国大学的办学使命写入章程，凸显了中国大学的办学目的。盛宣怀在《拟设天津中西学堂章程禀》中明确指出建立大学的目的："伏查自强之道，以作育人才为本；求才之道，尤宜以设立学堂为先。"[2]盛宣怀创建北洋大学堂的办学目的十分明确，就是"兴学强国"。这是国家和民族的最高利益。盛宣怀所草拟的我国高等教育的第一个章程，在树立中国现代高等教育制度"规式"的同时，也树立了中国大学的历史使命和精神取向——"兴学强国"。

其二，章程中明确了办学道路，规定了办学模式——"参用西制"。清末，提出"师夷长技以制夷"，既以中国文化为根本，以西方文化为"制夷"之方法。而北洋大学堂则不然，盛宣怀提出："既病求艾，相需已殷，急起直追，惟虞弗及"之事，必须"西人学以致用为本，其学校之制，转与吾三代以前施教之法相暗合，今日礼失而求诸野，讲西学，延西师，学堂之规模近似矣"。[3]北洋大学堂则完全以美国大学为蓝本办学，走出了一条独特而且颇见成效的办学之路。

其三，章程凸显了用现代科技文化"育才"、"储才"的教育功能。采用了欧美的西学模式，设立了预科、本科两个教学层次，并规定本科生"至第四年底，头等头班三十名，准给考单挑选出堂。或派赴外洋，分途历练"，即资送出国攻读研究生，形成了我国大学人才培养的层次架构。建立了第一批现代科学的学科，引进当时世界大学的前沿学科，并使之在中国的土地上生根。头等学堂设置法律、机械、采冶、土木四个学门，我国大学开始按照学科培养人才。参照西方大学设置课程，教材全部使用英美原版教材，教师中除国学教师外，多数从国

[1]《回忆北洋大学》，天津大学出版社 1989 年版，第 80 页。

[2] 张凤来，王杰：《北洋大学—天津大学校史资料选编》(第 1 卷)，天津大学出版社 1991 年版，第 3 页。

[3] 陈学恂：《中国近代教育文选》，人民教育出版社 1985 年版，第 76 页。

外聘请，学校聘请美国学者丁家立担任总教习，负责学校管理。

同时注意文化环境的营造。“房屋必须宽大，拟即就天津梁家园南围墙外前津海关周道所议造之博文书院作为北洋头等学堂，以期名副其实。”[1]实践证明，这个章程是科学的，富有成效的。1899年北洋大学堂培养了我国第一批大学毕业生，1900年资送了我国第一批大学生出国留学，开启了我国高层次人才出国留学的先河，为我国留学史翻开了崭新的一页。

其四，北洋大学“先立典章，后建大学”凸显了我国大学与国家的关系。“先立典章，后建大学”反映出制度文化背后深层次的问题，我们不妨用欧美和日本大学初创时期的情况做个比较。

现代大学起源于欧洲。12世纪，在意大利、法国和英国，开始出现一些最早的大学。这些大学有的起源于教会学校的演进，更多的则是仿照手艺人行会的方式组成的教师或学生的团体（或协会）。大学的最初含义就是行会，也就是说大学是由行会组织发展而来。中世纪大学享有种种特权：许多大学有权设立特别法庭，有内部自治权力；大学师生可以免除赋税及服兵役的义务；有颁发任教特许证和授予学位的权利；有中止讲课、罢课和迁移校址的权利。“大学自治、学术自由”是其核心理念，因此大学制度所体现的文化本质也是“自治”而非“国治”。这种理念和行为为西方现代大学制度奠定了基础。方曾泉在《近代中国大学与社会现代化》一书中有这样一些分析，“大学自治又叫学术自治，是指大学作为社会法人机构，不受政府、教会或任何法人机构的控制或干预”，“一个组织的制度化程度越高，其适应环境挑战的能力和存活能力就强于其他组织”。[2]欧美大学是作为社会自治组织的一种形式存在，为了组织自身的优化，它所制订的制度体现了对于办学规律的尊重，对于学校意志、师生意志的尊重。

西方大学是工业社会经济政治文化发展的产物，国家驱动在大学产生之后，国家法律也是为大学服务的。国家的制度文化指向大学，是为了大学的存在而存

[1] 张凤来，王杰：《北洋大学—天津大学校史资料选编》（第1卷），天津大学出版社1991年版，第6页。

[2] 方曾泉：《近代中国大学与社会现代化》，北京师范大学出版社2006年版，第84页。

在，并依据大学进行相应的调整。教育是西方社会的重要组成部分，但是大学却并不完全服从于国家意志，总是与国家保持着适当的距离。这种特质决定了大学的自由，使大学既有了自治权也保证了学术自由。

事实上，西方大学教育的最终目的与国家意志是一致的："就总体而言，国家决不能要求大学直接地和完全地为国家服务；而应当坚信，只要大学达到了自己的最终目标，它也就实现了，而且是在更高的层次上实现了国家的目标。"[1]欧美国家的大学制度反映了一种契约原则，协调了国家意志、组织意志和个体意志之间的利益关系。

中国大学初创时期建立的高校基本都是学习西方模式创建的，但是我国高等教育所体现的国家意志，建立大学为国家服务的目的，国家对于大学的控制，以及建立大学必须先由国家进行制度审批等做法，则与欧美不同。

我国近代大学初创时期"先立典章，后建大学"的特点，形成于内忧外患的特定的历史时期，封建专制的制度环境之中，西学东渐的时代影响之下，是特定的时空条件下的产物。"先立典章，后建大学"所确定的国家与大学的关系、大学的功能、大学的精神趋向和文化特点等，给中国大学其后的发展造成了深远的影响。

其五，吸收西方大学文化的核心内容，加以制度保障。大学文化学者王冀生在《大学文化哲学》一书中提出：大学制度文化的本质是一种学术价值观，对于大学来说，"学术自由和大学自治"既是大学制度的根基又是大学制度的灵魂。[2]当然这是对于现代西方大学制度的解读，是站在大学"本位"基点上，基于大学自身建设的解读，也是对于西方现代大学制度文化形成历史的表述。

中国大学的形成由于所诞生的历史条件和使命，表现出与西方大学的不同。它的建立首先是基于国家和民族需求的立场，因此其制度设计不是站在大学"本位"基点上。同时，由于它又是完全按照西方大学模式设计、办学，又引入了学

---

[1] 威廉·冯·洪堡著，陈学飞译：《论柏林高等学术机构的内部和外部组织》，高等教育论坛，1987年。

[2] 王冀生：《大学文化哲学：大学文化既是一种存在更是一种信仰》，中山大学出版社2012年版。

术自由和大学自治的思想。在制度文化的表现上呈现出融通中西的特点。如北洋大学堂创建，朝廷指派津海关道盛宣怀为学堂督办，另设总办和总教习，学校行政事务由总办负责，办学则由总教习全权。督办、总办不干涉教学事务。总教习丁家立签名一律署校长职务。行政权力和学术权力划分明确。这在我国教育历史上是没有先例的。

20 世纪 30 年代，我国大学开始向教育和学术研究结合的德国模式转型，北洋大学在《国立北洋大学校办事总纲》中规定：本校会议分为校务会议、教务会议、事务会议。“校务会议由校长各主任及在本校连续任职二年以上之本国教员组织之，以校长为议长。”“校长有故障由教务主任代充议长。前项校务会议议长认为必要时得临时邀请本校其他教员列席。”“教务会议由教务主任及全体教员组织之，以教务主任为议长。”[1]制度中凸显了教学地位。当时非常提倡学术自由，鼓励科学研究和著书立说。相对而言的“大学自治”和鼓励倡导的“学术自由”，加之为国家和民族服务的价值取向形成了中国大学的制度文化特征。

除了办学使命、精神追求、制度文化等有其鲜明特色外，创新性作为一所大学的文化之魂，影响着北洋大学、天津大学的百年发展。北洋大学的建立本身就是甲午战争后“中国近代民族觉醒的新起点”的产物，走的是一条不同以往的办学之路，所书写的文化无一不散发着创新精神。1895 年北洋大学开中国高等教育之先河，大胆“参用西制”办学，实实在在地为国家培养出急需的高层次人才；1928 年率先实践将教育与学术研究、科学研究、服务社会相结合，成立研究所、培养研究生、开展科学研究，取得了自主科研的成功；1938 年西迁合组西北联大，树立起教育抗战的大旗，不仅保存了中国高等教育的血脉，而且培养出比战前更多的人才，并且播下了繁荣西北高等教育的种子；1949 年护校迎接解放，将一所完整的大学交给人民，创造了校务委员会的管理模式，为全国高校向新中国平稳过渡提供了经验；1951 年成为国家院系调整的首个试点院校，陆续将 20 余个系、所调出，组建新大学，为新中国高等教育体系的建立做出奉献；1958 年积

[1] 张凤来，王杰：《北洋大学—天津大学校史资料选编》(第 1 卷)，天津大学出版社 1991 年版，第 73 页。

极探索中国自己的高等教育之路，其教育革命的经验得到党和政府的高度重视，毛泽东、周恩来、邓小平等党和国家领导人先后来校视察，天津大学的教改经验为党的教育方针的制定和大学党委领导体制的确立提供了经验；1961 年天津大学的调研报告成为起草“高校 60 条”的基础材料，为党的高教政策的制定提供了重要参考；改革开放后天津大学提出“综合性、研究型、开放式、国际化”的办学思路，得到高校的普遍认同，对于全国高校的改革发展产生了重要影响；李曙森校长联合匡亚明等教育家提出的面向 21 世纪重点建设 100 所大学的建议，得到了党和国家的高度重视，推动了“211工程”和“985 工程”的启动。实事求是，日新又新，在发展中创新，在创新中发展，成为天津大学横跨三个世纪探索前行的不竭动力。

时至今日，天津大学已然走过了118 年的历程。她是我国高等教育的探索者，在长期的办学实践中积累了丰富的办学经验，形成了自己的办学思想和特色，养成了底蕴深厚、特色鲜明、内涵丰富、科学创新的文化。

天津大学文化在我国大学中具有典型性和代表性，既代表了中国现代大学文化的起源，又体现了对大学文化的继承、发展与创新。在提倡“文化育人”，将大学文化作为大学的核心功能的今天，开展我国大学文化研究和建设，天津大学是不可或缺的典型。总结天津大学百多年形成的优秀文化，对于坚持中国特色社会主义文化发展道路，培养高度的文化自觉和文化自信，提高全民族文明素质，增强国家文化软实力，弘扬中华文化，努力建设社会主义文化强国，具有重要的现实意义和长远意义。

↑ 北洋大学创始人盛宣怀印章

第一章

跨越世纪的兴学历程

1895年，随着甲午战争硝烟的散去，人们看到在北洋水师旌旗折断的地方，又升起一面“兴学强国”的大旗——北洋大学。这是中华民族不屈于外辱，百折不挠、发奋图强的又一次探索。北洋大学的创建开中国近代高等教育之先河、中国现代大学文化之源泉。

1951年，随着新中国的院系调整，北洋大学被定名为天津大学，从此一所赋予民族精神的大学，增添了新时代的内涵。自1895年10月2日建校，到如今已经横跨了3个世纪，走过了118年的奋斗历程，书写了一部完整的大学文化的史诗。

第一节　拼搏在民族危难之中的北洋大学

一、甲午之战后中国近代大学的萌发（1895—1903）

清末传统的封建教育已经颓败疏空到了消亡的边缘，科举取士选拔的人才不能够承担国家的需要。面对两次鸦片战争后中国任人宰割的危局，一些有识之士开始寻求教育出路。经过从 1862 年即第二次鸦片战争到 1894 年甲午战争 30 多年的努力，由中国人自己开办的西式学堂在全国设立了 20 多所。这些学校大致可以分为三类：第一类是外国语学堂；第二类是军事学堂；第三类是技术学堂。这些学堂主要是以学习外语和进行职业教育为主，即一般技艺传习。就是规模最大的由总理各国事务衙门于 1862 年在北京创设的京师同文馆，在 1866 年以前也只限于学习英、法、俄等外语课，1866 年以后加上了天文和算学等自然科学的基础课。此时清政府还派遣幼童留学生到国外学习军事、技术和自然科学，但是半途而废。

从 1860 年到 1895 年，洋务运动的新式教育办了 30 多年，而甲午战败，使国人不得不反思和总结 30 多年洋务教育的经验教训，看到了洋务教育与西方教育的差距。梁启超指出：新学校“不过语言文字之浅，兵学之末，不务其大，不揣其本，即尽其道，所成已无几矣”[1]。郑观应认为：“泰西之强，强于学，非强于人也。然则欲与之争强，非徒在枪炮战舰而已，强在学中国之学而又学其所学也。今之学其所学者不过精通文学语言，为一己谋衣食，彼自有其精微广大之外，何尝稍涉藩篱？故善学者必先明其本末，以西学言之，如格致制造等学其本也，语言文字其末也。”[2]当时的一些有识之士都认为洋务运动的新式教育培养出来的学生没能适应当时政治经济形势发展的需要，派遣的留学生也是如此。对此，郑观应亦有高见。他说：“日本肄业英、法、美、俄之学生，至今尚络绎不绝。欲救其弊，宜选肄业生之通古今识大体者，始遣出洋，或由各省学所录文武各生，择其留心时务、年在 20 岁左右者。过稚则气质易染，过长则口音难调……及今为之，未为晚也。”[3]经过从第二次鸦片战争到甲午战争 30 多年学习西方教育的实践，在得失之间中国人认识到了培养高层次专门人才的重要，

[1] 陈学恂：《中国近代教育文选》，人民教育出版社 1985 年版，第 131 页。

[2] 舒新城：《中国近代教育史资料》（下册），人民教育出版社 1961 年版，第 907 页。

[3] 舒新城：《中国近代教育史资料》（下册），人民教育出版社 1961 年版，第 907 页。

同时这 30 多年办洋务教育的实践，也为我国高等教育的产生打下了基础。

1894 年中国在甲午战争中的失败和屈辱的《马关条约》的签订，“唤起吾国四千年之大梦”，是“中国近代民族觉醒的新起点”。随即，清光绪皇帝发出《强国诏》，面向朝野征求“自强”、“求治”之策。此时长期从事洋务运动的盛宣怀指出：“日本援照西法，广开学堂书院，不特陆军海军将弁皆取材于学堂；即外部出使诸员及制造开矿等工亦皆取材于学堂”，“仅十余年，灿然大备”，“中国智能之士，何地蔑有，但选将才于俦人广众之中，拔使才于诗文帖括之内。至于制造工艺皆取才于不通文理不解测算之匠徒，而欲与各国絜长较短，断乎不能”，“自强首在储才，储才必先兴学”，提出“兴学强国”的办学主张。[1] 甲午战争后开办高层次的新式大学，兴学以强国，成为朝野共识，也是国人选择的一条新的救国之路。

在此办学思想指导下，1895 年 9 月 19 日，盛宣怀将《拟设天津中西学堂章程禀》上奏当时的直隶总督北洋大臣王文韶。奏折中提出了“兴学强国”的办学目标，表达了“职道之愚，当赶紧设立头等学堂二等学堂各一所”的迫切心情。所拟章程规定了学堂的性质，头等学堂“此外国所谓大学堂也”。规定了学堂的办学层次，即预科和本科，本科毕业后派出国留学深造。规定了学科设置，设有法律、土木、机械、矿业等学门。规定了管理模式为行政管理与教学、学术管理分权制。规定了教师和课程、教材均参照西方大学办理。《拟设天津中西学堂章程禀》勾画了一幅中国现代大学的蓝图。

直隶总督王文韶对于盛宣怀的禀奏非常重视，做了认真修改，首先将学堂名称由“中西学堂”改为“西学学堂”，摒弃了当时流行的学堂称谓“中西学堂”，而突出这一新式学堂的特点——西学，直接起名为“西学学堂”。虽一字之差，却突出了本质区别，凸显了按照西方模式办学的特点，再三强调“可以西法为宗，则造就人才，尤当以学堂为急”。王文韶转奏给光绪皇帝的奏折《津

---

[1] 张凤来，王杰：《北洋大学—天津大学校史资料选编》（第 1 卷），天津大学出版社 1991 年版，第 3~4 页，第 45 页。

↑ 图 1-1-1　北洋大学堂创建时的校址

海关道盛宣怀创办西学学堂禀明立案由》，不仅收纳了盛宣怀奏折中的主要内容，而且表达了直隶政府对于此事的高度重视。1895 年 9 月 30 日，王文韶将奏折与章程封发，以紧急政务的形式，四百里马快递，上奏北京清政府军机处，承禀光绪皇帝。1895 年 10 月 2 日，经光绪皇帝硃批，恪守“兴学强国”使命的北洋大学堂建立。

二、桃花堤畔的龙牌大学（1903—1911）

1900 年京津地区成为义和团运动中心。八国联军入侵津京，镇压义和团运动。地处德国租界区的校舍先为美军所占，后成为德国兵营。校舍被占，设备、文档案卷遭毁坏，学堂被迫停办，以后不容学堂复课。时任直隶总督北洋大臣的袁世凯几经交涉未有结果。此时，北洋大学堂总教习丁家立自告奋勇，亲赴柏林交涉，根据德国人“购地章程”规定地价房价，从德国政府索取赔偿费白银五万两，经袁世凯指定武库废墟重建北洋大学堂校舍。

武库，坐落在天津城北八里的西沽村以北，原为天津老三营的兵器库，甲午之前，李鸿章曾在此设立水师训练学堂、造船厂、火药制造厂，存放大量军用物资。义和团反帝运动中，英海军中将西摩尔率二千侵略军于廊坊受挫后，曾由杨村窜匿武库数日，临行前将武库全部破坏，仅余大库房八座。在此废墟上重新规划建新校舍。1903 年建成东端教学大楼（主楼）一座。同时建成外国教员宿舍楼、中国教员宿舍平房及学务处等办公用房。原大库房八座，二座改为教室，六座改为学生宿舍。昔日武库废墟，今日成为巍然学府，高峙津沽。

1903 年 4 月 27 日北洋大学堂正式复课。此后，房屋逐年添建，设备愈益充实，校园不断修建。沿着北运河岸种植柳树、桃林，数年后树大成阴，蔚为津城名胜。有些老校友撰写“北洋大学之回顾”中描述：“校园广阔，建筑宏伟，峨轩曲廊，花木掩映。前临北运河，后带桃花堤，柳岸桃林，相夹成荫，蔚为津沽名胜之巨擘。”“校区景色，与国内各大学相比，别具形式。且距天津市区较远，有自然之风景，无都市之烦嚣，同学课余散步，假日野餐，或河边垂钓，随兴所至，都属幽境。置身其间，心旷神怡，实为最理想的学术研究环境。地灵人杰，相应而生。”[1]北洋学子回忆往事倍感情牵。后来《北洋大学校歌》歌词中写道："花堤蔼蔼，北运滔滔，巍巍学府北洋高"，就是指此处校址。

北洋大学堂主楼正中有一幅行龙的图案，两条龙围绕着一颗宝珠在腾飞游走，这是带有皇权特征的图案。在清朝龙代表皇权，有三种图案：一种是团龙（坐龙）图案，皇帝专用；第二种是正龙图案，贝勒以上皇族使用；第三种是行龙图案，五品以上官员经皇帝批准才可以使用，这也是汉族官员能够享受到的最高待遇。呈报建立北洋大学堂的人是盛宣怀，当时官爵四品，而北洋大学堂又是皇帝“御笔硃批”的大学，因此学校教学主楼的大门上方允许镶嵌带有皇权特征的行龙图案。据了解到目前为止，清末新式学堂中建筑物上有此图案的，仅北洋大学堂一家，也反映了这所学堂在当时独一无二的位置，因此在当时被世人称为“龙牌大学”。

北洋大学堂校园环境优美，设施不断完善。先后维修了水处理厂（团城式建筑），新建了图书馆、实验室、标本室、仪器室和实习厂等教学设施，还修建了露天操场、食堂等。经过数载的努力，在西沽武库重建的北洋大学堂成为享誉中外的“巍巍学府”。

北洋大学堂在1903年复课后，为了解决生源问题，将保定直隶高等学堂划归北洋大学堂作为预备学堂。

保定直隶高等学堂是直隶总督袁世凯遵照清政府颁布的《奏定学堂章程》，建立的省立高等学堂，校址在保定西关灵雨寺畿辅大学堂旧址。直隶省曾拟在此处设立直隶省大学堂，“大学堂”门额已经悬出，但因聘请不到外国教员而作罢。袁世凯在此设立直隶高等学堂，聘请丁家立兼任总教习。丁家立因北洋大学堂在1900年庚子战后，二等学堂学生少，遂将保定直隶高等学堂之学制按北洋二等学堂对待，改为四年，奏明定为北洋大学堂之预备学堂。毕业生不必

[1] 张凤来，王杰：《北洋大学—天津大学校史》(第1卷)，天津大学出版社1990年版，第42页。

⇑ 图 1-1-2　北洋大学堂
⇓ 图 1-1-3　北洋大学堂主楼

经过入学考试，即可直接升入北洋大学堂头等学堂。保定直隶高等学堂在校学生四班共 112 人，按文科、理科分别插入北洋大学堂预科第一部、第三部各班，一部分教职员到北洋任教。对于解决北洋大学堂生源问题起到了实效。

自 1895 年至 1911 年辛亥革命前，北洋大学堂共培养本科毕业和肄业生 385 人，其中资送出国留学 52 人（不包括自费留学生）。另有法文班毕业生 13 人，俄文班毕业生 14 人，师范班毕业生 69 人，铁路班肄业生 37 人。平均每年近 40 人的毕业生规模在当时的中国高校中已是首屈一指。

三、从北洋大学到北洋工学院（1911—1937）

辛亥革命后，依照中华民国教育部的有关法令，北洋大学对学校各项工作进行了较为重大的改革。1912 年 1 月教育部令 :“所有学堂，一律改为学校。”[1] 1912 年 4 月，北洋大学堂改名为“北洋大学校”。1913 年，根据教育部令又改称为“国立北洋大学”。同时，根据《大学令》规定，取消监督，改设校长主持校务。

1913 年暑假后，教育部按照大学区制（划全国大学教育为四个区，分别以北京、南京、武昌、广州为本部，各设一大学）。当时天津有北洋大学，北京有北京大学，教育部以京津两地相距太近为由，拟将北京大学并入北洋大学。此议一出，即遭到社会舆论与北大师生普遍反对。1914 年 1 月教育部又提出将北洋大学并入北京大学，同样也遭到北洋大学师生强烈反对。最后教育部制订了一个妥协方案，于 1914 年 2 月 4 日发出第 33 号训令 :“查本部前以北京北洋两大学并立于京津，咫尺之地，于学区分划，即嫌不符，而应合应分尤须筹划……委专门教育司长汤中会同参事王振先、许寿裳，秘书汤彦洁拟具说帖，使两大学采相对的分立制。北京大学设文、理、法、医四科，北洋大学专设工

[1] 张凤来，王杰 :《北洋大学—天津大学校史》（第 1 卷），天津大学出版社 1990 年版，第 82 页。

⇑ 图 1-1-4　西沽北洋大学老校门

⇓ 图 1-1-5　桃花堤与北运河

科而渐加扩充……”[1]此方案同样遭到两校师生反对。1917 年 2 月教育部又分别训令北洋大学和北京大学，令北洋预科第一部毕业愿入法科学生，转入北京大学法科学习，北京大学预科第二部毕业愿入工科学生入北洋大学工科学习，并决定北洋大学所有的法科正科（即本科）及北京大学所有的工科，各办至毕业为止。1920 年 6 月北洋大学法科乙班为最末一班毕业生，法科从此停办。

此后，北洋大学进入专办工科的时期。至 1928 年虽专办工科，但校名仍为“国立北洋大学”。1928 年 7 月 31 日，南京国民政府在教育上开始试行大学区制，划河北、热河两省和北平、天津两市为北平大学区，大学本部设文、理、法、工、医、农、艺术、师范等学院和文理两预科、俄文专修馆。“北洋大学”的校名由此被取消，改称“北平大学第二工学院”。由于各地、各院校的群起反对，北平大学区到 1929 年 6 月底被废止，各校又恢复独立。但仅一个月后，1929 年 7 月 26 日南京国民政府颁布《大学组织法》，其中规定具备三个学院以上者才能称为大学，不足三个学院的则称为独立学院。据此，因北洋大学只剩工科，故暂定名“国立北洋工学院”，并一直沿用到抗日战争期间。

自 1902 年在西沽新址建校，到 1937 年之前，北洋大学已建成分区合理、功能齐备、环境优美的校园。同时，理工方面设备很充实，凡关理化、地质、矿冶、土木、机械等科系所需图书、标本、仪器及各种探测、分析实验器材，都参照美国各大学所有设备，尽量自美国购买，并连年陆续补充。仅西方杂志即经常保持 100 余种，且为世界理工权威期刊。到 1934 年时，图书馆藏书 54 000 余册。

1911 年辛亥革命后到 1937 年抗日战争爆发前的这段时期里，北洋大学不仅坚持宁缺毋滥的原则，坚持高标准、高质量地培养人才，而且在 1920 年以后的专办工科时期，实行教学与学术研究相结合，引领了中国高等教育的转型，丰富了中国大学除教书育人外，开展科学研究、服务社会的现代大学功能，步入了与世界先进大学发展相一致的轨道。

---

[1] 张凤来，王杰：《北洋大学—天津大学校史》（第 1 卷），天津大学出版社 1990 年版，第 84 页。

⇑ 图 1-1-6　北洋工学院工程学馆（南大楼）
⇓ 图 1-1-7　北洋工学院工程实验楼（北大楼）

四、西北抗战的播火记（1937—1946）

1937 年 7 月 7 日，日本侵略军在卢沟桥向中国军队发起挑衅，随着宛平城被占领，日寇全面侵华战争开始。同年 7 月 30 日天津沦陷。

早在日寇占领天津之前，时任北洋工学院院长的李书田就感到华北面临日寇威胁，亲自到西安勘察，计划在西安购地建校，以备应急之用。购地计划上报后，国民党当局不予批准。日寇占领天津后，国民党当局束手无策，学院被日寇侵占为兵营，造成惨重损失。虽然李书田事先有所准备，可是正值暑假期间，师生大多返乡休假，难于召集，临时抢运出二百箱资料、仪器、实验药品寄存于英租界兴华公司，其余图书、设施均被破坏。一些地质标本和珍贵仪器被劫往东京。至此，北洋工学院师生有校难归，流离失所。

国难当头，学校被占，北洋工学院和平津各院校的爱国学者认为“教育为民族复兴之基本”，纷纷提出内迁要求。在此情况下，教育当局才匆忙商议华北高校内迁事宜，准备在长沙和西安设立西南和西北两个临时大学。

1937 年 9 月 10 日，教育部发布第 16696 号令：“以北平大学、北平师范大学、北洋工学院和北平研究所等院校为基干，设立西安临时大学。”校务主持“由常务会议商决，系共同负责之合议制度”。[1] 筹备委员会下设秘书、教务、总务三处。全校设立文理、法商、教育、工、农、医 6 个学院，共 23 个系。

学校设法将教育部的命令传达到处于假期中的师生。在天津的师生设法通过日租界，经百般盘查进入法租界或英租界，然后乘英国客、货轮离开天津，经大沽口入渤海，抵达山东的龙口或青岛，上岸后奔往西安。在各地的师生只能自行设法到达西安。如改革开放后担任天津大学校长的史绍熙就是一个实例。史绍熙于 1935 年以优异成绩考入了北洋大学机械工程系，1937 年暑假他回乡探亲，得知七七事变爆发，无法返津回校上课，遂参加了家乡组织的青年抗日救亡宣传队，并沿长江奔重庆宣传抗日救亡。一边走他一边宣传抗日救国，当走

[1] 张凤来，王杰：《北洋大学—天津大学校史》（第 1 卷），天津大学出版社 1990 年版，第 234~235 页。

到安庆时被国民党部队抓住，硬说他是共产党。多亏安庆法院的一位同乡得知此事，经过疏通，才得以获释。走到武汉得知北洋大学已被日军侵占，学校已迁往陕西西安，于是奔赴陕西寻找母校。与史绍熙情况类似的同学很多。

许多师生几经周折来到临大时，囊中一贫如洗，至于图书资料绝少带出，仪器设备更谈不上。一时校址难于寻找，最后西安临大校址分在三个地方，分别称第一院、第二院、第三院。第一院在西安城隍庙后街 4 号，为校本部；第二院在小南门外东北大学（即今西北大学校址），为工学院和数学系、物理系、化学系、体育系；第三院在北大街通济坊，为法商学院、农学院、医学院和教育系、生物系、地理系。学校教舍分散、空间狭小，没有实验室、图书馆、体育场，教学条件十分简陋。

西安临大是临时联合性质的大学，开学之初，既发给国立西安临时大学的校徽，同时又发给三校各自的校徽。

工学院为临大六大学院之一，由北洋工学院和北平大学工学院联合组成。因北洋工学院是西安临时大学的组成主体，自然成为工学院的组成主体。工学院下设 6 个系：土木工程系、矿冶工程系、机械工程系、电机工程系、化学工程系、纺织工程系，系主任由北洋工学院教授和北平大学工学院教授分别担任，临大工学院院长由校常委李书田（原北洋工学院院长）兼任。

北洋工学院办学历史悠久，科系设置完备，师资力量雄厚，办学经验丰富。李书田兼任临大工学院院长，建校伊始，就主张按北洋“实事求是”、“严谨治学”的校风办学，使北洋传统得以继承和发扬，工学院很快开课。新生入学后，即教唱北洋校歌。据 1938 年 2 月统计，工学院在册学生 386 人，其中北洋 38 年班、39 年班学生共有 200 余人。

1938 年 3 月，山西临汾失陷，陕西门户潼关告急。临大开学仅月余，就再次受到日寇的威胁，全体师生义愤填膺，一些学生通过八路军驻西安办事处，奔往延安，直接参加抗日救亡运动。

面对日寇的威胁，1938 年 3 月 16 日，学校开始由西安迁往汉中。出发前学校按人配发干粮，乃陕西特产“大锅盔”（似饼的面食）和咸菜。乘火车到宝鸡后，步行500余里，翻越秦岭，途经“穷八站”沿唐宋褒斜道到达褒城，其途中所遇艰难困苦，难于言表。

由于在汉中找房设校遇到困难，工学院师生在褒城待命近一个月。1938年4月10日，经校务委员会会议决定，将全校分置三县六处，即城固县、南郑县、勉县，工学院设在距城固县城南40里的古路坝。1938年4月3日，学校师生南迁后刚刚安顿下来，教育部令国立西安临时大学改名为国立西北联合大学。国立北平大学、国立北平师范大学及国立北洋工学院合并为国立西北联合大学。

1938年5月2日，国立西北联合大学正式开学，当日举行隆重的开学典礼。校常委陈剑翛在讲话中指出："本校现改名为国立西北联合大学，其意义一方面是要负起开发西北教育的使命，一方面是表示原由三校合组而成。"[1]

西北联大仍按西安临大旧制，仍为临时性的联合大学，联大不设校长，校内一切重大事项由校常务委员会议决。

西北联大仍设6个学院，23个系。工学院仍由北洋工学院和北平大学工学院组成。此时，工学院共有教授22人，讲师、助教22人，学制仍为四年。1938年7月教育部指令西北联合大学改组为西北大学、西北工学院、西北师范学院和西北医学院。从此，西北联合大学不再存在。

1938年7月27日，再奉教育部6074号训令，令北洋工学院、北平大学工学院、东北大学工学院和私立焦作工学院合组为西北工学院，校址在陕西城固县古路坝，并附合组办法和筹备委员会简章规定各一份，规定院系编制设土木工程、矿冶工程、机械工程、电机工程、化学工程、纺织工程6系，原有各学院各系分别并入上列6系；规定四学院原有教职人员，由西北工学院尽量聘用，学生完全并入西北工学院；令李书田为国立西北工学院筹备主任，负责筹建工作。

1938年8月，西北工学院筹备委员会在城固县组成，李书田、胡庶化、张

---

[1] 张凤来，王杰：《北洋大学—天津大学校史》(第1卷)，天津大学出版社1990年版，第240页。

个 图 1-1-8 西北工学院古路坝遗址

北海（部派）、张贻惠（平工）、王文华（东工）、张清涟（焦工）、雷宝华等为委员。18日筹委员取得汉中地方支持，决定将学院设在城固县古路坝意大利天主教堂内。先借用教堂内东北部之女院和老汉院为校舍，教堂旁空地为体育场，后将其两百余间房屋全部无偿借用。在教堂附近加紧施工，新建教职员住宅25所，学生宿舍70间，食堂一处，添凿水井一眼。10月3日，开始在重庆、成都、西安等地招收新生。

1938年8月，东大工学院由四川三台，焦作工学院由甘肃天水陆续搬迁到古路坝。四校的融合不是形式上的联合，而是以新的办学实体出现在我国西北，成为抗战时期国家培养高等工程技术人才的重要基地。

东工及焦工两院的图书仪器和北洋工学院的师资，构成了西北工学院的教学基础。同时，北洋"实事求是"、"以严治学"的优良校训校风，对西工办学风格的形成产生了重大影响。

北洋工学院参加合组的西北工学院，在西北各校中是实力最强的。据资料记载：工学院教授22人，讲师、助教22人，学生440人，约占一校三院（西北大学、西北工学院、西北师范学院和西北医学院）学生总数的1/3。下设6个系，2个组。工学院师资力量雄厚，教授中不乏中外著名专家学者，如水利工程专家李仪祉教授，留学德国柏林皇家工程大学，土木工程学系；造纸专家萧连波教授，留学美国威斯康星大学、伊利诺伊大学造纸专业；土木工程专家周宗莲教授，留学英国孟都斯特大学，获工学博士学位；采矿冶金专家魏寿昆，留学德国柏林工科大学材料工艺科学系化学专业；机械工程专家潘承孝教授，留学美国康奈尔大学机械系。工学院的22名教授中没有留学经历的不过一、二人。

古路坝距离县城几十里，条件十分艰苦。院址是一天主教堂，教室是泥房子，门窗年久失修，夏天下雨教室里就成了烂泥潭，冬天冻得手上都长冻疮。分院七星寺条件更差。没有电，点的是蜡烛和小煤油灯。饿肚子是经常的事。还要时常冒着日寇飞机轰炸的危险。就是在这样的条件下，教师严谨治学，学生发奋苦读，成为一所飞机炸不倒、艰苦难不倒的抗战大学。

1942 年增设工业管理学系，同时还招收大学先修班学生两个班。由于学系和班数增加，学校校舍紧张，故在七星寺扩建学生宿舍 50 余间、工厂 10 余间、教室 8 间，礼堂一座及洗漱室、厨房等，专供一年级新生和先修班学生使用，并在七星寺正式成立了西北工学院分院。

西北工学院正是凭借雄厚的办学实力，在极其艰难的环境下，保持了较高的办学质量，不仅使中国的高等教育得以延续，而且保障了人才培养的质量。这在当时的条件下是个奇迹。据史料记载，1939 年 5 月，工学院举行了迁徙到西北的第一次毕业典礼，为战时的国家输送人才。其后，自 1938 年至 1946 年共招收学生 2330 人，共毕业学生 1457 人。不仅是坚持办学而且规模不断扩大，1942 年工学院增设工业管理学系，并招大学先修班两班。学生规模激增，城固校址不够用，在郊外增设七星寺分院，古路坝本院可容学生八百人，七星寺分院可容学生六百人。

西北工学院提出“公诚勇毅”的校训，教育学生以工业抗战救国。李树田院长更是严谨治学，不但严格要求学生，也同样严格要求教师，确保了在极其艰苦的条件下，教学质量不减。不仅培养了一千多名国家急需的科技人才，而且许多人成为了国家建设的领军人物。如著名金属学及材料科学家、两院院士、国家最高科学技术奖获得者师昌绪，电子学家、教育家、中科院院士、中国微波通信与光纤通信的开拓者之一叶培大，中科院院士、天津大学校长、国家内燃机燃烧学重点实验室主任史绍熙等。

北洋大学历史悠久，在海内外声誉颇高，师生和校友关于恢复北洋大学的呼声十分强烈。1942 年 12 月，行政院决定，将英士大学工学院划出，独立为国立北洋工学院，任陈荩民代理工学院院长，校址于浙江省泰顺县百丈口镇。1943 年夏，北洋工学院开始招收新生，招生消息登在报上，慕名报考者极为踊跃，参加考试者达一千多人。学校当时仅设土木工程系、机电工程系和化学工程系，限于名额共收录新生 120 人。1945 年夏以前，共有学生 421 人，教师 40 人。

1943 年 12 月，李书田被任命为黄河水利委员会副委员长，秦岭以北陕甘等六省急需工程技术人才。李书田想在西安筹建一所工学院，受到当地人士的热烈欢迎。因北洋工学院已在泰顺复校，所以称为“北洋工学院西京分院”。1944年春，经教育部批准，并拨款在西安筹建这所工科院校，任李书田为院长，下设土木工程、水利工程两个系。同年9月，在西安和城固县古路坝举行西京分院招生考试,10月发榜录取新生108名,12月中旬正式上课，到校学生约100名。

李书田仍以北洋治学精神主持西京分院。学生使用的教材如微积分、物理等都是英文影印本。老师讲话半英语半汉语。课外习题很多，加上学习英语、德语，许多同学经年累月黎明起床刻苦读书，夜间自习直至深夜，奋发读书蔚成风气。

1939年1月西康建省，李书田奉命赴康考察文化建设。他提议建立西康技艺专科学校。9月13日，国民政府核准建校。即聘李书田为校长。西康技艺专科学校作为综合性多学科的高等专科学校，这在我国尚属首创。其师资力量之雄厚，当时实为国内普通高校所罕见，又继承了北洋“实事求是”和“学以致用，从严务实”的办学精神，故在社会上享有“小北洋”之称谓。

抗日战争时期，“北洋工学院”不仅是组成西北联合大学的主体院校，更重要的是为西北地区乃至西南地区植下了工程教育之根，为其后西北、西南工程教育的发展打下了基础。

抗战胜利后，1946年北洋大学在天津复校，西北工学院、泰顺北洋工学院和北洋工学院分院的师生陆续返津，从此北洋大学开启了理工结合综合发展的新篇章。

五、国立北洋大学的综合发展构想（1946—1949）

抗战胜利后，广大师生和各地校友提出了恢复国立北洋大学的强烈要求。1945年10月，国立北洋大学校友总会理事长、国立北洋大学筹备委员会主任委员王宠惠，向国民政府教育部发出函电，电文回顾了北洋大学悠久的历史，分析了北洋大学的现状，阐述了北洋大学教学严谨、人才辈出、科学研究成绩优异的特点，提出了“现在天津业已收复，恢复北洋大学为期已近，拟乞准予早日恢复北洋大学”[1]。北洋校友总会和北洋大学筹备委员会的函电，受到教育部的重视，教育部的公文中也指出：“……惟北洋大学历史悠久，素负盛誉，战后仍独立设置，使其发扬光大，本部早有是议，前于编造复员计划之时，即已将该校列入，将来设置理工及管理等学院务期规模宏大，足与世界上有名大学并驾齐驱。现复员工作甫经开始，一俟收复情况安定，复员经费奉院会批准，即当尽早将该校恢复……”[2]1946 年 1 月，经政府批准，教育部下令复名北洋大学。

1946 年 10 月 2 日下午，学校举行了隆重的“庆祝北洋大学建校 51 周年”大会。会场上悬挂着令人醒目的“穷学理，振科工，重实验，薄雕虫”12 个大字的巨幅横标，表明了北洋大学一贯的办学指导思想和对学生的要求及培养目标。校友为母校校庆赠送长联，上联是：“西沽奠基，北洋定号，发祥于甲午媾和以后，树大学教育之先声；半世纪，阅尽沧桑，栽遍桃李，人才萃朝野，令誉著瀛寰，堪与剑桥牛津名媲美”，下联是：“河山光复，母校重兴，恢宏于抗战胜利周年，负储才建国之重任；双十前，欣逢盛典，再听弦歌，旧侣集一堂，新俦满环宇，共祝千秋万祀寿无疆”。[3]天津《大公报》专门发表了“社评”，社评中说：“北洋大学在半个世纪以来中华建国的工作中，有其光辉的成就。在天津，以文化教育观点言，更为现代天津城市之一大支柱。就学术水准论，北洋大学早已跻于世界大学之林。可惜抗战几年，受尽颠沛流离之苦。当今复员并恢复国立北洋大学，实为国人之望。”[4]

北洋大学复校后下设理学院和工学院，理学院下设物理、数学、化学、地质四系，工学院下设土木、水利、采矿、冶金、电机、航空、机械、化工八系。

1948 年 2 月 1 日，张含英出任北洋大学校长。他只身一人到校，就住在教

[1] 张凤来，王杰：《北洋大学—天津大学校史》（第 1 卷），天津大学出版社 1990 年版，第 331~332 页。

[2] 张凤来，王杰：《北洋大学—天津大学校史》（第 1 卷），天津大学出版社 1990 年版，第 332 页。

[3] 张凤来，王杰：《北洋大学—天津大学校史》（第 1 卷），天津大学出版社 1990 年版，第 339 页。

[4] 张凤来，王杰：《北洋大学—天津大学校史》（第 1 卷），天津大学出版社 1990 年版，第 339 页。

室、吃在食堂，以校为家，并着手落实复校计划。北洋大学综合发展的计划是在已有理、工两院的基础上筹划先设管理学院，而后增设文、医两学院。为此，他修缮扩建教职工和学生宿舍、图书馆、实验室、办公室、饭厅及体育场，添置图书和设备。又征得行政院批准，将泰兴纱厂全部设备连同房屋地基全部拨归学校，供纺织系学生实习使用。小营门外老校址也归还学校。在他和全校师生的齐心协力下，到 1949 年新中国成立前，北洋大学不仅正常的教学秩序得以迅速恢复，还呈现了综合发展的新气象。

复校后，北洋大学恢复和建立了土木工程、水利工程、采矿工程、冶金工程和化学工程五个研究所。校长、院长、系主任、教授，基本上都是研究所的主要研究人员。教授们在忙于重建本校和教学之余，仍致力于科学研究，时有研究论文在国内外权威学术刊物上发表。化学工程研究所在 1948 年出版的《化工年刊》上发表的十几篇论文，博得了学术界和实业界的赞誉。这五个研究所，还准备在 1949 年暑假招收研究生，以培养高一级的专业人才和研究人员。因此北洋大学有“科学建国的堡垒”之称。

可是国民党政府却忙于内战倒行逆施，使刚刚恢复正常的学校秩序遭到破坏。1948 年，随着解放战争的临近，国民党政府要求北洋大学南迁，张含英坚决反对，并与学校师生力保北洋大学留在天津。后来学校的办学经费越来越困难，张含英只好再次去南京要经费。不久，平津、淮海两大战役展开，张含英受阻南京没能再返回北洋。从此，再回北洋成为了他一生的心愿和未了的遗憾。

正是在北洋大学最困难的时候，张含英临危受命担起校长重担，与北洋师生共渡难关，为北洋勾勒出理工并举，文、法、医、管协调发展的蓝图。张含英是北洋人永远的良师挚友。

六、北洋大学的新生（1949—1951）

1949 年 1 月 14 日上午，人民解放军开始向天津守敌发起总攻，15 日下午，

⇑ 图 1–1–9　北洋大学操场

⇓ 图 1–1–10　北洋大学教师住宅

全城宣告解放。天津解放了！北洋大学解放了！北洋师生同天津人民一道步入了新中国。

1949年5月30日，北洋大学成立校务委员会，至1952年9月前，学校实行校务委员会负责制。校务委员会设立经常性的业务委员会负责处理各方面重大事项。这些业务委员会包括招生委员会、教师聘任委员会、学习委员会、政治课程教学委员会、教学改进委员会、人民助学金评议委员会、购置委员会、电力设备改进委员会、安全委员会、公共卫生委员会、急重病互助委员会、小学辅导委员会等。校务委员会下设工学院、理学院、教务科、秘书科、会计室、人事室等行政办事机构。

1950年6月，教育部在北京召开第一次全国高等教育会议。根据会议筹备组要求，学校在1950年5月向教育部提交了《北洋大学校务委员会报告》。北洋大学校务委员会主席刘锡瑛代表学校参加了高教会议。根据会议提出的"坚决改造、稳步前进"的要求，学校各项改造工作逐步推开。

首先是教师队伍改造。教师聘任委员会由教务长、秘书长、理学院院长、工学院院长、各系主任、教授代表、讲助代表、学生代表组成，充分发扬民主，公开、公正地招聘教师，教师数量迅速增加，教师水平普遍提高。而且，对党的方针政策的学习，提高了教师队伍的思想政治觉悟，初步树立起新的育人观。

其次，进行课程改革。学校成立了以张国藩为主任、专兼职政治课教师参加的政治课程教学委员会，系统讲授马克思列宁主义、毛泽东思想；成立了新民主主义教学改进委员会，对理工课程也实施初步改革，注意了教学的思想性、系统性、科学性。新的课程设置，传播了新的知识、文化，给师生以眼前一亮的感觉，一股新风扑面而来。

再次，进行教学方法的改进。学校推行有计划的教学，减少了教学的随意性。为了保证实现教学计划，提高教学质量，各系科以教研室（组）组织教师互相观摩、评议，取长补短；对学生加强了考勤、考察和考试，建立了课代表制度。北洋大学一贯的严谨治学的学风得到了新的发扬。

至 1951 年，北洋大学下设以下系科：数学系、物理系、土木工程系、水利工程系、机械工程系、航空工程系、电机工程系、采矿工程系、冶金工程系、化学工程系、纺织工程系、地质工程系，保持了理工结合的学科布局。

这一时期，北洋大学“实事求是”的校风也为之一新，学习风气浓厚、生活作风朴实、工作态度踏实刻苦认真。同学们每周用六七十个小时学习，有的老师在自习时间亲自到学生宿舍为同学解答问题。全体北洋人的共同心愿就是办好学校，培养人才，为新中国服务，学校充满了朝气。从此，北洋大学文化进入了一个崭新的时期。

第二节　国家建设中北洋大学的继承与发展

一、着眼大局率先试点院系调整，定名天津大学（1951—1958）

1951 年，《人民日报》发表纪念中国共产党成立 30 周年的文章，提出“在毛主席的教育思想基础上逐步建立新中国的教育科学……新中国的教育应该是在全国范围内和全体规模上的人民教育，也就是为人民大众服务，并成为人民大众‘真正自己的’教育”[1]。

高等教育为了适应国家经济建设需要和满足人民大众需求，开始了结构性调整。1951 年，根据全国高等教育会议精神，教育部开始了院系调整与合并工作，第一个试点单位就是北洋大学。1951 年 6 月 2 日，教育部〔51〕高三字第 533 号文件通知“北洋大学与河北工学院合并，自 1951 年 8 月 1 日起正式成立

[1] 中央教育科学研究所：《中华人民共和国教育大事记》，教育科学出版社 1983 年版，第 43 页。

新校，初步意见拟定名为天津大学”[1]。根据该文件要求，两校立即组成了并校筹备委员会，并成立了编制委员会、科组调配委员会、计划委员会、校产清理委员会，积极开展合并工作。两校师生更是以新中国主人翁和建设者的姿态和热情，投入到合校中来，不计条件、不计后果、不计得失，为建立新中国的高等教育热情、无私地做出贡献。1951 年夏，教育部决定将北京农业大学水利组并入天津大学。

1951 年 9 月 22 日教育部〔51〕高一字第 1192 号文件引用政务院文件，正式通知批准并校及定名“天津大学”方案。1951 年 9 月 26 日，在天津市元纬路南院大礼堂举行了天津大学成立及开学典礼。

天津大学顺利合组为进一步调整提供了基础。1951 年 11 月 3 日至 9 日，教育部召开全国工学院院长会议，研究拟定工学院调整方案。1953 年 7 月，教育部决定天津大学、南开大学、津沽大学合并为两校，即综合性之南开大学和多科性、工业性之天津大学。具体方案是：南开大学工学院、津沽大学工学院并入天津大学；天津大学数学系、物理系，津沽大学商学院并入南开大学；津沽大学师范学院组建为天津师范学院。

至此，天津大学成为一所多科性工业大学，下设系科包括：机械工程系、电力工程系、电信工程系、土木建筑工程系、化学工程系、纺织工程系、水利工程系。

院系调整后学校规模扩大，新组建的天津大学在南开区六里台到八里台之间（后称为七里台）兴建新校舍。1952 年暑假，天津大学由西沽旧址迁至新校址。

中国大学的院系调整自 1951 年天津大学开始。天津大学为全国高等教育的结构调整起到了试点作用。其后，天津大学陆续调出了十多个系所组建新大学，为新中国高等教育体系的建设做出了“孵化器”式的贡献。一切从国家需要出发的大局意识，表现了“兴学强国”精神的时代特征。

---

[1] 张凤来，王杰：《北洋大学—天津大学校史》（第 2 卷），天津大学出版社 1990 年版，第 51 页。

院系调整和向苏联学习是相结合的。天津大学是学习苏联经验最早的大学，1950—1951 年就分数批参加了教育部组织、由苏联教授指导的各校优秀讲师、助教、研究生的特殊学习计划，以培养能够直接吸收苏联先进技术经验的新型高级师资。从 1952 年暑假起，天津大学根据苏联经验对教学制度、教学内容、教学方法、教学组织等进行了一系列改革，这种改革伴随着院系调整和多科性工业大学建设同步进行。

二、多科性工业大学的探索（1958—1966）

1956 年以后，随着中苏关系的疏远，中国开始探索走自己的路。天津大学勤工俭学、劳动与教学相结合的经验得到党和国家的高度重视。1957 年到 1959 年期间，党和国家领导人毛泽东、周恩来、邓小平等人先后视察了天津大学，并对天津大学教改经验给予了充分的肯定。

1959 年 5 月 17 日，中共中央发出《关于在高等学校中制定一批重点学校的决定》，天津大学被定为首批 16 所重点大学之一，业务上直属教育部领导。

当时天津大学处在“三面红旗”的特定政治环境下，教学和科研工作不可能不受到影响，但是学校的教学、科研工作仍然在曲折中前进。学校的专业设置、学生规模等都有较快的增长。

为了指导全国高等教育工作，1961 年 2 月教育部部长杨秀峰深入天津大学调查研究，在此基础上由天津大学副校长李曙森执笔起草了《高等学校领导体制的若干规定（草案）》，为教育部起草《教育部直属高等学校暂行工作条例（草案）》（简称“高校 60 条”）奠定了工作基础。1961 年 9 月 15 日，中共中央批准“高校 60 条”下达试行。

贯彻“高校 60 条”，提高教学质量是重点。根据教育部部署，天津大学主持修订了化工机械、高分子等 6 个专业的教学计划；提出了焊接、金相等 12 个专业的教学计划初稿；参与修订了光学仪器、采暖通风等 4 个专业的教学计划；

⇑ 图 1-2-1　天津大学 20 世纪 60 年代校门
⇓ 图 1-2-2　天津大学行政办公楼（第九教学楼）

主持或参加了机械零件、化工类高等数学等多门课程教学大纲的修订工作。学校调配教师加强教学第一线，各系主任、教研室主任、教授、副教授，除因特殊情况外，都担任教学任务，对教学质量的提高起了重要作用。为了加强教学管理，学校还重新修订了《天津大学学则》。在师资方面，学校讨论通过了《天津大学师资培养提高工作暂行办法》和《天津大学师资培养提高五年规划》。制订了《天津大学关于培养研究生的实施办法》，对研究生学习内容、论文要求、时间进度以及对指导教师的要求等做了具体规定。到 1963 年年初，全校招收研究生的专业达到 45 个，导师 82 名，在校研究生 172 名。1963 年 3 月，学校总结培养研究生的经验，制订了《1963—1967 年招收研究生规划》。到 1964 年，经过三年来贯彻"高校 60 条"的努力，学校的各方面工作都出现了可喜的局面，教学井然有序，规章制度健全，各项工作都得到了发展和加强。

1964 年以后，高等学校再次受到政治大潮的冲击。过火的教学改革、政治等使教学秩序再次处于混乱之中。面对这一状况，时任天津大学副校长的李曙森在 1965 年 5 月的一次全校大会上谈道："教育革命要落实到教学质量的提高上……教改必须保证结果是提高教学质量和科学水平，不能降低，轻率的举动会造成失败。"[1] 一所历史悠久的、有丰富教学经验的老学校在教改的狂潮中，依然坚持着严谨治学、实事求是的办学方针。

三、"文化大革命"浩劫中的艰难支撑（1966—1976）

1966 年一场史无前例的"文化大革命"爆发了。这场"文化大革命"是从文化领域发动的，高等学校自然成了重灾区。

天津大学在天津首当其冲。传统的优良校风、学风被冠以"封资修"受到批判；基本的伦理道德被践踏，许多干部、教师被批斗，尤其是老干部、老教

[1] 张凤来，王杰：《北洋大学—天津大学校史》（第 2 卷），天津大学出版社 1990 年版，第 206 页。

师被打成“叛徒、特务”或“走资派”受到人身攻击；教学科研秩序被搅乱，代之以“文攻武斗”；校园环境和设备被破坏，“破四旧”演变为“打砸毁烧”。“文化大革命”变成为高等学校的浩劫。

在这场浩劫面前，以张国藩、李曙森为代表的广大干部、教师，坚持实事求是的原则，不在政治高压和人身攻击下放弃原则和教学科研的责任，在逆境中坚持教学和科研工作。为解决天津工业的自动化问题，招收两个工人试点班，教授他们“听得懂、看得见、学得快、记得牢”的课程。1971 年开始招收“工农兵学员”，实行“开门办学”，除课堂讲授，师生大部分时间在工厂，与工人同吃、同住、同劳动，边学习、边上课，结合工厂的生产实际进行教学和科研。招收中技班，培养技术工人和教学科研的辅助人员。

天津大学的广大师生员工，自觉排除种种干扰，克服重重困难，努力工作，辛勤劳动，在完成教学任务之余，积极开展学术交流和科研活动。他们在极其困难的条件下，参加完成“双革”项目数百项，学术论文数十篇。这些科研成果有的填补了国家的空白，有的达到或接近国际水平，且大多数已在工农业生产和国防建设中得到应用。有几个专业联合研究成功的有关石油勘测、钻探、开采、提炼和石油化工工业所需要的多种新产品和新工艺，都受到生产单位的欢迎。土木建筑工程系与天津有轨电车厂合作试制成功的蒸汽辐射采暖，不仅节约钢材 20%~30%，取暖效果也提高了 40%，对工业厂房建设有很大的实用价值；水利工程系为青龙县设计勘测的水库鱼水电站，受到广大农民的欢迎和赞扬。有些科研成果在本校进行了小批量的生产和试制。仅 1972 年生产和试制的 28 项产品，列入国家计划的 8 项，自产自销 20 项，总产值达 276.9 万多元。虽然取得上述成绩，但总的来说，由于“文化大革命”的破坏，我们和科学技术先进国家本来缩小的差距又拉大了。

第三节　改革开放中天津大学的发展与创新

一、拨乱反正整顿教学秩序（1976—1983）

1976 年历时十年之久的“文化大革命”的结束。十年“文化大革命”的浩劫，给天津大学广大师生以深刻的教训，人心思定、人心思治、人心思上。只有拨乱反正、正本清源，打破束缚知识分子的精神枷锁，才能恢复和发展教育事业。

1978 年 2 月，学校建立了落实政策办公室。1978 年 9 月在校党委领导下，召开了天津大学第一次落实政策大会，为原校长、一级教授张国藩等在全校影响比较大的而又具有典型性和代表性的 7 位同志平反昭雪、恢复了名誉。随后各系各单位也都相继多次召开了平反大会。束缚了知识分子十年的精神枷锁被打破，广大教师气顺、心齐，积极投身到恢复正常教学秩序的各项工作中。

首先是恢复统一考试，实行择优录取。学生的文化程度关系着学校的教育质量。为纠正“文化大革命”期间招生制度的种种弊端，1977 年 10 月，国务院批转教育部《关于 1977 年高考学校招生工作的意见》以及《关于高等学校招收研究生的意见》，恢复了统一招生考试的制度。文件规定：“凡是工人、农民、上山下乡和回乡知识青年、复员军人、干部和应届毕业生，只要符合条件都可报考。从应届高中毕业生中招收的人数约占招生总数的百分之二十至三十。考生应具有高中毕业或相当于高中毕业的文化水平。”[1] 修改了政审标准，贯彻了“主要看本人政治思想的表现”的原则。文件恢复了“文化大革命”以前“统一考试、择优录取”的招生办法。1977 年招收了恢复高考后的第一批大学本科新生。

其次，有计划、有步骤地提高教学质量。1978 年 10 月 4 日，教育部发出通

---

[1] 张凤来，王杰：《北洋大学—天津大学校史》（第 2 卷），天津大学出版社 1990 年版，第 275 页。

知，要求重点高等学校的全体师生员工讨论并试行《全国重点高等学校暂行工作条例（草案）》，这个草案是根据新时期的总任务和近几年来的新经验、新情况，对 1961 年颁布试行的“高校 60 条”进行修改而成的。学校经过充分讨论，根据“高校 60 条”的原则精神和具体要求，全面拨乱反正，整顿教学秩序，提高教学质量。

一是重新修订教学计划。各专业重新修订了教学计划。新计划以培养德、智、体全面发展的高级工程技术人才为目标，要求学生拥护中国共产党、热爱社会主义，并获得工程师的基本训练和健全的体魄。

二是修订教学大纲和编写新教材。从 1979 年起，学校按照新的教学计划，修订各门课程的教学大纲。各专业认真总结了 30 年来正反两方面的经验，参照 1962 年教育部制订的教学大纲并吸取近年来国内外有益的经验，经过充分讨论和研究，1980 年制订出了既符合我国高等工业学校的实际，又适应我国社会主义现代化建设对培养人才需要的教学大纲。

三是恢复教研室，加强基础课。“文化大革命”期间，以教师联系学生及基础课和专业课结合为名，取消了政治课和基础课部各教研室，教师下放到系。各系的专业教研室，又以便于学生“上、管、改”为名，成立了师生编在一起的专业委员会。教研室被撤销严重影响了教学质量。恢复教研室，同时加强了学科要求，明确了教研室任务。

四是贯彻以教学为主的原则，发挥教师的主导作用。经过拨乱反正，纠正了“文化大革命”时期的混乱现象，加强了课堂教学。为提高教学质量，学校提出了要发挥老教师的作用，安排有经验的教师讲课，并于 1980 年 12 月，专门做出了《关于努力提高教学质量、配备教学效果良好和有经验的教师担任讲课的决议》。

五是开展教学研究，总结交流教学经验。经过拨乱反正，贯彻以教学为主的原则，发挥教师的主导作用。各系和教研室大力开展教学研究活动，明确各门课程的教学要求，精选教学内容，削枝强干，突出知识要点。注意开展启发式教学，调动教与学的两个积极性。

⇑ 图1-3-1　天津大学新校门

六是加强实践性教学环节。工科是应用学科，要提高教育质量，在加强基础理论教学的同时，必须重视各个实践教学环节的教学工作。在拨乱反正期间，天津大学积极恢复和整顿实验室。到 1980 年年底，全校恢复和新建实验室 60 个，已开出实验项目 762 个，占应开项目的 72%。同时，实验内容不断更新，以适应科学技术发展的新形势。另外，整顿和扩建了学校的六个实习加工厂。根据教学计划，每年约有 1000 多名学生到厂进行学工劳动、生产实习或毕业实习。

七是重新修订《学则》。根据几年来的教学实践经验，1981 年，制订了《天津大学暂行学则》，共有 8 项 47 条。新的《学则》严格规定了入学条件，保证了新生质量；健全了成绩考核制度，严格了评定标准；做出了关于升留级、休学、退学、转学、转专业以及奖励与处分的具体规定；制订了关于加强纪律尤其是课堂纪律和考勤管理的具体措施；提出了关于毕业分配、授予学位、颁发证书的具体要求。新的《学则》恢复了德、智、体全面发展的教育方针，极大地调动了学生的积极性。

总之，几年来，经过贯彻"高校 60 条"、全面拨乱反正、整顿教学秩序，天津大学的教学工作走上正轨，教育质量日益提高。

1977 年 7 月 29 日，邓小平在听取教育部工作汇报时指出："要抓一批重点大学。重点大学既是办教育的中心，又是办科研的中心。"[1]

1979 年 1 月，国家科委、教育部和农林部在北京联合召开全国高等学校科学研究工作会议，根据十一届三中全会精神和邓小平的指示，讨论了随着全党工作重点的转移，如何把高等学校办成既是教育中心又是科学研究中心的问题。会议指出，在整个教育工作中，高等学校有着特别重要的地位，它是我国文化和科学水平的重要标志，承担着培养专门人才、发展科学技术的双重任务。会议要求全国高等学校应当把工作重点"转移到教学和科学研究工作上来。全国重点高等学校更应当努力办成教育中心和科学研究中心，以培养又红又专的高

---

[1] 张凤来，王杰：《北洋大学—天津大学校史》（第 2 卷），天津大学出版社 1990 年版，第 287 页。

级专门人才和赶超世界先进科学技术水平为奋斗目标，出人才，出成果，促进社会主义现代化建设”[1]。并指出，当前在高等学校应大力提高师资水平，培养出各学科的学术领导人，这是建设“两个中心”的关键。李曙森校长出席了会议。按照会议精神，天津大学进行了学科建设，加强了科学研究。

1966 年以来，由于“文化大革命”，天津大学在校的研究生被迫中断学习，并停止招收研究生达 12 年之久。为培养高层次的专门人才，根据教育部《关于高等学校招收研究生的意见》，从 1978 年起，天津大学恢复招收硕士研究生，学制二至四年。硕士研究生的培养目标是：具有社会主义觉悟，比较熟悉马克思主义，具有系统而坚实的理论基础、专业知识和科学实验的技能，懂得两门外语，能独立进行科学研究工作和相应的教学工作，身体健康。研究生毕业以后，一般分配到科学研究单位和高等学校从事教学科研工作，或其他需要高级科学技术人才的单位工作。

天津大学历来重视科学研究，把它视为提高教学质量、提高教师水平和教育为经济建设服务的根本性措施。“文化大革命”期间，科学研究遭到破坏。粉碎“四人帮”以后，经过拨乱反正，科学研究又开始广泛开展起来。

1977 年 5 月，根据国家科委下达的科研任务，结合学校的实际情况，天津大学制订了 1977 年科研计划，提出了 86 个项目。同年 9 月，中共中央发出了关于召开全国科学大会的通知。《通知》吹响了向科学进军的号角，广大教师和科研人员干劲倍增，在校党委领导下积极行动起来，决心使学校成为科学研究的重要方面军，具体制订了把天津大学科研工作搞上去的各种措施。同年 10 月召开天津市科学技术工作会议，介绍了天津大学大力开展科学研究的典型实例。会上，天津大学有 12 个单位被评为市级先进集体，77 人被评为市级先进工作者。

1978 年 3 月，中共中央在北京隆重召开了全国科学大会，邓小平明确提出“科学技术是生产力”，“四个现代化，关键是科学技术现代化”。天津大学派代表出席了这次全国科学界规模空前的盛会，拿出了 20 项科研成果，向全国科学

[1] 张凤来，王杰：《北洋大学—天津大学校史》（第 2 卷），天津大学出版社 1990 年版，第 287 页。

大会献礼。

全国科学大会的召开，标志着“科学春天”的到来。它极大地调动了广大教师和科研人员的积极性。他们精神振奋，意气风发，踊跃地参加到科学研究之中。

二、构建新的综合发展蓝图（1983—2001）

天津大学早在1895年创建之初就是一所具有法、工、文、理的综合性大学，同时工科优势明显。百年来的办学过程中出现过专办工科时期，工科进一步加强，但是其他学科偏弱。

1979年1月的全国高等学校科学研究工作会议，讨论了如何把高等学校办成既是教育中心，又是科学研究中心的问题。面对新的发展要求，重新构建综合性大学提上议事日程。为贯彻会议精神，学校决定逐步将天津大学建设成为理工结合的综合性大学。

首先，学校对系科设置做了新的调整，兴办理科专业和理工结合的新专业，加强基础理论和技术基础，对部分专业做了更新。经过筹备调整，在原来机械制造工程、精密仪器工程、无线电子工程、电力及自动化工程、化学工程、土木建筑工程、水利工程7个系的基础上，增加了计算机科学与工程、热物理工程、建筑工程、船舶工程、工业管理工程、基础科学6个系。原无线电工程系，更名为电子工程系；原土木建筑工程系，更名为土木工程系。另有马列主义、体育、中文3个直属公共课教研室。新增了系统工程、应用数学、应用物理、应用力学、工程热物理5个专业。全校由原来的38个专业发展到43个专业，并筹备建立化学、生物及医学仪器两专业。

其次，学校将师资队伍建设作为重点任务列入发展计划。教务处增设了师资培训科，专管这项工作。对老教师主要是合理安排，大胆任用，创造条件，发挥专长，充分发挥他们的“传、帮、带”的作用（即传授教学、科研经验，帮助中青年教师提高业务水平，是各学科的学术带头人）。学校任命他们中的一些人担任校、系、教研室各级领导职务，安排老教师参加一些科学技术调研或专业性会议，并派他们出国考察或短期讲学，更多地了解掌握国内外先进科学技术。为了充分发挥他们的作用，对有专长的老教师配备了教学和科研工作的助手。对中年教师，在解决他们定位、定任务和确定学科主攻方向的基础上，主要帮助他们补修较高深的基础理论或专业理论，补修第二外国语，提高外语水平，了解国内外的先进科学技术。对青年教师主要是打基础，补习基础理论和技术基础理论以及外国语，并提高他们教学和科研工作能力。学校鼓励青年教师攻读硕士、博士学位，并分期分批地选派了 97 名中青年骨干教师和研究生赴别的国家进修。

再次，学校加强对于科学研究工作的领导，建立了天津大学学术委员会。增加了科研院所，到 1980 年 8 月，全校已建立和正在建设中的研究院所（室）有 15 个，包括建筑设计研究院、内燃机研究所、激光及应用光学研究所、系统工程研究所、能源研究所等。学校并不断地增添各种精密、贵重、稀缺仪器以及各类机床、大型港池、船闸槽等系统、设备和装置，为科学研究的开展提供了物质条件。

这一时期，学校学术水平不断提高，学术交流空前活跃，国际学术交流活动也日益频繁。美国、日本、英国、加拿大、挪威等国的教育代表团和大学代表团先后来学校访问，学校也组团到美、英、荷兰、意大利等国访问。

1983 年新学期开始前，学校召开党支部书记、教研室主任以上干部会议，时任校长史绍熙提出了学校改革的初步设想，"改革是我校今年工作的中心，要有领导有秩序地进行"，"高校改革重点应放在教学、科研两个中心上"，学校向全体师生员工发出号召"团结奋斗，振兴天大"。[1]

学校召开了教学工作会议，提出教学改革的具体措施，提出继续发扬北洋大学"严谨治学、严格要求"的优良传统，努力提高教学质量。表彰了"模范

[1] 张凤来，王杰：《北洋大学—天津大学校史》（第 2 卷），天津大学出版社 1990 年版，第 330 页。

教师”和“优秀教师”，设立了“教学研究成果奖”，调动广大教师尤其是高级职称教师上教学第一线。为促进学校向理工结合、文理渗透的方向发展，加强基础理论教学，发挥重点学科优势，成立了人文社会科学系，将原化学工程系分为化学工程、应用化学、化学三个系，基础课部分为数学、物理、力学、外语四个系。

学校举办了首次科技成果发奖大会。学校出资作为科研成果奖金，颁发给获得国家发明奖和市级奖的人员，鼓励全校师生积极开展科研。1983 年内，学校有 21 项科研成果通过鉴定，其中 5 项接近国际水平。

1984 年学校加大改革力度，加快改革步伐。以“振兴天大”为主题，狠抓整党和改革两件大事，提出以整党促进改革，以改革检验整党。在改革工作中提出管理改革与业务改革相结合、相促进的号召，天津大学各项改革全面推开。学校八项改革措施付诸实施：权力下放，给系“松绑”；取消综合奖金，实行岗位津贴；在教职工中实行聘任制、合同制；在房屋分配上破除平均主义；破格晋升中青年正、副教授；改革校办工厂，扩大其自主权，坚持自负盈亏；确定改革试点单位；改进后勤服务。

学校在改革中发展，在校本科生八千余人，硕士生、博士生近千人，进修生近千人。成立了研究生院、管理学院、石油化工学院，建立了全国第一个石油化工技术开发中心。

学校召开了首次科研工作会议，提出迎接世界新技术革命的挑战，推动和加速科研改革。不仅科研项目、学术论文数量大幅提升，而且科技协作发展迅速，与天津、常州、牡丹江、营口、太原等 19 个城市和地区以及 12 个县建立了科技协作关系，完成各种经济技术项目近百项。与此同时，国际间科技交流也有大进展，同美国、加拿大等国的 9 所院校签订了科技交流协议和全面合作协议。

学校教学工作狠抓“双严”的落实，试行优异生选拔制，学生工作实行齐抓共管、综合培养。学校召开教育研究工作会议，提高教育水平，着手高层次培养和多层次培养，以适应“三个面向”的要求。校园治理取得十项成绩，北洋广场落成，北洋纪念亭和求是亭相继建成，教学区形成了美丽良好的环境。

⇑ 图 1-3-2　北洋广场
⇑ 图 1-3-3　北洋纪念亭
⇓ 图 1-3-4　敬业湖和求是亭

学校被评为创建文明单位和绿化先进单位。

1985年，学校继续推进各方面的改革步伐，下发了21个改革规定。首先学校确定了由单一工科向理工、文、管相结合的综合性大学发展的方向，改变了过去单一层次的办学模式，实行多层次联合办学。建立重点学科，确定学科梯队。活化专业，建立新的学科专业，拓宽专业面。改革教学组织，建立学科组。改革招生分配办法，建立优异生奖励制度，实行双学位制度，实行学分制度和弹性学制等等。

科研项目实行校系两级管理，扩大横向联合，抓好国家重点项目的完成，确立面向经济建设服务的方针。学校科研工作取得显著成果，共完成国家“六五”攻关项目65项，其中达到国际先进水平的15项，达到国内先进水平和填补空白的34项，获得国家技术进步奖或发明奖的5项。

这一年的春天，张太雷烈士铜像在北洋广场落成。10月2日，纪念学校建校90周年，全校15000名师生和海内外4000多名校友参加了校庆活动。校庆期间共召开学术交流会600多场次，签订了多项科技合作协议。90周年校庆检阅了天津大学90年来的发展，尤其是近几年来改革开放取得的丰硕成果，激发了全校师生热爱母校、振兴天大的热情，天津大学的各项工作出现了勃勃生机。

从1978年起天津大学恢复招收研究生。随着研究生招生规模的不断扩大，天津大学陆续制订了《关于研究生培养方案》、《天津大学研究生学籍管理暂行规定》和《关于论文答辩的有关事宜》等管理规定。从而为以后扩大研究生招生和建立研究生院奠定了基础。1984年学校被批准为首批试办研究生院单位。

1985年11月29日，天津大学召开了首次研究生教育工作会议。对于研究生招生、培养、学位、分配、思想政治工作等多个方面展开讨论。这次会议对于研究生教育工作研讨之系统、深刻、全面都是前所未有的，将研究生教育工作摆到了“提高我国科技水平，攀登科学高峰的必由之路”，“关系到我国现代化建设成败的一个重大问题，是发展我国高等教育事业的根本大计”的高度，摆到了能否确立学校为重点大学的地位，“实现我校奋斗目标的重要任务”的高度。会议提出“全校办研究生院，为培养高质量的研究生而努力”的号召。这

⇑ 图 1-3-5　竖立在北洋广场上的张太雷烈士铜像

⇓ 图 1-3-6　1984 年 12 月 18 日天津大学研究生院成立

次会议可称为天津大学研究生教育工作的一个里程碑。此后学校研究生培养能力不断增强，为学校向研究型大学过渡创造了条件。

1986 年，天津大学开始实施“七五”事业发展规划，规划的指导原则是把天津大学建设成为教学、科研“两个中心”。主要奋斗目标是：经过努力，把天津大学办成工科、理科、文科和管理学科相结合的综合性高等学校。在若干学科领域形成自己的特色，使学校成为在国内居于领先地位、在国际上享有较高声誉的高等学府。“七五”期间天津大学不仅继续了“六五”期间良好的发展势头，而且各项工作上了一个新的台阶。到“七五”末期，学校建设成为教学和科学研究两个中心的格局已经形成。

1991 年学校着手制订“八五规划”，规划所提出的发展目标是：天津大学向着综合性、研究型、开放式的目标发展，以“稳定规模、优化结构、深化改革、提高质量”为工作重点深化改革。争取学校事业有较大发展，使学校成为具有适应社会发展需要的，面向 21 世纪的综合性、研究型、开放式的社会主义现代化大学。1992 年，国家教委正式宣布将天津大学列入“八五”期间国家重点投资建设院校，同年批准学校为国家教委第三批校内管理体制改革试点院校。

在本科生、研究生中实施《综合培养方案》，逐步推行《德育教育实施纲要》。深化教学改革，进行“双严”教风建设。继续实行按类招生，加强基础、活化专业、按需定向。因材施教，搞活教学，将竞争机制引入教学。加强工程实践训练，重视实践教学环节。在教师中实行诱导、竞争机制，千方百计把本科教学质量搞上去。稳定本科生规模，扩大研究生规模。同时学校科研工作取得了显著的成绩。

20 世纪 90 年代初，中共中央、国务院决定在我国高等学校中实施“211 工程”，即“面向 21 世纪，分期分批重点建设 100 所左右的高等学校和一批重点学科”。这是一项对我国社会主义现代化建设具有战略意义的基础性工程。学校高度重视，并以此为契机，加快改革步伐，提高整体水平，为创建一流大学而努力奋斗。

为迎接“211 工程”部门预审，学校成立了“211 工程”领导小组，下设办公室，抓紧做好各项筹备工作。经过全校上下反复讨论，确定了学校面向 21 世纪发展目标和总体思路，制订了学校整体规划方案以及学科建设、队伍建设、人才培养和保障体系等部分实施方案。1995 年 5 月 22 日至 24 日，国家教委和天津市人民政府共同组织专家组对学校申请进入“211 工程”进行了部门预审。专家组一致建议，通过天津大学申请进入“211 工程”部门预审。天津大学顺利通过“211 工程”部门预审，成为我国首批建设的若干所重点大学之一。至此，一个综合性、研究型、开放式的现代化大学已初具规模。

天津大学成为国家“211 工程”首批重点建设的高等学校之一，极大地振奋了全校师生员工和海内外校友的办学和学习热情，进一步提高了天津大学在我国高等教育界的地位，为即将到来的百岁华诞献上了一份厚礼。

1995 年 10 月 2 日，天津大学迎来了她的百年华诞。

10 月 2 日，天津大学（原北洋大学）建校 100 周年庆祝大会在北洋广场隆重举行。全校师生员工和海内外校友 2 万余人参加了这一盛大庆典。出席庆祝大会的领导同志有中共中央政治局常委、全国政协主席李瑞环，中共中央政治局委员、国务院副总理李岚清等人，以及来自北京大学、清华大学、南开大学、上海交通大学、西安交通大学、中原大学（台湾）等 40 多所院校的院校长，27 位中科院院士、工程院院士，20 多个大型企业集团的代表等。

国务院副总理李岚清代表党中央和国务院向学校表示热烈的祝贺，并向全校广大师生员工致以亲切的问候；国家教委副主任张天保在庆祝大会上宣读了国家教委的贺电：“……天津大学是我国近代高等教育史上建校最早的高等学府。在一个世纪的办学历程中，天津大学形成了优良的校风和学风，积累了丰富的办学经验，为祖国培养和造就了一大批栋梁之材，以其优良的办学传统和特色饮誉海内外……今天的天津大学，已成为我国培养高层次专门人才和开展科学研究的重要基地之一。”[1]

作为中国近代教育史上的第一所大学的百年华诞，得到了社会各界特别是

---

[1] 李义丹，王杰：《天津大学简史》，天津大学出版社 2006 年版，第 102 页。

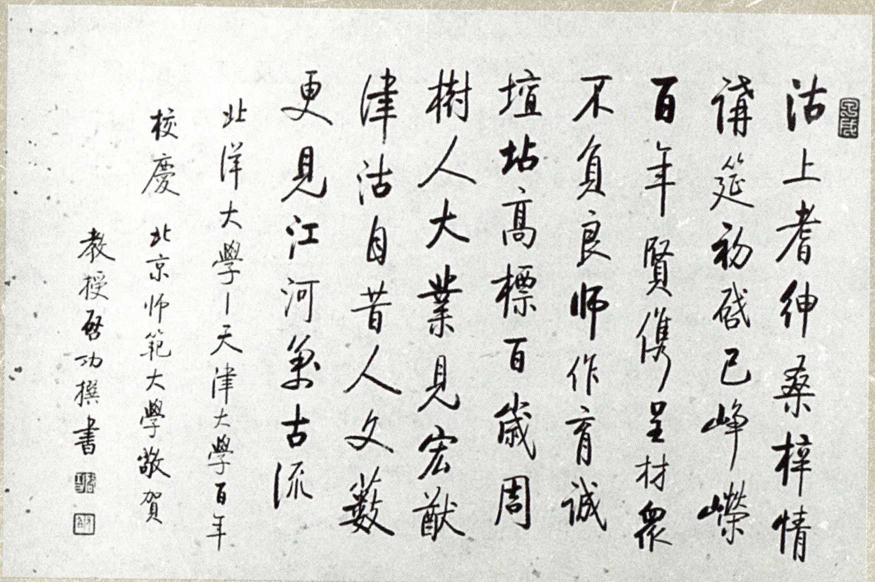

⇑ 图 1-3-7　启功为天津大学百年校庆题词

新闻界的强烈关注。校庆期间，各新闻媒体主动配合，积极参与，形成了宣传热潮，使天大百年校庆在海内外产生了广泛而深刻的影响。

承前启后，继往开来。百年校庆是天津大学发展里程中重要的里程碑，是对北洋大学—天津大学一个世纪办学历程的总结与回顾，也是天津大学迈向新世纪的前进宣言。

三、“三步走”建设世界一流大学（2001—2013）

新世纪来临之际，我国的高等教育事业面临着前所未有的机遇和挑战，教育部利用实施“211工程”的机会，对于高校进行规模重组，此时许多学校合并组合，进行规模扩大，以增强自己的实力和竞争力。

天津大学和南开大学也同样面临是否进行“强强联合”。2000年7月，教育部正式明确了天津大学、南开大学两校“独立办学、紧密合作”，并将两校列入国家重点建设高水平大学行列。2000年12月25日，教育部与天津市人民政府签署了重点建设天津大学、南开大学协议。根据协议精神，两所大学仍为教育部直属高校，实行教育部与天津市共建共管。2001年6月，国务院副总理李岚清视察了天津大学，他先后参观了内燃机研究所、摩托车设计中心、生物信息中心、学生食堂和学生宿舍，并举行了座谈会，听取了天津市委有关领导关于天津大学和南开大学合作办学工作的汇报以及两校创建国内外知名高水平大学的构想。

天津大学得到教育部和天津市重点共建，既是难得的机遇也是艰巨的任务和挑战。天津大学在充分论证的基础上，借鉴国内外著名大学的办学经验，于2001年年底出台了天津大学事业发展的“十五”计划，设计了学校发展的大思路。在“十五”计划中，正式提出了“办特色、出精品、上水平”九字方针的发展战略和“建设国内外知名高水平大学”的发展目标。

2003年11月，在中国共产党天津大学第七次代表大会上，天津大学党委制订了到 21 世纪中叶前后，把天津大学建设成为综合性、研究型、开放式、国际化的世界一流大学的发展目标；提出了“三步走”发展战略，以推动天津大学更好更快地向前发展。

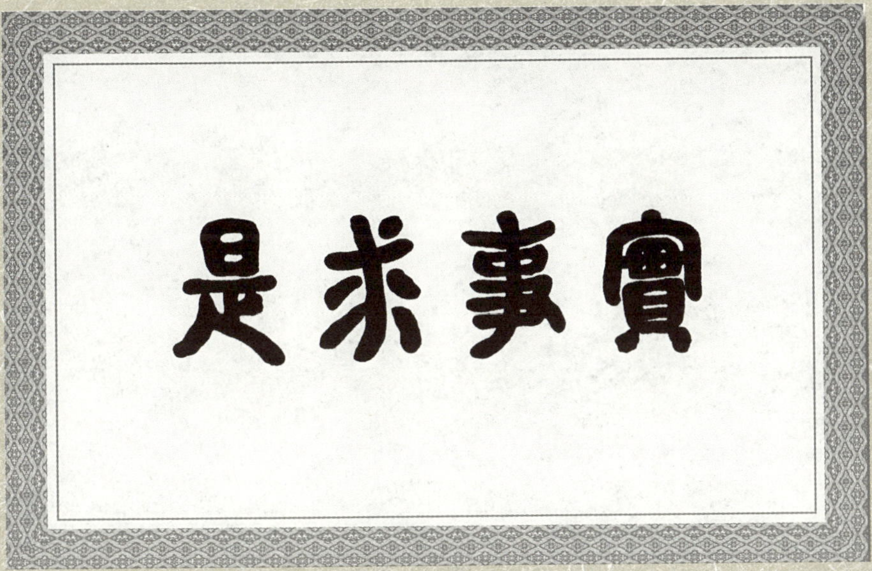

⇑ 北洋大学校训

第二章

兴学强国的精神诉求

——以学校发展为脉络

盛宣怀在创建北洋大学堂的章程中深刻指出："自强首在储才，储才必先兴学"，将"兴学强国"作为创建大学的根本目的，同时也赋予了中国大学"兴学"与"强国"的历史使命。从旧中国抵御外辱，铲除腐朽制度，到新中国建设社会主义强国，一百多年来北洋人一直不辱使命，为国家和民族强盛而"兴学"不止。无论是在平时如春风化雨教书育人，还是在民族危难风雷激荡时如排山倒海浴血抗争，"兴学强国的爱国精神"始终是一代代北洋人宝贵的精神资源和奋斗不息的力量源泉。

第一节　以民族诉求为己任

一、兴学强国的价值取向

"自强首在储才，储才必先兴学"，这是盛宣怀总结洋务运动几十年经验得出的深刻结论，也是对于自第一次鸦片战争到甲午之战数十年间中国抵御外辱屡挫屡败的切肤之痛的深刻总结。“伏查自强之道，以作育人才为本；求才之道，尤宜以设立学堂为先”[1]，盛宣怀简明而深刻地阐述了“兴学”与“强国”之间的关系：强国需要人才，没有人才强国就是一句空话，而人才由哪里来，必须设立大学。这简单的逻辑关系，道出了深刻的哲理：“欲与各国絜长较短”必须走“兴学强国”之路。

中国高等教育“兴学强国”的使命是由中国的实际国情决定的。2012 年 11 月 15 日，习近平在十八届中共中央政治局常委同中外记者见面会上的讲话中，深刻回忆了中国近代以来的历史，诚恳地谈到了这一代人的责任：“近代以后，我们的民族历经磨难，中华民族到了最危险的时候。自那时以来，为了实现中华民族伟大复兴，无数仁人志士奋起抗争，但一次又一次地失败了。中国共产党成立后，团结带领人民前赴后继、顽强奋斗，把贫穷落后的旧中国变成日益走向繁荣富强的新中国，中华民族伟大复兴展现出前所未有的光明前景。我们的责任，就是要团结带领全党全国各族人民，接过历史的接力棒，继续为实现中华民族伟大复兴而努力奋斗，使中华民族更加坚强有力地自立于世界民族之林，为人类作出新的更大的贡献。”[2]建设社会主义强国，实现“中华民族伟大复兴”是历史赋予中国人民的神圣使命，亦是中国高等教育在“中华民族伟大复兴”过程中始终要坚持的历史使命。

“兴学强国”将培养人才摆在了国家、民族富强的高度。高起点、高标准，使北洋人在百余年间始终将“兴学救国”作为已任，无论遭遇多少艰难险阻，始终坚持严谨治学，培养高层次人才。110 多年间培养了 20 多万学生，其中不乏学术泰斗和行业先驱如：我国近代法学泰斗，海洋法系创始人，著名外交家王宠惠；著名经济学家，中国近代人口经济理论奠基人马寅初；著名矿冶专家，中国锑矿奠基人王宠佑；我国近代著名诗人，新月诗派创始人徐志摩；等等。方方面面、林林总总，灿若群星、不胜枚举。

---

[1] 张凤来，王杰：《北洋大学—天津大学校史资料选编》（第 1 卷），天津大学出版社 1991 年版，第 3 页。

[2] 习近平：《人民对美好生活的向往就是我们的奋斗目标》，《人民日报》，2012 年 11 月 16 日。

"兴学救国"为北洋大学树立了"兴学强国"的办学目标，由此也赋予了中国高等教育特有的历史使命。"兴学强国"是北洋人执著而崇高的理想追求，是天津大学百年文化的核心价值观。

二、为"继起者规式"的探索精神

盛宣怀创建北洋大学堂的目的之一，就是为"继起者规式"。他在创建章程中提出：大学堂"是以常年经费甚巨，势难广设。现拟先在天津开设一处，以为规式"，即为后来开设的大学做个示范。那么北洋大学堂起到了怎样的"规式"作用呢?

一是确定了"兴学强国"的办学宗旨。教育是救国强国之本，大学的首要任务就是"兴学强国"。盛宣怀在创办北洋大学的章程中首先提出"自强首在储才，储才必先兴学"这一"兴学强国"的主张。北洋大学堂即为"兴学强国"而建立，高举起教育强国的旗帜，从此"兴学强国"成为中国大学百年传承的历史使命。

二是确定了与西方现代大学相一致的学科结构。北洋大学堂初创是综合性大学。初创之时，头等学堂分设律例、工程、矿冶和机械 4 学科。既有社会科学学科，又有自然科学学科，与国家经济、政治的需要紧密联系在一起。这样的学科设置在当时是领先的。盛宣怀在规划北洋大学堂设立方案时，请美国学者丁家立以美国大学的经验作为学堂的办学蓝本。这一时期美国的南北战争已结束，社会工业化步伐加快，哈佛、耶鲁等传统大学开始向现代大学转型，芝加哥、克拉克等新的研究型大学建立，工程技术人才的培养成为美国大学适应社会需要的发展趋势，此时的工程（土木）、矿业、机械等学科，成为美国高等教育的新兴和前沿学科。由此可见，北洋大学堂学科的设立是着眼于当时世界高等教育前沿的，在我国更是处于领先地位。

三是确定了北洋大学堂的办学层次，形成了中国高等教育办学层次的雏形。

北洋大学堂设有头等学堂和二等学堂，头等学堂是大学本科，二等学堂是大学预科。同时规定本科毕业后留学欧美大学研究院攻读研究生。基本形成了我国从预科、本科到研究生的高等教育培养层次。

四是确立了注重实际、学以致用的作风。清末的八股取士脱离实际，浮华空泛，被世人痛斥为“国之祸患”。北洋大学堂则一改封建教育八股取士传统，以教授西方先进的科学技术，培养学生的真才实学为目的。所教授的课程密切联系国家和经济需要，不搞尊孔尊儒，不开设儒学课程。安排实验实习课程，学生下矿井实习，到野外测量，学以致用，奠定了中国高等教育崇尚科学、求真务实之风。1896 年春，盛宣怀禀明两江总督刘坤一，筹款议建南洋公学，“初议筹设南洋公学，拟照天津分设头等二等两学堂”，“如津学之制而损益之”。[1] 继南洋公学之后，在四川、山西、湖北等省也先后设立了大学堂，印证了盛宣怀“为继起者规式”，开中国现代高等教育先河的初衷。

三、以需办学的灵活方式

北洋大学的创建本身就是对于传统封建教育的突破。初创之时，不设中学，只设西学；学科不设五经七律之学，而设律例（法律）、工程（土木）、矿冶和机械等西方学科；课程不开设经史子集，而是开设材料学、机械学、矿冶学等现代知识课程。所有这些对于中国传统教育的颠覆，目的只有一个，就是根据“兴学强国”的实际需要办学。在其后的办学过程中，北洋大学不断地根据国家需要增设学科。1897 年增设铁路专科；1898 年附设铁路班；1903 年附设法文班、俄文班，培养专门翻译人才；1907 年开办师范科，培养师资。盛宣怀在申请成立北洋大学堂的奏折中提道“自强首在储才”，所“储”之“才”必须国家需要。这是北洋大学的一条办学原则。在这一原则培养下，北洋大学培养的许

[1] 王杰，祝士明：《学府典章》，天津大学出版社 2010 年版，第 27 页。

⇑ 图 2-1-1　盛宣怀申请成立北洋大学堂的奏折

多人才，都成为了某一领域的开创者。

中国现代师范教育的创始人李建勋，1908 年毕业于北洋大学堂师范班，民国初年留学日本，就读于广岛高师。1917 年赴美国留学，获哥伦比亚大学教育学硕士学位，回国后任北京高师教育研究科主任。1921 年任北京高师校长。1923 年再赴哥伦比亚大学进修，获博士学位，回国后任教于东南大学和清华大学，1929 年又回到北京师大，历任教育系主任、教育学院院长和教育研究所所长。李建勋毕生致力于师范教育工作，对于我国高等师范教育制度的确立作过不懈的努力，他关于高等师范教育的办学理念影响至今。

中国现代女子师范教育的奠基人齐璧亭，1907 年入北洋大学堂师范科。1908 年，北洋大学堂选派齐璧亭等 5 人赴日本广岛高等师范学校学习。1916 年至 1949 年先后任河北师范大学第一女子师范学校校长、河北省立女子师范学院院长，为该校创建以来任职时间最长的校长。他是我国近代知名教育家、女子师范教育奠基人，致力于女子师范教育长达 34 年，其理论和实践均为我国师范教育做出了突出贡献。

上述仅仅是北洋大学灵活办学，开办师范科为中国教育做出的贡献，在其百年间的办学历史上这样的事例不胜枚举。

第二节 “要实地把中华改造”的行为准则

一、“不从纸上逞空谈”

北洋大学校歌中写道：“不从纸上逞空谈，要实地把中华改造。”

作为一所以工为主、工法结合的多学科综合发展的大学，北洋大学强调笃实践行、不尚空谈。早在 20 世纪二三十年代，她就率先实践了“培养满足现代社会生产发展需要的工程科技人才，将科技成果通过中间试验，应用于生产，物化为现实的生产力”[1]，这一现代高等工程教育的使命，发挥了现代大学育人、科研和服务社会的功能。

早在1935年，时任北洋工学院院长的李书田在《四十年来之中国工程教育》一文中就指出：中国之工程教育与中国之现代大学教育，同年同月同日生，即中国起始有现代大学之日，就有工程科系，其时恰为四十年前，既民国纪元前十七年之十月二日。最早的大学，国立北洋大学。

传统大学向现代大学的转变，始于德国的柏林大学。19世纪初，德国的教育部长兼柏林大学校长洪堡，在德国实行教育改革，以柏林大学为试点，施行教育和科学研究相结合，由此带动了世界上的大学向现代大学的转型。韩水法在《谁想要世界一流大学》一文中曾指出：“洪堡1810年按照两条新人文主义的原则建立了一所与当时德国大学模式乃至英法大学模式迥异的柏林大学。这两条原则一是学术和教学自由，二是教学与科学研究相统一。它使德国在几十年内一跃成为拥有世界上最先进的大学制度和系统的国家。美国那些著名的大学在19世纪后半期的发展，几乎可以说是以洪堡式的德国大学陶铸自己的结果。”[2]

在中国，北洋大学率先实践了这一转变。1928年，由北洋大学教授、水利工程专家、中国水利工程学会会长李仪祉发起组织，黄河水利委员会、北洋工学院和河北省立专门学校合作，建立了“天津水工试验所”，并成立了董事会，李仪祉任董事长。建所的目的是组织科研力量，开展黄河水利工程项目的研究，直接为治理黄河服务。天津水工试验所是学校与工程单位结合、学校和企业共同承担研究项目联合开展科学研究的产学研一体化的研究所，是我们今天所倡导的产学研相结合模式的先驱和开创者。它所体现的“教学和科学研究相结合”，不仅仅局限于学校本身，而且体现在更广的层面上，即学校与社会结合的层面上。这一产学研结合的办所模式得到了社会的欢迎，展示了广阔的发展前

---

[1] 张光斗，王冀生：《中国高等工程教育》，清华大学出版社1995年版，第4页。

[2] 杨东平：《大学之道》，文汇出版社2003年版，第105页。

景。1934 年该所进行了扩充，加入了华北水利委员会、导淮委员会、太湖流域水利委员会。1935 年更名为“中国第一水工试验所”，李书田（时任北洋工学院院长）任董事长。该所几乎汇聚了当时中国水利工程界的全部专家，取得了黄河、淮河、海河治理的一批研究成果。

1933 年北洋工学院还成立了矿冶工程研究所和工程材料研究所。这两个研究所是教学科研一体化的组织，两所所长分别由矿冶工程系和土木工程系主任担任，两所的研究员也分别由两系的教授和副教授担任。1934 年，合并两个研究所，设立“国立北洋工学院工科研究所”，“以招收国内外大学或独立学院工科毕业生，研究高深学问，并供给教授研究各项工程问题之便利，及代外界解决工程实际技术问题”[1]为宗旨。这包括了三项核心内容，即培养研究生、开展学术研究和为社会生产服务。这一宗旨完全吻合现代大学的职能。正如美国教育家亚伯拉罕·弗莱克斯纳在《现代大学论——美英德大学研究》中指出的：“现代大学的最重要的职能，是在尽可能有利的条件下深入研究各种现象”，“追求科学和学术的工作”。“现代大学在最高层次上全心全意并毫无保留地致力于增进知识、研究问题和训练学生”，同时，“在现代大学中建立或与现代大学保持联系的研究所，可以避免孤立的研究所所面临的局限性”。[2]由此可见，中国第一水工试验所和国立北洋工学院工科研究所的建立，在当时国内具有明显的先进性，更符合国际上现代大学发展的方向，是中国大学走出“象牙塔”、“不从纸上逞空谈”的典范。

二、新中国高校的孵化器

1951 年天津大学的调整拉开了中国高等教育大调整的序幕，天津大学先行

---

[1] 张凤来，王杰：《北洋大学—天津大学校史资料选编》（第 1 卷），天津大学出版社 1991 年版，第 301 页。

[2] 亚伯拉罕·弗莱克斯纳著．徐辉，陈晓菲译：《现代大学论——美英德大学研究》，浙江教育出版社 2001 年版，第 19 页。

先试的经验逐步在全国推广，成为了构建新中国新的高等教育体系的战略举措。

1951 年到 1970 年，在长达近 20 年的院系调整中，天津大学先后调出近 20 个系组，充实和建立了一批新的大学，为新中国高等教育体系的建立做出了“孵化器”式的贡献。同时，一些兄弟院校的科系也调入天津大学，形成了新的学科优势，如化工、建筑。至此，天津大学由一所理工结合的大学转变成为一所多科性工业大学。院系调整中调出的科系和调入的科系见表 2–2–1 和表 2–2–2。

天津大学办学性质的转变符合国家对于高等工程教育调整的设想，国家要求调整后的工科院校分为两类，一类是多科性工业大学，如清华大学、天津大学、交通大学、浙江大学等少数高校。另一类是众多的单科性学院，如北京地质学院、北京矿冶学院、华北水利学院等。

调整后的天津大学规模发展很快，加之 1958 年形成的多种办学模式，在校学生总数由 1957 年的 7 000 余人猛增到万人以上，为建校以来的最大规模，成为全国为数不多的几所万人大学之一。

表 2–2–1　天津大学调出科系表

年份	调出科系	调出去向	现校名
1920年	法科	北京大学	北京大学
1951年	航空系	清华大学，后调入北京航空学院	北京航空航天大学
1952年	数学系	南开大学	南开大学
	物理系	南开大学	南开大学
	地质组	成立北京地质学院	中国地质大学
	冶金系	成立北京钢铁学院	北京科技大学
	采矿系金属矿组	成立北京钢铁学院	北京科技大学
	采矿系采石油组	清华大学	清华大学
	采矿系采煤组	中国矿业学院	中国矿业大学
	化工系石油炼制组	北京石油学院	中国石油大学

续表

年份	调出科系	调出去向	现校名
1952年	化工系石油机械组 化工系石油勘探组	北京石油学院 北京石油学院	中国石油大学 中国石油大学
1954年	附设石油工业学校	燃料工业部	承德高等石油专科学校
1955年	电信系 水利系农田水利及土壤改良专业	北京邮电学院 武汉水利学院	北京邮电大学 武汉水利电力大学
1956年	土木工程系测量专业	武汉测绘学院	武汉测绘科技大学
1959年	纺织工程系	河北纺织工学院	天津工业大学
1960年	矿冶工程系	河北矿冶学院	
1970年	化工系造纸专业	河北轻工业学院	天津科技大学

表 2-2-2 天津大学调入科系表

年份	调入科系名称	调入科系学校
1951年	水利组	北京农业大学
1952年	工学院 工学院 化工系 化工系 化工系 化工系 建筑系	南开大学 津沽大学 北京大学 清华大学 燕京大学 唐山铁道学院 北京铁道学院

院系调整中天津大学服从国家大局需要，发扬无私精神为新中国高等教育体系的建立做出了重大贡献，同时也形成了自身以工科为主、多学科发展的办学架构和特色，形成了自己以工科为主的办学优势。

三、“教育大革命”的探索者

1952年暑假，调整后的天津大学开始积极参加社会主义建设和构建新的社会主义高等教育体系的实践。天津大学根据苏联经验对教学制度、教学内容、教学方法、教学组织等进行了一系列教学改革，在全国起到了率先垂范的作用。

天津大学的教改探索符合党中央关于高等教育探索的方向，受到了党和国家的高度重视和肯定。《人民日报》自1958年1月起陆续登载了介绍天津大学办学经验的文章《天津大学干部特别班效果很好》、《一个实习工厂的转变》、《天津大学同学到各种岗位劳动锻炼》等。

1957年4月，周恩来总理陪同波兰部长会议主席约瑟夫·西伦凯维兹来天津大学参观。

1958年8月13日上午九点三十分，毛泽东主席在河北省和天津市主要领导的陪同下来到天津大学视察。当“毛主席来了！”的消息从广播中传出，整个天津大学沸腾了。数千名师生员工潮水般涌向主楼（第九教学楼）前广场，“毛主席万岁！”的口号声此起彼伏、震耳欲聋。当刚刚听取了学校领导汇报的毛主席出现在主楼平台上时，激动的人群成了欢乐的海洋，大家欢呼、雀跃，振臂高呼：“毛主席万岁！中国共产党万岁！”毛主席频频向师生招手致意。毛主席还视察了学校的机工厂、铸造厂和正在兴建中的硫酸厂。视察中他不断地与师生交谈。来到机工厂的机床前，毛主席亲切地问正在实习的学生张美珍，能看懂图纸吗？能够独立操作吗？有老师教课吗等问题。毛主席关心地嘱咐道：“你们不能只动嘴，不动手。”[1]毛主席在视察中做了重要指示：“高等学校应抓住三个东西，一是党委领导，二是群众路线，三是把教育和生产劳动结合起来。”[2]

随后《人民日报》以《毛主席在天津视察时提出建立地方独立工业体系》、《关于在高等学校贯彻教育和生产劳动相结合的几点认识》、《一次深刻的教育革

---

[1] 天津大学宣传部：《难忘的记忆》，天津大学出版社2009年版，第49页。

[2] 天津大学宣传部：《难忘的记忆》，天津大学出版社2009年版，第59页。

命》等文章，报道了毛主席对于天津大学的视察和天津大学的教育革命经验。随着毛主席走遍祖国大地，关于高等教育的“三点指示”也迅速传遍全国，天津大学教育革命的经验也伴随“教育大革命”的浪潮席卷大江南北而在全国高校中推广。

1958 年 10 月 9 日，当时任中共中央总书记的邓小平来到天津大学视察。邓小平深入实际的作风深深感染了师生。他来到内燃机实验室，一边看机器一边听汇报，边听边问，观察得十分仔细，询问得非常具体。在电力系的回旋加速器车间，他关心地询问：“全国有多少架加速器？”“你们准备拿到北京去参加展览吗？”他指示：“要运去，在北京搞一个大馆，把几架加速器都摆在一起，看谁的好就学谁，大家共同提高。”他还参观了学校的机工厂、汽车拖拉机厂和化工系。最后指示说：“今后大学有三大任务：一是学习；二是生产；三是科学研究。三者互相联系，互相促进，不可偏废。”“大学校要办大事。”[1] 小平同志的讲话至今鼓舞着天津大学的师生，在新世纪天大人就要做天大的事。

1959 年 5 月 28 日，周总理再次来天大视察，视察了图书馆、实验室、学生宿舍和食堂，详细了解了学校的情况，同学校负责人及部分教师进行了座谈，在大操场为学校万余名师生作了精彩的形势报告并对学校的教育教学工作做出了重要指示。周总理指出：教育与生产劳动相结合，教育是主导方面，质量问题是我们跃进中的主要问题，天津大学有好的学习条件和好的学风，今后一定要控制数量，保证质量。

四、高等教育调整提高的试验田

1958 年“大跃进”开始后，正常的教学秩序逐步被打乱，加之以前的“反右运动”伤害了知识分子的感情，高等教育面临着许多问题。1959 年 1 月，中

---

[1] 天津大学宣传部：《难忘的记忆》，天津大学出版社 2009 年版，第 56 页。

共中央召开教育工作会议，提出教育工作应贯彻巩固、整顿、提高和重点发展的方针，正确贯彻执行党的知识分子政策，纠正宁“左”勿右的思想倾向。

为了指导全国高等教育工作，教育部部长杨秀峰于1961年2月深入天津大学调查研究达一月有余。根据天津大学的办学实践，在此基础上委托天津大学起草了《高等学校领导体制的若干规定（草案）》（简称“45条”）。以此为基础，教育部在广泛和反复征求意见的基础上，起草了《教育部直属高等学校暂行工作条例（草案）》（简称“高校60条”）。1961年9月15日，中共中央批准下达全国高校试行，对于全国的高等教育工作起到了重要的指导作用。天津大学作为教育调整提高的试验田，再一次为新中国高等教育做出了示范性贡献。

为落实“高校60条”，学校认真抓教学秩序的整顿和教学质量的提高，制定和完善了许多规章制度，制订了师资培养提高五年规划、研究生培养计划、科研工作计划等。经过整顿，学校的各项工作走上正确的轨道，办学水平得到恢复和提升。

1961年开始长达3年之久的“自然灾害”，给学校的教学和科研带来严重影响，广大师生在身体状况非常虚弱的情况下，保证了学校运转，坚持进行教学，精神难能可贵。

1963年3月，随着经济情况的转好，高校开始恢复正常的教学秩序。天津大学重新落实“高校60条”，制订了《天津大学科学研究十年规划轮廓设想》，根据国家科学技术发展十年规划中向天津大学提出的任务和本校的实际情况，制订了《天津大学1963年科学研究项目计划》。从“高校60条”颁布后，天津大学的各方面工作都出现了可喜的局面，以教学和科研并重的态势向研究型大学的方向发展。

五、高校改革开放的先行者

1976年“四人帮”集团被粉碎，十一届三中全会宣布了长达十年之久的

“文化大革命”的结束，也同时宣布了一个新的时代的到来，中国进入改革开放的新时代。

高等教育如何改革开放？带着疑问和探索走出国门去向世界先进的高等教育学习。1978 年至 1982 年，我国著名高等教育家时任天津大学校长的李曙森和继任校长史绍熙，在出国考察了国际教育发展趋势后，根据国内情况，遵循教育发展规律，在国内最早提出了建设综合性大学的发展目标。

1986 年，天津大学制订学校“七五”发展规划，时任天津大学校长的吴咏诗认真总结了天津大学几年来综合发展的情况，借鉴世界先进大学的发展经验，在国内率先提出了关于“综合性、研究型、开放式”的办学方针。这 9 个字的方针经学校党代会和教代会讨论通过，作为天津大学重要的发展方针来执行。

后来，吴咏诗认为，一方面，只在“开放式”这样的办学目标中体现向世界开放的内容，并没有充分体现“国际化”的内涵和未来大学发展的本质。另一方面，20 世纪 80 年代，国内高教界强调“对外开放”，而在世纪之交，“国际化”已成为国际高等教育发展的重要趋势，它的重要性尤为突出。所以，他认为有必要把“国际化”作为现代大学的发展目标之一单独提出。这是吴咏诗在一段时期内反复思考提炼的观点，并得到了当时学校党委的认可。之后，吴咏诗继续完善他的思想，撰写的论文《综合性、研究型、开放式、国际化——关于建设国内外知名高水平大学的若干思考》，在核心期刊《高等工程教育研究》2001 年第 2 期上发表。他还于 2002 年 11 月在天津召开的“高等教育发展与改革研讨会”上作了这一主题的报告。北大、清华等国内著名高校的校长们对吴咏诗的观点都表示了赞同，并纷纷将国际化列入学校的办学理念和发展目标中来。

吴咏诗的观点贡献在于把“国际化”和“综合性、研究型、开放式”结合在一起，形成了一个完整的建设高水平大学和世界一流大学的奋斗目标。这一目标已为国内一批重点大学所接受，当时教育部有关领导称其为“对中国高教发展的重要贡献”。此外，吴咏诗在论文中对于“教育国际化”的重要性和内涵作了较全面的阐述，尤其是对教育的“国际化”与“民族化”的关系作了重要的说明。天津大学执行“综合性、研究型、开放式、国际化”办学思路，经过将近20年的努力，逐步发展成为一所以工为主，文、理、法、经、管、教育兼备的多学科综合性大学。

六、教育强国的时代责任

迎接21世纪的曙光，中国开始由世界大国向世界强国转变。高等教育也在由教育大国向教育强国转变。建设国内外知名高水平大学和建设世界一流大学的目标已列入一些大学的发展规划。国家关于高等教育发展的“211工程”计划开始启动。

“九五”期间，天津大学以“211工程”建设为契机，以学科建设为龙头，带动师资队伍建设、人才培养和科研发展，取得了可喜的成就，在建设综合性、研究型、开放式、国际化的世界一流大学的征途中迈出了坚实的一步。2001年6月，天大“九五”期间“211工程”建设项目以“全面、高质量完成”的评价通过了教育部验收。

2003年11月，国家发展和改革委员会正式批复了天津大学“十五”期间“211工程”建设项目可行性研究报告，同意天津大学列入国家“211工程”“十五”期间重点建设院校。

“十一五”期间，天津大学获批国家“211工程”三期建设经费1.14亿元，天津市政府“211工程”三期资金配套1亿元的支持。在2006年的“十一五”期间“211工程”国家验收中，专家组对天津大学“211工程”建设所取得的成就给予了充分肯定，建设项目顺利通过了国家验收。

1998年5月4日，江泽民主席在庆祝北京大学建校100周年大会上指出：“为了实现现代化，我国要有若干所具有世界先进水平的一流大学。”由此，教育部决定在实施《面向21世纪教育振兴行动计划》中，重点支持部分高校创建世界一流大学和高水平大学，简称“985工程”。

2000 年年底，教育部与天津市人民政府签署重点共建天津大学协议，标志着天津大学被列入了国家“985 工程”一期重点建设院校，跻身 21 世纪国家重点建设大学的行列。

总之，在“211 工程”和“985 工程”的支持下，天津大学迅猛崛起，进入了快速发展期，各项事业实现了新的跨越：师资队伍形成强势，人才培养桃李芬芳，科学研究硕果累累，国际合作深入拓展，校园建设日趋完善，校园文化日新月异。新世纪以来，天大的综合实力显著提高，已成为高层次创造性人才培养和知识创新的重要基地，为天津市以及全国的经济建设和社会发展提供了强大的智力支持和人才资源，为国民经济建设和社会发展做出了重大贡献。

第三节　爱国奉献的赤子情怀

一、五四运动中高高飘扬的北洋校旗

1919 年 5 月 4 日，北京爆发了以学生运动为先锋的反帝反封建的五四运动。五四运动既是爱国主义运动，又是新文化运动。广大青年学生是这场爱国运动的先锋。

五四运动得到了天津学生的积极响应，5 月 5 日天津各报刊刊登了北京学生五四游行和被政府镇压的消息，天津各校学生立即沸腾起来，纷纷行动声援北京学生。5 日当天，北洋大学的学生连发三封电报给北洋政府和南北和会代表，谴责其镇压学生的行径，要求释放学生。6 日北洋大学又致电巴黎和会中国专使：巴黎胡公使转陆征祥、顾维钧、王正廷各专使钧鉴：为谋世界永久之和平，贯彻公理战胜之精神，青岛、胶济应直接返还我国，“二十一条”条约亦当然废

除。务请诸公力持到底，不获所愿，不签合约。全国人民实同此意。北洋大学全体学生同叩。7日晚天津中等以上学校代表在北洋大学召开天津学生代表会，声援北京学生的爱国行动，参加学生近千人。大会由北洋大学学生代表法科乙班的张鉴喧担任主席。会上先由北洋大学学生代表报告赴京情况，研究决定积极展开如下行动：第一，致电北京政府，提出废除“二十一条”、要求归还青岛等6项主张；第二，发布《天津学生联合会罢课宣言》；第三，各校学生到社会演讲，唤起民众，组织“六五大集会”，赴省署请愿。会后，北洋大学的学生们积极行动起来，组成了44个讲演团分散到市区和郊区动员民众。6月5日，天津学生联合会组织游行请愿，5000多名学生浩浩荡荡向省署进发。面对荷枪实弹如临大敌的军警，学生们面无惧色，高呼口号，推选出北洋大学学生孙越崎、南开中学学生马骏等5人为代表面见省长，直接递交了请愿书，并表明学生们的态度，不归还青岛主权，罢课到底。6月28日是“巴黎和会”的签字日期，时间紧急，天津学生联合会公推代表赴京请愿，北洋大学学生孙越崎为代表之一。这一天，中国专使拒绝在和约上签字，中国人民取得了自鸦片战争以来的第一次外交上的胜利。拒签和约的中国专使王正廷就是北洋大学法科毕业生，他履行了母校通电拒签和约的要求，成为学校的骄傲。五四运动极大地激发了北洋大学学生的爱国热情，唤醒了学生们追求民主和科学的精神，游行队伍中高举的“北洋大学”的校旗，作为中国近代学生反帝爱国运动的标志，永远飘扬在历史的天空。

五四运动的直接成果是维护了主权，拒签了合约，同时它给中国社会带来了长远的、深刻的影响。之后，民主和科学思想得以广泛传播，各种思潮涌入中国。就教育而言，五四以后出现了教育独立思潮、职业教育思潮、平民教育思潮、工读主义教育思潮、乡村教育思潮和科学教育思潮等等。影响北洋大学的主要是科学教育思潮。科学教育思潮注重科学内容的传播，尤其是提倡科学方法、科学态度和科学精神，主张用科学方法解决教育问题，将教育和科学研究相结合，注重培养科学研究人才。这为1920年以后单办工科的北洋大学向教学、科研并重的转型，提供了思想支持。

↑ 图 2-3-1　五四运动中北洋大学学生游行队伍

二、五四运动群星璀璨

北洋大学学生是五四运动的主力军，张太雷、孙越崎、马千里、谌小岑等同学都是五四运动的骨干，经过五四运动的洗礼，陆续走上了中国革命的道路。

孙越崎，1893年出生于浙江绍兴县平江乡同康村，原名孙毓麒，曾用名孙世。1915年袁世凯与日本政府签订了丧权辱国的“二十一条”，遭到全国人民的强烈抗议，他愤而将原来的名字“毓麒”改为“越崎”，取“越崎岖而达康庄”之意，立下救国图强之志。1916年冬从上海复旦公学毕业考入北洋大学第一部补习班（法科），后考上第二部补习班（工科），1918年夏经考试升入本科采矿十年班。五四运动爆发，孙越崎代表北洋大学参加天津市学联召开的代表大会，1920年因拒绝校方要参加学生运动的学生写悔过书而被取消学籍，转而到北京大学矿科学习。后到美国斯坦福大学研究生院和哥伦比亚大学研究生院，主攻矿冶专业。从1924年起，孙越崎开始投身于中国现代能源工业。

马千里，1885年1月24日生于天津，名仁声。1904年考入北洋大学堂俄文专修师范班，1906年毕业。马千里是天津近代著名的爱国教育家和社会活动家。五四运动中，他担任天津各界联合会副会长、抵制日货委办会主席，参加并领导了罢课、罢市、示威情愿的群众运动。1920年1月与周恩来、马骏、于方舟等20余人一同被捕。出狱后，筹办《新民意报》，发表救国言论，并将周恩来所著《警厅拘留记》、《检厅日录》在该报发表。1921年创立达仁女学，积极支持邓颖超等组织的《女星社》，开展妇女解放运动。此外，还担任过药王庙小学校长、河北省立一中校长、河北省教育委员会委员等职务。马千里从事教育工作25年，积极投身革命活动，培养了大批爱国志士和优秀人才。

谌小岑，1897年出生于湖南安化硒州。1917年秋考上北洋大学补习班，1918年经考试入北洋大学采矿系学习。五四运动中，谌小岑担任《北洋大学日刊》的经理兼记者，同时兼任天津学生联合会的会计等职。1919年参加周恩来同志领导的“觉悟社”。1920年8月经李大钊同志派遣，在天津会同张太雷成立了第一个社会主义青年团小组。1921 年 2 月被李大钊同志介绍到“华俄通讯社”当翻译，同年 9 月调到上海任该社分社中文部主任。此后曾任南京政府立法委员。1949 年 8 月他在香港联络龙云等 44 位国民党中上层人士发表了反蒋起义声明，遭到国民党政府通缉并被开除国民党党籍。1949 年 10 月谌小岑来到北京。后曾任国务院参事等职务。

陈荩民，原名陈宏勋，1895 年 7 月出生于浙江省天台县。他是五四运动中的学生领袖和先锋战士，又是当代著名的数学家、教育家，曾担任泰顺北洋工学院院长、北洋大学理学院院长、北洋大学北平部主任。陈荩民 1916 年考入北京高等师范学校 (今北京师范大学) 数学系。1919 年 5 月 4 日在“火烧赵家楼，痛殴章宗祥”一幕中，正是这位身材颀长的陈荩民，踩在同学匡互生的肩上，越过高墙，第一个跳进卖国贼曹汝霖家的院子，打开了紧闭着的大门，让被卖国行为激怒的人群拥入曹宅。事后军警抓捕了他和 31 名学生，要他们承认打人放火是犯罪行为，他义正词严地回答：“我们外争国权，内惩国贼，是正义的爱国行动，何罪之有！”5 月 7 日，反动当局迫于群众压力，只得释放他们。高师被捕的 8 名同学一回到学校门口，就被欢迎的同学戴上红花，高高抬起。当天，他代表高师出席北京市各界抵制日货委员会成立大会，被选为“全国各界抵制日货联合会”主席。后来他又和各校同学结伴南下宣传，把运动推向全国。

三、北洋学生旅行剧团

北洋学生“要实地将中华改造”的行动，不仅表现在读书学习上，还体现在御辱爱国的抗日救亡活动中。抗日战争时期的北洋工学院被称为抗日爱国的校园。如支持马占山抗日武装斗争，支援十九路军淞沪抗战、二十九路军喜峰口抗战和冯玉祥抗日同盟军的察北抗战，抵制日货，开展反对日寇武装走私的斗争，等等。

最为生动感人的还属同学们自己捐资组织演出队到农村去，动员民众参加抗日。这在当时中国的大学中是最早的。学生们组织了“北洋大学民众新报社”，出版发行《民众新报》，专门刊登有关动员民众抗日的报道。1937 年 4 月 17 日出版的《民众新报》第二期报道了“北洋学生旅行剧团”下乡演出的情况。为了宣传抗日，同学们自发组织了演出队，排练节目，有活报剧《放下你的鞭子》、《塞外的狂涛》、《死亡线上》、《警号》等，有歌曲《打回老家去》、《九一八》等。同学们自己凑集了经费，背上行李步行出发，边走边演边唱。从地图上我们可以了解到，同学们的这次宣传走了半个天津。

在杨柳青演出，观看的民众有 500 多人。“当民众听到这两句话（混蛋，你敢违背帝国官员的命令！），紧张的面孔上，马上表现出愤怒的神气，握紧着拳头，恨不得跑上台去揍那个鬼子两下。当日本兵向拿着炸弹的中国工人跪地作揖求饶时，那真是大快人心，台下观众掌声不绝于耳。”在炒米店“今天的观众之多在千人以上，剧演完了观众都不愿意走，我们在台上高声齐唱‘打回老家去！’”。“以旅行演剧深入农村，去做唤醒民众的工作，在救亡运动中恐怕还是一个创举吧。”“我敢告诉亲爱的同胞们，这些地方的大多数人民，已经流传着《打回老家去》、《九月十八那一天》的歌声。”[1]

演出归来的路上经过驻扎在海光寺的日军营地，看到日军在演习和调动，愤怒的同学们站在铁丝网前，面对着日军哨兵的刺刀，毫不畏惧地高喊口号，高唱抗日歌曲，体现了学生们爱国奉献的赤子情怀。

四、战斗在一二·九运动中

1935 年的 12 月 9 日，北京大中学生数千人在中国共产党的领导下举行了抗日救国示威游行，反对华北自治，反抗日本帝国主义，掀起全国抗日救国新高潮，史称一二·九运动。这是中国共产党领导的一次大规模学生爱国运动。

---

[1]《民众新报》，1937 年第 2 期，第 2 页。

爱国奉献是北洋师生的传统，早在1931年秋九·一八事变后，北洋师生就以绝食抗议、通电全国、赴京请战等形式开展爱国救亡运动。1932年秋季开学后，北洋大学招进了不少新同学，其中有不少思想进步的青年。加上原有的各班的进步同学，反帝爱国主义的力量增强了，进步团体有了发展，如“荒火社”、“世界语学习班”、“新文字学习班”、“英语会话会”、“演说辩论会”等。这些团体都是以进步同学为骨干，以读书、研究为号召组织起来的，起着自我教育、传播进步思想、联络同学、积蓄和扩大进步力量的作用。从九·一八事变后，北洋同学还以开展宣传、进行募捐和劳军等形式，支持马占山抗日武装斗争，支援十九路军淞沪抗战，支援二十九军的喜峰口抗战，支援冯玉祥的抗日同盟军的察北抗战。同时还以各种形式进行宣传活动，抵制日货，开展反对日军武装走私的斗争。在这个时期，北洋有了新兴社会主义科学家联盟（简称“社联”）的组织和活动，成员赵庭良、赵仲池、郭佩珊、张祖舜等人，成了进步力量活动的核心。在抗日救亡活动的基础上，党在北洋大学发展了党员，1933年被吸收入党的有：赵庭良、郭佩珊、孙亚藩（陈池）、魏海（魏达展）、张祖舜等。北洋大学的学生自治会恢复了活动，领导成员大部分是同学中的积极分子，如刘锡珍、郭佩珊、黄诚、苗天瑞等。

九·一八事变后，蒋介石政府采取不抵抗政策，并于1933年5月签订了丧权辱国的《塘沽协定》，使日本帝国主义占领东三省和热河合法化。值此严重关头，党中央于1935年8月1日发表了《为抗日救国告全国同胞书》，提出团结一致，共同抗日的号召。11月11日，平津十个学校的学生自治会联合发表《为抗日救国争取自由的宣言》。1935年12月9日，北平学生冲破了国民党反动政府的禁令，举行了英勇的一二·九抗日救国大示威。消息传到北洋大学，同学们心情极为振奋，学生自治会立即召开会议，研究响应北平同学的行动，派人到北平和天津各院校联系。正在酝酿组织之际，北平同学又举行了规模更大的一二·一六抗日救亡示威游行。天津法商学院的杨秀峰教授，通过法商学院学生朱光、郝金贵等到各大中学进行联络和组织，共同议定于12月18日，天津各校举行示威大游行。游行的主要口号是“打倒日本帝国主义”、“反对成立冀

图 2-3-2　一二·九运动中的北洋大学学生

察政务委员会”和“反对华北五省自治”。

12 月 18 日，南北两路游行队伍到了金钢桥，受到了军警的阻拦。为了突破封锁，桥南桥北的游行队伍奋力冲击。北洋同学在北路队伍的前面，一方面奋不顾身地向守军冲击，一方面高唱抗日救亡歌曲，宣传抗日救亡道理，终于感染了守桥部队。他们把枪竖起来紧紧地抱在怀里，让出了一条通道，南北两路游行大军在桥上汇合后一齐奔向市区。游行队伍吸引了很多市民和店员，在官银号、大胡同的街道两旁，楼上楼下站满了人。有时游行队伍停下来，向群众做宣传。队伍经北马路，穿旧城，转向西马路，沿途很多市民、店员、工人在两旁随着游行队伍前进。队伍最后在南开中学集合，开了大会，决定成立天津学生联合会（简称“天津学联”），选出法商学院、南开大学、北洋大学的代表为常委。

天津学联成立不久，又成立了平津学生联合会（简称“平津学联”）。从此，北平、天津两地的学生运动紧密地联系在一起，声威益振，在全国有很大影响。

1936 年 2 月上旬，有 20 多个青年学生，在北洋大学的一间屋子里开会，宣告了北洋大学民族革命先锋队（简称“民先”）的诞生。这次会议即成立大会。大家充满豪情斗志，唱国际歌，在共同的政治目标下团结得更加紧密。“民先”建立后，除领导学生会出版《北洋学生》外，还出版了《民众周报》。天津孕育着抗日救亡运动新的高潮。

随后，北洋大学以“民先”队员组成了纠察队和先锋队，举行了五二八抗日大游行、暑期农村抗日教育等活动。在进步力量不断壮大的情况下，北洋大学地下支部成立了。北洋大学学生在其带领下，开展了多种形式的抗日救亡活动。

五、反饥饿、反内战

1946 年北洋大学复校后，中国共产党地下组织领导了北洋大学的一系列斗争。这些斗争与全国的学生运动汇成一股巨大的革命洪流，形成反对美、蒋反动派的第二条战线。

抗战胜利后，美帝国主义妄图取代日本独占中国，在中国犯下了累累罪行，激起了中国人民的强烈不满。1946 年 12 月 24 日晚，在北平东单发生美军奸污北京大学女生沈崇事件，在北平及全国迅速掀起了反美抗暴运动。北洋大学学生闻风而动，立即成立了抗暴运动委员会，发表告全国同胞书，历数美军在华暴行。北洋大学学生自治会于 12 月 30 日，紧急召开全体同学大会。会上通过罢课三天、游行示威等决议。1947 年 1 月 1 日和 3 日，两次出校游行。1947 年 1 月 1 日，自治会理事长程秉元带队出发，会同水产、女师、河北工学院等校同学，举行了声势浩大的游行。又与以南开大学为首的一路游行队伍共派代表，面见市长，递交抗议书，并向美军驻津司令部表示抗议。“美国佬滚回老家去”、“严惩美军暴徒”的愤怒呼声震撼天津上空，伸张了中华民族的正气。此后又有许多师生联合签名拒绝美国救济物资，不吃美国面粉。

1947 年在纪念五四运动时，全国学生界又掀起了反饥饿、反内战、反迫害运动。国民党政府发动全面内战，物价飞涨，失业众多，人民陷于水深火热之中，北洋大学广大师生酝酿着反内战的热潮。5 月 17 日北洋大学学生自治会召开全体学生大会，一致通过 5 月 18 日至 5 月 25 日为反内战运动周，同时决定罢课。大会决议组织反内战运动委员会发表宣言，通电全国，呼吁和平，要求国民党政府立即停止内战。5 月 18 日北平学生宣传队被打，国民党政府又颁布了从 5 月 20 日起实行“维持社会秩序临时办法”，禁止请愿、罢课，更激起群众义愤。自治会理事长洪惠如、程秉元召开了全体学生大会，成立“反内战行动委员会”，并决定和南开大学等校联合行动，于 5 月 20 日举行游行并去市府请愿。

通过反内战运动，广大同学提高了思想觉悟，涌现出一大批先进积极分子。共产党地下组织扩大了。在斗争的风浪里，1947 年 11 月正式成立中国共产党北洋大学地下党支部，并建立了民主青年联盟，进步同学纷纷参加，成为一支坚强的骨干力量，最后发展到百人左右。在此基础上，改选了学生自治会，学生运动的领导权一直掌握在进步同学手里，各种进步社团如壁报社、歌咏团也都

⇑ 图 2-3-3　反饥饿、反内战游行中的北洋大学学生

活跃起来。1947 年 8 月开展了助学运动。10 月浙江大学于子三被害事件，使反迫害、争自由的斗争进一步高涨。北洋大学举行学生大会，宣布罢课三天，开追悼会，发表告同胞书。

1948 年 3 月，北洋大学和南开大学 500 多名同学到北平进行平津学生联欢，交流学生运动经验，并在北大红楼成立华北学联。正在开会时，国民党派军警包围了红楼广场，包围持续了好几个钟头，形势非常严重。不久国民党反动当局声称取缔华北学联。为了反击国民党反动派的迫害。北洋大学学生自治会借邀请天津大、中学校学生到北洋观看桃花为名，集会保卫华北学联。会上，除演出一些进步内容的节目外，还升起了“民主旗”（旗子是绿底白字，上有“民主”二字），并通过了保卫华北学联决议。这次集会对国民党反动派对华北学联的迫害，给予了有力的回击。从此北洋大学的学生运动在北洋地下党支部和华北学联领导下，取得了一个又一个的胜利。积极分子大量增加，进步力量占了绝对优势，北洋大学被群众誉为“小解放区”。

六、护校迎解放

1948 年冬，解放军进逼天津，11 月南京政府教育部令北洋大学南迁，并汇来南迁经费。学生中的国民党、三青团分子在大饭厅开会，发动签名。虽然签名人数并未过半，但是强行通过南迁决定。为了反对南迁，迎接解放，在地下党的领导下，学生自治会由许志炎等同学绘制了一个大的解放战争形势分析图，标志被解放城镇的红旗越插越多，展示出全国胜利在望的局面；同时按级逐班，一个同学一个同学地做反南迁的工作，在深入细致的工作基础上，学生自治会又召集会议发动全体同学签名反南迁。经过激烈的斗争，学校最后通过决议：北洋大学不向南方迁校。反南迁的斗争取得胜利，北洋大学留在天津。

1948 年底，解放军已将天津包围，北洋大学学生会在地下党的领导下，开展保护校产、迎接解放的工作。北洋大学在市区边缘，国民党警备司令陈长捷准备负隅顽抗，死守天津，便将北洋校外的树木砍光，房屋拆毁，并准备以学校为前沿阵地。开始时，同学们组成纠察队日夜把守，阻拦国民党军队入校，学生自治会发动大家开展护校活动，把全校图书、杂志、仪器、设备等财产进行转移，加以保护；后来便有组织地撤到市区，转移到河北女师，并组成应变委员会，负责转移保管学校的教学仪器设备及安排师生员工的生活。为了解决这近千人的吃饭问题，应变委员会决定扣留南迁费，改作应变费，利用这笔钱买了几万斤小站稻米、黄豆和咸菜，近千名教职工、学生和家属的生活，得到妥善的安置。

在女师住着的时候，学生会组织同学学习革命理论及人民解放军的城市政策、《约法八章》等，还出版油印刊物《北洋生活》，也开展了一些文娱活动。通过学习，广大师生加深了对中国共产党的了解，提高了思想觉悟。

1949 年 1 月 15 日下午，天津获得了解放，北洋大学也获得了解放。经过半个多世纪的坎坷，北洋大学终于回到了人民的怀抱。北洋师生同全国人民一道迎来了新中国的黎明。

七、流芳百代的革命英烈

抗日战争期间，一部分北洋师生在艰难困苦中坚持办学，同时还有一部分北洋学子投笔从戎，浴血疆场，为抗日救国献出了宝贵的生命。如革命烈士马耀南、黄诚、张祖舜、于奇、张佩怀、马克昌、李恒林、王从善、孙景芳等就是其中的代表。他们是北洋学子的楷模，是中华民族的骄傲，他们身上体现了爱国奉献的赤子情怀。

⇐ 图 2-3-4　黄　诚　⇒ 图 2-3-5　马耀南
⇐ 图 2-3-6　张祖舜　⇒ 图 2-3-7　孙景芳

⇑ 赵天麟手书实事求是

第 三 章

实事求是的办学精神

——以历任校长为代表

“实事求是”是天津大学延续了百年的校训。早在北洋大学堂创建时，首任督办盛宣怀就按照实事求是精神办学，提出“采用西制，兴学树人”的主张。继任者赵天麟借用“实事求是”作为北洋大学的校训，提倡在学术上实事求是、追求真理，在管理上实事求是、以严治校，在人才培养上实事求是、德智并重。北洋工学院院长李书田在以“工程师的修养”为题目的演讲中强调，北洋学生作为未来的工程师，实事求是是其必备的道德品行。新中国建立以后，“实事求是”的办学理念契合了“实事求是”的思想路线，符合了时代发展的要求，在新的社会制度中得以传承和发扬光大。

第一节　办学精神的孕育与确立

一、首倡“参用西制，兴学树人”，植根实事求是

早在 1946 年《大公报》所载《祝北洋大学五十一周年》的评论中就指出，

北洋大学“其显著的性格，就是绝对严格的教学方针和实事求是的淳朴校风”，这是对于北洋大学准确而又深刻的评价。

北洋大学堂的建立植根于实事求实精神。甲午战败后面对自清末以来书院改革的失败，以及洋务运动的失败，中国应该开办怎样的教育是国家和民众都十分关切的大事。盛宣怀睁眼看世界，详细分析欧美和日本人才培养的经验，实事求是地提出“参用西制，兴学树人”的主张，在朝野彷徨的局面下，无疑是独树一帜的远见卓识。

晚清时期，清政府有极为突出的三大弊病：一曰自大，二曰腐朽，三曰保守。其闭关锁国、夜郎自大，视西方科技为奇技淫巧，认为“自来奇技淫巧，衰世所为，杂霸欢虞，圣明无补”[1]。这一认识不仅阻碍着国家的发展，也阻碍着新式教育的发展。如在京师同文馆建立之初，教学计划中设置了近代西方科技课程，当时的中国教员不懂得科学技术，无法授课，聘请洋人教员是完全必要的，可是当时的封建官僚们却百般阻挠，认为“以师法西人为耻”，聘洋人教授科技知识是“用夷变夏”，会导致“礼仪必然消亡”。在两次鸦片战争以后，清政府看到西方军事和科学技术力量的强大，开始向西方学习建西式学堂，但仍然坚持“取西人器数之学，以卫吾尧、舜、禹、汤、文、武、周、孔之道”，“以中国之道，用泰西之器”。[2]强调的是从器物层面向西方学习，而不是抱着实事求是的态度，从思想、文化、制度等更深入的层面虚心向外国学习。

相比较，盛宣怀对西方先进教育的学习态度则更加实事求是。他指出“窃世变日棘，庶政维新，自强万端，非人莫任，中外臣僚与夫海内识时务之俊杰，莫不以参用西制兴学树人为先务之急”[3]，主张参照西方国家的办学制度兴办中国的大学以培养有用之才。他提出“实业与人才相表里，非此不足以致富强”[4]。

---

[1] 高奇：《中国高等教育思想史》，人民教育出版社 1992 年版，第 176 页。

[2] 曲士培：《中国大学教育发展史》，山西教育出版社 1993 年版，第 332 页。

[3] 陈学恂：《中国近代教育文选》，人民教育出版社 1985 年版，第 76 页。

[4] 王杰，韩云芳：《百年教育思想与人物》，天津大学出版社 2010 年版，第 39 页。

盛宣怀大胆启用美国人丁家立按照哈佛、耶鲁的模式规划北洋大学堂的建设蓝图，在学校建立后又聘请丁家立为学堂的总教习，掌管教学和学校日常工作。同时，按照西方大学制度设计自己的人才培养模式。

盛宣怀主张办新式大学必须聘请洋教员。为此，他请丁家立不惜重金聘请洋人教习（教师），每年每名洋教习薪水银高达 2 400 两。在所设工程、矿冶、机械和法律四学科中，除律例学有华人教习教授汉文外，其余课程全部由洋教习任教。如化学教习美籍学者福拉尔博士、土木工学教习美籍学者毛理尔等都是当时美国的著名学者。

按照盛宣怀“参用西制，兴学树人”的教育主张和“兴学强国”的培养目标，北洋大学堂培养出了第一批中国自己的大学毕业生，资送了第一批本科层次的留学生，从此中国有了自己培养的掌握现代科学技术的高级专门人才。事实证明盛宣怀的教育思想和教学实践是正确的，他的教育思想代表了当时先进的教育思想，北洋大学堂代表了清末民初中国高等教育的发展方向。盛宣怀不仅基于实事求是的精神建立了北洋大学堂，同时将实事求是精神贯彻到学校的创建之中，植根于学校成长之中。

二、率先垂范实事求是的总教习丁家立

盛宣怀将实事求是作为自己的座右铭，他有一方石印，上刻“实事求是”四个字，凡是自己下决心推行的事情，所起草的稿件上都要盖上这枚印章。这一作风深深影响了北洋师生。作为首任北洋大学堂总教习的美国人丁家立，就是这一座右铭的忠实执行者。

北洋大学堂是中国近代建立的第一所现代性质的大学，此前没有中国人办过大学，教育、教学如何管理，盛宣怀本着“参用西制”的宗旨邀请具有教育经验的外国教育家来做。

丁家立是美国学者、教育家。1857 年生于美国波士顿。他在美国达特茅

⇐ 图 3-1-1　北洋大学堂创始人、首任督办盛宣怀　⇒ 图 3-1-2　北洋大学堂总教习丁家立

斯大学（Dartmauth University）毕业后，进入德国柏林大学研究院(Oberlin University Postgradnate School)，获得神学硕士学位。1882年丁家立来华，在山西传教。1886年脱离了他所属的美国公理会，改以学者的身份来天津从事文化活动，并在天津美国领事馆任副领事，还在天津开办了一所不带宗教色彩的中西书院，自任校长。此时他结识了天津海关道盛宣怀。由此，自1895年始，他出任北洋大学堂首任总教习，兼任留美学堂监督、直隶高等学堂总教习、直隶全省西学督办等职，直到1908年才离开中国返回美国。其间丁家立在北洋大学堂担任总教习长达11年之久，贯彻实事求是的办学思想为学堂的创建做了大量的奠基性工作。

丁家立是北洋大学堂初创时的实际掌校人。北洋大学堂创办之初设督办，即校长，由盛宣怀担任。丁家立为总教习。盛宣怀于1896年调任南洋，后续学堂督办都由天津海关道兼任，他们大都不到学堂理事，实际学堂事务由总教习丁家立总理。丁家立也自以“校长”身份在学堂公文签字和著作上署名“President”。丁家立总理校务，制定规章制度、厘定课程、聘请教员等，一心要将北洋大学堂建设成为当时中国新型大学的样板。正如盛宣怀奏章中所表示的初衷——设立头等二等学堂各一所，为继起者规式。

北洋大学堂创建时设有工、法两大学科。在丁家立掌校期间于1897年增设铁路专科；1898年附设铁路班；1903年附设法文班、俄文班，培养专门翻译人才。在他的努力下，“北洋大学在初创时期，实已包括文、法、工、师范教育诸科，初具综合性的新式大学”[1]。

北洋大学堂是当时中国仅有的一所大学，由于当时中国的现代教育体系不完备，因此学堂生源十分困难。为了解决学堂生源问题，1902年丁家立受袁世凯委任为保定直隶高等学堂的总教习，并将该学堂建为北洋大学堂的预备学堂。随后他兼任直隶全省西学督导，建立起由普通学堂、高等学堂到大学堂的教育系统，在河北省率先形成了完整的新的教育体系，为我国现代教育体制的建立

---

[1] 张凤来，王杰：《北洋大学—天津大学校史》（第1卷），天津大学出版社1990年版，第52页。

做出了样板。

北洋大学堂创建之初就将毕业生出国留学作为一项主要内容。丁家立亲自兼任北洋大学堂“留美学堂监督”，多次带领北洋毕业生赴美留学。1901 年至 1907 年我国官费留美学生总计约有 100 余人，其中北洋大学堂就占有半数以上。他们大都成为我国著名的专家学者，如王宠惠、马寅初、秦汾等。

丁家立为重建北洋大学堂做出了重要贡献。1900 年英法等八国联军入侵天津，北洋大学堂先被美军所占，后成为德军兵营，学堂被迫停办。丁家立为此亲赴德国交涉，从德国政府索赔白银五万两。后在天津北运河畔的西沽重建北洋大学堂。1903 年 4 月 27 日北洋大学堂在西沽新校舍正式复课。经过丁家立的努力，到 1908 年他离校时北洋大学堂的校园环境、校舍建筑、图书资料、仪器设备乃至师资队伍、教学水平、学生质量在全国首屈一指。

丁家立担任北洋大学堂总教习 11 年，他为学堂的创立和建设做出了重要贡献，也为中国近代高等教育的发展树立了典范。丁家立在创建北洋大学堂时，也许意识到了大学建立所带来的巨大影响；也许他对此并无意识，只是尽了一位教育家的职责或良知，帮助中国建立起一所西式大学。但是他为北洋大学堂的建立投入了全部的心血和智慧，在建立大学的过程中，以自己的实践，赢得了师生的尊敬和爱戴。1908 年 4 月当他离开北洋大学堂时，北洋大学堂全体学生作《送丁公家立序》，表达对其敬仰之情：“自近世祸作，众咸知国家靡学不兴。于是则创学堂，谋教育，举国啸啸，有若发狂。迄于今智者窥神州之学程，谓佥莫燕赵若，燕赵丁公所任也。夫庚子之乱，直隶当其冲，浩劫洪灾，生民昏垫。以常理衡之，则学务逊于他州，势所必至也。乃不数年间，死灰复燃，且炎炎然。枯骨在肉，且艳艳然。靡不逊已也，而实驾而上之，挢闻者之舌，而瞠见者之目，丁公之功，不其伟矣。”[1]

[1] 张凤来，王杰：《北洋大学—天津大学校史资料选编》(第 1 卷)，天津大学出版社 1991 年版，第 41 页。

三、实事求是精神的继承者和传播者

北洋大学历史上有著名的“二王”，既王修植和王劭廉，他们是实事求是精神的继承者和传播者。

王修植所处的时代正是洋务思想与维新变革思想交融时期，他本身是洋务思想的实践者，同时又积极倡导维新变革。入仕不久，受李鸿章器重，在天津办水师学堂，又开设“北洋西学官书局”，传播西学。他深受康有为、梁启超、严复等维新思想影响，为维新变法奔走呼号，曾为光绪帝草拟变法奏章，列开铁路、设邮局、裁绿营、立学堂、废科举、开发经济科技等12条主张。光绪帝如获至宝，顾不得慈禧太后的阻挠即降旨实行。朝中有识之士对“12条”赞叹不已，颂其为“识时俊杰”。1897—1902年王修植任北洋大学堂总办(总理全校事务)，1897年12月17日，《国闻报》报道说：北洋大学堂“自从去年开办以来，初为总办者，为新会秩庸观察(即伍廷芳)。伍观察奉使美洲后，继之者为定海王菀生观察。观察以金闺之彦，筮仕畿南，经史辞章，擅名夙昔，而于天文历算声光化电之学，亦俱研讨有年，心通其意。自入堂视事以来，于中西至要诸学，万户千门，宏网毕举。与总教习丁家立君暨中西诸教习，循循善诱，成效炳然”[1]。观察，清代对道员的尊称。从此报道中可以看出，王修植是北洋大学堂的实际负责人。《国闻报》称王了解“中西至要诸学”，对其评价很高。王修植掌校期间非常重视翻译工作，一直在为建立译书局而奔走。他认为，直接使用英文教材这种做法不好，不利于中西融通：“以外国文字教工艺、制造等学，事倍而功半，鄙邦今日，教育之法，乃坐此病，地球各国所无，鄙意教育之事，又须由广译做起也。”[2]他自己身体力行，著有《行军工程测绘》一书传世。

王劭廉，1906年接替丁家立担任北洋大学堂总教习，此时总教习改称教务

[1] 李义丹，王杰：《文化记忆》，天津大学出版社2011年版，第31页。

[2] 张凤来，王杰：《北洋大学—天津大学校史》(第1卷)，天津大学出版社1990年版，第46页。

提调。王劭廉从1906年担任教务提调到1914年离开北洋大学，在北洋大学掌校9个年头，这是北洋大学治校办学之权由外国人手中归于中国人之始。此时正值时代大变革时期。从清末列强入侵，清王朝日暮途穷，到辛亥革命改朝换代，建立共和，中国社会经历了一个大动荡、大变革的时期。辛亥革命结束了在中国延续了两千多年的封建社会，同时也结束了伴随封建社会两千多年的封建教育。在这样一个大动荡、大变革的时期，王劭廉坚持实事求是的办学精神，坚持北洋大学的先进性和办学特色，为中国近代高等教育的发展做出了榜样。

1906年王劭廉接管北洋大学堂，学堂总办由津海关道兼任，实际事务则由教务提调、庶务提调和斋务提调负责，是“三提调”时期。王劭廉作为教务提调（即原来的总教习）兼责监学官、检察官，实际对学校负起了全面责任，维系了学堂规则的严格执行。

王劭廉主张办学面向社会需要。1906年应外交需要，北洋大学堂开办了法文班和俄文班，培养翻译人才，共培养出法文毕业生13名、俄文毕业生14名。1907、1908年为满足社会对师资的需要，先后开办了两期师范班，培养出师范毕业生69名，为发展我国师范教育做出了贡献。我国著名师范教育家李建勋、齐璧亭等，均出于此。1907年，王邵廉还选派冯熙运等人出国留学。冯熙运学成回国后，曾任北洋大学校长。王劭廉在接替丁家立之后，进一步加强学校的综合性，北洋大学堂发展成为以工、法为主，兼有文、理、师范等科的多学科、综合性大学。

王劭廉任职后着重在提高教学质量上下工夫，1908年春他主持重行厘定北洋大学堂功课，将高等普通科目作为预科功课，提高了课程难度。因此，培养出来的学生质量高，受到社会的认可和清政府的重视，得到皇帝派员会试的特殊礼遇。如1910年，皇帝亲批张亨嘉、陈宝琛等大臣会考北洋大学堂毕业学生。考毕奏折提到：“臣等遵旨即会商定期于九月初九至十六日在学部署内分场扃试，并由学部派司员在场内轮流监察，以防弊端，该生等亦能恪守场规，秩然有序。试毕由臣等将各场试卷详细校阅，计取列最优等三名、优等八名、中等四名，谨将分数缮具清单，恭呈御览，除该生等奖励应由学部照章带领引见，

↑ 图 3-1-3　北洋大学原校长冯熙运

请旨办理外，所有臣等会考北洋大学堂毕业学生事竣。”[1]奏折中列最优等三名为冯熙敏、王正黼、王钧豪。

王劭廉的办学特色为严谨治校，不走捷径，富于责任心，无论做任何事，自觉学识未足，即全力以赴。

王劭廉对校务严格管理，学校所定规章制度严格执行，以身作则。他从不迟到早退，并亲自听课。王劭廉治学严格之事流传于天津社会和高等学校，被世人所称赞。王的教学风尚所制成规，脚踏实地、严谨求实的良好作风，对北洋优良校风的形成产生重要影响。

他还非常重视选派优秀留学生出国深造。1907 年派马寅初、冯熙运等 14 人到国外留学。其中 13 人赴美国、1 人赴德国。1908 年，又在师范班第二班中选出 7 人资送欧美留学。1914 年又选报 2 人赴日留学。王劭廉任期内共派出留学生三批 23 人，这在当时是少有的。如资选出国的马寅初成为著名经济学家，刘景山成为著名铁路专家，李建勋、齐璧亭成为著名师范教育家，冯熙运成为著名法学家等，为国家造就了大批高层次人才。

第二节　办学精神的践行与守成

一、确立实事求是校训

北洋大学“实事求是”的校训并非建校之始就已明确，而是对于几十年办学经验的凝练和总结。

---

[1] 李义丹，王杰 :《文化记忆》，天津大学出版社 2011 年版，第 34 页。

赵天麟在卸任北洋大学校长之后，总结北洋大学几十年的办学经验，于1925年北洋大学30周年校庆时明确提出“实事求是”校训。他是北洋大学实事求是精神的践行者，又是其集大成者。

在校庆祝词中他写道：“人文渊薮，日新又新；猥长其曹，改制伊始；一得之愚，实事求是；忆当髫稚，蛾术于斯；归自海外，乃辱皋比；教学相承，渊源接续；从事此间，厥情最笃；别来数稔，时复念兹；达材成德，与有荣施；云霞蒸蔚，盛会欣逢；洋洋学海，万派朝宗。”[1]这一段祝词，既是赵天麟对于北洋大学三十年办学成就的歌颂，也是对于其办学经验的总结。

赵天麟，字君达，1886年7月16日出生于天津梁家嘴。1904年考入北洋大学堂法律系，1906年尚未毕业便被派遣出国留学，就读于美国哈佛大学法律科，1909年以优异成绩获得法学博士学位，并被授予象征美国哈佛大学学习最高成绩的金钥匙奖。1912年回国，欣然接受母校的邀请回北洋大学执教，任法律兼理财学教员。1914年3月13日，赵天麟被任命为国立北洋大学校长。自1904年到1925年，赵天麟积累在北洋大学20多年的体会，将北洋精神凝练为“一得之愚，实事求是”。[2]

赵天麟将“实事求是”的校训贯彻于治校、治学之中。他主持制订了《国立北洋大学校办事总纲》(以下简称“《总纲》”)。这是北洋大学历史上第三个管理制度。《总纲》继承了严谨治学的传统，体现了实事求是的精神。《总纲》共3章23条，规定了校长的职责，强调了各职能部门的作用，对凡属学校全局性重大问题，都由校务委员会议决，校务委员会议成为学校管理中最具权威性的决策机构。《总纲》体现了校长负责、专家学者治校的管理体制，反映了“科学、民主”的时代精神。为了配合贯彻《总纲》，便于具体实施，还制订了《国立北洋大学校学事通则》，共14章100余条，对入学资格、学生考查、升级、留级、退学、奖惩、品德教育、操行考查、体育考核、纪律卫生、宿舍管理、膳食管

[1] 张凤来，王杰：《北洋大学—天津大学校史资料选编》(第1卷)，天津大学出版社1991年版，第81页。

[2] 张凤来，王杰：《北洋大学—天津大学校史资料选编》(第1卷)，天津大学出版社1991年版，第81页。

⇐ 图 3-2-1　北洋大学原校长赵天麟
⇐ 图 3-2-2　北洋大学化学讲堂　　⇒ 图 3-2-3　北洋大学化学实验室

理、费用开支、图书借用、就医等，都作了详细规定。这是一部系统、全面的管理规则，在实施过程中，更是要求一丝不苟。这一时期北洋大学的管理水平达到了空前的高度，为我国高等学校管理工作提供了范例。

赵天麟贯彻“实事求是”的校训，脚踏实地地创造和改善办学条件。他认为，优良的办学条件是保持学校办学质量的基础。为了给学生创造良好的学习条件，进行了多方面的调整和建设。他将学生自行购买教科书改为“贷书制”，即学生之教科书和仪器等可向学校借用，交少量的借用费，由此减轻了学生的学习费用，此法深受学生欢迎。调整学校建筑布局，实现了教学与生活功能分区。建造了在当时国内大学教学条件最先进的化学讲堂、化学实验室和标本最齐全的矿冶标本室，建造了比较完善的操场、球场、凉亭、花园，改造和新建了教师和学生宿舍。教学设施与文体设施、教学设施与生活设施、教师住宅与学生宿舍分开设立，布局合理。学生宿舍和教室冬天有暖气，夜晚有电灯，使学生有一个安静、舒适的学习、生活环境。赵天麟在任期间，于 1914 年新盖学生宿舍一座，可住学生 70 人。还以旧有宿舍一座改为讲堂，四面开天窗，光线十分明亮。赵天麟还注意不断充实图书馆的藏书，使当时北洋大学图书馆内藏有中西书籍一万多册，中西版刊物一二百种；另设有法律研究室，在此研究室内，各种书报刊物亦增至 3 670 余册，校内图书馆拥有图书量在全国高校中名列前茅。赵天麟还重视实践环节，组织建设一批实验室，计有矿物实验室、岩石实验室等，还有各种陈列室，如自然地质标本陈列室、矿物及岩石标本陈列室、经济地质标本陈列室。这些实验室、实习工厂和标本陈列室作为教员讲习、学生学习之用，设备之齐全，在当时名列全国高校之首。

赵天麟对于学校的体育设施，也进行了多方面的充实，修建了足球场、篮球场、跑道，并兴建了一幢长 40 米、宽 20 米、高 8 米的室内体操室，运动器具也较为完善。学校聘有体育教员和武术教员。由此，北洋学生喜爱体育运动之风兴起，在以后许多比赛中取得了好成绩。

赵天麟贯彻“实事求是”的校训，不仅重视管理制度和办学条件的建设，更重视教育教学环节的严谨和完善。提高教学质量，教师是关键。赵天麟担任北洋大学校长后，始终把慎重选聘教师、严格要求教师，作为至关紧要的大事来抓。首先他重视师资质量，坚持选聘教师要好中选优，在聘请国外著名专家学者来校执教的同时，积极延聘国内专家学者来校讲学。据北洋大学历史文献记载，赵天麟任职期间，北洋大学师资阵容强大。国内有著名教授冯熙运(教法律经济)、李成章(教民法、法律经济)、孙大鹏(教法律史、国文)、刘书伦（教国文)、李浦（教商法)、蔡远泽（教冶金)、陈斌（教数学)、匡一（教商法)、冯熙敏（教数学、立体几何)、张玉昆（教算学、土木工学)、张锡周(教英文)；外籍教授有爱温斯(美国、教法律)、东伯利(美国、教物理)、梅尔士(美国、教矿冶)、东提摩（美国、教英语和法语)、柏尔(美国、教英语和德语)、易理士(美国、教绘画)、牛好施(美国、教理化)、贝克尔(美国、教建筑工程)、巴克尔(美国、教地质)、赖伯尔(美国、教英语和德语)、韦斯特(美国、教铁路工程)、克尔登(美国、教铁路学)、施勃雷(美国、教冶金)、欧施德(英国、教英语)、裴特森(美国，教力学和卫生工程)、傅亲尔(美国、教化学)等。中外籍教师皆为专家、学者。他们学识渊博，授课水平高，教学方法先进，讲授内容新颖、生动，颇受学生欢迎。

赵天麟在北洋大学担任校长 6 年，6 年中他以“实事求是”为校训，严谨治学，为北洋大学树立了良好的治学精神。这一精神成为全校师生的共识，成为大家共同遵守的行为准则。一代代北洋人坚持“实事求是”的精神，走出了一条具有学校特色的大学之道。

二、主张理工结合相互支撑

“实事求是”是北洋师生共同的精神财富，也是严谨笃实的行为准则。这一准则的坚守，体现于具体的办学之中，进而形成了一个个带有真理之光的办学思想和鲜活、生动的办学故事。

1924 年 8 月，刘仙洲出任北洋大学校长。这时的北洋大学已经将法科调出，改为单办工科。面对当时的学科现状，他为单办工科而忧虑。他根据理工科之间的内在关系，指出："理科之主要课程如数学、物理、化学、地质等等，倘工科学生对之有良好成绩，则其工科课程必易达于高深。工科之主要设备如机械、仪表、电机等等，倘理科学生对之有充分参考，则其理科课程必更较为切实……工科为理科之实用，理科为工科之根基。"[1]他精辟、科学的表述，成为处理好理工科关系的经典准则。

结合北洋大学的办学实际，他指出："故本校如始终仅限于办工科则已，如能再进一步则以改办理工大学，为最相宜亦最为经济。盖工科同时兼办理科则凡工科各学门之根基，可由理科教授担任之，其程度自易于提高。凡理科各学门有须借实物以证明者，可由工科之设备参考之，其观念自易于明了也。就本校已有之物理、化学、地质等设备，则添设理科数学、物理、化学、地质等4学门，只需增聘数名教授即足，经济之道莫过于是。"[2]他希望能将北洋大学办成理工结合的大学。

刘仙洲根据理工结合的办学思想，制订了北洋大学十年发展规划：在工科设置土木、采矿冶金、机械、电机4个学门，在理科设置数学、物理、化学、地质4个学门，全校理工结合共有8个学门，使北洋大学成为理工大学，附设工读协作班。全校学生规模达1 000人以上。如此"造成'东方麻省理工大学'之始基，则理想之北洋大学实现矣"。刘仙洲提出的"十年扩充计划"，理工结合，符合教育规律，既切合实际，又经济可行，是在十分困难的办学环境下，发展北洋大学的科学之举。

刘仙洲不仅提出理工结合的发展规划，同时积极着手加强理工科。在工科方面，刘仙洲积极恢复过去停办的机械工学门。他认为："各种工业以机械工之应有最为普遍，如铁路、如矿厂、如纺纱、如洋灰厂、如面粉厂，推而至于任

[1] 王杰，韩云芳：《百年教育思想与人物》，天津大学出版社2009年版，第92页。

[2] 王杰，韩云芳：《百年教育思想与人物》，天津大学出版社2009年版，第93页。

何工业，倘规模稍大、设备较完全，莫不为需用机械工人才之地。”[1]经呈文教育部批准，刘仙洲于 1925 年 8 月使停办 24 年之久的机械工学门得以恢复，并且千方百计筹款四五万元，添足机械工学门设备，为发展机械工程系打下了基础。同时，他积极着手添设电器工学门。他认为必须添设电气工学门，因为“各种工业以电气工发达为最晚，然其进步之速则超各种工业而上之，故居今日而办工科大学，如不事扩充而已，若从事扩充，电气工学门似应在必行之列”[2]。在学科建设方面，刘仙洲即考虑当前又考虑长远，是一位具有远见卓识的教育家。

刘仙洲认为，理工结合也是理论联系实践的结合。他提倡“工读协作制”，引《公羊传》的名句说：“巧心劳力成器物曰工。”他认为这个“工”的定义下得最好不过了。他说：只“巧心”而不“劳力”，是只有理论而无实验，充其量不过是一位理论的工程家，可以写文章，可以教书，但一遇到具体问题，就难免不切实际；只“劳力”而不“巧心”，是只有实践而无学理，充其量不过是一位熟练的老工匠，可以按图制造，可以照着仿做，但一问其所以然，则茫然不知所对。怎样才能做到既“巧心”又“劳力”呢？刘仙洲根据美国辛辛那提大学的经验和自己在留法勤工俭学预备班的经历，积极倡导“工读协作制”。他在 1921 年《我国工业教育应酌采工读协作制意见书》、1925 年《北洋大学附设工读协作制机械工学门意见书》等一系列教育论文中，反复论述了这种“工读协作制”的优点。他说：“工读协作制”，是按照学校附设实习工厂和工厂附设补习学校这两种办法，各取所长，各去其短，在学校求理，在工厂求实验，把学校和工厂合于一气，把学生和工人备于一身。学生所做的工，力求和他所学的课程有关系；课程的分配，也力求和他所做的工相接近。他对同学们说：“这样做，你的衣服也许弄上油，你的脸上也许擦上黑，若钻到一个锅炉的陷道上去考察，你身上更无疑要弄上不少的灰尘。然而，你千万不要嫌恶它，你应当觉

[1] 王杰，韩云芳：《百年教育思想与人物》，天津大学出版社 2009 年版，第 94 页。

[2] 王杰，韩云芳：《百年教育思想与人物》，天津大学出版社 2009 年版，第 92 页。

得这样更美！比穿上漂亮的衣服，甚至比擦上雪花膏美得多！”[1]

刘仙洲经常教导学生说：“人的知识毕竟是有限的，对本学科和专业的知识应该广博和深入，但当今学科和专业面很广，一个人的知识还是有限的。对于其他学科和专业面应该适当联系和跨越。”[2] 他在北洋大学先后开出过十几门课程，写出百万字的著述。他讲课时尤其注重理论联系实际。他给学生讲热工学时，总是带着学生到实验室，亲手转动发动机，讲解优良的热力学性能如何依靠巧妙合理的结构得到实现。在教学上，刘仙洲还非常注意教育和训练学生讲究计算的精确度。有个学生计算飞轮的半径，将小数点移错了一位，1.2 尺变成了 12 尺。他发现后，立即把这位学生叫起来问：“这间教室有多高呀！你的机械在一般的厂房里能搁得下吗？”他还谆谆教诲同学们：“将来你当了工程师，在进行设计工作的时候，如果小数点差了一位，那将会成什么结果！所以一定要严格地训练。”[3] 他就是这样认真地把握住每一个环节来培养同学的优良工程素质。20 世纪 30 年代，曾是他的学生的朱景梓同学，怀着无限深情地说：“我们今天能够严格认真从事教学和科研工作，是和刘老师潜移默化的教诲分不开的。刘老师以严格的教学作风培养了我们机械工程的几代人才。”但是刘仙洲校长却认为：“我们学校所以有这样长久的历史，所以能得到社会与大多数人的信仰，所以在这样的环境之下我们还能够得一个最平静最切实的研究学术的地方，都是过去这 30 年里边诸位教员先生们的实事求是，诸位老同学们奋勉求学和出校以后也是本着实事求是的精神去做事，费尽无量的心血换出来的。知道这样，我们应当同心同力地保持这种固有的精神来做事、来求学，使我们北洋大学将来的历史更光荣、更有价值。”[4]

---

[1] 王杰，韩云芳：《百年教育思想与人物》，天津大学出版社 2009 年版，第 94 页。

[2] 王杰，韩云芳：《百年教育思想与人物》，天津大学出版社 2009 年版，第 96 页。

[3] 王杰，韩云芳：《百年教育思想与人物》，天津大学出版社 2009 年版，第 97 页。

[4] 王杰，韩云芳：《百年教育思想与人物》，天津大学出版社 2009 年版，第 100 页。

三、倡导习学并重的教育思想

北洋大学是一所工科为主的院校，其实事求是的办学精神已潜移默化地融入到教育教学之中，教书育人之中。这一点在茅以升的教育思想中尤为突出。

茅以升是我国杰出的桥梁专家和工程教育家，他一生中从事工程教育近 70 年。茅以升 1916 年大学毕业，考取清华留美研究生。1919 年成为卡耐基–梅隆理工学院首名工学博士。1929 年茅以升担任北洋工学院院长，1946 年担任北洋大学校长。

茅以升 1929 年出任北洋工学院院长，面向社会对于工科人才的实际需求，提出“学校之造就人才，原所以备社会之用，故社会需用何项人才最急，学校即应设法应之”的办学方针。结合北洋大学以工科为主的实际情况，提出“以项目为基础的教学方法是近年来工程教育领域兴起的一种重要方法”[1]，通过项目实践使学生掌握书本教学无法得到的知识和训练，使学生培养更加符合社会需求。为此，他提出了“先习后学”、“边习边学”的新的工程教育思想。以往的工程教育都是“先学后习”，即学生进入大学先学习基础知识和专业知识，而后参加生产实习和实践。而茅以升提倡将此顺序倒置为“先习后学”，即学生入学后先参加生产实习，而后再学习书本知识。他以培养桥梁工程师为例，提出：一年级新生先在造桥工地实习半年后，再在桥梁工厂实习半年；二年级前半年在学校学习专业和基础课程，后半年到现场实习各种桥梁的施工方法；三年级前半年在学校学习专业和基础课程，后半年到现场实习施工和管理；四年级在学校补齐所有基础课程。

他认为“先习后学”的好处有：首先，更加符合人的认识规律，他说：“先习后学，便是先知其然，然后知其所以然”，“以哲学上的认识论作为教育上的客观规律，由感性认识到理性认识”，从实际知识到书本知识，实践由浅入深，

[1] 王杰：《茅以升工程教育思想今日谈》，《茅以升科技文选：纪念茅以升诞辰 100 周年》，中国铁道出版社 1995 年版，第 6 页。

⇐ 图 3-2-4　北洋大学原校长刘仙洲　⇒ 图 3-2-5　北洋大学原校长茅以升

有助于对于理论系统性、应用性的理解，有利于理论知识与实践知识的相互印证和提高。其次，有助于学生学习兴趣的养成，激发学生的学习积极性、创造力。他说："讲授之功课与实地工程殊少接触，虽各校皆有工厂及实验室之设备，而所径事物，仍不出书本范围，既无工程上环境启发其兴趣，复无实际上问题为自动研究之督促……"不但减少其求学之兴趣，且研习理论，亦不易得明澈之了解。"[1]"先习后学"、"边习边学"能够在工程实践中加深学生对于所学专业的认识，培养其对于专业的兴趣，同时能够在解决工程困难中加深学生对于所学知识的理解，提高其分析问题和解决问题的能力。再次，有利于工程人才的应用。"先习后学"、"边习边学"使得学生熟悉工程实际，走上工作岗位就能够发挥作用，避免了学校培养与工程实际的脱节，实现学校教育和社会人才需要的紧密联系。

茅以升认真研究和详尽比较了英国、德国、法国、美国等国家高等工程教育的情况，撰写了《工程教育之研究》一书，明确阐述了"先习后学"、"边习边学"的工程教育思想。

第一，"工程教育的功能及责任"，"学校课程应如何规划，始能与实业界之需要相呼应"，"教育计划，应以学生资质为标准"，学校应负责"学生毕业后服务时所需之训练"等。强调工程教育的人才培养要符合社会需要，学校教育要对学生负责、社会负责，培养标准要因人而定，教学计划要"以人为本"。[2]

第二，"编制课程之原则及教法之改进"，"课程内之科学，技术，经济，及人文等部分，应各占若干时间"，"学科之各种课程"应"沟通联络"。[3]强调工

---

[1] 王杰：《茅以升工程教育思想今日谈》，《茅以升科技文选：纪念茅以升诞辰 100 周年》，中国铁道出版社 1995 年版，第 4 页。

[2] 王杰：《茅以升工程教育思想今日谈》，《茅以升科技文选：纪念茅以升诞辰 100 周年》，中国铁道出版社 1995 年版，第 4 页。

[3] 王杰：《茅以升工程教育思想今日谈》，《茅以升科技文选：纪念茅以升诞辰 100 周年》，中国铁道出版社 1995 年版，第 5 页。

程教育的课程基础要宽，知识面要广，课程设置合理，内部联系有机。

第三，“学生及师资之问题”，“招收学生，应用何种方法鉴别其志趣及资质”，“学生择科选课时，应如何指导以收事半功倍之效”，“学生毕业后，学校应负何种责任，代觅相当职务，实业界之各种位置，如何可使毕业生胜任”。[1]强调根据学生的志趣和资质选择专业，而不是一张考卷、一张表格定终身。将择科选课作为培养教育的内容，而不是放任自流。学校不仅仅是培养学生的地方，而且要对学生毕业后的就业和胜任工作负责，这是考核学校教学质量的依据。

第四，“工程学校之联合”，“各科工科学校之间，应有如何结合，以促教育之进步”，[2]提出消除壁垒，构建我国现代的大工程教育体系。

在提出建议的同时，茅以升严肃地指出我国工程教育的弊端：“现实之流行各种教育新法，皆从国外搬演而来，对于本国情形能否吻合，殊少研究。”他倡议务求“实质上之改进”，而非“形式上之改进”。他一再强调我国工程教育改革要“下脚踏实地之切实工夫”。[3]

根据社会对于现代工程人才培养的实际要求，将工程训练作为现代工程类高等教育的必修课，特点是突出工程训练的实践性、超前性和综合性。实践性即通过工程训练培养学生的实践能力，弥补课堂教学不能学到的知识，使学生通过工程训练达到举一反三、触类旁通的效果。超前性即以工程训练中先进的新技术、新知识弥补书本教学的滞后性。综合性即将工程技术的多个门类如机械、动力、控制等多学科知识通过训练一起完成，将工艺技术和管理同步培养，

[1] 王杰：《茅以升工程教育思想今日谈》，《茅以升科技文选：纪念茅以升诞辰100周年》，中国铁道出版社1995年版，第5页。

[2] 王杰：《茅以升工程教育思想今日谈》，《茅以升科技文选：纪念茅以升诞辰100周年》，中国铁道出版社1995年版，第6页。

[3] 王杰：《茅以升工程教育思想今日谈》，《茅以升科技文选：纪念茅以升诞辰100周年》，中国铁道出版社1995年版，第6页。

将动手能力和学生的社会适应能力共同养成。工程人才的实践培养是教育教学的必需环节。茅以升“先习后学”、“边习边学”的教育思想可以说是对工程教育教学的创新，很好地实现了课堂教学与工程实践培养的互补，更加符合工程技术人才培养的规律，也更加体现了学校实事求是的办学精神。

茅以升的工程教育思想，建立在他对于世界先进工程教育实践的深入了解和对于现代工程教育理论深刻理解的基础之上。他坚持实事求是的科学态度，因此所表现出的真知灼见具有跨时代的穿透力，为今天的工程教育改革提供了省视的角度。

四、突破单一模式，引领中国大学功能转型

中国现代高等教育的发展不是平稳的，总是在外界的影响下颠簸前行。清末，“中体西用”的观念严重束缚了大学的发展。据第一次教育年鉴记载，清末我国大学仅有3所，即京师大学堂、北洋大学堂和山西大学堂。民国初年，又人为试行大学区制，不顾学校反对盲目合并、调整院校，使原本具有综合性质的北洋大学改为专办工科，改名为北洋工学院。面对这样的变局，出任北洋工学院院长的李书田，遵照实事求是的精神，学习欧美先进经验，在单办工科时实行了教学与学术研究、科学研究与服务社会的双结合，使北洋大学突破了单一教学的办学模式，在中国率先实现了大学功能的转型，完成了北洋大学的一次华丽转身。

李书田，1917年考入国立北洋大学预科，1919年升入本科。1923年，他以优异成绩毕业，荣膺“中国斐陶斐励学会会员”，考取了官费赴美国康奈尔大学研究生院深造的资格，继续攻读土木工程专业。在康奈尔大学，他各科平均成绩在99.5分以上，成绩之优为中国派遣留学生以来的第一人。1926年，李书田入学3年即获得博士学位，其博士论文并未选择土木工程方面的技术性题目，而是一篇长达千页的《铁道管理的工程经济》，显示了其出众的才华。获博士学

位后，他在美国一顾问工程师事务所任桥梁设计师，而后赴欧洲进修，足迹遍及英、法等 9 个国家的研究院。

1927 年，李书田应北洋大学校长刘仙洲之邀返校任教，讲授土木工程专业的课程，开始了他近 60 年的教育生涯。1932 年 9 月，李书田任北洋工学院院长。李书田治校严谨，踏实肯干，身先士卒。至 1937 年 5 年间，北洋工学院变化很大，发展很快。工程学馆（南大楼）、工程实验馆（北大楼）和新图书馆竣工并投入使用。设备图书健全完善，各系增设了近 20 个实验室，增添了许多设备。特别是校方与中国矿冶工程学会及中国矿冶联合会等合作，于 1934 年在津举办了第一次全国矿冶地质展览会，闭会后，许多标本、模型及其他展品留赠北洋，其中矿物、岩石、矿产、地质等标本甚多，并建立了北洋大学矿物及岩石标本室等。科系设置不断增加，1933 年筹建水利工程科目和学系，1933 年添设电机工程学系，并建立矿冶工程研究所和工程材料研究所。1934 年矿冶工程学系分为采矿工程组和冶金工程组，1934 年起将土木工程学系四年级学生分成普通土木工程组和水利卫生工程组，同年 2 月教育部核准开办工科研究所（原两研究所合并而成）。1935 年机械工程学系分设机械工程组和航空工程组。至 1935 年北洋工学院共设有四个学系（分七个工程组）和一个研究所。

在逐步发展的基础上，1937 年 2 月李书田提出了“国立北洋大学筹备缘起及分期完成计划”。计划共分八期，宏伟而具体。第一期计划自 1932 年 9 月至 1937 年 2 月，建设内容除前述有关科系扩充和校园建筑、充实图书设备外，还包括“整肃校风，网罗工程学者充任教授，兴起研究著述之风”等，“此期工作，除图书馆尚正在建筑及图书设备仍需逐年充实外，余均完成。同时理学院亦已筹备就绪，可以及时正式成立”。第二期，正式添设理学院，并筹设医学院；第三期，正式添设医学院，并扩充工科研究所；第四期，再扩充工学院，并添设理科研究所；第五期，扩充理学院，并添设医科研究所；第六期，将理学院扩充为文理学院；第七期，添设法学院；第八期，添设法科研究所。第二至第八期预计从 1937 年春季起至 1953 年，用 16 年时间全部完成。“计划”的目

⇑ 图 3-2-6　北洋大学航空实验室
⇓ 图 3-2-7　北洋大学矿物及岩石标本室

标是将北洋大学建设成为工理文法医相结合的综合性一流大学。[1]

1937 年 7 月，天津沦陷于日寇铁蹄之下，北洋大学损失惨重。李书田带领北洋师生赴西安与北平大学、北平师范大学等院校组建西安临时大学（后改称西北联大），任该大学工学院院长。1938 年 7 月，北洋工学院、北平大学工学院等院校合组为西北工学院，李书田任筹委会主任。1939 年，他被聘为国立西康技艺专科学校（现西昌学院前身）校长。1941 年 9 月，他前往贵阳筹建国立贵州农工学院（1942 年更名为国立贵州大学）并任院长。虽先后执掌了多所院校，然而李书田始终心系北洋，始终为恢复北洋而不懈努力。1941 年 10 月，在他的倡议下，为恢复北洋而组建的私立北洋工学院筹委会成立，李书田任总干事兼会长。1943 年，李书田任黄河水利委员会副委员长。1944 年，他报请教育部批准成立了国立北洋工学院西京分院并任院长。抗战胜利后，李书田毅然带领西京分院师生，率先于 1946 年 4 月底抵津复校，并把在西安变卖校舍、处理财产的收入作为北洋大学的筹办经费，为北洋大学早日步入正轨作出了至关重要的贡献。1946 年 6 月，他被聘为北洋大学工学院院长。正是因为李书田等一批师生的努力，北洋大学才得以在风雨中跋涉前行。

五、困难中坚持以实事求是立校

从清末到民国，北洋大学在新中国成立前 50 多年的办学历程中，坚持实事求是精神，持之以恒、坚守如一，用顽强的意志战胜了非常人可以想象的困难，所取得的成果亦为世人瞩目。

在水利部部长张含英办公室的墙上，挂着他书写的条幅“实事求是”4 个大字，右上方写着“懂么？会么？敢么？”，左下方写着“张含英自勉”。他说，

---

[1] 张凤来，王杰：《北洋大学—天津大学校史资料选编》（第 1 卷），天津大学出版社 1991 年版，第 184 ~ 192 页。

⇑ 图 3-2-8　北洋工学院原院长李书田
⇓ 图 3-2-9　北洋大学原校长张含英

“实事求是”是北洋大学的校训，他从1918年秋进入北洋大学学习后，就牢记这4个字，并将其作为一生努力遵循的做人处世的准则。

张含英担任北洋大学校长，正值抗日战争胜利后的恢复时期。

1946年，抗战胜利后北洋大学在天津西沽旧址复校。经过战争摧残的北洋大学，校址残破、设备奇缺、经费无着、校长无人，一度陷入困境。

1947年底，校长人选和经费筹措成为了办学的燃眉之急。起因是抗战结束后，1946年春，教育部同意北洋大学在天津复校，并于同年5月任命茅以升为校长。因茅以升忙于修复抗战期间损坏的钱塘江大桥，不能到任，由教务长金问洙代理校长。又因经费等不能解决，金问洙辞职，由训导长钟世铭代理校长。1946年冬，教育部命刘仙洲重任校长，但是他坚辞不就，他表示：“现在的政府腐败到了极点，谁也办不好教育。北洋的症结在于经费困难，不解决经费问题，绝不去北洋。”[1]

刘仙洲因经费不落实不到北洋赴任。北洋师生为要校长、要经费一再向教育部提出申请，但是教育部一拖再拖，这激起了全校师生的愤怒和不满。1947年11月18日北洋大学召开全体学生大会，会场上大家一致喊出“要经费，要校长”的口号，并成立了护校委员会，决定罢课。罢课十天后教育部仍然对北洋学生的要求置之不理，于是全体同学决定一面长期罢课，一面派代表团上南京教育部当面交涉。教育部在无可奈何的情况下，来了个先发制人，事先未征求张含英的意见，即在报纸上报道了水利专家张含英出任北洋大学校长的消息。张含英在自传中对于这件事情写道：“学生代表则向我诉说北洋大学在抗战期间辗转流离的景况，并愤慨地说偌大的国内知名学府，胜利后都快两年了，竟不派校长，形成无人治理现象。这时天津亦有电报催促。睹此情景，深觉虽无能力，但有责任，承担下来努力干，我便二话没说，决定‘去！’”

1948年2月1日，张含英来到天津。全校师生欢欣鼓舞，乘十来辆大汽车到火车站迎接。他们打起“欢迎张含英校长”的大幅标语。张含英刚一下火车，

[1] 王杰，韩云芳：《百年教育思想与人物》，天津大学出版社2009年版，第130页。

便被蜂拥而至的同学们拥起抬出了站台。场面之热烈，心情之迫切，令他深受感动。他当即发表了热情洋溢的讲话："同学们！既然叫我来，不管怎么样，我也要负起责任来，大家一块把学校秩序恢复起来，把学校办好。"张含英到校后看到遭受日寇摧残了八年的北洋大学，满目疮痍，损失惨重。他只身一人到校，就住在教室、吃在食堂，以校为家。此时的北洋大学百废待举，面对这种混乱的局面，他先抓上课，稳定教学秩序，不久学校便恢复了正常秩序。接着教育部拨来了经费。有了校长，有了经费，一度沉寂的北洋大学又有了生气。

张含英着手落实复校计划，在已有理、工两院的基础上筹划先设管理学院，而后增设文、医两学院。为此，他修缮扩建教职工和学生宿舍、图书馆、绘图室、实验室、办公室、饭厅及体育场，添置图书和设备，又征得行政院批准，将泰兴纱厂全部设备拨归学校，供纺织系学生实习使用。在他和全校师生的齐心协力下，学校不仅正常的教学秩序得以迅速恢复，还呈现了综合发展的新气象。

复校后，恢复和建立了土木工程、水利工程、采矿工程、冶金工程和化学工程等五个研究所。校长、院长、系主任、教授，基本上都是研究所的主要研究人员。教授们在忙于重建本校和教学之余，仍致力于科学研究，时有研究论文在国内外权威学术刊物上发表。化学工程研究所在 1948 年出版的《化工年刊》上发表的十几篇论文，博得了学术界和实业界的赞誉。这五个研究所，还准备在 1949 年暑假招收研究生，以培养高一级的专业人才和研究人员。张含英的目标是将北洋大学建设成为当时"国内理工高等教育之重镇及理工学术研究之重心"。

可是随着解放战争的临近，国民党政府要求北洋大学南迁，张含英坚决反对，并与学校师生力保北洋大学留在天津。后来学校的办学经费越来越困难，张含英只好再次去南京要经费。不久，平津、淮海两大战役展开，张含英受阻南京没能再返回北洋。

1948 年，张含英在《北洋校刊》"弁言"中写道："回忆本校成立，迄今已 53 年。历经沧桑，巍峙无损。积时既久，稳稳然以理工学术之重镇，见勖于国人。缅怀兴学伊始，昔贤所揭橥之洋务运动，殆与今人习称之提倡科学者无殊。顾数十年来，风尘澒洞。其倡导科学也如故，其需要科学也亦如故。更以

⇑ 图 3-2-10　北洋大学绘图室
⇓ 图 3-2-11　北洋大学图书馆

‘七七’以还饱经兵燹。环顾宇内，百废待兴。每念储才以建国，益觉任重而道远。”[1]正是在北洋大学最困难的时候，张含英临危授命担起校长重担，与北洋师生共渡难关，表明他不仅与北洋人同甘共苦，还因为他懂得北洋，深知北洋实事求是之精髓。

第三节　办学精神的继承与弘扬

一、实事求是精神与时代精神的契合

1949年10月，中华人民共和国成立，标志着中国进入了新的历史时期。北洋大学也开启了崭新的一页。在新的时代，北洋大学“实事求是”的校训及其所代表的办学精神契合了党的“实事求是”的思想作风，得到了继承和发扬，并被注入新的内涵。

1951年院系调整之后，学校被定名为天津大学，开始了建设社会主义大学的历史进程。社会主义大学应该如何办？这是摆在新中国高等教育面前的最大课题。

张国藩是新中国高等教育事业的先驱者之一，他以实事求是为准则，探索“如何办好社会主义的高等学校”。张国藩认为社会主义大学的办学内容和方式都应当与旧大学不同，应该向苏联高等教育学习。从1952年开始，天津大学学习苏联经验着手制订教学计划和编写教学大纲。1956年，高等教育部组织访苏代表团，张国藩作为副团长陪同高教部有关领导一起考察了苏联高等学校的教学和科研情况。他在考察苏联高等教育后所作的报告中，详细地介绍了苏联高等

[1] 王杰，韩云芳：《百年教育思想与人物》，天津大学出版社2009年版，第136页。

教育的经验，强调坚决执行党中央提出的向苏联学习的指示，结合学校的实际情况，建立完整地教学模式。在他的领导下，天津大学按照苏联教学计划和教学大纲全面组织教学计划和教学大纲的制订工作。到 1956 年底学校编制了较为完整和系统的教学计划和教学大纲，这在当时是一件了不起的系统工程。同时，按照高教部的要求，参照苏联的专业设置，建立了天津大学的工程专业，扩大了本科招生规模，开始招收研究生，到 1958 年天津大学在校学生规模达到一万多人。

1958 年我国经过社会主义改造后进入全面建设社会主义时期，毛主席来到天津大学视察。在毛主席视察天津大学以后，张国藩撰文谈《如何办好社会主义的高等学校》，发表在同年 9 月 1 日的《光明日报》上。这篇文章反映了张国藩的治校思想。首先，他提出了衡量大学的标准，即“如何才算一个好的大学”。他认为 :“社会主义的教育，是为社会主义的政治经济服务的，是要培养有社会主义觉悟、有文化的劳动者。要达到这个目的，教育就必须与生产结合、与劳动结合，理论与实际并重。”“因为社会主义的教育与资本主义的教育在目的和要求上都有本质的不同，所以大学内容和大学方式也必有所不同。”“教学内容、教学方式以至所谓学制等等，都要以新的眼光来衡量。”“一个好的大学，社会主义的大学，必须是为工人阶级和广大劳动人民服务的。它培养出来的学生要有高度的社会主义觉悟。”“学生不但掌握了最先进的科学知识，也掌握了一定的生产实际技能。”“大学不光是培养干部的地方——也是开展科学研究的地方。”“满足这些要求的大学就是一个好大学。”其次，他提出了办好大学的方法，“如何才能把一个大学办好”，他认为“必须依靠两个关键 : 就是党委领导和群众路线”，“就是通过大家来办好学校”，“首先是关于一些重大的问题要通过群众辩论，取得共同认识。——一切教学环节也要走群众路线”。[1] 张国藩在文章中系统阐述了建设社会主义大学的办学方向、衡量标准、人才培养模式以及教学科研并重等办学思想。

潘懋元先生曾在《从“教劳结合”到“产学研结合”》一文中指出 :“1958

[1] 王杰，韩云芳 :《百年教育思想与人物》，天津大学出版社 2009 年版，第 155 页。

年 8 月 13 日，毛泽东之所以选择天津大学视察，其中一个重要的原因就是天津大学不但是中国近代第一所大学，并且经过院系调整，成为当时规模最大、水平最高的多科性工业大学之一。也就是说天津大学是最具优良条件贯彻教育与生产劳动结合的全国示范性高校之一。”[1] 这也说明时任校长张国藩的教育思想是符合时代发展要求的，符合学校实事求是传统的。

1959 年 5 月 17 日，中共中央发出《关于在高等学校中制定一批重点学校的决定》，天津大学被定为国家首批 16 所重点大学之一，直属教育部领导。

1959 年 6 月 5 日，为落实周总理的指示精神，张国藩主持召开了校务委员会扩大会议，通过了《中共天津大学委员会、校务委员会关于提高教学质量的决定》，是年积极落实中共中央召开的教育工作会议精神，贯彻巩固、整顿、提高和重点发展的方针，在以教学为主、稳定教学秩序、提高教学质量的同时，科学研究也得到了提高。

为贯彻“高校 60 条”，张国藩重点抓了三方面建设：科学研究、研究生培养和实验室建设。1961 年 9 月制订并通过了《天津大学关于培养研究生的实施办法》，扩大研究生的培养规模。1963 年他还主持制订了《天津大学科学研究十年规划轮廓设想》，从全校 199 个科研方向中，选择出 22 个科研重点方向。这些科研重点方向的确定。对于天津大学科研工作的开展和学科建设，起到了长期的、十分重要的作用，为改革开放以后天津大学建设成为研究型高水平大学奠定了基础。

从 1952 年出任天津大学第一副校长并主持学校工作，1957 年任校长，直到 1975 年病逝，张国藩留给后人的宝贵财富不仅是天津大学的发展，更是实事求是、与时俱进的科学精神。钱伟长教授评价说：“张国藩同志是一位诚实的科学家。认真、勤奋，在湍流理论方面做了大量工作，受到同代人的敬佩，堪为青年人的楷模。”[2]

---

[1] 天津大学宣传部：《难忘的记忆》，天津大学出版社 2009 年版，第 20 页。

[2] 王杰，韩云芳：《百年教育思想与人物》，天津大学出版社 2009 年版，第 166 页。

二、坚持真理，按照实事求是原则办学

李曙森是新中国高等教育界的著名人物，在共和国教育史上有其重要地位。1953 年至 1998 年期间，他先后担任天津大学副校长、党委书记、校长、名誉校长，在 45 载的高等教育生涯中，为天津大学和新中国的高等教育事业做出了长期的、卓有成就的贡献。

李曙森 1934 年毕业于北平师范大学英国文学系，获文学学士学位。学生时代他就参加了中国共产党领导的革命活动，1936 年在河南鸡公山东北中学开展民先工作，1937 年参加八路军，1938 年加入中国共产党。李曙森早年积极投身革命事业，在抗日战争和解放战争的对敌斗争中九死一生，英勇果敢，为中国人民解放事业做出了不可磨灭的贡献。

50 年代初，为加强党对高等教育的领导，中央抽调一批高级干部到高校担任领导工作。1953 年李曙森到天津大学担任副校长。李曙森在天津大学工作期间，正值新中国社会发展的探索时期，道路曲折艰难。作为老一辈革命家、教育家，他坚持实事求是精神，敢于直面政治、经济、社会变革等种种压力，坚持按照教育规律办学，不仅引领天津大学在不同阶段探索出发展道路，而且成为广大师生做事、做人的楷模。

他在深入调研的基础上，向中央呈报的拟在天津大学建立党委领导体制的报告《关于实行党委制的一些意见》，分析了当时的形势和高校的特点，对实行党委制的条件和必要性作了充分的论证。他在报告中指出："党委制应该是党委领导下的校长负责制，强调党对学校的领导主要是政治上的领导和思想上的领导"，是"集中力量研究解决方针性、政策性、政治方向、工作前进方向以及思想方面、工作方面的重大问题，而不是处理日常具体工作"。[1] 经党中央和高教部批准，天津大学率先成立了党委，形成了党委领导下的校长负责制。这一体制得到了党中央的充分肯定，1958 年毛泽东视察天津大学做出的 3 点指示之一

---

[1] 王杰，韩云芳：《百年教育思想与人物》，天津大学出版社 2009 年版，第 168 页。

⇐ 图 3-3-1　天津大学原校长张国藩　⇒ 图 3-3-2　天津大学原校长李曙森

就是要抓住“党委领导”。这对于我国高校领导体制的建立具有奠基意义。

1963年在总结“大跃进”的教训，贯彻国家“调整、巩固、充实、提高”的八字方针时，李曙森在《1958年以来工作总结与今后工作任务》中再次强调学校要“为提高教育质量，培养社会主义建设优秀人才而奋斗”。1965年在“政治挂帅”、“思想领先”的思潮冲击教育的情况下，他仍然坚持学校要“在培养又红又专的社会主义建设人才和科学实验中，发挥更大的作用”。李曙森坚持，教育必须为国家建设需要和社会发展服务的方向不是空洞的，而是主张落实在教学科研工作和学生培养上。1965年5月，他在《关于我校教育改革的意见》中仍然提出“思想工作最后要落实到教好学好中去”，“因为专是对的，重业务也是对的”，“业务上过得硬，既要有书本知识，又要有实践知识，能够解决本专业范围的问题，能赶超世界科技尖端，那更能为祖国争光”。他坚持：“教育革命要落实在教育质量的提高上……教改要保证提高教学质量和科学水平，而不能降低。”“基本理论要加强……基础理论不应削弱，更不应取消。”“考虑专业应该从科学技术上考虑……用科学技术把同学们武装起来。”“英文要放在重要地位，所有学生要能阅读外文专业书刊，部分能会话，少数优秀的应该达到更高的要求。”[1]在当时的大形势下，李曙森能够坚持这样的观点是冒着极大的风险的。

李曙森实事求是的精神来源于他密切联系群众的工作作风。他经常深入到教研室和学生宿舍中去，与他们座谈，倾听他们的意见，将师生的意见和建议作为改进工作的方向。

“文化大革命”中，李曙森受到严重迫害，但他始终相信党，相信人民群众，具有坚定的共产主义理想信念。平反后，他坚决贯彻执行党的十一届三中全会的政策，带领师生员工拨乱反正，复查改正了在1957、1958年被错划的“右派分子”320人，对60年代初因学校进行“形势教育”而受到处理的29名学生进行了复审和安置，对历次政治运动中遗留下来的67个案件也进行了复审并予

---

[1] 王杰，韩云芳：《百年教育思想与人物》，天津大学出版社2009年版，第172～173页。

以解决。经过平反冤假错案和落实政策，广大教职员工放下了历史包袱，心情舒畅，使一度遭受严重破坏的天津大学又呈现出新的生机。

1978 年 12 月，李曙森被任命为天津大学校长主持工作。根据教育部通知，各重点高等学校试行《全国重点高等学校暂行工作条例》(即新的“高校 60 条”)。天津大学党委根据全国科学大会和全国教育工作会议精神，终止了“抓纲治校”的错误口号，明确提出了学校不能再搞政治运动，将工作重点转移到教学和科研上来。

1978 年他在《关于天津大学怎样办的初步设想》中提出：“师资队伍是办好学校仅次于领导班子的一个关键问题，只有有了高水平的教师，才能培养出高质量的学生，并在科研方面出成果。”他指出：1953 年以来天津大学先后调出教师至少有 600 人，这削弱了天津大学的师资力量。他提出将“文化大革命”期间调走的 300 人尽快调回。同时他提出加紧培养年轻教师，聘请国内外专家短期讲学和争取国外专家回国工作等建议，为师资队伍的长远建设打下了基础。

1982 年以前李曙森主持校务，做了大量恢复整顿提高的工作，为改革开放以后天津大学的快速发展打下了基础。

在任天津大学名誉校长期间，他继续关心高等教育的改革开放。在 1983 年全国高等教育工作会议期间，匡亚民、刘丹、李曙森、屈伯川 4 位名誉校院长，联名写信给中央书记处，“建议将 50 所左右高等学校列为国家重点建设项目”。他们建议：“从全国 700 余所高等院校中选出几十所基础较好、师资力量较强、教学科研水平较高，既能培养高质量的本科生，又能培养合格的硕士、博士研究生，规模比较大的院校，作为高等教育事业的战略重点。推动这些学校迅速扩大规模，办成具有世界先进水平的第一流大学，这样到 1990 年前的七八年间，这几十所大学便能培养出几十万名高质量的本科生，几万名合格的硕士研究生和几千名博士研究生，还能培养出大批相当于大学教授水平的各类学科带头人。这不仅对于 90 年代大力发展经济建设、促进科技进步将起重大作用，而且也将为 90 年代我国整个高等教育事业的大发展打下基础。”[1] 建议受到党中央、国务院的高度重视，被作为重要的战略问题，提交书记处讨论。后来党中央、国务院颁布的《中国教育改革和发展纲要》中，关于建设“211 工程”计划的指导思想，正是李曙森等人建议的进一步发展。

李曙森在天津大学工作了将近半个世纪，遵循“实事求是”的思想路线，坚持按照教育规律办学。将自己的全部精力和智慧贡献给了我国的高等教育事业。他的教育思想对天津大学几代人产生了巨大影响，从各个侧面反映出了他的人格魅力与崇高风范。

三、倡导实事求是之风，探索改革开放之路

1982 年全国高校恢复整顿时期结束，拉开了改革开放的大幕。面对改革开放的新形势，如何规划未来的发展道路，天津大学面临新的挑战。

此时，李曙森改任名誉校长，由史绍熙担任校长。史绍熙教授是我国著名的工程热物理学家、燃烧学家及内燃机专家，中国科学院资深院士。1916 年 8 月出生于江苏省宜兴县。1939 年毕业于北洋大学机械系，1949 年毕业于英国曼彻斯特大学，获博士学位。1951 年起担任天津大学教授，1979 年起担任天津大学副校长。1982 年担任校长后面临着改革开放的大潮，如何把握机遇，引领这样一所历史悠久的老校再创新的辉煌，史绍熙具有自身优势：一是他曾经留学英国，了解发达国家的高等教育情况；二是他长期工作在教学一线，了解基层情况；三是他担任副校长时期了解学校的整体情况。具有国际视野和务实精神的史绍熙，秉承实事求是的精神，与李曙森名誉校长一起深入院系、走访兄弟院校和国外高校，提出发展方案，几经全校反复讨论，审慎、科学地制订了把天津大学由多科性工业大学发展成为以工为主，理、工、文、管相结合的综合

---

[1] 王杰，韩云芳：《百年教育思想与人物》，天津大学出版社 2009 年版，第 185 页。

性大学，把天津大学办成为教学科研两个中心，由内向型大学转型为国际交流与合作的开放型大学的改革开放的发展战略。

史绍熙坚持实事求是的思想路线表现为尊重教育规律，敢于坚持真理；按实际情况办学，富于探索精神。

史绍熙参照国际上大学发展的趋势，提出把天津大学建设发展成为综合性大学。他认为“综合化是现代科学发展的一个显著趋势”，“从我国的实际情况来看，我认为，把一批重点大学办成综合性大学，即是高等教育发展的规律性反映，也是客观要求”。[1] 在这一思想的指导下，1983 年，史绍熙主持制订了《天津大学 1984—1990 年发展规划》，第一次将以工为主，向综合性大学发展的办学思想写入了这一规划中。规划确定的学校“八五”期间的主要奋斗目标是把“天津大学办成具有工科、理科、文科和管理学科的综合性高等学校。在若干学科领域形成自己的特色，使之成为在国内居于领先地位，在国际上享有声誉的高等学府”[2]。同时提出了到 1990 年应达到的具体目标。这一规划改变了天津大学原有的单一工科的结构与办学模式，由一个中心(以教学为中心)向教学、科研两个中心方向发展，构建了天津大学在“八五”期间向理工文管相结合的综合性大学方向发展的蓝图，开始了建设综合性大学的进程。他在天津大学率先进行了学科设置的改革，在工科各学系之外，先后建立了数学系、物理系、力学系、化学系和应用化学系等理科学系，外语系、人文与社会科学系等文科学系，新建了研究生院、管理学院、石油化工学院，基本形成了以工为主、理工文管相结合的综合性格局。

史绍熙认为，天津大学办学模式要由多科性工业大学转变成综合性大学，办学水平要达到国内一流、世界知名，学校类型要是研究型大学。为此，他十分重视研究生培养和科学研究工作。

1984 年，天津大学被批准首批试办研究生院。12 月 18 日，学校举行了“天

[1] 王杰，韩云芳：《百年教育思想与人物》，天津大学出版社 2009 年版，第 201 页。

[2] 王杰，韩云芳：《百年教育思想与人物》，天津大学出版社 2009 年版，第 202 页。

津大学研究生院成立大会”，史绍熙校长在会上做了“全校办研究生院，为培养高质量的研究生而努力”的报告。他在报告中指出：“要把我校办成第一流的大学，必须把研究生工作抓好。四化建设需要大量的高级人才，培养研究生就是造就这种高水平专门人才的重要途径，也是提高我国科技水平，攀登科学高峰的必由之路。”他特别强调：“这是关系到我国现代化建设成败的一个重大问题，也是发展我国高等教育事业的根本大计。”[1]他号召集中学校优势，“全校办研究生院”，要求学校党、政、工、团、教学、科研各方面齐心协力，培养出“不但要精通业务，还必须有理想、有道德、有文化、有纪律、热爱社会主义事业，具有牺牲精神和科学创新精神”的高层次人才。这次会议的召开具有重要意义，它是学校研究生教育工作的一个里程碑，也是学校百年办学的一个里程碑。1985年，研究生在校人数达到1 300人，硕士招生专业发展到42个，研究方向215个，指导教师357人。天津大学成为国家首批恢复研究生招生与培养的院校，国务院首批有博士生导师和博士点授予权的院校，国家首批批准建立研究生院的院校。总之，在史绍熙担任校长期间，天津大学改变了单一办学层次，实现了多层次人才培养，学校从一所以本科生培养为主的大学迅速向本研并重的综合性大学发展。研究生教育的建立，为天津大学以后向研究型大学的发展打下了坚实的基础。

“教学、科研、生产一体化”是史绍熙另一个重要的教育思想。1985年，他曾对此做过全面的论述。他认为：“教学、科研、生产一体化，既是新技术革命的要求，又将会在新的技术革命的浪潮中显示出新的活力，在加速人才培养、科技发展和经济建设等方面必将产生越来越大的作用。”[2]在校长任期内，他积极倡导产、学、研的结合，学校先后与十几个省市，几十个企业建立了产、学、研的合作关系。如与中国石油化工总公司联合建立了石油化工学院和石油化工技术开发中心，从而使学校的化工学科在人才培养和科研开发工作上与我国重

[1] 王杰，韩云芳：《百年教育思想与人物》，天津大学出版社2009年版，第207页。

[2] 王杰，韩云芳：《百年教育思想与人物》，天津大学出版社2009年版，第208页。

要的石油化工企业建立了密切的联系，显著提高了教学质量和科研水平。同时，由学校提供的优秀人才和高水平的科研成果，也对我国石油化工企业的发展做出了重要的贡献。他始终认为高校是科研的主力军，提倡教学与科研并举，科研与国家经济建设相结合。他明确提出要将天津大学建设成为教学、科研两个中心，并采取切实措施增建研究所、室。

他提倡博采众国之长面向世界办教育，提出“我国高等教育要与国际先进的高等教育接轨”[1]的主张。史绍熙在国际内燃机领域中的学术地位以及所具有的国际学术背景，使他能够比其他人更早、更清楚地看到我国与发达国家相比在高等教育和科技发展上的差距。党的十一届三中全会以后，他坚决支持和积极贯彻党的对外开放政策，使天津大学国际学术交流与合作迅速发展。他提倡我国的科技人员要积极争取参加国际会议，以使我国的科学技术能迅速进入国际先进技术的行列；他提倡要争取多主办各种规格的国际学术会议，以使我国的科技人员能有更多的机会与国际高水平专家直接交流切磋，学习先进科学技术，尽早走上国际学术舞台。1985 年后的几年间，天津大学先后与世界上 30 多个国家进行了国际交往，开展学术交流。他身体力行，利用校际互访和参加国际学术会议的机会，使天津大学先后与美国、加拿大、英国、日本、联邦德国的十几所高校建立了校际合作关系，实现了互派留学生、互派教授讲学，进行合作科研等。史绍熙敏感地把握住改革开放的大好机遇，使一所相对封闭的老校打开大门走向世界，赢得了改革开放的历史先机，这也得益于他对实事求是精神的贯彻执行。

四、综合性、研究型、开放式、国际化

1985 年 5 月 27 日，中共中央公布了《中共中央关于教育体制改革的决定》，

---

[1] 王杰，韩云芳：《百年教育思想与人物》，天津大学出版社 2009 年版，第 208 页。

提出“教育要面向现代化，面向世界，面向未来”。时任校长吴咏诗提出：“高等教育要真正做到三个面向，必须打破陈旧的教育思想的束缚，实现教育观念的历史性转变。”[1]他以实事求是的态度严肃指出我国的高等教育长期以来存在的两个严重的思想束缚：一是受苏联式计划经济体制下形成的教育模式的束缚。这种束缚的存在，使得中国的高等教育制度忽视中国经济发展对人才需求的多样性，只是按照计划经济的框框对大学生进行“统购统销”式的培养，由此产生高校的人才培养与社会对人才的需求相脱节的弊端。二是受工业化生产管理模式被机械移植到教育中的束缚。产品的标准化和劳动分工是现代大工业生产的基本特征，这种仅仅适合工业生产的特征反映到教育中来，就形成了全国统一按专业培养人才的制度，形成了全国统一的专业目录，乃至各专业统一的规格，统一的教学计划、教学大纲和统编教材。在这种束缚下，学校没有自己的学术特色，教师不能创造性地发挥各自的学术优势，培养出来的学生知识面窄，缺乏创造力。

吴咏诗的见解是：“教育过程和工业生产的一个根本不同点在于教育的对象是‘人’而不是‘物’。在教育过程中，必须充分调动教育对象即学生的主观能动性，使得学生能够在接受知识过程中发展能力，从获得知识、应用知识到创造知识。这是教育成败的关键。”[2]因此，他认为，不能以狭窄的专业分工来限制学生的知识眼界，也不能以标准化生产的方式来束缚学生创造能力的成长。要真正实现“教育要面向现代化、面向世界、面向未来”，就必须实事求是，打破思想束缚，在教育观念上实现五个方面的转变：从单纯的工程技术人才培养转向综合型开拓型人才培养；从专业化的窄口径培养转向多适应性的宽口径培养；从标准化规格化的统一培养转向多样化的培养；教学重点从知识的传授转向能力的培养，教学方法从注入式转向启发式；从一次性教育转向终身教育。

他多次阐发“必须实现教育观念上的五个转变”的基本思想，提出工科大

---

[1] 王杰，韩云芳：《百年教育思想与人物》，天津大学出版社 2009 年版，第 212 页。

[2] 王杰，韩云芳：《百年教育思想与人物》，天津大学出版社 2009 年版，第 215 页。

⇐ 图 3-3-3　天津大学原校长史绍熙　⇒ 图 3-3-4　天津大学原校长吴咏诗

学必须要拓宽学生的知识面，从单纯的工程技术人才培养转向综合型人才培养。

1986 年 12 月，天津大学召开了第一届教职工代表大会。会上，已经担任校长的吴咏诗以“为把天津大学建设成为综合性、研究型、开放式的社会主义现代化大学而团结奋斗”为题做了工作报告，“要把天津大学逐步发展成为以工科为主，理工文管相结合的综合性、研究型 、开放式的社会主义大学”[1]的思想，被确定为天津大学的战略发展目标。

1987 年，吴咏诗专门撰写了《综合性，研究型，开放式——试论天津大学的办学方向》一文并发表在《高等工程教育研究》上，从我国“经济建设、社会发展和科技进步都有赖于中华民族的智力开发和人才培养，有赖于教育事业在经济发展的基础上有一个更大的发展”的基本国情出发，较为完整地论述了“建设以工科为主的理、工、文、管相结合的综合性大学”、“坚持改革、着重提高、向研究型大学发展”和“密切与社会和世界的联系，建成开放式的教育与科研中心”等观点，标志着他关于“综合性、研究型、开放式”的办学思想已经初步形成。[2]后来吴咏诗不断加以完善，进一步提出“国际化”的办学思想。

关于“综合性”，吴咏诗在总结了我国一批理工科大学在多年的改革中逐步形成多科性综合性大学的发展历程后指出：“理工科大学向综合性的发展，符合了科技发展和人才培养两方面的需要，是建设高水平大学的必然趋势。”[3]他认为科学技术的发展有着综合化的趋势，新兴学科总是在若干学科的结合点上发展起来的。他提出，综合性不能仅仅表现在校内的学科设置上，更重要的是要在人才培养、科学研究和学科建设上充分体现出它的优越性。

关于“研究型”，吴咏诗认为，研究型大学具有一些数量上的指标，但大学的“研究型”更应该表现在教学的研究性、科研的创新性、管理的科学性三个方面。在教学上，研究型大学的重要标志之一，就是把教学过程同研究过程结

---

[1] 王杰，韩云芳：《百年教育思想与人物》，天津大学出版社 2009 年版，第 212 页。

[2] 王杰，韩云芳：《百年教育思想与人物》，天津大学出版社 2009 年版，第 213 页。

[3] 王杰，韩云芳：《百年教育思想与人物》，天津大学出版社 2009 年版，第 215 页。

合起来。教学内容应能反映学校与教师本人的科研成果和学术见解，有学校和教师本人的学术特色；学校能为学生创造能力的培养提供生动活泼、积极有效的外部环境。在科研上，研究型大学的重要标志之一，是要看一所学校主要学科的学术和研究水平是否在国内处于领先地位并具有国际竞争力。研究型大学的科研更应强调创新，应努力创造自己的学术生长点；应能承担国家经济建设、科技与社会发展中的重大课题，在解决问题的过程中产生具有自主知识产权的创新成果；应能够为国家和地方政府的重大决策提供科技咨询和技术支持。同时，还要有一批处于国际先进水平的重点学科，拥有一批国际知名的学者。在管理上，研究型大学的重要标志之一，就是要看管理水平的现代化和决策的科学化。研究型大学必须要有科学的管理。

关于“开放式”，吴咏诗提出，现代化大学的开放式办学就是要和社会建立密切的联系，以各种可能的形式为社会培养人才、提供科技服务。在为社会服务的过程中，调整学校的专业设置和教学内容，同时也使学校的科研选题和学科建设更贴近经济建设的需要，从社会获得促进学校发展的动力和活力。

关于“国际化”，吴咏诗分析道，国际化是现代教育发展的一个重要趋势。这一方面是由于当代交通与通信发展迅猛，信息交流迅速便捷，国际交流与合作可以促进教育与科技的发展；另一方面是因为经济全球化的发展形成了人才的全球性竞争。因此，我国的重点理工科大学要努力建成国内外知名的高水平大学，就必须加速国际化的进程，以吸收各国教育之长，促进我国高教事业的改革与发展。

吴咏诗校长的教育思想注意探求高等教育的基本规律，用以指导高等教育的改革与发展；重视高等教育与经济、社会的联系，不就高教而论高教，而是在经济建设与社会发展的大环境中研究高等教育的改革与发展；在考虑高等教育的改革与发展时，注意从天津大学和中国高校的实际出发，对我国的教育传统扬长避短，兴利除弊；对国外的经验取其精华、去其糟粕，不盲目照搬。他的教育思想充分体现了北洋大学长期一贯的实事求是精神。

第四节　实事求是办学精神的其他体现

一、实事求是与师生素质的养成

校长的坚守是学校实事求是精神传承的代表，同时，这种坚守还培育了师生严谨、刻苦、踏实、诚挚、尊重事实、重视实践的科学精神。

李书田在《国立北洋工学院季刊》发刊辞的第一句就写道：“以‘实事求是’为校训之北洋，从未铺张学术，付诸铅椠，故为炫世而盗名。惟有技术深研之所至，理工探讨之所达，无可复遏，往往发而为文，以思贡献于社会。”[1] 倡导北洋师生所进行的学术研究或刊物出版等不应有丝毫弄虚作假。1948年张含英更是教育学生说：“工程师决不应有欺骗世人与自己的行为，否则，不良的果就会立刻反映出来不良的因来。”每个学生都应有“真”的修养，“因为能真便可减少许多无谓的虚荣与占有欲”。[2] 这种对学生诚信意识的教育和培养，形成了北洋人诚实、谦虚、求实、严谨与执著的品格和风格。正如校友在学校校庆贺词中所言：“综土木机电冶金采矿，育成建设人才，看外交司法峥嵘头角，工商路矿，蜚腾声誉，尽从实事求是中来。”[3]

“实事求是”塑造了学生勤朴刻苦、踏实做事的苦干精神。张含英说：“北洋实事求是的校训和崇尚苦学实干的校风，一直指导着我一生的学习和工作，这是我终生难忘的。”[4] 为了求得治理黄河的第一手资料，他经常不畏艰险地爬高山、渡急流，进行实地勘察调研，早在20世纪40年代就走遍了龙羊峡以下的所有峡谷；同时又竭力收集历代治黄的详细资料，在理论和实践、历史和现实

---

[1] 张凤来，王杰：《北洋大学—天津大学校史资料选编》（第1卷），天津大学出版社1991年版，第330页。

[2] 王杰，韩云芳：《百年教育思想与人物》，天津大学出版社2009年版，第136页。

[3] 张凤来，王杰：《北洋大学—天津大学校史》（第1卷），天津大学出版社1990年版，第60页。

[4] 李义丹，王杰：《天津大学简史》，天津大学出版社2006年版，第33页。

相结合的基础上，在中国历史上第一次提出了黄河中下游统筹规划、综合利用和综合开发的治黄指导思想。北洋同学的实干精神使他们“所到之处都是埋头苦干，尽瘁国家”。“尤以抗战期间，参与国家社会各部门之建设，悉本‘实事求是’之苦干精神，全力以赴，向来不辱使命，其服务绩效之辉煌，真是可圈可点。”[1]

“实事求是”塑造了学生尊重事实、崇尚真理的求是精神；树立了科学家追求真理的标准，体现了他们对自然和自然规律应有的态度。著名经济学家马寅初即是笃行这种精神的光辉典范。面对灾难深重的祖国，马寅初从美国留学归来后当即宣称一不做官，二不发财，毅然拒绝军阀政客的邀揽，而致力于中国教育和经济事业的发展。经过长时间的社会调查和理论研究，1955 年马寅初以人大代表的身份提出了著名的《新人口论》，即控制中国人口增长的正确主张。但这种正确的建议和科学的理论反而被当做谬论加以批判。然而马寅初始终没有屈服，他义无反顾地对那些无理的批判和荒谬的攻击以无畏的气概进行反击。纵观马寅初的一生，其在北洋立下的实事求是精神对他的影响非常大。他重视实践，治学严谨，且坚持真理，在现代经济学的基本理论、研究方法、科学布局等方面都有开创性的贡献，在其百岁诞辰时被誉为“中华民族难得的瑰宝”。

二、文化符号中的实事求是元素

文化符号代表了学校的文化传统，是学校的精神图腾。北洋大学的文化符号凸显了其实事求是的办学精神，是师生在办学实践中产生的精神认同。北洋大学在 1912 年到 1937 年间，产生了校徽、校旗和校歌等文化符号，成为了流传百年的文化经典。

---

[1] 李义丹，王杰：《天津大学简史》，天津大学出版社 2006 年版，第 33 页。

北洋大学的校徽，体现了中国传统文化和西方大学文化的融合。西方大学的校徽多为盾形，不论是诞生于12世纪的牛津大学，还是其姐妹校剑桥大学的校徽，外观都为盾形。美国的大学承袭英国大学传统，在校徽设计上也是以盾形居多，如诞生于1643年的哈佛大学校徽即为盾形。许多大学校徽中间都有一本打开的书。这些校徽反映了西方大学高贵的地位，坚守理性、拒绝世俗的实事求是精神，精英教育的宗旨，强调了“启示”是知识和真理的源泉。北洋大学的校徽与西方大学的校徽盾形相近似，既吸收了西方大学的文化因素，又赋予了新的含义。盾形体现了北洋大学“兴学强国”做民族之盾、国家之盾的办学理念，体现了北洋大学的傲然风骨和以民族兴亡为己任的扛鼎之责，也反映了北洋大学所坚持的实事求是、追求真理的办学精神。底色为金色和蓝色相间。北洋大学为皇帝御批国立官办的大学，以金色为底色凸显了中国传统文化中金黄色为皇权象征的特点；蓝色为北洋校色，北洋大学地处渤海之滨，面向大海，又是学习西方教育和现代文化知识的大学，以蓝色为底色体现了她的先进性。盾牌中心是一本打开的书，读书即教育，体现了学校的职能。书的正中撰写了校训“实事求是”四个字，这是北洋大学经过30多年的办学实践形成的办学精神，是北洋大学的精神核心。环绕四周的是三个堡垒和五支箭头，代表着三个学科和五个班级。1920年前后北洋大学有三个学门，先是土木、采矿、冶金，其后将采矿、冶金学门合并，恢复机械学门。五支箭头代表了当时有五个班级的学生正实践着“实事求是”的校训在刻苦读书。在这些图案的上方赫然书写着六个大字“国立北洋大学”。它表明了这所大学的性质是国立大学，是国家高等教育的核心支柱；它表明这所大学的办学层次，是一所高等教育的最高学府；它表明这所大学包容了校徽中的全部内涵——走进“国立北洋大学”，面前是一本永远读不完的书。

北洋大学的校歌作于1935年8月，第74期《北洋周刊》刊登了《本院院歌》及其说明：“本院前恳上海国立音乐专科学校校长萧友梅先生转托音乐艺文社社员廖辅叔君代撰院歌，俾便集会时歌咏。歌词现已寄院，披露如下：

花堤蔼蔼，
北运滔滔，
巍巍学府北洋高。
悠长称历史，
建设为同胞。
不从纸上逞空谈，
要实地把中华改造！
穷学理，振科工，
重实验，薄雕虫。
望前驱之英华卓荦，
应后起之努力追踪！
念过去之艰难缔造，
愿一心一德，共扬校誉于无穷！

廖辅叔先生是著名的音乐家、翻译家、词学家和教育家。校歌充分体现了单办工科后北洋人要将工程教育做大做强的决心和心系天下“要实地把中华改造”的办学理想。歌词总结了北洋大学 40 年兴学育人、兴学强国的艰辛历程，促人奋进，催人向上，鼓舞着北洋学子为民族复兴、国家富强而奋斗，用脚踏实地、埋头苦干、实事求是的精神，严谨治学的学风，献身科学把中华改造。

大学校旗也是大学文化符号的重要内容。它不仅是一所大学的象征，而且包含了丰富的内涵，充分体现了大学的理念和精神内涵。谈到北洋大学的校旗，先得谈一谈国旗。北洋大学建立之初，没有校旗。当时的大清帝国也没有国旗。清朝的国旗来自于北洋水师的军旗。北洋水师是一支现代装备的军队，为了与国际惯例一致，北洋水师必须有军旗，于是设计了一款黄色为地，上绣青龙的三角形军旗，表示这是一支皇家军队。清政府感到北洋水师的军旗很能够代表清廷特点，于是原图案不动，只是将三角形改成方形，作为清政府的国旗。清政府垮台后，民国政府成立，临时大总统孙中山主持设计了新的国旗。查民国

⇑ 图 3-4-1　北洋大学校徽

⇓ 图 3-4-2　北洋大学校旗

元年内务部档案可知，当时“以五色为国旗”，既由红、黄、蓝、白、黑五色组成，代表着汉、满、蒙、回、藏五族共和，即“民族大同，团结一体”，“合全国为一家，连大同于五旗”。当时的校旗也是这五种颜色，北洋大学、北京大学的校旗都由五色组成。不仅包含国旗的社会意义，还汲取了现代学科理念，有着大学独特的内涵。蔡元培先生在《国立北京大学校旗图说》中对北大校旗上的五种颜色，即红、白、黄、蓝、黑的意义做出过解释：红色代表包括物理学、化学等学科在内的“现象的科学”；蓝色代表历史学、生物进化学等学科在内的“发生的科学”；黄色代表包括植物、动物、生物学等在内的“系统的科学”；而白色是日光七色的总和，故而用白色来代表哲学；而“人类的求知欲望决不能以综合哲学和实证哲学为满足，必要侵入玄学的范围”，因此用黑色代表玄学。蔡元培先生还指出：“大学是包容各种学问的机关，我们固然要研究各种科学，但不能就此满足，所以研究融贯科学的哲学；但也不能就此满足，所以又研究根据科学而又超绝科学的玄学。科学的范围最广，哲学是窄一点儿，玄学更窄一点儿。就分门研究说：研究科学的人最多，其次哲学，其次玄学。就一人经历说：研究科学的时间最多，其次哲学，其次玄学。所以校旗上面红蓝黄三色面积最大，白色次之，黑又次之。”[1]也因此，各校根据自己学科的情况，红、蓝、黄、白、黑五种颜色所占面积又各不相同。

---

[1] 李义丹，王杰：《文化记忆》，天津大学出版社 2011 年版，第 124 页。

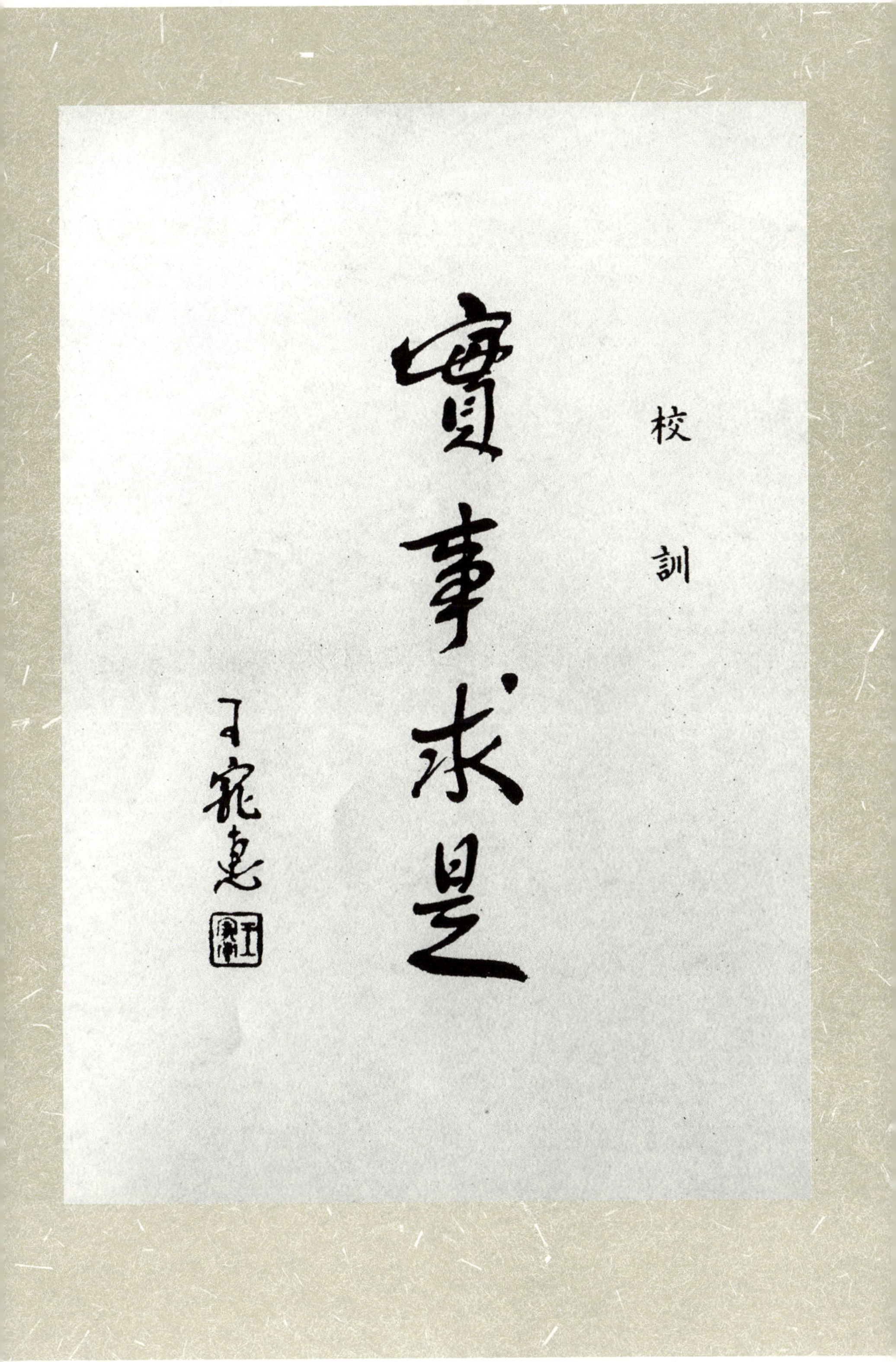

⇑ 王宠惠手书实事求是

第 四 章

严谨治学的严格校风

“严谨治学”是自北洋大学开始传承至今的校风，表现在师生身上为教风和学风。它是一种理念，也是一种行为，经过一百多年的传承，已经内化为师生的潜意识和习惯作风。

严谨治学的校风建立在“兴学强国”的历史责任之上。正因为身上担子的沉重，责任的重大，天津大学自学校创办之日起就形成了一种丝毫不敢松弛、须臾不敢懈怠的文化自觉，大业善道、达材成德的文化育人责任，求真至善、穷理振工的文化追求和严谨治学、严谨要求的质量标准，保证了百年坚守、持之以恒、高水平的办学质量，造就了20多万名高层次人才。

第一节 大业善道 百年育人

一、宁缺毋滥——质量原则

北洋大学堂自创设之始，即以严谨治学而著称。在严谨治学上主要是抓住两项至关重要的工作：一是严格聘任教师，二是严格挑选学生。选聘的原则是宁缺毋滥。

在聘任教师上要求选择学有所长者，不准徇私情，不准以个人好恶来评聘。对于不称职者根据公论坚决谢退。对于在校任教的教师严格考核。对于未经告假随意旷课者，对于有意紊乱规则者，对于不能胜任者，据实查明，予以辞退。因此，聘任的教师均是具有真才实学的中外硕学鸿儒，任教兢兢业业，诲人不倦，而讲习尽属新学，持民主精神，教学方法具有创导性，形成了严谨的教学风格，年年相传。

严格挑选学生，始终以重质不重量的作风，相传于后。在开办之时，1895年香港招生报名应试者千余人，仅取十来名，可见录取之严格。1903年，西沽第一次复校时，召集北洋大学堂旧生及天津水师学堂旧生数十人，作预备学习，补习普通科目二年，以备专门之选。1905年暑假后保定直隶高等学堂第一班学生进入头等学堂，因普通科学习尚未结业，作为预备班补习一年，至1906年暑假后才升入本科第四班。同时又有京师五城学堂头班二班学生程度与北洋大学堂第四班相当，经学部送来，分别学习六个月后，功课划一，归入第四班，翌年升入第三班，分学三个学门。1906年代理监督丁惟鲁指出这样做的目的："本年秋间奉宫保札饬科举既停，各学堂自应层递升入，以免程度不齐，凌躐无序。所有北洋大学堂嗣后缺额应由高等学堂学生选升，不得别行招考……欲行自费附学之法亦应呈请批准，饬由学务处会同本堂监督考验及格方可收入该堂。"[1] 1907年招考本科生时，在天津、上海、汉口、广州等地报纸登广告招生，花费甚巨，结果各科考生只有法科一人合格，这一年除预科转升本科者外，外考新生只取此一名。辛亥革命后，虽然政权更迭，新学制建立，但是北洋大学宁缺毋滥的原则没变。1936年8月至10月北洋大学招收新生，在天津、北京、上海、武昌四地招生，报考人数为1220名，录取123名，录取人数占报考人数的10.1%。由此可见，北洋招取新生始终严格把关，保证生源质量，这为培养高质

[1] 张凤来，王杰：《北洋大学—天津大学校史》(第1卷)，天津大学出版社1990年版，第55页。

量人才打下了坚实的基础。

宁缺毋滥还表现在学生培养的淘汰制上，据 1923 年毕业的陈立夫回忆：我们那一届班次，原本有 45 名新生，到毕业时只剩下土木 16 人，矿冶 15 人，一共 31 人，中途不是因病辍学，就是成绩不够标准而退学，几乎占了三分之一的人不能终学。[1] 陶希圣先生在谈及中国的大学学风时，曾直截了当地说："北洋大学的学生读书用功，下课十分钟，仍然在课堂内。"[2] 著名矿冶学家魏寿昆曾自豪地说："北洋大学一向有俭朴苦读的作风……花花公子的少爷们不到北洋来读书，他们吃不了那样的苦。"[3] 对此，《大公报》曾评价北洋大学说："其对学生重质不重量，故三四千人报考，录取不过二百人，经历年淘汰，毕业时往往不过二三十人。此种严格考试严格教学的传统，肇始于外籍教授掌握校务期间。20 年来外籍教授先后退休殆尽，其地位已逐渐为本国籍教员所代替。然此谨严作风至今未变。这一大特色，是北洋大学人才蔚起的一个主要原因。且就大学教育立论，若干年来，许多大学只知扩充名额，学生程度江河日下，课业怠荒，风纪败坏，青年学生日趋于空疏夸诞一途，勤劬苦学笃实潜修之美风渐就澌灭。而北洋大学独能砥柱中流，力矫颓风，与习于浮薄肤浅粗糙虚骄的若干大学，成为尖锐对比。此其对教育学术的影响之大，应为识者所共喻。"[4]

北洋大学自创办之日起，长期坚持宁缺毋滥的原则，养成了严谨治学的校风。李书田在《国立北洋工学院季刊发刊词》中说："惟因北洋师生之'实事求是'也，教师讲授实验之点，恒多于他校，学生上课自习之时数，亦超越乎寻常。教者学者，惟日孜孜。"[5] 北洋大学教授曹诚克在《国内矿冶工程教育现状下几个问题》中，列举了北洋与其他工科院校所开课程、学时数据的比较后说：

---

[1] 陈立夫：《回忆北洋大学》，《国立北洋大学创校九十周年纪念文集》，二诰打字印刷有限公司 1985 年版。

[2] 张凤来，王杰：《北洋大学—天津大学校史》（第 1 卷），天津大学出版社 1990 年版，第 55 页。

[3] 左森：《回忆北洋大学》，天津大学出版社 1989 年版，第 31 页。

[4] 李义丹，王杰：《文化记忆》，天津大学出版社 2011 年版，第 130 页。

[5] 张凤来，王杰：《北洋大学—天津大学校史》（第 1 卷），天津大学出版社 1990 年版，第 330 页。

“北洋功课之重，考试之严，青年求学者之视北洋为畏途，不自今日始，而于今为烈……人家俱称北洋学生为牛，言其终日受鞭策，只知工作，全无休息之谓。”[1] 曹诚克的话形象地反映了遵循“实事求是”校训和“严谨治学”校风的北洋师生的教学情况。

据老校友回忆，北洋大学学生在校期间，其考试之多、之严，其淘汰率之高，用残酷一词形容并不为过。有一种比较笼统的说法，由于我国正式培养工程人才始自北洋大学，故北洋录取的学生常常汇集南北各优秀中学的前三名考生，即使在上海，南洋、复旦、沪江、圣约翰等学校欲入法科或工科的学生亦大多设法转考北洋，可见其生源质量应属上乘。然而，北洋各届毕业人数往往只是同届录取人数的 60% 左右，即是说差不多接近一半的学生因种种原因惨遭淘汰。学校规定：学期考试两门功课不及格者，留级；三门不及格者，退学。此项规定，几十年一以贯之，严格执行，一丝不苟。任课教师踏入某班级教室，一看学生的座位即知其成绩如何，因为座位按考试成绩排序。后来甚至将毕业同学录的先后顺序也依据毕业成绩排定。此类做法，在大学史上至为罕见，就积极意义观察，确乎营造出学业至上、追求卓越的奋发砥砺氛围。

早期的北洋校园，几乎是一个英语世界。一些优秀理工科高材生因过不了英语关，而被迫转学。据他们的感受：课本是原文的，教授用英文，答卷用英文，到处是英文，我们吃完晚饭在北运河畔散步，连枝头的小鸟也都在讲英文！有的学生为了提高英语能力，与居室同学约定，任何时间不许讲中文，违者罚铜币一枚，起初钱罐里铜币骤增，久之习以为常，以致夜间捕鼠夹的声响惊扰睡梦，醒来竟亦以英语呼叫，渐渐地随着英语的进步，钱罐收入减少了。1918 年，北洋校史上迎来连中三元的空前荣耀：全国外交官考试第一名徐谟，全国高等文官考试第一名励平，清华留学考试第一名康时敏。显然，北洋大学重质不重量的铁则和入学后的魔鬼训练，铸就了这所学府令人敬畏的盛誉。

宁缺毋滥的原则所体现的严谨治学的精神，在其后的教育实践中得到了发

[1]《北洋理工季刊》，1935 年第 4 期，第 18 页。

扬光大。改革开放后史绍熙担任校长，他是北洋大学培养的学生。1935 年史绍熙考入北洋大学机械工程系，四年中学习刻苦而成绩优异，学期考试屡获第一。按照北洋大学的规矩，史绍熙考试屡获第一，因此总是坐第一座位。北洋大学的严谨学风使他刻骨铭心，终身受益。史绍熙校长主持校务之初，正值学校在“文化大革命”后开始拨乱反正、恢复高考招生后不久。针对当时学校教学秩序正在恢复之中的状况，他及时强调要加强教学管理，继承发扬北洋大学“双严治教”的优良传统，提倡“严谨治学”、“严格教学要求”，树立良好校风学风。1982 年 4 月，在他的主持下，天津大学召开了以“坚持严谨治学，培养合格人才”为主题的教学工作会议，通过了天津大学《贯彻治学严谨、严格要求的意见》。该意见充分体现了“双严”精神，从教师和学生两个方面对课堂教学和考试、实践性教学等主要教学环节做了严格细致的规定。1983 年 10 月，天津大学又一次召开教学工作会议，充分肯定了自贯彻“双严”方针以来学校教学工作取得的成绩。同时进一步指出 :“在近年‘双严’的基础上，更突出一个‘严’字，在‘严’字上下工夫。教师自己要严谨治学，对学生要严格要求、严格训练。”会议同时要求 :“教学上的教书育人，党政部门的管理育人，后勤部门的服务育人，都要贯彻‘双严’精神，形成全校上下，各方面协调统一的严谨校风。”[1] 自此，贯彻“双严”方针成为全校上下的共识，成为师生自觉遵守的校风、教风和学风。学校建立并逐步完善教学质量与监控体系。该体系以培养目标为牵引，综合了制度、组织等要素，通过学生和督导检查的评价反馈，构成覆盖本科教学全过程的闭环系统。其中包括体现过程监控的“三项检查”和逐级实行的“五项评估”。

这“三项检查”是 : ① 期中教学检查。通过领导听课，召开教师座谈会和调查问卷等形式，检查专业教学计划和教学大纲的执行情况、各类课程的教学内容和教学进度，以及学生的学习风气等。② 试卷质量检查。每学期进行一次，主要检查试卷质量和命题是否符合教学大纲要求，阅卷、记分是否公正

[1] 张凤来，王杰 :《北洋大学—天津大学校史》(第 2 卷)，天津大学出版社 1990 年版，第 373 页。

等。③ 毕业设计（论文）质量检查。每学年进行一次，包括毕业生选题情况、开题报告、中期检查、答辩检查和论文质量抽查等，并开展优秀毕业论文评选。“五项评估”是：① 院级本科教学工作水平评估。学校在每年年终考核的基础上对学院的教学管理、教学建设、教学效果等内容进行评价。② 专业评估。制定和完善了示范专业、重点专业和新专业评估方案，严格评审，滚动管理。③ 实验室评估。涵盖实验室体制与管理、实验任务、仪器设备、实验队伍、环境与安全和管理规章制度等方面。④ 课程评估。⑤ 教师教学质量评估。“双严”支撑起来的是“严而不死，活而不乱”的育人环境，是天津大学坚持“教学工作质量第一”的实践。1999 年，教育部派出专家组对天津大学的本科教学进行优秀评估，认为学校的本科教学工作已达优秀水平，评估意见中还明确肯定“严谨治学、严格教学要求”是天津大学的办学特色之一。

二、穷理振工——教学要求

北洋大学校歌中有这样一段歌词：“穷学理，振科工，重实验，薄雕虫……不从纸上逞空谈，要实地把中华改造！”这反映了北洋师生的一种理念和追求，也是学校培育人才的教学要求。

“穷学理”，就是要穷尽学问中的道理，不满足于一知半解和表面文章，而是深钻、深研直到穷尽。这是一种治学态度，一种对于科学研究、知识探求的行为准则。无论是教师传授知识还是学生求取知识，都要有这样一种态度。教与学双方都严格遵循这样的教学要求，保证了教学质量，保证了知识传播的质量，也保证了人才培养的质量。

“振科工”，提振科学与工程。北洋大学的创建开启了中国现代大学传播科学知识的大门，他以工程学科立校，培养工程科技人才为社会服务。作为一所高等学府，“穷学理，振科工”反映了它的办学层次，办学特色，也反映了它人才培养的高水平。“重实验，薄雕虫”，工程科技是以实验科学为基础的，它不同于一般的手工技艺，是建立在科学与工程研究、学理的穷尽追求的前提下的。因此，它所培养的人才是具有穷尽学理的治学态度、提振科学工程的实践能力，能够“实地把中华改造”的卓越人才。

人才培养是大学的根本任务，所培养的人才质量体现了学校的办学成果和办学水平。盛宣怀认为：“自强首在储才”，“搜罗今日之梓楠，培养他年之祯干，为一代得治人，胜于百代立治法”。他认为培养人才是一项务实的、长期的事业，又是一项急迫的事情。他说：“创举之事，空言易，实行难，立法易，收效难”，“职道之愚，当赶紧设立头等二等学堂各一所，为继起者规式”。[1]

李书田在庆祝北洋大学建校40周年的演讲中，对于盛宣怀建立北洋大学的宗旨有深刻的见解：“国家之基础在于工业”，“从事工程教育者则更进一步，深信工业之基础在于良好之工业人才，而良好之工业人才在于良好之工程教育”。谈到北洋大学建立之宗旨时他说：“他日人才蔚起，各本实事求是之校训，以工程学术，开辟我神州禹域之蕴藏，跻国家于升平之境地，以符创设本校之初旨。”[2]

因此，北洋大学人才培养重视三个环节：一是课堂教学，以教师授课为主；二是课下自学，以学生个体为主；三是试验和工厂（野外）实习，作为工程师培养的必要环节。也就是说，教与学都要求“穷学理、振科工，重实验”。

1935年3月学校制订的《学生实地练习规则》，对各专业外出实习的内容、时间、地点和实习教员、实习纪律、实习成绩、实习经费等都作出了具体的规定，成为指导学生实践的重要依据。高等工程教育属于技术教育的范畴，是一种专业教育，它培养的是在生产第一线从事工程技术工作、解决工程实际问题的工程师，工程人才的培养离不开实际工程。工程实践是训练学生理论联系实际、学以致用，以便走上工作岗位后能够适应工作的极其重要的一环。如果工程教育只有理论知识的传授而缺乏实际动手能力的培养训练，则学生的基本综

[1] 陈学恂：《中国近代教育文选》，人民教育出版社1985年版，第72～76页。

[2]《中国之工程教育》，《北洋周刊》，1935年第85期，第4页。

⇑ 图 4-1-1　北洋大学土木专业师生在野外测量
⇓ 图 4-1-2　北洋大学矿冶专业师生在野外实习

合和设计能力是难以培养出来的，更谈不上学生创新能力的培养。李书田在谈到工程教育的人才培养方针时说：“一、培养深厚的科学基础；二、训练实际的工程技术；三、训练组织与管理的能力；四、培养创业与刻苦的志气；五、培养研究中国实际问题的兴趣。”[1] 曾任北洋大学校长的张含英也提出过类似的见解：北洋大学培养的学生是未来的工程师，工程师必须是能根据科学的理论，运用技术的手腕，依照经济的法则，以完成服务于社会的目的。

新中国建立以后，曾任北洋大学校长的刘仙洲撰文谈到：“过去我国读书人一向‘重理论轻实际’，重视书本学习轻视体力劳动，甚至轻视劳动人民。如果使‘教育与生产相结合’，或‘文化学习与劳动锻炼相结合’，就可以纠正这种偏向，对青年一代具有很大的教育意义和政治意义。这可以说是走向共产主义社会消灭体力劳动与脑力劳动对立的第一步。”[2] 他凭着数十年思考和经验，提出教育与生产相结合的七种方式，培养学生运用理论解决实际问题的本领。

改革开放初期，曾任天津大学校长的史绍熙在谈到新时期人才培养时认为：高层次人才应该具备两方面的基本素质，一专多能、全面发展。在专业学习上要“专”而“博”，他强调的“专”，不仅是掌握了一定的书本知识，熟悉了定理和原理，更重要的是用“科学的态度、科学实验和方法，科学地分析问题和解决问题”，学生要先“专”而后“博”，全面发展。这正是“穷学理、振科工，重实验”精神在新时代的延续。

改革开放后，面对全球知识经济的浪潮，吴咏诗校长提出人才“综合培养方案”和实现人才培养的“四个转变”：从单纯的学科人才的培养转变为综合性、开拓性人才的培养；从专业化、与职业对口的窄口径培养转变为多适应性的宽口径培养；从按专业规格化的统一培养转变为因材施教的多样化培养；从以知识传授为主的培养转变为知识、能力、素质的综合培养。立足于培养学生的创造能力和实践能力。吴咏诗校长提出：“教学重点从知识的传授转向能力的

[1] 李书田：《工程学者所应树志之标准》，《北洋理工季刊》，1935 年第 3 卷第 3 期，第 139 页。

[2] 王杰，韩云芳：《百年教育思想与人物》，天津大学出版社 2010 年版，第 95 页。

↑ 图 4-1-3　北洋大学学生在矿山实习

培养，教学方法从注入式转向启发式。”[1]他认为，长期以来，大学教学活动的重点在于传授知识，教学方法是注入式的。这使得学生被动地接受大量知识，而缺乏主动获取知识、运用和创造知识的能力。要适应面向未来的需要，大学的教学活动不仅要传授知识，更重要的是培养学生的创造能力和自我学习能力，而大学的教学方法也必须提倡启发式。作为一项重要的教学改革，学校试行了有指导有计划的学分制，迈出了培养理工结合、文理渗透的综合型人才的第一步。学分制的实行调动了学生学习的主动性，提高了学生分析问题、解决问题的能力。同时，学校建立了优异生培养制度，试办了理工结合试点班，为优异学生的尽快成才创造了条件。为了加强实践性教学环节，注重对学生能力的培养，学校还改进了部分实践性教学方法：将课时较多、实验技能较高的 32 门课的实验单独设课；对主要实验课单独设置了教研室；有计划地组织了军训、扶贫、社会调查等社会实践活动，使学生在社会大课堂中得到了锻炼。

20 世纪 80 年代以后，天津大学平均每两年召开一次全校性的教学工作会议，陆续出台了《关于深化本科教育改革的设想》等一系列文件，采取了多项改革措施提高本科教学质量。20 世纪末，围绕国家确定的“三个面向”的人才培养要求，学校重点抓了 10 大系列课程建设，构建新的课程体系，以加速课程内容更新和学生知识结构的优化。改变传统的以传授知识为目的的教学方法，使学生不仅能够高效率地获取间接知识，而且着重要学会独立获取知识的方法。各门课程课堂讲授都要求真正做到少而精，选择部分内容让学生自学，部分课程内容可以要求学生按教师指定的参考书自学完成，以培养提高学生的自学能力，培养学生的创新意识。加强教学基础设施的建设，建立校内的教学中心和基地。加强与大型企业集团的联系，建立新的学生培养基地和培养模式。建立教学评奖和评估制度，对于优秀教学效果和优秀教材进行鼓励，等等。

进入 21 世纪，随着经济全球化和高等教育国际化，培养卓越工程人才成为教学改革的主要目标。2011 年 6 月，教育部“卓越工程师教育培养计划”启动会

---

[1] 王杰，韩云芳：《百年教育思想与人物》，天津大学出版社 2010 年版，第 213 页。

在天津大学召开。“卓越计划”以培养和造就一大批创新能力强、适应经济社会发展需要的高质量各类型工程技术人才为目标，培养终身具有可持续国际竞争力、创造力、实践力和领导力的卓越工程创新人才。天津大学的主要做法是：进一步明确并细化培养标准，借鉴国内外大学的先进经验，建立了共有 4 个维度、27 个要素的“卓越工程创新人才培养标准”。学校、企业在学生工程实践能力与创新能力培养方面各尽其职、紧密合作，共同打造有效的卓越工程创新人才的培养体系。天津大学加强与国际著名企业、国有大型企业等的深度合作，通过了解工程界对工程教育的需求，为工程教育者和受教育者提供更多参与工程实践的机会，探索产学研合作办学的新途径，建立产学研合作的良性机制。

由此可见，随着时代的发展，学校的人才培养观也在发展，但是“不从纸上逞空谈，要实地把中华改造”，这种为国家培养实用人才的笃实作风和严谨治学的严格校风却一脉相传、始终如一。

三、达材成德——育人标准

北洋大学的建立有一个神圣的使命“兴学强国”，这一使命为北洋师生的共识。早在 1906 年，北洋师生在《送丁公家立序》中写道：“夫学强国之原也，学精则神州之强，可计日以至。公之勉吾侪也。”[1]

李书田在《北洋周刊》撰文写道：“当国家民族危急存亡之秋，大学之责任愈大，国家危亡之挽救，中华民族之复兴，罔不依大学师生之如何振奋而定其命运，尤其以应用科学为国家富强之枢纽现代工程学院所负之使命愈大，则我国历史最久之北洋工学院所负之使命，更非新设之工学院所可同日语。今后我师生应如何尽此重大使命，即是书田所愿与诸师众生所共勉者。”[2] 他在《工程学者所应

[1] 张凤来，王杰：《北洋大学—天津大学校史资料选编》(第 1 卷)，天津大学出版社 1991 年版，第 42 页。

[2] 王杰，韩云芳：《百年教育思想与人物》，天津大学出版社 2010 年版，第 115 页。

树志之标准》一文中指出："人生当先树志。"[1]他将立德放在人生树志的第一位。

张含英校长也是这样认为的。他在给北洋大学学生所做的"工程师的修养"的讲演中说：今天吾人掌握了科学知识，就要为人类服务，根据致知的结果，去达到增加人类幸福的享受。且工程师掌握了科学知识，就会懂得因果律，决不能有丝毫欺骗世人与自己的行为，否则不良的果就会立刻反映出不良的因来。所以工程师既要有远大的眼光，又应有诚实的品格。他还提出了工程师要有丰富的经验和人类的生活知识，而以最少的经费，得到最高的价值，以达"善"的目的。工程师要有"美"的修养，研究一些文学艺术和琴棋书画，闲暇时就有了这个精神寄托。

1930年12月13日，时任国民政府陆海空军副总司令的张学良莅临北洋参观，并向师生们讲话："所谓良好的教育，就是学问道德要并重。至于有道德没有学问，固然不能胜任，若是单有学问没有道德，也是不会持久的。青年人不愁无事做，只要学问道德均有根底，无论在何时，均为人所器重。贵院为培植人才的最高学府，现实在中央及各地服务的北洋同学很多，可以证明北洋的精神是学问道德并重的。"[2]这是对于当时北洋大学人才培养德智并重的评价。

新中国成立后的天津大学认真贯彻党的教育方针，始终把德育摆在人才培养的首位。史绍熙校长曾说："未来社会的竞争是人才与知识的竞争，更是一个国家国民综合素质的竞争。作为祖国未来建设的生力军，大学生的综合素质就再不容忽视。""专业素质是经线，道德素质是纬线"，高层次人才应该具备两方面的基本素质，一专多能、全面发展。他提出："要使培养出来的学生有理想、有道德、有文化、有纪律，基础扎实，知识面广，具有较强的独立分析问题、解决问题的能力和勇于创新的精神，以便适应我国90年代经济振兴和21世纪进一步发展的需要。"[3]

---

[1] 张凤来，王杰：《北洋大学—天津大学校史资料选编》（第1卷），天津大学出版社1991年版，第343页。

[2] 李义丹，王杰：《文化记忆》，天津大学出版社2011年版，第77页。

[3] 王杰，韩云芳：《百年教育思想与人物》，天津大学出版社2010年版，第205页。

进入21世纪，天津大学提出“育人为本、德育为先”的原则，着眼于学生的全面发展，注重拓展学生的素质结构。为此，天津大学从三个方面开展工作：

一是加强思想素质培养，培育学生的社会责任感，激发成才动力。通过思想理论课、党建、团建实现党的理论成果“进课堂、进教材、进头脑”；通过“北洋大讲堂”等品牌活动，扩展学生的社会视野，引导学生关心世界和国家的发展；通过社团活动促进学生自主学习、自我教育，如“邓小平思想研究会”每年提交学生的学习论文3 300多篇；通过评选“十佳杰出青年”，以榜样的力量激励广大学生积极向上；通过生活关怀，如“贫困生资助计划”、“贫困生健康工程”、“贫困生素质教育工程”等，鼓励教育学生自强不息、刻苦学习、回报社会。

二是加强文化素质培养，化育学生高尚的人文精神。根据宽口径、厚基础的人才培养目标，学校设置了人文社科、自然科学和艺术三大类公共选修课，如“中外大学史”、“西方文化导论”、“环境保护与可持续发展”等，并规定：理工类学生必须选修不低于6学分的人文社科类课程和2学分的艺术类课程，文科类专业也必须选修不低于6学分的自然科学课程。在目前的本科生培养方案中，人文社科类课程占22%。

此外，先后成立的王学仲艺术研究所、冯骥才文学艺术研究院，已成为学校高水平文化素质教育基地。学校延请中国文联副主席冯骥才先生为天津大学教授，投资2 000万元人民币设立了冯骥才文学艺术研究院，成为建设在以工为主的大学中的一所艺术殿堂。2006年在该院举办了意大利绘画巨匠画展，这是达·芬奇等巨匠的原作首次走进中国高校。

天津大学的艺术教育特色鲜明，让学生在艺术的感染下发展审美情操。学校在教学计划之内，安排了22门艺术选修课、30余门艺术实践课；在教学计划之外，“固定时间，固定地点”的周末音乐会等品牌活动，已坚持十多年，举办了400多期，参加欣赏的学生达20多万人次，成为教育部推荐的高校开展艺术教育工作的三大模式之一。学校从1985年开始举办的“北洋文化艺术节”，至今已成功举办22期，成为惠及广大学生的艺术盛宴。学校北洋艺术团多次在世界、全国的演出中获得佳绩，成为学校引为自豪的品牌。它下设合唱团、军乐团、民乐团、舞蹈队等，参与的团员约占全校学生总数的 1/10。

三是加强身心素质培养，奠定成才基础。近年来，学校体育教学改革不断深化，学生体质健康标准合格率三年以来均保持在 98% 以上。学校有游泳、田径、篮球三支高水平运动队，成为学校体育运动的标兵。

除了关注身体健康之外，学校还特别重视学生的心理健康，建立起了“四位一体”，即心理健康教育、心理健康咨询、心理健康治疗、心理健康研究合为一体的心理健康教育模式。学校每个学生班级都配备了心理委员，建立了心理问题早期干预机制；开设了面向全校的 8 门心理学选修课；设立了有资质的精神门诊，使心理健康教育系统化、专业化。

天津大学在坚持德育为先原则的同时，注意学生素质的全面发展，注重实践能力和创新精神培养，注重优良学风的养成，号召广大学生为振兴中华而刻苦学习，为广大学生开辟了更多的自主发展空间，让更多的拔尖创新人才脱颖而出，真正建立起具有时代特色、符合时代要求、以“素质”培养为中心的新的育人体系。

第二节　与时俱进　创新实践

一、与时俱进，不断创新教育教学理念

学校始终以前瞻性的教育教学理念引领人才培养之路，这种前瞻性是在继承、反思、突破、创新中求索而来的，改革开放以来最突出的是教育教学理念的三次重要跨越。

第一次跨越始于 20 世纪 80 年代初。恢复高考后，学校在加强教学工作的同

时，居安思危，认识到 90 年代将是一个科学技术迅猛发展的时期，人才培养将面临巨大的挑战。当时在对毕业生进行跟踪调查后发现，教学工作存在着专业口径窄、实践环节薄弱等七个方面的问题。通过反思自己和对比目标，学校在第一次教学工作会上提出“全面加强教育教学研究，深化改革，在教学工作中不断创新”的思想，由此掀起了教育教学改革热潮，建立起了全新的人才培养体系。至 1985 年，天津大学形成了教育思想和观念上的“五个转变”：从单纯的工科技术人才培养转向综合型开拓人才培养；从专业的对口培养转向多适应的宽口径培养；从标准化、规格化的统一培养转向多样化的因材施教培养；教学重点从知识的传授转向能力的培养；教学方法从注入式转向启发式，从一次性教育转向终身教育。在 1986 年召开的第二次教学工作会上，学校明确提出在新时期要树立新的人才观，本科生要按照“全面”、“多样”、“创造”、“开放”的模式进行培养，即培养学生的全面发展能力，实行多样化的培养，培养学生的创造力，敞开校门与校企联合培养、与国际合作培养。这次观念的转变，对天津大学来说具有重要意义，它改变了关门办学、单一培养模式，形成了教改的热潮。第二次教学工作会是学校落实教育改革方案，探索中国特色高等教育模式的起始，是学校今后发展的基础和开端。

第二次重要跨越始于 1995 年，虽然时值 20 世纪 90 年代中期，学校却已经开始思考 21 世纪的人才培养方略，并在全校范围内开展了多次以“建立面向 21 世纪、迎接知识经济到来，适应社会发展、具有时代特征的新的人才培养模式和培养体系”为目标的教育思想大讨论。1997 年初召开的第四次教学工作会议上，学校明确提出要培育一流人才，必须解决好三个问题，即全面素质教育、创造能力培养和个性发展问题，形成新的人才培养思想。1997 年底进一步明确强调，在新形势下本科教学工作要实现“四个转变”，强化“六大观念”，贯彻“三个结合”。“四个转变”：由注重专业对口教育向注重全面素质教育转变，由注重知识传授向注重创造能力培养转变，由单一培养模式向因材施教、注重个性发展转变，由注重单纯的学科系统性向注重综合性培养转变。“六大观念”：质量观念、效益观念、适应观念、创新观念、综合观念和特色观念。“三个结合”：在人才培养中要做到知识传授和能力培养相结合，业务培养和全面素质教育相结合，科学精神培养和人文精神培养相结合。这次前瞻性的教育思想和教育观念的转变，为面向21世纪的教育教学改革奠定了坚实的思想基础。

进入新世纪，学校开始了改革开放以来的第三次教育思想跨越，着力培养拔尖创新人才。于2000年4月开展了“创新工程”大讨论，提出要着力培养学生的“四种能力”，即自我获取知识的能力、独立判断与研究能力、创新能力和协作能力。在事业发展“十五”计划中，学校确立了“宽基础、高素质，具有创新精神和实践能力的高水平人才”的人才培养目标。在2006年召开的第六次教学工作会议上，学校以“质量与创新”为主题，提出要以为建设创新型国家培养骨干人才的要求来衡量学校的教学质量，用教育教学的创新来提升学校的教学质量，创造一流的教学工作，培养高质量的创新人才，确立了“培养理论基础厚、专业口径宽、实践能力强、综合素质高，具有社会责任感、创新精神和国际视野的高层次人才，使之成为推动科技创新、经济发展、社会进步的栋梁”的人才培养目标。

二、创新实践，持续推进教育教学领域的改革

2007年开始，学校根据建设创新型国家对工程创新人才的需求，借鉴美欧日澳等发达国家和地区以及国内兄弟院校工程创新人才培养的先进经验，结合产业界对工程创新人才的整体要求，创新性地提出了涵盖素质、能力、知识3个维度24个要素的《工程创新人才基本要求大纲》，为工程创新人才培养提供了系统指导。

围绕《工程创新人才基本要求大纲》（见图4–2–1），构建了以“大纲”为核心，以“素质提升系统（QS）”、“能力强化系统(AS)”、“知识优化系统(KS)”为主体，以“工程创新环境支撑平台(EIE)”为保障（简称“三系统一平台”）的“EI–QAKE工程创新人才培养体系”（见图4–2–2），推出了7项计划和2项教

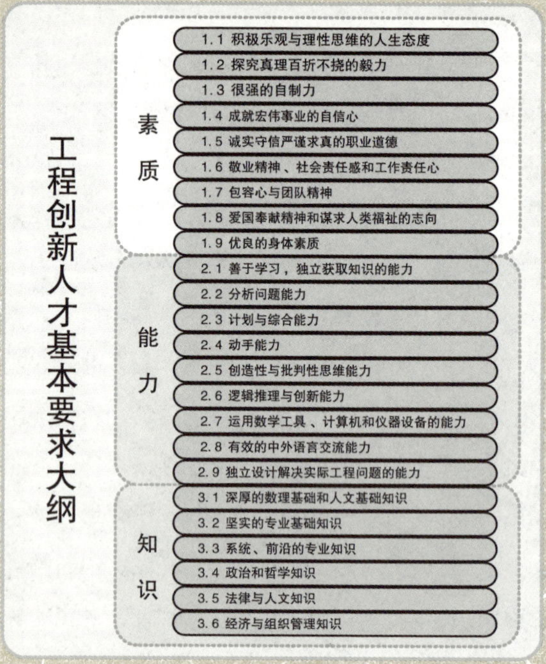

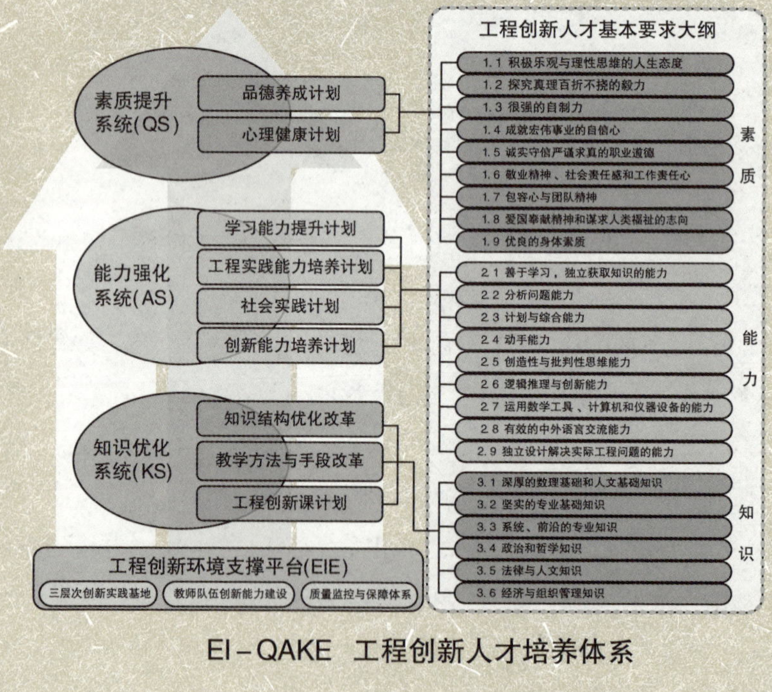

⇑ 图 4-2-1　工程创新人才基本要求大纲
⇓ 图 4-2-2　EI-QAKE工程创新人才培养体系

学改革，着力培养符合国家需求的工程创新人才。

1. 素质提升系统

现代工程实践活动的高责任、高压力及高强度，决定着其承担者必须具备积极乐观的心态，具有坚持探究真理的毅力、很好的自制力、理性的思维和诚实守信、求真务实的品德。为此，学校制订并实施了“四位一体”的心理健康计划和以诚信教育为核心的品德养成计划。

心理健康计划。实施了心理知识教学、心理咨询、心理治疗和心理问题研究“四位一体”的心理健康计划。开设 6 门心理学课程，拥有包括数十名经过专业培训的教师、特聘校外心理专家和心理辅导员组成的心理辅导队伍，由具有精神卫生专业执业证书的专职教师开设心理卫生门诊，建立设有心理学专业硕士点的心理研究所，使心理健康教育系统化、专业化。在各班中设立心理委员，建立班级、学院、学校三级心理危机干预快速反应机制，实现了心理健康问题从被动应对到主动预防的转变。

品德养成计划。学校坚持“育人为本，德育为先”的理念，实施了以诚信教育、思政课程及“校园品牌”为平台的品德养成计划。一是开展诚信教育系列活动，学生需签署“诚信承诺书”，从学术诚信、考试诚信、网络诚信等方面规范行为。二是开展思政课程建设和改革，与专业教育相结合，聘请行业领军人物结合工程实例进行职业道德教育。三是依托“校园品牌”，促进学生品德养成。品牌网站——“天外天”和“求实 BBS”——变“思想政治教育进网络”为“网络进思想政治教育”，被评为全国“十佳高校新闻网站”和“十佳校园 BBS”。

2. 能力强化系统

工程创新人才须善于学习，具有独立获取知识的能力和灵活运用知识的能力，具备创造性思维能力和较强的实践能力。学校以提升学生综合能力为目标，实施了学习能力提升计划、工程实践能力培养计划、社会实践计划和创新能力培养计划。

学习能力提升计划。以培养学生自主学习能力为目标，实施了以导师制、优异生制、学长制、学习预警制和学习科学研究会为特点的学习能力提升计划。

出台《天津大学关于在本科生中实行导师制的暂行规定》，由教授、副教授担任学生导师进行专业辅导。实施“优异生制”，制订个性化培养方案，强化创新能力。实行“学长制”，经过竞聘、选拔和培训，为每个宿舍配备一名优秀学长，传承优良学风。建立“学习预警制”，对学习困难学生实行预警和一帮一学的“结对子”互助机制。成立由教务处指导、学生为主的“学习科学研究会”，以《学研报》为载体，以会员为辐射，传播学习经验，促进学习能力全面提高。

工程实践能力培养计划。以培养学生工程意识和解决问题综合能力为目的，课内实验、集中实践、课外实践相结合，进行基本实践能力、综合实践能力和研究创新实践能力训练。通过产学研合作、企业顶岗实习、提前进入实验室等有效途径，强化学生工程实践能力。体系实施以来，建立校外实习基地 155 个，开拓日本、新加坡、印度等国外实习基地；学生到企业顶岗实习及毕业设计的比例达 25%；工科专业学生提前进实验室的比例达 20%以上，部分专业达到 100%。

社会实践计划。以“长期化、基地化、规范化”为建设方针，以“立足校园、服务社会”为原则，实施了“千百十工程”，通过“课余经常性实践”、“双休日重点性实践”和“寒暑期集中性实践”三层次实践计划，建立了千余个班级实践基地，百余个院级示范基地和十余个校级示范基地。每年参加社会实践的学生约占全校总数的 80%，足迹遍及全国 20 余个省市地区，学校连续 12 年获得中宣部、教育部和团中央的联合表彰。

创新能力培养计划。制订实施“天津大学学生创新实践计划（PSIP）”并计入学分，推出学生科技立项工程、科技英才工程、课外学术科技作品竞赛、学生学报等项目和活动。形成以品牌科技活动为龙头的创新能力培养模式。计划实施以来，共有 2 300 余件作品在全国各类科技竞赛中一显身手。共举办 9 期“学生科技立项”，批准立项 1320 件，授权专利 11 项；编印出版 22 期由本科生学术论文组成的《天津大学学生学报》；培养 572 名“学生科技英才”；举办 7 届“学生科学奖”评选，35 名本科生获此殊荣，成为学生中的科技精英。

3. 知识优化系统

通过知识结构优化改革、教学方法与手段改革、工程创新课计划等举措，使学生具有深厚的数理基础和人文基础知识、坚实的专业基础知识、系统前沿的专业知识、政治和哲学知识、法律与人文知识、经济与组织管理知识等。

知识结构优化改革。构建以宽厚的基础课、精深的专业核心课和丰富的选修课为特点的课程体系；将课程划分为 6 大类 19 小类；强化数理基础和学科基础；结合学科发展前沿，整合专业核心课内容；增加选修课比例，提高课程体系柔性；独立设置“研修与创新”模块必修课程；开设“法律、经管、社会”，“环境、心理、健康”，“文学、历史、哲学”，艺术和自然科学 5 个模块 180 门文化素质教育课程；与南开大学等互开选修课，拓展学生视野。同时，吸收行业专家加入专业教学指导委员会，参与培养方案制订和课程大纲修订。

教学方法与手段改革。以学生为主体，以启发式、讨论式、研究式等多种教学方法替代传统灌输式教学方法；强化以工程实例为载体的案例教学，推行“PBL”(Problem Based Learning) 教学方法改革；定期举办教学观摩月和教师讲课大赛；实施课程教学研讨制度；制订《天津大学关于规范多媒体教学的意见》，加强对教师制作和有效使用多媒体的培训，实施多媒体辅助教学校院两级督导。

工程创新课计划。制订《天津大学关于开设本科生创新课程的若干规定》，在全国率先开设以院士、长江学者领衔的工程创新课，讲授学科前沿，介绍创新方法，激发创新兴趣，启发创新思维。目前已开设工程创新课 53 门，修读人数逾 5000 人。此举在社会上引起了广泛关注，2006 年 5 月 9 日的《科技日报》以“天津大学为本科生开设‘创新课’”为题对工程创新课计划进行了报道。

4. 工程创新环境支撑平台

学校通过提升师资创新能力、整合三层次创新实践基地、完善质量监控与保障体系等举措，构建了有利于工程创新人才培养的创新环境支撑平台，确保工程创新人才培养体系的高效高质运行。

教师队伍的创新能力建设。在全国率先推出师德建设工程，实施“师资创新能力与职业发展培训计划”、“名师名校计划”、“名师名徒计划”、“青年骨干教师出国研修计划”等，率先提出并严格实施教师“两证”（岗前培训结业证和教师教学合格证）上岗与授课质量跟踪制度，实施教师驻企业半年以上的工程训练制度。

整合三层次创新实践基地。以“基础集中、规模扩大、优化实验、全面开放”为原则，建成依托于公共基础实验教学中心、学科（专业）平台实验中心和专业实验室的三层次本科生创新实践基地35个，其中就包括内燃机研究所的屏蔽实验室，制订了《天津大学实验室开放管理办法》；实施三批“本科实验教学改革与研究”立项工作，批准立项126项，开发、改造了一大批综合性、设计性实验。这些基地成为学生进行创新实践活动的主阵地。

质量监控与保障体系。遵循全面质量管理思想，实施教学前、中、后全过程质量控制，建立了教学奖励及责任认定制度、专题会议制度和院级教学工作考核制度，坚持期中教学检查、试卷质量检查和毕业设计（论文）质量检查的“三项检查”和院级本科教学工作水平评估、专业评估、实验室评估、课程评估、教师教学质量评估“五项评估”制度。

2011年，学校按照“强化基础、注重实践、加强综合、突出创新”的原则，开展了新一轮的本科综合培养方案修订工作，本次修订整体调整了课程体系，强调了课程之间的衔接，整合了教学内容，注重课程综合化程度。在工科专业中，增加了实践环节、国内外大型企业做毕业设计的比例和设计课程比例。提高了课程体系的灵活性，给学生更多自主学习的时间和自主选择的机会，卓越人才培养内化为学生的自觉成长。

近年来，随着《国家中长期教育改革和发展规划纲要（2010—2020年）》的颁布以及教育部“卓越工程师教育培养计划”的实施，工程教育领域出现一些新的要求。为了适应这种变化，学校在工程创新人才基本要求大纲的基础上，进一步制订了天津大学“卓越工程创新人才培养目标”，即培养终身具有可持续国际竞争力、创造力、实践力和领导力的卓越工程创新人才。为了细化培养目标，学校在广泛听取各方面意见基础上，修订形成了包括身心素质、品德素质、能力、知识4个维度、26个要素的天津大学《卓越工程创新人才培养标准》。新的培养标准集中反映了学校最新的教学理念。

↑ 图 4-2-3 天津大学内燃机研究所的屏蔽实验室

三、硕果累累，教育教学成绩凸显

天津大学始终将抓办学质量放在学校工作的首位，不断深入进行教学改革，取得了显著的成绩。

1. 质量工程与本科教学工程建设成果显著

学校扎实推进质量工程项目建设，认真贯彻落实教育部文件精神和学校第六次教学工作会议精神，开展了一系列卓有成效的改革和建设工作。自质量工程开展以来共建设国家级精品课程 42 门、国家级教学团队 9 个、国家级实验教学示范中心 5 个、国家级双语教学示范课程 6 门、国家级特色专业建设点 26 个、国家级人才培养模式创新实验区 10 个、国家级大学生创新实验计划项目 224 项、国家“十一五”教材规划选题项目 137 项，6 人获得国家级教学名师奖，累计获资助经费 2 500 余万元。如果把全国质量工程项目按照专业平均数进行排名，天津大学第一类特色专业建设点排名全国第一，国家级双语教学示范课程、国家级实验教学示范中心、国家级人才培养模式创新实验区排名全国第二，国家级精品课程数量排名全国第三。通过质量工程建设，学校的教学中心地位进一步巩固。全校共有 80%的教师直接或间接参与了各级各类质量工程项目建设，全体本科生从中受益，大大促进了学校人才培养质量的提高。

通过质量工程建设，学校的教学中心地位进一步巩固，形成了领导重视教学、政策保障教学、教师倾心教学、经费支持教学、科研促进教学、管理服务教学的良好氛围。学校紧密结合国家发展需要，以培养拔尖创新人才为目标，坚持综合培养，努力实践“知识传授与能力培养的结合、通识教育与专业教育的结合、启发式教学与自主学习的结合、统一要求与多样化培养的结合”，全面提高学生的综合素质，构建了以明确的培养目标为定位、以科学的培养方案为核心、以多样化的培养模式为途径、以高水平的教学团队为关键、以合理的评价机制为导向、以科学的质量监控与保障体系为促进的创新人才培养体系。

2. 高等教育国家级教学成果奖成绩斐然

高等教育国家级教学成果奖是我国教育领域中唯一国家级奖项，代表了我国高等教育教学工作的最高水平，其评选活动每 4 年一次，自 1989 年首届评选以来，已历经 6 届。天津大学历来高度重视国家级教学成果奖，在每一届评选活动中都取得了优异的成绩。6 届教学成果奖共获奖 46 项，其中特等奖及一等奖 10 项、二等奖及优秀奖 36 项，许多优秀教学成果在国内产生了较大影响。

做好 4 年一次的教学成果奖申报工作，对于充分展现学校近年来教育教学改革的最新成果，彰显学校办学实力，带动学校教育教学改革深入发展，促进教学质量不断提高等具有非常重要的意义。在 2009 年进行的第六届高等教育国家级教学成果奖评选中，天津大学共有 10 项成果入选，创历年之最。其中王静康院士负责的"化工类多元化和国际化研究生教育创新体系的构建"和余建星教授负责的"工程创新人才培养体系的研究与实践" 2 项成果获一等奖，郁道银教授负责的"工程光学"精品课程的建设与实践"等 8 项成果获二等奖。按成果第一完成单位统计，天津大学成果获奖总数居全国第七，一等奖数量居全国第三，二等奖数量居全国第八，如果按专业数平均统计获奖总数居全国第三。获奖总数和一、二等奖数量均居天津市高校之首。

3. 依托实体机构，积极推进"卓越工程师教育培养计划"

教育部卓越计划实施以来，学校高度重视此项工作，以此为契机深入推进学校工程教育改革，努力探索高素质工程拔尖创新人才培养模式，不断提高人才培养质量。学校专门成立了实体化的"卓越工程师培养实验中心"——求是学部，负责组织学校试点专业培养方案的制订实施、教学改革及试验的组织落实和改革经验的总结推广，深入推进多方位、多层次、多模式的改革实践，积极总结和提炼经验，推广改革成果，以点带面，推动全校工程教育改革的深入开展和持续发展。求是学部自成立以来，以培养工程拔尖创新人才为目标，坚持"育人为本、开拓创新、求真务实、追求卓越、注重效果"的指导思想，树立"面向世界、面向未来"的工程教育理念，积极探索天津大学工程创新人才培养模式，实施了多项教学改革试点项目，部分改革成果已经开始在其他学院逐步推广。2012 年，求是学部第一届毕业生上研率达 67%，多人获准到国外大学攻读硕士学位。

4. 专业结构进一步优化，专业建设成绩显著

2007年以来，学校积极优化专业结构，根据社会经济和科技发展需要，加大应用型、复合型人才培养力度。学校结合国家战略性新兴产业布局的相关要求，相继增设了集成电路设计与集成系统、功能材料、物联网工程等新专业；结合学校管理与经济学部管理体制改革的相关要求，增设了金融学专业。经过以上调整，到2012年学校本科专业已经达到54个。

学校专业建设也取得了较大成绩，化学工程与工艺、城市规划、建筑学、工程管理、建筑环境与设备工程等专业均以优异成绩通过教育部和住建部组织的专业认证和专业评估。尤其值得一提的是，为了提升我国化学工程专业毕业生的国际竞争力，推进化工高等教育国际化进程，学校化学工程与工艺专业参加了英国化学工程师学会组织的国际认证，最终获得了最高的Master Level（M）等级。目前，化工专业亚洲仅有天津大学和新加坡国立大学通过M等级，即与世界一流大学同等级的认证。

5. 学生国际视野更加开阔，工程创新意识不断强化，综合素质显著提高

学校积极拓展海外合作高校，开辟本科生国际交流与互访新渠道，探索与国外一流高校联合培养本科生的新模式，为培养具有国际视野的专业人才创造国际化环境。与佐治亚理工学院开展深入合作，建立了本科生互访机制，成功地将美国大学课堂引入学校，推进学校教育教学改革与发展。目前，学校已经与美国加州大学洛杉矶分校、美国弗吉尼亚理工学院、法国巴黎第一大学、新加坡南洋理工大学、澳大利亚昆士兰大学等海外40所院校开展本科生交换项目及寒暑期的短期交流项目。

随着学校教育教学改革的不断深化，学生的工程创新意识和实践能力得到了显著的提高。例如：17名学生在毕业设计中参与设计了梭罗沟和蒲溪沟等五座水电站，提出了创新设计方案，降低了施工难度，节约工程建设费用1 500万元，该工程经历了汶川大地震的洗礼，投资方四川金沙建设工程有限责任公司以“震不倒的毕业设计”为题向学校发来贺信。近年来，天大学生在国内外各类学生科技竞赛中成绩突出。

6. 生源质量逐年提高，毕业生综合素质高，竞争力强，社会评价好

学校多年来严格执行教育部“阳光高考”政策，坚持“公开、公平、公正”的录取原则，以考生为本，创新工作方式，生源质量逐年提高。2007 年以来，天津大学连续 5 年有 20 个以上省市的录取分数（指学校最低录取线超过当地重点线的分值）超过上一年度。为了进一步提高生源质量，学校大力推进特殊类型招考工作。由天津大学、同济大学组织发起了包含 9 所高校的“卓越人才培养合作联盟”，2011 年 9 校首次试行联合自主招生，共同选拔具有创新潜质、学科特长，以及全面发展、综合素质较高的优秀学生。

近年来，学校毕业生供需比一直居全国高校前列，一次就业率及就业质量多年名列前茅。2011 届毕业生总体就业率 98.24%，到重点地区、重点行业、重点单位就业的比率达到 50.40%。2012 年最新的毕业生情况调查中，认为天大毕业生具有实事求是精神、严谨的工作作风、踏实肯干的工作态度的比例均为 99.12%，认为毕业生具有良好综合素质、综合能力的比例均为 99.12%，认为毕业生具有良好创新意识和实践能力的比例为 94.83%，天津大学毕业生的素质与水平得到了企业界的高度认可。

第三节　桃李芬芳　百年校友

一、中国工程界的顶梁柱

“穷学理，振科工，重实验，薄雕虫”，循着校歌的旋律，118 年来，天津大学为国家培养了众多高级工程人才，在土木建筑、化学化工、机械动力、冶金材料、光学通讯等诸多领域，为“立志把中华改造”做出最完美的注解。

1. 土木建筑领域

土木建筑，关乎国计，关乎民生。作为北洋大学立校的传统专业，众多校友为国家的交通、桥梁、铁路、测绘、防震减灾等做出了重要贡献。

“一千里色中秋月，十万军声半夜潮。”在汹涌奔腾的钱塘江上，横跨着我国第一座现代化大桥——钱塘江大桥，数十年来任凭风吹浪打而岿然不动。如今钱塘江大桥以其历经古稀之年的刚强，被誉为“桥坚强”。

“坚强”，是这座大桥的性格，也蕴含了北洋人对工程事业的倾力付出和对建设质量的执著追求。有两个人的名字，伴随着大桥生命的延伸而载入史册，他们就是钱塘江大桥的设计者和建造主持人、我国著名桥梁专家茅以升和建桥的倡议者、促成者和组织者，被誉为“中国土木水利（交通）建设之父”的曾养甫。

在钱塘江上建桥使大江两岸变通途，是人们千百年来的梦想。而梦想的实现谈何容易？抛开其他方面而言，单从技术上来说就存在两大难题：杭州民间多少年来就有“钱塘江无底”的传说，这是因为钱塘江江底的流沙有 40 米厚，随着水流冲刷，江底变迁莫测，给桥梁的设计施工出了一道难以破解的谜题；此外，当然是举世闻名的钱江潮了，潮气到来之时，汹涌澎湃，惊天动地，正如唐代诗人刘禹锡所言：八月涛声吼地来，头高数丈触山回。须臾却入海门去，卷起沙堆似雪堆。[1] 在钱塘江上造桥，可谓难上加难。

然而却有一个人不信邪，他就是要迎难而上，就是要破解这千百年来无数工匠技师无法破解的难题。他，就是时任国民政府浙江省建设厅厅长的曾养甫。

曾养甫，1923 年北洋大学矿冶系毕业，后赴美国匹兹堡大学研究院深造。功课之余，他研究孙中山所著的《建国方略》、《实业计划》，坚信科技知识与精神为物质建设的先决条件。

自 1931 年 12 月出任浙江省建设厅长后，曾养甫便根据浙江的实际情况，计划以发展交通为重点，决意在钱塘江上建桥。为了掌握建桥的第一手资料，他

[1] 刘禹锡：《刘禹锡集》，商务印书馆 2007 年版。

在建设厅内组建专门委员会，延揽专家，从事研究及钻探工作，历时6个月收集了大量的水文、气象和地质资料。经过专家多次论证，通过了建桥的可行性报告，并旋即将建桥意见报告省政府，得到支持，使得建桥计划顺利通过。

要兴建如此巨大的工程，最为现实的难题就是资金。据专家估计，在当时，建桥经费起码要500万银圆。按当时的购买力估算，以20世纪30年代上海为例，1银圆约可以分别购买16斤大米、5斤猪肉、6尺棉布。这笔钱对于长期内战、财政窘迫的南京政府来说，已堪称一笔大支出，由浙江一省来承担，就更难了。但曾养甫没有退却，毅然地担起了筹款的重任。凭借锲而不舍的精神，经多方奔走呼告，工程建设款项悉数筹集齐备。

筹款有了着落，曾养甫即着手物色人才。经多方了解和慎重考虑，决定聘请毕业于美国康奈尔大学桥梁系、时任北洋工学院院长的茅以升博士来担任桥梁设计和建设主持人。

茅以升，1927—1930年任北洋大学教授、北洋工学院院长，1930年任江苏省水利局长，主持规划象山新港。1932年，又回北洋大学任教。收到曾养甫的聘请，茅以升欣然应允。

钱塘江大桥作为我国东南的交通枢纽，有着极其重要的战略意义。而造桥一开始就遇到种种困难，步履维艰。曾养甫请茅以升去南京，对茅以升说："我一切相信你，但是，如果桥造不成，你得跳钱塘江，我也跟在你后头跳！"[1]茅以升听了，一言不发，匆匆赶回杭州落实造桥计划。他克服了种种困难，创造了沉箱法等施工措施，终于，使建桥工程得以顺利进行。

这座大桥的建成，打破了外国人垄断中国近代化大桥设计和建造的局面，这是中国桥梁建设史上的一项重大成就，也是中国桥梁史上一个里程碑，钱塘江大桥是第一座由中国人自行设计建设的铁路、公路大桥，其技术达到当时国际先进水平。

在土木建筑的大系统内，天津大学各个时期均涌现出领军人物，他们在各

[1] 李义丹，王杰：《文化记忆》，天津大学出版社2011年版，第204页。

自的领域里开拓进取、砥柱中流。这其中包括：对我国早期铁路交通事业做出巨大贡献，被誉为“交通名宿”的刘景山（1903 年考入北洋大学堂矿冶系）；组织指挥了我国第一汽车制造厂等多项大型工程建设项目实施的土木工程专家吴世鹤（1927 年考入北洋大学土木系）；我国公路科学研究工作的开拓者，公路及桥梁专家曾威（1937 年考入北洋大学土木系）；在几何大地测量、卫星大地测量、地球重力场参数计算等方面做出了显著的成就和贡献的测绘专家陈俊勇（1955 年考入天津大学土木系）；中国强震观测和分析的主要奠基人，地震与防灾工程专家谢礼立（1954 年考入天津大学土木系）；主持设计包括我国第一座钢斜拉桥——东营黄河大桥在内近 30 座桥梁的高级工程师万珊珊 (1957 年考入天津大学水利系）；当前我国建筑设计界的领军人物、国家工程设计大师崔愷（1978 年考入天津大学建筑系）等。

2. 冶金材料领域

北洋大学自成立之始，即设有矿冶学门，培育国家急需之勘矿、采矿和冶金人才。冶金学、材料科学作为基础科学在国民经济和工业现代化进程中发挥着重要的作用。北洋天大人在冶金材料领域建树颇多，这其中的佼佼者便是“两弹一星”功勋奖章获得者吴自良和国家最高科技奖获得者师昌绪。

吴自良，1935 年考入北洋大学工学院，先读矿冶，后转学航空机械，后随学校西迁，1939 年毕业。后赴美留学，新中国成立后回到祖国任唐山北方交通大学冶金系教授，1951 年应聘为中国科学院工学实验馆（今中国科学院上海冶金研究所）研究员，先后担任物理冶金研究室主任、副所长、学术委员会主任、学术评定委员会主任等职，曾荣获国家创造发明一等奖和国家科技进步特等奖。

吴自良曾言人生有“三宝”，其中一“宝”为“治学习惯”，这源自母校北洋大学“实事求是”校训和“严谨治学”校风。而他的科研历程，也恰是一位北洋人爱国奉献优良传统的集中体现。

吴自良一直致力于国家经济建设和国防建设所急需的关键实用材料的研制工作，以及有关材料科学的基础研究，范围涉及金属、半导体和氧化物超导体等各个方面。在近半个世纪的科研之路上，吴自良领导他的研究集体，迎难而上，取得累累硕果：20 世纪 50 年代率先完成的苏联低合金钢 40X 的代用品的研制，对建立我国自己的合金钢系统起了推动作用；70 年代提出和指导了大规模合成电路用硅材料品质因素的研究，取得了多项成果，获得中国科学院和上海市的科技进步奖；80 年代后期，吴自良不顾年逾古稀，身患痼疾，仍满腔热情地投入高温超导氧化物的研究领域，指导一批中青年科技工作者和研究生开展高温超导材料，特别是薄膜材料的制备工艺的研究，以及氧在高温超导氧化物中扩散行为和作用的研究。

尤其是 20 世纪 60 年代，吴自良及其科研团队自力更生研制成分离铀同位素的核心部件甲种分离膜，打破了大国的核垄断，为我国成功爆炸原子弹做出了重大贡献。他本人也因该研究的卓越贡献而获得国家“两弹一星”功勋奖章。

同样是在 20 世纪 60 年代艰难困苦的时期，另一位北洋人在材料科学领域做出突出贡献，为中国的繁荣富强贡献着力量。他就是师昌绪。

师昌绪是金属学及材料科学专家，1941 年考入北洋大学（西北工学院时期）矿冶系，1945 年毕业。后赴美留学获硕士、博士学位。新中国的成立，使他备受鼓舞，应母校北洋大学的聘请准备回国任教。

然而，1952 年朝鲜战争爆发后，美国不许留美中国学生回国，他回北洋任教的计划搁浅，但他和一批留美的爱国科学家同美国当局不屈不挠地斗争了三年。最后他们联名给周恩来总理写信，表达他们迫切要求回国的强烈愿望，这封信由他送往印度驻美大使馆转交国内。1954 年，日内瓦会议期间，我国政府据此向美国提出无理扣留中国留学生的抗议，迫使美国同意他们回国。1955 年，他回国后被分配到中国科学院金属研究所工作。1980 年当选为中国科学院学部委员（院士），1994 年当选为中国工程院院士，1995 年当选为第三世界科学院院士。师昌绪曾经是中国科学院金属研究所名誉所长、研究员、国家自然科学基金委员会特邀顾问，并曾任中国工程院副院长。

作为我国高温合金开拓者之一，师昌绪发展了中国第一个铁基高温合金，领导开发了我国第一代空心气冷铸造镍基高温合金涡轮叶片，可用作耐热、低温材料和无磁铁锰铝系奥氏体钢等，具有开创性。20 世纪 60 年代初，美国研

↑ 图 4-3-1　我国材料科学专家、北洋大学校友师昌绪

制出铸造空心涡轮叶片，大幅度提高了发动机的性能。我国的科研人员开始争论要不要生产这种叶片，大多数人认为想要研制出这种被美国严格封锁的技术，就像一步登天一样，是不可能的。这时，师昌绪站出来说：既然美国已经用上了，我们就一定能做出来。他带领课题组全力攻关，仅用一年时间就在实验室中做出了比美国人难度更大的叶片，为我国飞机的展翅翱翔贡献了力量。由于在我国材料科学发展方面做出了杰出贡献，他被人们誉为“材料之父”。2010 年，90 岁高龄的师昌绪荣获国家最高科技奖。2012 年师昌绪回到母校天津大学，讲述自己的人生之路，发出“活着就要为人类做出贡献”的时代强音。

在冶金材料大系统内的各个领域，还有很多北洋天大人耐住寂寞、艰苦奋斗、集毕生精力奉献国家的身影。在金属学与金属热处理领域，冶金学家、炼铁专家、冶金教育家、中国科学院学部委员靳树梁（1919 年毕业于北洋大学采冶系），是我国自行设计新型小高炉的第一人，主编了第一部结合我国生产实际的《现代炼铁学》专著，为我国的冶金和教育事业做出了可贵的贡献。作为我国合金钢与铁合金生产的奠基人之一的周志宏院士（1923 年毕业于北洋大学冶金系），在开拓我国合金钢及铁合金方面做出了重要贡献。我国冶金学科、冶金物理化学学科的带头人魏寿昆院士（1929 毕业于北洋大学矿冶系），在国内较早地引用化学热力学原理作为研究与控制冶金反应的理论基础，取得了重要的科研成果，并在冶金物理化学的教学科研中培养众多人才。在核燃料领域，物理冶金学家张沛霖院士（1940 年毕业于北洋大学冶金系），为中国核工业的创建和发展做出了重大贡献，是我国核燃料事业的主要奠基者。结构疲劳专家高镇同院士（1950 年毕业于北洋大学航空系），40 余年从事结构疲劳和可靠性方面的研究，创立了“疲劳统计学”分支学科，提出的一系列疲劳实验方法被列为航空工业部标准。在半导体材料领域，中国工程院院士屠海令（1969 年毕业于天津大学届精密仪器系），长期从事硅、化合物半导体及稀土半导体材料研究，取得重要成果。

3. 化学化工领域

化学工程学科是天津大学的优势学科，早在北洋大学时期著名化学家侯德榜就在学校讲授化学科，北洋大学的矿冶系就设有石油组。20 世纪 50 年代的院系调整中京津冀一些高校的化工专业调整到天津大学，形成了天津大学的化工学科优势。

化学化工领域有众多杰出校友，谢克昌就是其中的一个。他的科研路，是踩着黑漆漆的煤块儿走过的，走了近 40 年，走出了我国创新低碳能源技术、促进绿色工业发展的大道。谢克昌是中国工程院副院长、我国煤化学工程领域首位院士、我国著名煤化学工程专家和煤化工科技领域的开拓者。

谢克昌 18 岁考入天津大学高分子化合物工程专业，1968 年大学毕业后，谢克昌被分配到河北黄骅县机械厂工作，干起了车工。1978 年，十年磨一剑的谢克昌以高分考取太原工学院的研究生，专业方向是无机化工领域中燃煤污染物二氧化硫的转化利用，并于 1981 年毕业后留校任教。

山西产煤举世闻名，身为山西人的谢克昌从小就对家乡的煤深感自豪。然而，随着年龄和知识的增长，看到家乡的煤始终是初级的开采利用，而且要以环境的严重破坏为代价，他决心通过科学研究和技术开发，让煤发挥巨大的能源和经济价值，同时兼顾环保和可持续发展。抱持着这样的想法，谢克昌于 1983 年到美国南卡罗来纳大学进修煤化工。两年的学习之后，他回国任太原工业大学煤科学研究室主任、副教授、教授。他的研究集中在指导工程开发的基础研究和煤气化、脱硫净化、制备化工产品等方面。多年来，谢克昌对煤化工利用中的主要过程——煤的热解和气化进行研究，指导了煤气化的新技术开发和传统技术的优化运行；对煤化工利用中的关键过程气体脱硫确立了硫的赋存形态和在煤的不同热转化工艺中的变化及分布，并取得显著效益；在煤的直接利用和转化研究方面，成功开发出煤填充高分子复合材料和等离子热解煤制乙炔技术。他还连续两次作为首席科学家承担国家关于煤热解、气化和多联产应用的“973 计划”，提出气化煤气与热解煤气共制合成气多联产模式。

在不断取得成绩的同时，谢克昌还着手建设了一支有志于煤化工事业的队伍。他与同事及弟子们于 1986 年在太原理工大学建立了“煤科学与技术”教育部和山西省重点实验室。20 多年来，该实验室已成为在煤化工科研领域拥有煤科学基础、气体净化吸附工程、一碳化学化工、等离子体反应技术及新催化材料四大研究方向的全系统实验室。

凭借着在煤化工研究和教学之路上近30年的探索、开拓与导航，凭借着对我国可持续发展和煤化工利用的诸多贡献，凭借着科技研发和人才培养的累累成果，谢克昌于2004年1月当选中国工程院院士，并成为我国煤化工领域的第一位院士。2010年6月，喜讯再次传来，谢克昌当选为中国工程院副院长。而在得知消息的一刻，他心中却想起了6年前自己站在院士增选答辩席上说的一句话："作为一名煤炭能源基地的有良心的科技工作者，我所做的一切，都是为了给后代留下可持续发展的基础。"[1]

谈起天津大学，谢克昌曾表示求学的5年寒暑，砥砺了他扎实的知识基础和求真务实的人生态度。他对"实事求是"的校训推崇备至，他对师长们的教诲铭记于心。谢克昌以"智山慧海传真火，愿随前薪做后薪"的诗句与广大校友共勉。他说母校就是智山慧海，"实事求是"就是天大人要传承的真火。"靠谁来传呢？要靠一代一代的校友去继承、发扬，随前薪做后薪，才能维持火焰的燃烧。"[2]他表示自己愿做一束薪，继承于前辈，发扬于后学，维持火焰的熊熊燃烧。

在化学化工大系统的各个领域内，北洋天大人如繁星璀璨。曾在北洋大学任教的著名化学家侯德榜，一心工业救国，创立了中国人自己的制碱工艺——侯氏制碱法，为祖国的化学工业事业奋斗终生；海军工程大学原校长姚树人1950年毕业于北洋大学化工系，在国内首先研制成液体火箭燃料，保障了"东方红"卫星的顺利升空，为研制"两弹一星"做出突出贡献。

石油作为黑色的金子，是国民经济的重要支柱。北洋大学初创时设立的采矿冶金，就包括了石油的开采，因此在北洋大学培养的学生中，有不少从事石油领域工作，为我国石油工业的创立发展做出了突出的贡献。

---

[1]《团结》，2004年第4期，第49页。

[2] 2010年7月23日，谢克昌接受天津大学校友总会工作人员采访讲话。

20 世纪 30 年代我国石油工业的初创时期，玉门地区发现油矿，北洋人孙越崎、黄汲清、刘树人等众多校友或担任领导或担任技术骨干，为中国石油工业的摇篮——玉门油矿的建成和发展做出了不可磨灭的贡献。

新中国成立后，为满足国民经济建设需要，石油工业先后组织了十次石油大会战，到处都有北洋天大人的足迹。他们在艰苦的环境下为祖国的石油工业无私奉献，谱写了辉煌的篇章。尤其是大庆石油大会战中，中央任命的第一批 8 位总工程师中，就有 4 位是北洋天大校友，他们是刘树人、石久光、王炳诚、张家琦。

4. 机械动力领域

机械学科也是北洋大学创建就设立的传统优势学科，培养的学生分布在机械动力领域，成为国家工业化的重要力量。

中国第一台飞机发动机的制造者是 1920 年毕业于北洋大学矿冶系的邓曰谟。

邓曰谟 1915 年入北洋大学预科，两年后预科毕业升入本科采矿冶金学门，1920 年采冶科毕业，获工学学士学位。后经北洋大学教授美国人斯佩芮推荐赴美留学。1922 年回国后，曾任胶济铁路工程师、开滦煤矿训练所所长等职，并曾任教于焦作工学院。期间，他设计制造出我国第一台水力发电机和国内第一台材料实验机。

1930 年，邓曰谟回到北洋大学任教，相继任化学教授、机械学教授、水利学教授。当时，南京国民政府教育部规定，凡是工科院校必须建立实验室。但教学实验仪器设备几乎全靠进口，且价格昂贵，如一台 50 000 磅材料试验机需花费 15 000 多美元，而政府对学校的拨款极为有限。为了克服这个困难，邓曰谟下决心自己设计、自己制造。

1932 年至 1933 年，邓曰谟经过一系列艰苦试验，成功地设计制造出了材料试验室、水力实验室的一系列仪器设备，如油压试验机、冲击试验机、水泥拉力机、流速计、混流水泵、两级水泵、水轮机等，除了装备北洋大学的材料试验室和水力实验室外，还供给山东大学、中山大学、河南大学、重庆大学及全国其他许多高校的有关实验室使用。其中 50 000 磅材料试验机为当时由中国人自己设计和制造的第一台全能材料试验机，可以进行有关材料机械性能的一系列静力试验。

在动力机械方面，邓曰谟设计制造出一种煤气发动机，用煤炭经煤气发生炉产生一氧化碳来发动内燃机；在机械加工设备方面，邓曰谟在北洋大学实习工厂自行研制成功了能加工大型工件的车床。邓曰谟因而成为中国早期机械设备研制和教学方面富有创造活力的开拓者之一。

1934 年，北洋工学院成立了“国立北洋大学飞机工程研究会”。1934 年 1 月，南京国民政府军政部航空署拨给北洋工学院一架德国造 Fock Wulf 飞机，以供研究仿制，其发动机为一星型五缸汽油机。时任北洋机械系教授、材料试验室主任的邓曰谟，毅然主持承担了飞机发动机的试制工作。此事在当时不仅有材料、技术及工艺上的困难，还有来自社会上的阻力。邓曰谟和他的助手们一起，从铸造合金入手，自己动手冶炼，用了两年时间，试验数百次，终于闯过了一道道难关，使铸造合金在强度、硬度、表面性能方面的技术指标达到了美国标准。接着邓曰谟开始逐一仿制发动机零件，把发动机件取下一件，仿造一件，首先进行试验室台架试验，然后进行实物运转试验。即把仿造的机件装在原机上试验，比较其性能差距，并加以改进，最后把整个原机零件都替换成了自制零件。试验结果，自制发动机在马力、转速、稳定性等方面都达到了德机水平，取得了完全成功，试制成功中国第一台飞机发动机。

在机械动力的大系统内，北洋大学、天津大学还培养造就出一批用爱国心、进取心驱动中国走向工业化、走向国富民强的杰出科学家和工程师。在电机工程领域，著名电机和电力系统专家高景德，是现代电能系统运行与控制的新理论与新技术专家，他开拓并系统地发展了电机复数分量理论和电机动态过程理论，创造性地研究了串联电容引起的交流电动机自激的课题，开辟了电力系统线性与非线性最优控制的研究领域，从而发展了电力系统控制理论及其应用技术。在船舶工业领域，我国造船工程专家张文治开创了新一代长江船舶模型，为建立中国近现代航运事业做出了重要贡献。著名控制理论专家高为炳则我国自动控制理论学术权威，在变结构控制理论、机器人控制领域及航天方面取得过多项世界先进水平的研究成果。著名农业机械学专家陈秉聪则是我国农业机械工程的领军人物。

5. 光学通信领域

天津大学的校友在光学通信领域也是人才济济。

电子学家叶培大是中国微波通信与光纤通信的开拓者和奠基人。1938 年毕业于北洋工学院电机系。1945 年至 1946 年赴美国哥伦比亚大学深造。1949 年 9 月起任北洋大学电机系教授。1952 年北洋大学改为天津大学，叶培大任天津大学电信系教授、系主任。叶培大先生是北京邮电大学的创始人之一。

20 世纪 40 年代末，叶培大曾主持设计、安装和测试了我国第一部 100 千瓦大功率广播发射机和当时全国最大的菱形天线网及南京淮海路广播大厦。新中国成立初期曾从事我国大型广播发射台、天安门广播系统建设等工作。1958 年至 1966 年，开展了微波圆波导 H01 通信的研制工作，并率先开展了大气光通信的研究工作。1973 年至 1977 年，参加了邮电部微波中继通信 960 路机的研制工作，在国内首次研制出微波波导校相器和微波波导直接耦合器等，并设计了 120 路数字微波通信系统。1978 年以来，主要从事光纤通信与光波技术的研究工作，并取得了一系列重大成果。

著名通讯专家杜锡钰的滤波理论和多项科研成果，填补了我国铁路通信的空白。通信技术专家周炯槃领导研制了飞点扫描彩色电视实验系统，填补了国内空白。中国工程院院士、我国著名的光学仪器专家金国藩长期从事光信息处理及应用光学技术研究，率先在国内研究计算全息、光计算及二元光学，20 世纪 60 年代中主持研制了我国第一台计算机控制自动光栅测量仪器——劈锥三坐标光栅测量机。中国中科院院士、著名光学家母国光长期从事图像科学、光学设计及光学信息处理技术的研究，他的白光光学处理、光学模式识别及光学神经网络等研究得到国家级奖多项和国际光学界的普遍赞誉。通信技术专家王巨椿多年来从事军事数字通信传输技术研究工作，20 世纪 70 年代转入卫星通信专业，负责国家重大工程“331 工程”卫星通信地面分系统数字电话终端、SCPC 体制数字终端的研制，是国产化卫星通信地球站总设计师，为我国军事卫星通信网建设及国家航天事业的发展做出突出贡献。中国工程院院士、测试计量技术及仪器专家叶声华是中国激光测量技术带头人，在国内外首次解决了无缝钢管直线度在线测量等难题。著名激光与非线性光学专家姚建铨提出并发展了非线性双轴晶体最佳相位匹配精确计算的理论及方法，得到国际学术界确认，被国际学术界称为“姚技术”、“姚方法”，其成果被国际学术界广泛引用。

二、北洋学子中的社会名流

探访118年的历程，展示北洋学子的风采，我们发现在以“振科工、薄雕虫”的北洋园中，还不乏著名诗人、书画艺术家郭风惠，现当代散文大家陈之藩，当代文学家、人民文学主编程树臻，音韵学大家、杨绛之父杨荫杭，为弘扬中华武术、推广武术教育不遗余力的武术宗师陈泮岭，宫廷风味“厉家菜”创办人、美食家厉善麟，陶瓷专家、名瓷复原大师叶宏明，主演过《茶馆》、《骆驼祥子》等话剧的著名表演艺术家童超，主演过《女篮五号》、《雾海夜航》等电影的表演艺术家向梅及中央电视台知名主持人张泽群等一大批社会名流。

1. 外交家的奥林匹克情缘

被誉为“中国奥运之父”的王正廷是我国著名外交家和近代中国著名的体育事业领导人。他的一生积极倡导中国体育运动的开展，并曾两次率中国体育代表团出席第11、14届奥运会，为中国奥林匹克运动的开展和中国体育事业的发展做出了卓越贡献。

王正廷1896年考入北洋大学堂二等学堂，1900年升入北洋大学堂头等学堂法科。1907年赴美学习法律，1911年回国追随孙中山投身辛亥革命，先后担任南京临时政府参议院副议长，北洋政府工商部次长、外交总长等职，国民政府时期曾任外交部长和驻美大使，成为民国时期的外交风云人物。

在王正廷从事外交工作的同时，他也展现了对中国体育事业的热爱。而这

↑ 图 4-3-2　北洋大学学生在学校体育场上踢足球

种热爱，要追溯到他求学北洋大学堂期间。那时正是北洋大学堂的新式体育活动非常活跃的时期。入学的第二年，全校举行首次赛跑比赛，王正廷积极参加且从此成为校内体育运动的骨干。1899 年他参与了由北洋大学堂主办的全国首次校际体育运动会——天津学生联合运动会的组织工作。1902 年至 1904 年，他组织了天津基督教青年会第一、二次全市年度运动会，以及天津中等以上学堂联合运动会和北洋大学堂暨新学书院两校运动会。

王正廷对体育的兴趣就是从这时开始的，后来他致力于中国体育运动的发展，都与在北洋大学堂学习期间的经历密不可分。通过这些历练，王正廷对体育活动的驾驭、组织能力得到了充分的锻炼和展示。

在回国从政的初期，王正廷便开始积极关注和参与中国的体育事业。当年国际奥委会菲律宾籍委员瓦加斯来华考察体育，与王正廷相识，随后一起联络东亚各国，发起组织远东体育协会。远东运动会全称“远东奥林匹克运动会”，王正廷正是奥林匹克运动在亚洲的倡导者和组织者。

1913 年第一届远东运动会在马尼拉举行。在王正廷的直接组织下，中国运动员参赛并取得了总锦标赛第二的好成绩。1915 年第二届远东运动会在上海召开。这是中国首次举办大型国际运动会，社会各界为之瞩目。筹备运动会的重任落在会长王正廷身上，他四处筹资，认真组织使运动会如期举办，中国运动员取得了锦标赛第一的好成绩。

王正廷在国际外交领域的杰出表现和他对发展中国体育运动的热衷，引起国际奥委会委员们的注意，并于 1922 年在巴黎召开第 20 届年会时，经顾拜旦爵士的推荐，被选举担任国际奥委会委员，成为中国第一位和远东第二位国际奥委会委员。

1932 年，王正廷克服重重障碍，派当时东北大学的学生、全国百米纪录保持者刘长春代表中国参加了第 10 届奥运会。刘长春成为中国参加奥运会第一人，王正廷也成为国内第一个派人参加奥运会的官员。

1935 年 11 月，王正廷向国家行政院正式提出的参加第 11 届柏林奥林匹克运动会的计划获得批准。在这届奥运会上，由 140 人组成的中国代表团、考察团历经磨难抵达德国柏林，参加了田径、游泳、篮球、足球、举重、拳击、自行车等项目预赛，虽然成绩不太理想，但武术表演却极为出彩，大扬中华精神，受到国外观众的高度评价。

2. 新月诗人的浪漫情思

“轻轻的，我走了，正如我轻轻的来”，诗人徐志摩和这首《再别康桥》，近百十年来为世人经久传唱。徐志摩，这位中国现代诗坛的新月派代表人物，早年曾就读于北洋大学法科预科。

1916 年秋，19 岁的徐志摩被北洋大学法科预科录取。天津，一如他曾读过的《沽河杂咏》所言：“河海襟带，港汊交通。虽凫汀鹭渚，颇具水乡之胜……繁华颇近于淮扬。”而学校，则在北洋河水的滔滔波浪和桃花堤的桃红柳绿中熠熠生辉。“校园广阔，建筑宏伟，峨轩曲廊，花木掩映。前临北运河，后带桃花堤，柳岸桃林，相夹成荫，蔚为津沽名胜之巨擘。”[1] 在如此优美恬静的校园中，在结束一天紧张的学习后，徐志摩常常喜欢在校门外的北运河桥上散步，看着那清澈的河水和那水底飘柔的水草，在月光的照映下荡漾。北洋的好时光，校园的好景致浸润他的心灵，给这位伟大的诗人留下了永久的记忆，而北洋大学从此也就留下了这位诗人浪漫的身影和优雅的风姿。

1921 年，徐志摩赴英国留学，在剑桥两年深受西方教育的熏陶及欧美浪漫主义和唯美派诗人的影响，开始创作新诗。这时期，他写下了其“康桥觉醒”的代表作《再别康桥》。

1922 年徐志摩返国后在报刊上发表大量诗文。1923 年，参与发起成立新月社，并加入文学研究会。1924 年与胡适等创办《现代评论》周刊，任北京大学教授。印度诗人泰戈尔访华时任翻译。1925 年赴欧洲，游历苏、德、意、法等国。1926 年在北京主编《晨报》副刊《诗镌》，与闻一多、朱湘等人开展新诗格律化运动，影响到新诗艺术的发展。1927 年参加创办新月书店。次年《新月》月刊创刊后任主编。1930 年任中华文化基金委员会委员，被选为英国诗社社员。

---

[1] 王杰，韩云芳：《百年教育思想与人物》，天津大学出版社 2010 年版，第 174 页。

同年冬到北京大学与北京女子大学任教。1931 年初，与陈梦家、方玮德创办《诗刊》季刊，被推选为笔会中国分会理事。

徐志摩作为一名诗人和散文家，用他清新的言语、灵性的笔墨宣扬着对爱、自由和美的追求，净化着人类的心灵。他著有诗集《志摩的诗》、《翡冷翠的一夜》、《猛虎集》、《云游》，散文集《落叶》、《巴黎的鳞爪》、《自剖》、《秋》，小说散文集《轮盘》，戏剧《卞昆冈》(与陆小曼合写)，日记《爱眉小札》、《志摩日记》，译著《曼殊斐尔小说集》等。徐诗字句清新，韵律谐和，比喻新奇，想象丰富，意境优美，神思飘逸，富于变化，并追求艺术形式的整饬、华美，具有鲜明的艺术个性，为新月派的代表诗人。他的散文也自成一格，取得了不亚于诗歌的成就，其中《自剖》、《想飞》、《我所知道的康桥》、《翡冷翠山居闲话》等都是传世的名篇。

3. 商界巨子的财富神话

在中国的商界，提到荣智健的名字，很多人都会充满敬佩。这位“红色资本家”的后代，通过白手起家赚到第一桶金，又通过资本的收购实现财富的积累，并在事业成功的同时不忘肩负企业家的社会责任。

荣智健 1942 年出生于上海，父亲是著名的“红色资本家”荣毅仁。荣智健 1959 年考入天津大学电子工程系。他是体育爱好者，上大学时是职业棒球手，先后代表上海队和天津队参加过全国的比赛。

1965 年，从天津大学毕业后的荣智健和其他年轻人一样，以满腔的热情到了吉林长白山下的一个水电站实习。“文化大革命”爆发后，又下放到四川凉山彝族自治州。在 8 年基层工作中，这位荣家后代经历了上辈人从未经历过的磨炼，他每天和工人摸爬滚打在一起，抬石头，挖土方，搬机器设备，背着氧气瓶（烧焊用）上山下山，爬上半空架设高压电缆，什么粗活重活都干过。1972 年，荣智健返回北京。

1978 年夏，随身携带着简单行装和单程通行证，36 岁的荣智健远离家人，告别妻儿，独闯香江。在香港，荣智健创造了一个神奇的童话，挖掘到人生的第一桶金。他创办爱卡电子厂，任董事、总经理，生产集成电路和其他电子产品。同时创建惠达利投资开发有限公司，在美国从事电子技术开发的风险投资，卓有收获。其后，荣智健出售爱卡电子厂，他个人得到720万美元，这是他当年投资的56倍多。从1978年到1984年，荣智健凭借荣氏家族在海外的人脉和自己的才智，先后创办几家小公司，然后增值易手，6年间完成原始积累，个人财富从创始资本100万港元达到4亿港元，增值达400余倍。

但让荣智健大显身手大放异彩的契机，还是1986年加盟中信集团。在他出任中信香港公司副董事长、总经理之后，他利用强大的国资平台，在香港资本市场上完成了一连串漂亮的收购大手笔。

香港国泰航空公司是老牌的英资公司，也是世界著名的国际性航空公司。1987年，香港股市、地产及世界航运业尚处于低潮，中信香港经过慎重研究分析，决定收购国泰的部分股权。中信香港以13亿港元购入12.5%国泰航空股权，是中信香港首项重大投资。随后，中信香港又相继收购港龙航空46%股份，邀太古、国泰参股，实现港龙航空转亏为盈。

1990年，中信香港集资100亿港元，收购香港电讯20%股份。同年收购泰富上市公司，易名中信泰富，荣智健任董事局主席，陆续将港龙航空、国泰航空、香港电讯、东区隧道等项目注入。稍后收购著名经销汽车、粮油食品、电器等家用产品的大昌行。继之参股35%西区海底隧道，购入拥有香港愉景湾物业发展的香港兴业50%股权，并集资162亿港元购得中华电力20%股权。与此同时亦投资国内上海、无锡、南京、重庆等地的电站、桥梁、隧道、公路等公用事业和房地产。

经过多年经营，中信香港、中信泰富发展成为香港一家以基本建设、航空、地产、贸易及分销为主导的大型综合性企业。

在这之后的4年里，荣智健从金领经理人变成真正的老板。他通过认购中信泰富配股、推行管理层持股及逢低吸纳等方式，个人持股总数超过4亿股。拥有了中信泰富股权的荣智健在2002年成为中国首富，并在2004年、2005年蝉联中国首富。

荣智健在创造财富的同时，还致力于肩负社会责任。他热心公益慈善事业。

2008年“5·12”大地震后，为支援灾区抗震救灾、重建家园，荣智健通过中央人民政府驻香港特别行政区联络办公室向地震灾区捐款5 000万港元。加上此前已向四川地震灾区阿坝藏族羌族自治州和都江堰市各捐款1 000万港元，至此，荣智健已累计向地震灾区捐款7 000万港元。

他关心教育，在国内多间大学和美国斯坦福大学设立教育基金。对于母校天津大学的事业发展，荣智健慷慨捐资，为母校修建了实验室，整修美化了青年湖等校园文化景观。2010年，由他个人出资5 000万港元兴建的天津大学新体育馆正式落成。

三、中国现代教育的奠基人

北洋大学开中国近代高等教育之先河，同时也培育了中国现代教育事业的开拓者和奠基人。

1. 李建勋与中国现代师范教育

中国教育界，有“南陶北李”之令誉。“南陶”，即陶行知。“北李”，则指中国教育行政研究的拓荒者、现代师范教育奠基人、北京师范大学创始人之一的李建勋。

李建勋，1905年被选入直隶高等学堂学习，其后直隶高等学堂转为北洋大学堂预科，他入北洋大学堂师范班学习，1908年从师范班毕业。

李建勋民国初年留学日本，曾写下立志诗“乌云弥漫神州天，东亚睡狮岂永眠，但愿同胞登福地，莫让他人着先鞭”，决心学成归国，发展教育事业，报效国家。1915年，他回国后任直隶省视学，以教育事业为重，本着任严毋滥的精神，大刀阔斧地进行改革，使当时直隶省的学风为之一振。

1917年，由严范荪推荐，李建勋公费赴美国哥伦比亚大学师范学院学习，主攻教育行政、教育统计和学务调查，先后获得学士、硕士学位，1920年又在美国考察参观了各类学校，各级教育和各种类型的教育行政组织。

⇑ 图 4-3-3　北洋大学毕业生、师范教育家李建勋

1921 年，李建勋学成回国，任北京高等师范学校（北京师范大学前身）校长、教育系教授，兼教育研究所主任等职。从此为该校的发展做出了奠基性的贡献。在此期间，他向北京政府教育部召开的学制会议提出“请改全国国立高等师范为师范大学案”，获得顺利通过，从而巩固了高等师范教育在学制系统中的地位。

执掌该校期间，李建勋建立了一套特有的教学制度。在教学上，重视教学质量，实行学分制；提倡学生写学期和学年论文，并为学生写毕业论文提供有关调查研究的费用；在教学设置上，设有系级专业图书馆、专供心理实验和放映教学电影的特别教室；创建师大特有的参观、见习和实习制度；等等。这些教学制度提高了办学质量，使得师大声名鹊起。

李建勋在师范教育的实践过程中，还进行了师范教育的理论研究。他认为，教师须具有健全的人格。鉴于教师在学校教育中的地位与作用，李建勋特别重视师范教育。他主张提高高等师范的程度、延长修业年限，主张加强师资建设与教学建设，主张师范院校必须单独设置而不能与他校合办。

他很强调教师所应具备的条件。为此还特意撰写了《师道论》，在他所提出的教师所必备条件中，最重要的是健全的人格，其次是专业精神和职业道德。关于专业精神，一般的解释是从事于斯者，始终如一，不见异思迁。他进一步解释为：必须对教育有崇高的信仰，对于所学有勤奋的努力，对教书育人有不倦的态度。用简洁的几个字概括，就是敬业、乐业、勤业。

在师范教育之外，李建勋还进行了教育行政理论研究与实践。1923 年，李建勋第二度入哥伦比亚大学进修，于 1925 年获哲学博士学位，其长篇论文《美国民治下的省教育行政》是中国留学生以科学方法分析研究教育行政问题的第一部专著。1925 年，李建勋回国后任清华大学和北京大学教授。1929 年，又回到北京师范大学任教育学院院长、教育系主任以及教育研究所所长等职。此后，他专心于教育行政研究，强调教育立法，在中国率先开设“教育行政”课程。他强调教育行政机关的专业化、学术化，也就是教育行政要科学化。他主张教育民主，各级教育行政机关应设有代表性和具有权威性的民意机关，行政首长必须博采众议、集思广益进行领导，而不能独断专行。

李建勋的教育行政思想是其教育思想的重要组成部分，主要包括三个方面：主张教育立法，教育行政要科学化，教育行政要民主化。他的教育行政思想对今天的教育制度改革和未来中国教育事业的发展提供了有益的借鉴。

李建勋毕生精力全部奉献给祖国的教育事业，他对于我国高等师范教育制度的确立作过不懈的努力，他关于高等师范教育的办学理念具有重要的现实意义。他的学生遍及大江南北，如教育界的知名人士李蒸、杨秀峰、常道直、徐侍举、武新字等，可谓桃李满天下。

2. 孙凤藻与中国水产教育

孙凤藻，我国水产教育的创始人。先入天津育才馆学习，后考入北洋大学堂并毕业。历任北洋高等工业学校教习、直隶工艺局主席事务员、北洋水产练习所所长、水产协会委员、全国饥馑救济会会长等职。在其任直隶工艺局参议兼直隶高等工业学堂庶务长期间，受命创办中国最早的水产教育机关——直隶水产讲习所，到今年已逾百年。

宣统年间，为筹备创办直隶水产讲习所，孙凤藻曾两次赴日本调查水产讲习所、水产试验场及制造厂事宜，详细调查日本沿海各渔区及养殖场，向当地的水产专业人士咨询求教，为其后办学打下了坚实的基础。

1910 年 6 月直隶总督北洋大臣陈夔龙派孙凤藻筹办水产讲习所。9 月就绪，直隶水产讲习所随即开学。此时又派孙凤藻重赴东瀛考察，并聘留学东京水产讲习所毕业的王文泰充任教员。开学后由孙多森报请陈夔龙，于 1911 年 3 月 20 日改为直隶水产学堂，孙凤藻为首任监督（校长），设渔涝、制造二科，学制四年。1914 年 4 月，学校更名为直隶省立甲种水产学校。

孙凤藻任职期间，该校生产的 9 种食品罐头及渔具模型，在 1915 年美国“旧金山巴拿马太平洋博览会”上获银牌奖。1917 年 5 月，孙凤藻率领渔捞科毕业生李学珍、张元第、刘毓桐、郑恩绶、冯鹤舟，制造科毕业生杨永兴、张宝印、潘兰馨、张国经、刘纶东渡日本留学，并调查日本及菲律宾的水产教育。留学生中有后来成为天津“水产三杰”的张元第、郑恩绶、刘纶，有著名水产教育家张国经等。

翌年 4 月，孙凤藻奉教育厅令赴欧美考察教育、工艺和水产。看到我国水产专业人才缺乏，12 月自美回国后，打算筹设水产专门学校培养人才，但因经费问题，未能实现。

1922 年 4 月间，该校新购日本渔轮，5 月学生第一次乘渔轮赴渤海实习。1921 年 5 月，孙凤藻升任直隶教育厅厅长。继任校长人选未定，仍由其暂兼。一直到 10 月，张仲元继任校长。孙凤藻虽然不再担任校长之职，却一直关注着学校的发展。

在孙凤藻担任校长的十年间，水产学校规模成绩，斐然可观。

1928 年 9 月，校内发生问题，奉令停办。学校师生想方设法运动复校，多亏孙凤藻建议教育当局，水产事业不可中断，应该继续办理，经省府会议决议，省当局及教育厅批令，于是年 12 月，重新改组，华北水产教育有幸得以重建光明。1929 年该校升格为河北省立水产专科学校。

孙凤藻在创办水产学校的同时，还重视学术刊物的创办。1931 年 8 月 5 日，他创办了我国最早的水产学术刊物《水产学报》，被誉为“凤毛麟角，不可多得”。此时孙凤藻“虽离校多载，而未尝一日去诸怀”。他为创刊号写序，指出：“水产学报，乃研究渔业学术之先导，可以交换世界上之新学问，灌输渔民之新智识……”[1]

3. 齐璧亭与女子师范教育

齐璧亭，字国樑。1916 年 1 月至 1949 年 8 月先后任河北师范大学前身直隶（河北省）第一女子师范学校校长、河北省立女子师范学院院长，为该校创建以来任职时间最长的校长。他是我国近代知名教育家、女子师范教育奠基人，致力于女子师范教育长达 34 年，并为此做出重要贡献。

1907 年，齐璧亭毕业于保定高等师范学堂，后入北洋大学堂师范科，1908 年，北洋大学堂选派齐璧亭等 5 人赴日本广岛高等师范学校学习。1916 年 1 月

---

[1] 李义丹，王杰：《文化记忆》，天津大学出版社 2011 年版，第 175 页。

10日，《益世报》曾报道："留学日本广岛高等师范毕业生齐国樑，现经电调回国，昨奉巡按使朱经帅委派为直隶女子师范学校校长，齐君昨已谢委莅该校，与代理校长张伯苓君接交办理。"[1] 由此，开始他所忠诚的女子师范教育事业，并着手构建女子师范教育体系。

齐璧亭两度赴日本，后又赴美国著名大学攻读学士、硕士学位和进行教育研究，为他开创河北省立女子师范学院奠定了思想基础。他的办学理念主要体现在以人为本、培养全面发展的人和对学生施以科学知识教育等方面。女师从小到大、从单一层次办学到多重层次办学都展示着齐院长的办学理念。经过他30多年不懈的努力，到1948年学校已发展到5个本科系，在校各类学生1 500余名，学校除校本部外，还附属中等师范、中学、小学、幼稚园四部，与当代高等师范院校组织构架别无二致。在他的带领下，学校推广"爱的教育"，创建有利于学生成才的教育环境，形成良好校风。学生们曾这样评价他和学校校风："院长齐国樑先生是留美回来的教育家……他的含蓄是女师之所以充实丰富、不尚浮华、不慕虚荣的校风之所由来。当时我们的校训是'勤朴、奋勉、和婉、敬信'。它不是一个空洞的训条，也没有人成天用这几个字来标榜或训诫我们，但是，在那安静的校园里长大的孩子们自然就感染了这不变的校风。由这一点，深深领悟到'陶冶'二字的意义。教育的力量在于一种精神上的潜移默化，而不在口号训条的大声疾呼。"[2] 齐璧亭办学求真实、讲和谐、重诚信的品格，对当今教育仍有借鉴意义。

齐璧亭矢志不渝创办家政教育。齐璧亭认为：日本女子能力之强大，源于女子家政教育之发达。中国办理女子教育，也必以家政为主，方能发展女子之特长，而大有造就于国家社会。于是学校添招家政专修科，教员缺乏，就聘用日本教员，齐自任翻译，以教授之。1929年学校升格为女子师范学院，并将家政专修科升格为家政系，齐璧亭兼任系主任。一面网罗人才，一面增添设备、

[1] 王杰，韩云芳：《百年教育思想与人物》，天津大学出版社2010年版，第181页。

[2] 王杰，韩云芳：《百年教育思想与人物》，天津大学出版社2010年版，第181页。

创办实习工厂，凡有关于家政之研究进行者，无所不备，为全国之冠。以是之故，来院参观者，络绎不绝，声誉大著，使女师跻身于全国家政教育之领导地位。齐璧亭力主创办家政学科，为改革中国之家庭、树立社会健全之基础做出历史性贡献。

齐璧亭主张师范、中学分科教育。他认为：师范造就小学教师，中学培养普通人才。学生各就其性之所近，分别学习，以发展其特长，教育结果至为优良，形成特色。

齐璧亭具有艰苦卓绝的办学精神。1937 年抗日战争爆发，卢沟桥事变后，天津沦陷，女师被迫停办。齐璧亭院长带领部分教师和学生辗转到西北，与其他高校共同组成国立西北联合大学。家政系独立设置，齐璧亭任系主任，其他师生分配到相关系科教学和学习。八年办学，逃难离愁、苦不堪言。敌机轰炸的威胁、迁校行军的困苦、办学资金的拮据等，都由这一代师大人所承载。齐璧亭在西北带领师生保留了学校生存的火种，迎来了抗战胜利。抗战胜利后，他又带领师生复校，重振女师教育。新中国成立后，齐璧亭任河北省人民政府参事，1956 至 1968 年任政协河北省第一、二、三届委员会副主席。

四、敢开先河的拓荒者

北洋大学开中国现代教育风气之先，其自身文化风格中的创新进取、敢为人先的元素深深影响着广大学子。在自然科学与社会科学的诸多领域内，北洋天大人或发现新理论，或首创新方法；或涉先河为世表率，或攀高峰引领方向；或肇始而为继起者规式，或奠基以便后来者前行。从革命先驱张太雷到新人口论的提出者马寅初，从国际“锑王”王宠佑到近代公共卫生事业创建者刘瑞恒，从现代能源工业的创办人孙越崎到地质事业的奠基人黄汲清，北洋天大英才拓荒开辟，屡建奇功，扬校誉于无穷。

1.“新人口论”的提出者马寅初

马寅初1901年考入北洋大学堂矿冶专业，1906年赴美国留学，先后获得耶鲁大学经济学硕士学位和哥伦比亚大学经济学博士学位。1915年回国，1919年任北京大学第一任教务长，1951年任北京大学校长。

早在20世纪50年代初，马寅初就注意并开始研究中国人口增长过快的实际问题。1955年马寅初去江浙两省调研，写出了题为“控制人口与科学研究”的调研报告，准备在一届人大二次会议上提出。经过两年的修改，1957年在最高国务会议上，马寅初作了发言，当时得到了毛泽东等党和国家领导人的重视和肯定。其后，他将发言稿再次加工整理后，提交一届人大四次会议，并在《人民日报》上全文发表，这就是著名的《新人口论》。

在《新人口论》中，马寅初较系统地论述了中国的人口问题。他提出了“我国人口增长过快”的命题，并分别从加速积累资金、提高科学技术、提高劳动生产率和人民的物质文化水平以及增加工业原料等方面，对控制人口的必要性、迫切性进行了论述，建议把人口增长纳入第二个、第三个五年计划。《新人口论》的核心观点是人口的发展必须同国民经济的发展相适应，并在量上保持一定的比例关系。要采取人口普查、动态统计、计划生育等方法对人口进行科学的管理。提出“控制我国人口，已属刻不容缓”的呼吁。

1959年，康生等人为了迎合“人多是好事”的观点，组织大批文章在《光明日报》、《新建设》等杂志上向《新人口论》发难，批判马寅初的“资产阶级学术思想”。马寅初对于这些无理指责毫不畏惧，甚至不屑一顾，他撰写了《重申我的请求》一文，表示“在我看来，不但没有驳得‘体无完肤’，反而驳得‘心宽体胖’了”[1]。

1960年1月4日，马寅初因发表《新人口论》被迫辞去北大校长职务。但是，他坚持真理，不向所谓的错误低头。他说：“我虽年近80……决不向专以力

[1] 王杰，韩云芳：《百年教育思想与人物》，天津大学出版社2010年版，第170页。

⇑ 图 4-3-4　竖立在天津大学北洋园的马寅初雕像

压服，不以理说服的那种批判者们投降。”[1]从此，中国人口盲目增加，多生了几亿人。

1979年，面对中国人口的沉重压力，在反思中人们认识到20年前马寅初提出“新人口论”的科学性。1979年8月5日，《光明日报》发表了《为马寅初先生的新人口论翻案》一文，率先为马寅初恢复名誉。正文前面的大段“编者按”中，对《光明日报》当年错误批判马寅初一事作了深刻检讨。马寅初对此感慨地说：“当年我曾说过《光明日报》不光明，《光明日报》发动那场突然袭击不光明磊落，今天《光明日报》带头呼吁为我和《新人口论》平反，把颠倒过去的理论再扳正过来，我还是很感激你们的。希望你们向广大读者转达我的谢意。”[2]

马寅初一生专著颇丰，特别对中国的经济、教育、人口等方面有很大的贡献。他的主要著作有：《通货新论》(1944)、《战时经济论文集》(1945)、《我的经济理论哲学思想和政治立场》(1958)、《中国国外汇兑》(1925)、《中国银行论》(1929)、《中国关税问题》(1930)、《资本主义发展史》(1934)、《中国经济改造》(1935)、《经济学概论》(1943)、《新人口论(重版)》(1979)、《马寅初经济论文集(上、下)》(1981)等。

2. 中国石油工业的创始人孙越崎

1919年五四运动爆发时期，北洋大学学生的游行队伍中最前列走着一位年轻人，他的爱国心不仅仅体现在“外争主权，内诛国贼”、“取消二十一条”、“还我青岛”、“誓死力争”的呐喊中，也体现在他之后一生的实业救国的人生轨迹中，这个人就是孙越崎。

1916年孙越崎考入北洋大学。在北洋大学，他学习刻苦，成绩优异，又为人正派，办事有主张，被同学们选为学生会会长。1919年，五四运动爆发，他以学生会长的身份，一反北洋闭门读书的传统，带领全校同学积极投入这场伟

---

[1] 王杰，韩云芳：《百年教育思想与人物》，天津大学出版社2010年版，第170页。

[2] 王杰，韩云芳：《百年教育思想与人物》，天津大学出版社2010年版，第170页。

个 图 4-3-5 我国石油工业创始人、北洋大学校友孙越崎

大的反帝爱国运动。孙越崎在领导天津的五四运动中，曾作为学生代表面对面地和直隶省长曹锐交锋，保护了示威游行的学生。五四运动后，转入北京大学矿冶系学习，1921 年毕业。

孙越崎毕业后到吉林省创办北满最大的穆棱煤矿，任矿务工程师 6 年，掌握了从勘探、建井到产煤的全部生产和管理过程。1928 年，已经 36 岁的孙越崎，踏上了出国求学的道路，去美国学习矿业。在美国留学期间，他看到美国的采金术、石油井、采煤技术，使他大开眼界；后又广泛考察英、法、德等国的采矿业。

1932 年回国后，孙越崎任国防设计委员会专员兼矿室主任，后又任陕北油矿探勘处处长，带领工程技术人员在陕北延长、延川一带勘探石油，打出中国第一口油井。

1936 年冬天，孙越崎应聘为中福煤矿公司总经理。1937 年 7 月 7 日，中日战争爆发，八年抗战开始。为了不使设备落到日本人手里，孙越崎力排中外股东异议，着手拆运中福公司的机器设备南下。中原公司董事胡石青说："中福煤矿是我国在抗战期间唯一迁到四川后方的煤矿，它像母鸡下蛋，在四川合办起了 4 个煤矿，大力支持了抗日战争。今天才认识到，孙总经理真是一位有远见，有魄力的能人。"[1]

1941 年 12 月，太平洋战争刚刚爆发，孙越崎以甘肃省石油公司总经理身份，兼任甘肃玉门油矿局总经理。他一到玉门，就冒着严寒领着大家，花了一整天时间，详细查看了矿区各个生产现场，决定大幅提高产量，对抗日战争期间我国严重的油荒，起到了极大的缓解作用，有力地支援了抗日战争。

1942 年 8 月在中国工程师学会第十一届年会上，孙越崎被授予金质奖章。抗日战争胜利后的 1945 年 9 月，孙越崎任行政院经济部战时生产局东北特派员，接收东北重工业，同时兼任河北平津敌伪产业处理局局长。1946 年任国民党政府资源委员会副委员长，后任委员长。面对蒋介石坚持内战、独裁和国民

[1] 李文丹，王杰：《文化记忆》，天津大学出版社 2011 年版，第 190 页。

党贪污腐败，孙越崎以民族大义为重，毅然站到共产党、人民革命一边。

1948 年 5 月，孙越崎担任了行政院政务委员兼资源委员会委员长，这年的 10 月，孙越崎没有和任何人商量，决定利用国民党社会部在南京召开全国工业总会成立大会的机会，召开一次秘密会议，讨论资委会的去留问题。他对大家说："我在东北视察了几个月，感触颇深，共产党必胜已是大趋势，鞍山被解放军占领以后，我们资源委员会的技术人员一律被留用，受到优待。目前国内的形势，大家已经看得很明白，以前东北战争吃紧，我帮大家逃进关来，现在平津形势又吃紧怎么办？……从华北平津起大家都不要再逃了。要坚守岗位，保护财产，要迎接解放，办理移交。"[1] 他看见大家都是一幅欣然的表情，便进一步说："我们这些人，都是学工程技术的，都是怀着工业救国的理想，在抗日战争开始前就参加了中国的工业建设。资源委员会现有的工矿企业，是中国仅有的一些工业基础，我们有责任把它们保存下来。"[2] 在中共地下党帮助下，他冒着生命危险，组织员工开展护厂、护矿斗争，拒绝执行蒋介石关于拆迁资源委员会所属工厂设备去台湾的命令，将所属近千个大中型厂矿企业及三万科技、管理人员完整地移交给共产党。

1949 年 5 月，其爱国行动被国民党察觉，孙越崎即辞去在国民党政府中所任职务去香港，公开与国民党决裂。到香港后，发动资源委员会驻港国外贸易事务所员工开展斗争，组织"保护矿产品委员会"，并于 1949 年 11 月 14 日通电全国宣告起义，保护了大量稀有矿产，得到毛泽东主席复电嘉勉。

孙越崎在能源开发领域开一代先河，而在保护国家能源的过程中，我们也看到了他深切的爱国之心，这正是北洋人爱国奉献传统的集中体现。他曾说过，自己的人生使命是：救国图存，务使中国越过崎岖而达康庄。"越崎"——是他的名字，也是他永远的使命与追求。

---

[1] 王杰，韩云芳：《百年教育思想与人物》，天津大学出版社 2010 年版，第 191 页。

[2] 王杰，韩云芳：《百年教育思想与人物》，天津大学出版社 2010 年版，第 191 页。

3. 实干兴邦的开拓群体

矿冶学家、国际“锑王”王宠佑，1895 年考入北洋大学堂矿冶学门，1899 年毕业后曾赴美留学。1908 年回到祖国，致力于采矿冶金事业。他是我国近代第一批矿冶专家，现代炼锑技术的开拓者，中国地质学会及中国矿冶工程师学会的创建人之一。他撰写了国际上第一部锑矿专著《锑》，被各国冶金界视为锑的权威著作，被国际冶金界称为“锑王”。他还在湖南长沙建立了中国第一座炼锑厂，并开始收集低品位锑矿石提炼纯锑，开创了我国金属锑工业生产的先河。

著名古生物学家、地质学家，我国无脊椎古生物学及生物地层学的主要奠基人孙云铸，1914 年考入北洋大学预科，1916 年转入本科，选择了采矿专业。他于 1924 年出版的《中国北方寒武纪动物化石》一书专门论述了寒武纪地层和三叶虫化石。这是中国学者所写的第一部公开出版的大型古生物学专著，受到国内外学者的普遍重视，这对中国古生物学发展史有着划时代的意义。

水利专家，我国近代水利事业的开拓者张含英，1918 年考入北洋大学土木工程系，1925 年赴美留学学成回国。张含英在求学时即萌发了救国救民之志，并抱定决心要走科学救国之路。几十年来，把全部身心献给了祖国的水利事业。特别是对黄河的治理与开发，做出了不可磨灭的贡献。张含英以现代科学的观点与传统治河经验相结合，理论联系实际，写出《历代治河方略探讨》、《黄河治理纲要》等十多种治黄论著。他贯彻上中下游统筹规划、综合利用和综合治理的治黄指导思想，为治黄事业从传统经验转向现代科学指明了方向。他长期担任水利部和水利电力部副部长并兼任部技术委员会主任等领导职务，直接参与了全国水利的各项重大决策。新中国成立以来我国水利建设取得了举世瞩目的成就，无不渗透着张含英辛勤的汗水和心血。

中国第一个装甲团的筹建者、骑兵名将、中国装甲部队的开拓者耿耀张，1923 年考入北洋大学预科机械专业，1925 年耿耀张结束北洋大学预科学业考入西北军干部学校。他是我国军事家，筹建了中国第一个装甲团，同时也是我国最早从事汽车、装甲车辆教学工作的教育家。1943 年主持筹建我国第一个装甲团——陆军机械化学校练习团。该团完全按照当时国际军事科学技术的先进水平组建，从此，装甲兵作为我国军队新型陆军兵种在中国现代战场上闪亮登场。

大地构造学家、地层古生物学家、石油地质学家、中国“石油之父”黄汲清，1921 年入北洋大学预科，1924 年转入北京大学地质系学习。他首次系统划分中国主要构造单元和大地构造旋回，主编第一张《1:300 万中国地质图》和 14 幅《1:100 万国际分幅地质图》，进一步开拓了中国地质图制图事业。创建多旋回构造运动说，进而将多旋回说与板块构造相结合，建立板块多旋回开合手风琴式运动模式，开拓大地构造研究新途径。他提出陆相生油论，具体部署、指导中国石油天然气地质普查勘探，为我国新疆油田、大庆油田等勘测做出了重大贡献。他言传身教，为我国培育出大批优秀地质学家，被誉为地质学家的老师。

著名医学专家、中国创伤医学的奠基人、中国近代公共卫生事业创建者刘瑞恒，1903 年考入北洋大学堂，1906 年未毕业即被选送美国留学，入哈佛大学读书，1909 年获理学士学位后，专攻医学六年，1915 年获医学博士。同年返国任上海哈佛医学校教授。1918 年受北平协和医学院之聘任外科教授，后任协和医院院长，旋改任协和医学院院长。1925 年创建北平市第一卫生事务所，是我国近代公共卫生工作之始。1928 年出任南京国民政府卫生部常务处长、部长，创立中央医院、中央卫生实验院，兼任两院院长，负责与国际联盟技术合作设立中央卫生设施实验处，一身兼卫生行政、技术及医疗三个最高机构之首长。1932 年，他奉命成立军医总监部，并担任总监，兼陆军军医学校校长。由于医疗卫生工作大规模开展，需要专门人才，刘瑞恒认为推进和提高医学教育是公共卫生建设的根本，建议并成立了国立牙医专科学校、中央护士学校、中央助产学校、中央大学医学院及卫生教育系、中央卫生人员训练所等，是中国近代公共卫生事业创建者。

飞行器控制、制导与仿真学家和该领域的开拓者文传源，1939 年考取了西北工学院航空工程系（原北洋工学院航空组），并于 1943 年毕业。他是我国第一架无人驾驶飞机的研究、制造者。1959 年研制成功无人驾驶飞机，并实现了中国第一次无人驾驶飞机的成功飞行，开拓了中国无人驾驶飞机技术的新篇章。

文传源在组织、领导和参加中国第一架无人驾驶飞机的研制时，即采用林克机进行无线电遥控系统的发射、接收和控制林克机的地面飞行仿真试验，对无人机空中试飞起到了安全保障作用。总之，文传源长期从事飞行器控制、制导与仿真方面的教学、科研和设计研制工作，培养了一大批专门人才，为中国自动化科学技术的发展做出了重要贡献。

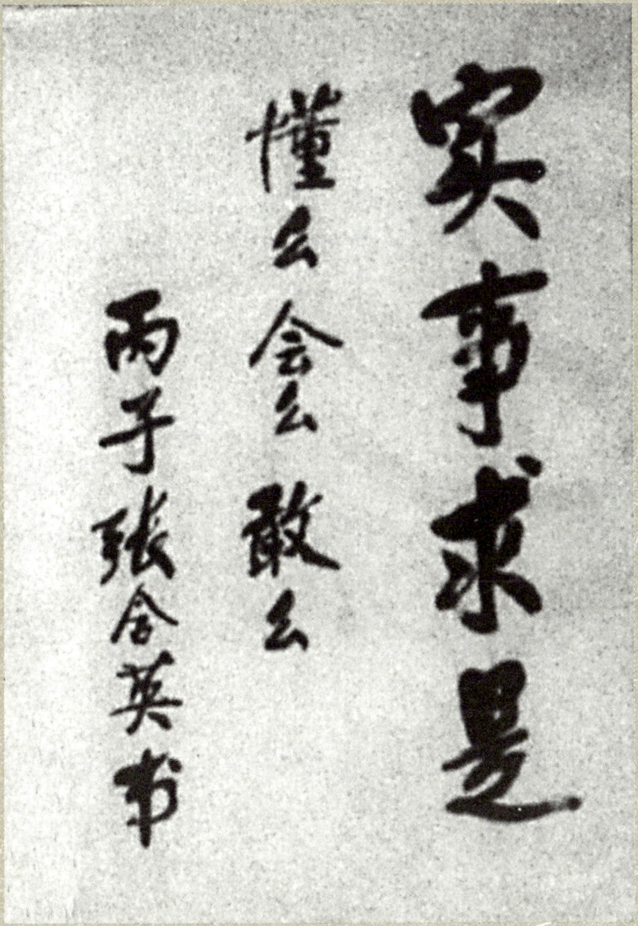

⇑ 张含英题写实事求是

第五章

时代标高的学术追求

研究生教育是高等教育人才培养的最高层次，世界上的研究型大学无不将其作为办学的重要内容。虽然自北洋大学时期就重视研究生教育，但是限于当时的条件制约，发展缓慢。改革开放以后，随着学校向综合性、研究型、开放式、国际化的发展，研究生教育得到全面提升，目前正向着国际一流的水准和时代前沿的标高迈进。

第一节　求真求高的研究生培养

一、中国学位与研究生教育的开拓者

早在北洋大学创办之初，盛宣怀就做出了培养研究生的计划，头等学堂学生毕业后“派赴外洋，分途历练”，并做出经费预算“积存生息，以备四年后挑

选学生出洋川资经费"[1]。1901 年派送第一批毕业生出国留学，由美国耶鲁大学、康奈尔大学、哥伦比亚大学等代为培养研究生。

1935 年，国立北洋工学院工科研究所制订了《国立北洋工学院工科研究所招考研究生简章》，当年录取了采矿工程学门常锡纯、冶金工程学门谢家兰和丁陈威 3 名学生。经过两年的课程学习和两次实习，并通过学业口试和硕士论文答辩后，3 名研究生于 1937 年七七事变前夕毕业，均被授予硕士学位。1935 年至 1937 年间，北洋工学院共招收了 3 届研究生，由于日寇侵略，学校西迁，研究生培养工作中断。

新中国成立后的 1951 年，教育部指示所属高等学校研究部开始招收研究所实习员和高校研究生，北洋大学作为教育部所属高校开始招收研究生。此时院系调整开始，天津大学化工系的 6 名研究生原为南开大学研究生，并校后转来天津大学。1955 年天津大学招收研究生 11 名；1956 年开始参照苏联做法招考副博士研究生，招收研究生 12 名；1957 年招收研究生 10 名；1960 年扩大招收规模，当年招收研究生 76 名；1961 年招收研究生 86 人，研究生培养渐成规模；1963 年全校有 54 个专业开始招收研究生，有导师 82 名，在校研究生 172 名，研究生教育成为学校教育教学的重要组成部分；1963—1965 年，天津大学继续招收研究生。由于四清运动的开展，65 届研究生被全部派到农村，几乎没有进行课程学习和论文工作；1966 年"文化大革命"爆发，研究生教育被迫中断。1978 年天津大学恢复研究生招生，到 1984 年成立研究生院的这段时期共招收研究生 762 人，毕业研究生 759 人。

1980 年，我国正式颁布了《中华人民共和国学位条例》，并于 1981 年 1 月 1 日开始正式实施。1981 年，天津大学成为国务院学位委员会首批批准的具有硕士、博士学位授予权的单位之一，并于 1982 年首次招收了 6 名博士研究生。

1984 年，天津大学成为全国首批试办研究生院的高校之一。1984 年 12 月

[1] 张凤来，王杰：《北洋大学—天津大学校史资料选编》(第 1 卷)，天津大学出版社 1991 年版，第 301 页。

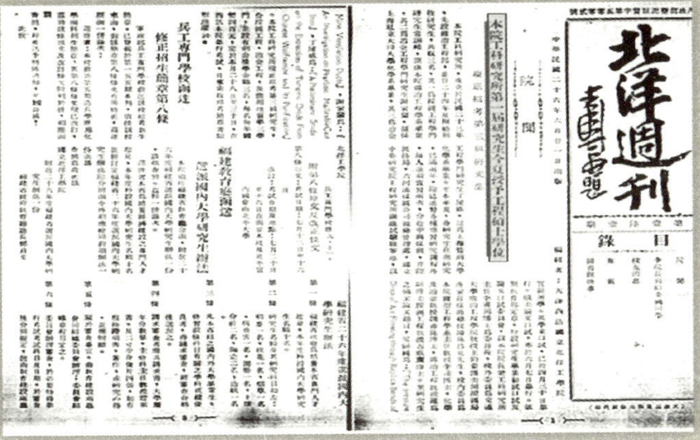

北洋週刊

目錄

院聞

本院工科研究所第一屆研究生今夏授予工程碩士學位

⇑ 图 5-1-1　1937 年刊登在北洋周刊上的研究生招生信息

⇓ 图 5-1-2　天津大学首届研究生学位证书颁发大会

18日，天津大学研究生院成立，这标志着天津大学研究生教育进入一个快速发展的时期。招生数量快速增长，培养类型日益丰富，教育质量稳步提高，逐步构建起比较完善的研究生教育体系，建立起适应国家经济和社会发展需要、具有自己特色的研究生培养模式，成为我国培养高层次人才的重要基地。

天津大学研究生教育部分“首批”记录：

首批具有授予硕士、博士学位授予权单位

首批国务院批准成立的研究生院

首批建立博士后科研流动站单位

首批具有硕士学位学科点自行审批权单位

首批在职人员授予博士、硕士学位“双免检”单位

首批进行 MBA、EMBA 试点单位

首批进行 MPA 试点单位

首批进行工程硕士、建筑学专业学位试点单位

首批获准招收风景园林硕士专业学位研究生的单位

首批进行高校、中职教师在职人员攻读硕士学位单位

首批工程博士培养单位

迄今为止，天津大学共招收和培养的各类研究生 4 万余名。其中，涌现出了一大批取得杰出成绩、具有社会影响力的优秀校友。如为我国航天事业做出突出贡献，新一代航天事业的领军人物，曾担任神七指挥团队副总指挥，现任航天科技集团公司党组书记、总经理的马兴瑞，是天津大学一般力学专业 1985 年毕业的研究生。为奥运及首都建设做出突出贡献，奥运项目设计中方总指挥，现任中国建筑设计研究院副院长、总建筑师的崔恺，是天津大学建筑学专业 1984 年毕业的硕士生。北京奥林匹克公园总体规划中方总建筑师周恺，是天津大学建筑学专业 1988 年毕业的硕士生。国家游泳中心（水立方）中方总设计师赵小钧，是天津大学建筑学专业 1989 年毕业的硕士生。

二、研究生教育理念的不断深化

研究生培养作为天津大学人才培养体系的一部分，其培养理念与天津大学整体的人才培养理念紧密相连，表现出传承创新、不断发展的特点。

1895 年北洋大学堂的创建章程中就做出了本科生毕业后出国留学的计划，表达了培养高级人才的诉求。20 世纪 30 年代开始培养研究生，提出以“研究高深学术……及代外界解决各项工程实际技术问题为宗旨”[1]。

新中国成立后天津大学在研究生教育中强调工业化需要，紧贴专业需求，特别是注重与生产劳动相结合，在研究生每学年中专门安排生产实习和劳动环节，培养适应工业化需要的人才。

改革开放以后，天津大学适应国家经济建设和社会发展对高层次人才培养的需要，提出了 1990 年前研究生发展规划与设想以及对研究生与学位工作的改革意见。主要有：建议在研究生院下设若干个研究所、室，以利于协调全校力量，形成学术优势，发展新兴学科；做好硕士、博士生导师后备力量储备工作；建议召开研究生教育工作会议，进行研究生培养方式的改革，对培养方案进行全面修订，摸索硕士生提前攻读博士学位的经验等。

1985 年，天津大学召开了首次研究生教育工作会议。这次会议将研究生教育定位于“关系到我国现代化建设成败的一个重大问题，是发展我国高等教育事业的根本大计”，以及能否确立天津大学重点大学地位的高度，会议为今后研究生教育工作奠定了坚实的基础。

20 世纪 80 年代末，天津大学在全国率先提出了“综合性、研究型、开放式”（后加入了“国际化”）的一流研究型大学的办学方向，这一理念逐步融入到学校的人才培养理念中，在研究生教育和培养方面进一步结合时代发展的需要进行积极改革实践。2003 年学校第七次党代会明确将“建设综合性、研究型、

---

[1] 张凤来，王杰：《北洋大学—天津大学校史资料选编》（第 1 卷），天津大学出版社 1991 年版，第 301 页。

开放式、国际化的世界一流大学”确立为学校的发展目标，提出了实现这一目标的三步走战略，总结多年以来研究生教育的经验，针对建设创新型国家和科学发展对研究生培养的需要，积极围绕培养具有社会责任感、实践能力、创新精神、全球视野、人文素养、开放合作意识的高素质拔尖创新人才进行探索和实践，逐步形成了面向新世纪培养研究生的办学理念。

1. 始终坚持人才培养为第一要务

大学的根本任务是培养人才。作为高层次人才培养的研究生教育更是如此。天津大学把高层次人才的培养放在建设创新型国家的高度来对待，把研究生看做是国家经济社会发展的生力军，同时也是天津大学自身实现三步走战略的主力军，在实践中始终把培养高质量的人才作为研究生教育的第一要务。

在研究生教育工作实践中，天津大学无论是建立研究生教育质量保障体系，还是开展高水平的学科建设和科学研究，以及实施研究生教育的国际化战略等，都以培养高质量的研究生为根本目的。从坚持人才培养为第一要务的理念和根本任务出发，天津大学始终把如何提高人才培养质量作为研究生教育的核心任务。

2. 以高水平的学科建设和科学研究支撑人才培养

全面提高高等教育质量，必须大力增强科学研究能力。秉承学科建设和科研是研究生培养的重要基础和支撑的理念，天津大学近年来大力加强学科建设和科技创新，为开展高质量的研究生教育提供良好的学科平台和科研保障。

经过多年的发展，天津大学已经形成了以工为主、理工结合，经、管、文、法、教育等多学科协调发展的学科布局。目前，正以“985 工程”和“211 工程”建设工作为牵引，进一步调整学科布局，均衡学科发展，凝练学科方向，加强学科内涵建设，不断提高学科的整体水平。现有的 7 个一级学科国家重点学科、8 个二级学科国家重点学科、2 个国家重点（培育）二级学科以及 24 个博士学位授予权的一级学科、31 个硕士学位授予权的一级学科和 14 种硕士专业学位授权点，彰显了学校的学科优势和特色，成为高层次人才培养的有力支撑。

近年，天津大学在科研工作中坚持聚焦国家重大战略需求，聚焦国际科技发展前沿，以组织实施科技大项目为牵引，承担了一批重要的项目，在精馏塔大型化技术系统集成与节能技术，粒子过程晶体产品分子组装与形态优化技术，精密检测技术，重大河流海洋工程安全关键技术，电力系统规划理论及安全性分析方法研究及应用，以及新一代内燃机燃烧理论和现代高效、超低排放、低噪声内燃机关键技术等领域中取得了一系列标志性成果。

在国家16个重大专项中，天津大学有12个学科进入了其中的14个专项。“十一五”期间主持国家“973计划”项目5项，承担“973计划”子项目25项。“十一五”期间，科技总经费达到37.7亿元，2010年科研经费达到12.07亿元。“十一五”期间，14项科技成果获得国家级科技奖励，2项成果入选“中国高校十大科技进展”。目前有国家重点实验室4个，国家工程实验室1个，国家工程研究中心2个，国家工程技术研究中心1个，国家科技成果研究推广中心2个，国家文物重点科研基地1个，省部级重点实验室、工程中心等科研基地50个。这些高水平的科技成果和科研平台不仅在国家经济建设中发挥了重要的作用，成为国家创新体系的重要组成部分，而且为学校培养高水平研究生奠定了坚实的基础。

3. 人才培养服务国家和社会

2004年4月9日，教育部下发的一则简报引起时任中共中央政治局委员、天津市委书记张立昌的注意。简报的题目是“天津大学突出特色为地方和企业培养工程硕士”，介绍了天津大学多年以来发挥学科优势和特色，与地方和企业合作培养，开展工程硕士教育，取得良好的社会效果。张立昌书记在看过简报之后亲笔批示“天大这个经验很好”。

天津大学积极探索与地方和企事业单位合作培养高层次人才的新路子，走出了一条具有鲜明特色的工程硕士办学之路，为地方和企业培养了大批专业技术人才。

天津大学是首批获准招收工程硕士专业学位研究生的高校，目前全校共24个工程领域招收工程硕士生。20多年来，已培养非全日制专业学位研究生15000人，其中工程硕士过万人。2011年，天津大学在先进制造、能源与环保领域获得工程博士专业学位授予权，成为全国首批25所工程博士试点单位之一。2012

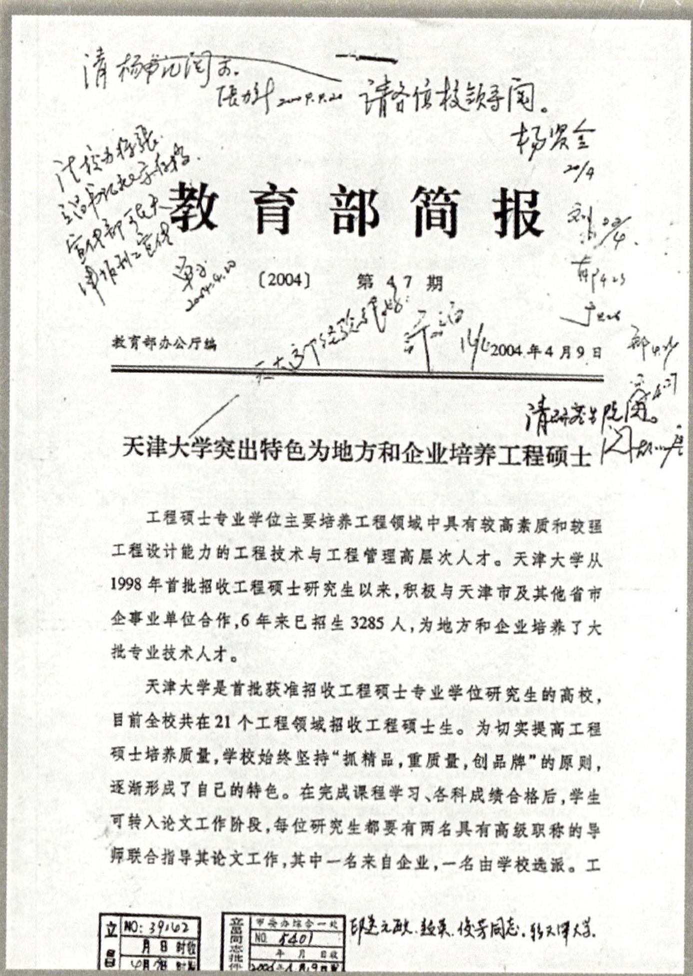

教育部简报

〔2004〕　第 47 期

教育部办公厅编　2004 年 4 月 9 日

天津大学突出特色为地方和企业培养工程硕士

工程硕士专业学位主要培养工程领域中具有较高素质和较强工程设计能力的工程技术与工程管理高层次人才。天津大学从1998 年首批招收工程硕士研究生以来，积极与天津市及其他省市企事业单位合作，6 年来已招生 3285 人，为地方和企业培养了大批专业技术人才。

天津大学是首批获准招收工程硕士专业学位研究生的高校，目前全校共在 21 个工程领域招收工程硕士生。为切实提高工程硕士培养质量，学校始终坚持“抓精品，重质量，创品牌”的原则，逐渐形成了自己的特色。在完成课程学习、各科成绩合格后，学生可转入论文工作阶段，每位研究生都要有两名具有高级职称的导师联合指导其论文工作，其中一名来自企业，一名由学校选派。工

个 图 5-1-3　教育部介绍天津大学培养工程硕士的简报

年，15 位承担着国家科技重大专项的企事业、科研单位的工程技术管理高层次人才，被天津大学录取为首批工程博士研究生。天津大学以校企联合培养方式，结合国家科技重大专项，培养我国工程技术领军人才，满足国家重大工程和建设创新型国家对高层次应用型人才的需求。

同时，天津大学积极参与“高等学校创新能力提升计划（2011 计划）”，组织开展“2011 计划”的规划工作以及试点项目的组织和培育工作，探索建立协同创新的新模式、新平台和新机制，实现人才培养质量和科学研究能力的同步提升，培养一批拔尖创新人才。

4. 培养国际化人才

2008 年 7 月 4 日，天津大学国家公派研究生项目留学人员行前动员大会在学校会议楼举行。即将留学海外的首批 79 名博士生参加了动员大会，其中攻读博士学位类 20 名，博士生联合培养类 59 名。留学单位包括美国麻省理工学院、加州大学伯克利分校、加州理工学院、密歇根大学，加拿大多伦多大学，英国伦敦大学学院、爱丁堡大学，日本大阪大学，德国柏林工业大学等世界一流高校。

截至 2011 年底，学校已成功派出 400 多名学生赴国外一流院校攻读博士学位或者进行博士生联合培养阶段的学习。除了国家公派研究生留学项目，近年来研究生培养基于导师个人的各种国际交流项目和活动也日益频繁。

不仅如此，研究生培养的国际化已成为了天津大学研究生教育的基本要求和理念。为了进一步推动研究生教育的国际化，天津大学设立专项基金，鼓励研究生参加国际学术交流活动，同时还在校内大力开展全英文课程体系建设。新修订的博士生培养方案将参加国际学术会议纳入博士生培养的必修环节。

2010 年 9 月 28 日，《天津大学国际化战略实施纲要（2010—2020 年）》正式发布。天津大学的研究生培养国际化在加大联合培养力度的基础上，大力推进研究生参加国际合作科研项目、国际会议、短期访学等项目，到 2015 年使研究生在校期间具有海外访学经历的人数比例达到 20%。较大规模的研究生游学海外将标志着天津大学高层次人才培养的国际化水平提升到一个新的台阶。

三、研究生培养的主要措施和特色

在不断深化的办学理念指导下，结合天津大学的学科优势，逐步探索出一条具有天津大学特色的高层次人才培养道路。

1. 完善分类培养体系

在多年的研究生教育实践和探索过程中，天津大学逐步建立一套比较完善的人才分类培养体系，以满足社会对高层次人才的多元化需求。

比如，对于传统的学术型硕士生，天津大学在坚持传统的培养目标和水平的基础上，进一步拓宽培养口径，加大创新能力的培养；对于应用型硕士生，强调在素质教育的大平台上强化“应用型”特征，明确提出要注重创新思维和创新能力的培养，定位于技术创新能力、方法创新能力的培养等；对于博士生，强调培养拔尖创新人才，注重培养人才的国际化水平和创新能力。此外，对于工程博士，强调结合国家科技重大专项，培养工程技术的领军人才。

2. 构建质量保障体系

在分类培养体系的基础上，天津大学秉持“严谨治学”的质量要求，坚持以提高质量为核心，以机制改革为关键，通过教学质量保障、导师队伍建设、论文质量保障等几方面系统构建研究生培养的质量保障体系。

在教学质量保障体系建设上，一方面大力推进研究生课程体系更新，实施课程教学改革，提高课程教学质量。近几年，通过定期修订研究生培养方案、研究生课程教改和核心课程立项建设、研究生全英文课程体系建设以及研究生数字化教学平台建设等多种方式推动教学改革，有效提高课程教学质量。另一方面，积极开展课程教学质量督导工作。通过严格教学管理、实施督导组随堂听课、开展课程评价等办法，进一步规范和完善现有课程教学环节的工作，保证教学质量。在导师队伍建设上，每年 5 月组织的封闭培训已经成为天津大学每一位新聘博导的必修课。校长、院士和优秀博士生指导教师将作专题报告，研究生院会发放培训试卷，通过培训的导师才能被列入招生简章，正式招收博士生。2008 年，有一位博导因为开紧急会议而没有完成培训，后来还是参加了补学和补考，才获得了招生资格。论文质量保障体系上，通过设立优秀博士论文培育基金、开展优秀博士论文评选、使用“学位论文学术不端行为检测系统”对论文进行相似度检测、实施学位论文督导制度以及实行严格的博士学位论文抽查盲审制度等一系列激励和监督的办法，保障了天津大学研究生学位论文的质量。

3. 搭建学术平台，实施创新人才培养

创新能力是研究生培养质量的核心体现。天津大学在构建研究生培养质量保障体系的基础上，努力创造条件，搭建平台，加强对研究生的各项能力尤其是创新能力的培养。

2010年6月17日，一场别开生面的展现高科技、引领未来人类居住模式的太阳能建筑领域的“世界杯”竞赛“太阳能十项全能竞赛”在欧洲南部的伊比利亚半岛——西班牙马德里拉开战幕。来自亚洲、欧洲、北美洲7个国家17所高校师生建造的17栋高科技太阳能小屋进行了10天的角逐，评出10个单项和最后的冠军。中国天津大学的未来小屋——“Sunflower”（向日葵）首次代表亚洲参赛，以独具特色的中国风格吸引了世界的目光。天津大学的“Sunflower”（向日葵）独具中国的建筑特色，它将中国北方的合院民居、云南“一颗印”和“徽派建筑”的传统建筑空间完美结合，同时，它的采光天井、镂空的木质格扇等结构体现了中国传统建筑文化的底蕴。

在天津大学“211工程”三期建设中，研究生创新能力人才培养项目作为一个单独的项目，用于培养具有国际视野和创新意识的高素质拔尖人才。经过近几年的建设，鼓励和资助研究生参与国际学术交流、举办天津大学博士生学术论坛、建设研究生数字化教学（e-learning）平台等举措成为天津大学培养创新人才的重要载体。

天津大学博士生学术论坛至今已经举办了34次，自2009年至2012年共有2000余人次的博士生参加了博士论坛。博士论坛模拟国际会议的基本形式，主题突出学科前沿和科技发展的最新趋势，促进多学科领域的交叉融合。博士生对论坛实行自主策划和组织，通过组织实施、参与交流以及专家点评等环节促进博士生创新能力和综合素质的提高，为博士生营造一个良好的学术氛围。

研究生数字化教学平台通过推进网络教学模式，促进优质教学资源共享，实现了研究生课程教学和导师指导工作的数字化、网络化。教学平台作为课堂教学的补充与延伸，创新培养方式，提高了研究型、自主学习模式的培育力度。通过数字化教学平台的推广应用，进一步改善了研究生培养条件，提升了研究生的培养质量。

4. 专业学位研究生培养独具特色

秉承服务国家和社会的办学理念，天津大学多年以来发挥学科优势和特色，与地方和企业合作培养，发展专业学位研究生教育。通过灵活的办学机制和严格的办学要求保证办学质量，打造天大专业学位研究生教育的品牌和特色。

在教学上，结合企业实际，制订专门的培养计划，选派科研能力强、有工程实践经验的优秀教师授课。针对工程硕士“进校不离岗”的学习方式，编写专门教材和教学课件，发放给学员预习，然后由教师授课、答疑，克服了工程硕士生集中学习时间紧的困难，提高了教学效果，保证了教学质量。在论文工作上，天津大学制订了工程硕士论文评阅指标体系，并首创了“双导师制”，由双导师联合把关，保证工程硕士论文质量。在教学组织和管理上，建立了双班主任制、班委会制，对数学、英语等基础课实行教学与考试分离，对教学情况进行随机抽查，对任课教师进行教学评价和调查等一系列措施，促进了教学质量的提高。

2007 年，天津大学培养的 9 名工程硕士荣获全国“做出突出贡献的工程硕士学位获得者”荣誉称号。2010 年，天津大学被评为“全国工程硕士研究生教育创新院校”，化学工程、水利工程、项目管理 3 个专业领域荣获“全国工程硕士研究生教育特色领域”。

学校凝练出了全日制工程硕士的“4C”培养体系，即 Classification——营造“和而不同”的政策环境；Capability——构建基于“胜任力素质”课程体系；Collaboration——搭建多层次立体化的实践平台；Connotation——建立全过程的质量保障长效机制。“4C”培养体系从 2009 年首批全日制工程硕士研究生开始应用，并在实践中不断改进和完善。至今，已培养出 2009 级、2010 级共 958 名合格的全日制工程硕士。这些全日制工程硕士在学期间和毕业后的表现表明，这一体系对于保证全日制工程硕士研究生的培养质量起到了重要作用，学校授予的全日制工程硕士学位已得到学生和社会的认可。学位吸引力大为增强，2011 年和 2012 年学校全日制工程硕士招生人数分别为 633 和 751，分别比前一年度增加 29.4% 和 18.6%。

近年来随着全日制专业学位研究生的培养上升为国家人才发展战略的需要，天津大学在非学历研究生教育的基础上，大力推进改革，突出实践创新能力的培养，积极探索全日制专业学位研究生培养模式，取得较好的成效。高质量的非学历专业学位研究生教育不仅培养了大批高层次人才，也为天津大学全日制专业学位研究生教育奠定了良好的基础。

在全日制专业学位研究生的培养理念和目标上，天津大学基于对专业学位研究生与学术型研究生是“同一层次，不同类型”这一定位的认识，秉持“一视同仁，同等对待”的原则，无论是实施研究生培养机制改革，还是制定各项政策，都对专业学位研究生实施同等对待，创造和谐平等的学习环境，为专业学位研究生教育质量的提高提供了最基本的保障。同时，对于全日制专业学位研究生，我们明确提出也要注重创新思维和创新能力的培养，可以定位于技术创新能力、方法创新能力的培养等。

在培养实践中，天津大学在培养过程各个环节相应地进行有针对性的改革和创新，建立健全全日制专业学位研究生教育质量保障体系，尤其是通过建立实践教学基地，加强全日制研究生在实践教学环节的训练，成为专业学位研究生教育质量的重要保障。

天津大学利用多年来开展非全日制专业学位教育所积累的良好声誉和合作关系，以“单证带双证”的模式，与一些知名企业合作建立一批全日制专业学位研究生教学实践基地。

5. 注重学风建设

良好的学风是研究生培养工作的重要内容，也是培养创新人才的重要保证。

天津大学素以“实事求是”的校训和“严谨治学”的校风著称，因而在研究生教学和科研也一贯注重加强对导师和研究生的科学道德和学风建设，在天津大学倡导诚信求实的学术准则。

近年来，天津大学学术委员会和学位评定委员会连续制订了一系列管理办法，进一步规范学术行为。从 2009 年开始，天津大学开设的必修讲座课“学术学风规范专题讲座”已经覆盖所有新入学博士生，并在研究生数字化教学平台上开放了“学术道德规范教育”网上课程，供广大研究生自主学习。

学风建设不仅仅针对研究生，导师们也被纳入学风建设的范围。在研究生院每年 5 月中旬组织的新聘博导的封闭培训中，研究生院负责人会详细介绍各种关于科学道德和学术规范的规定。

2009 年受聘成为博导的材料科学与工程学院副院长罗震对此印象深刻：“‘修德而后可讲学’、‘学术规范是底线’、‘导师不严谨的行为会害学生一生’，时隔一年，校长这些话依然振聋发聩，对每一位导师都是一种警醒。”

近几年，对出现学风问题的研究生导师，包括对学生监管不力出现学术失范现象的，都进行了相应处理。学风问题成为一条碰不得的“高压线”。

第二节　研究生教育的学科建设

一、德学并重的导师队伍建设

教师的德学水平是教学质量的决定性因素之一，高水平的师资队伍是高素质拔尖创新人才培养体系的重要支撑点。天津大学一直将师德建设作为培养高素质拔尖创新人才的生命线，将师德文化作为教师队伍建设的核心内容，坚持

“以师德之优创天大之优”的理念，把天津大学“实事求是”的校训、“严谨治学”的校风和“爱国奉献”的传统融入学校师德文化建设之中。

早在 20 世纪 60 年代，在老校长李曙森的领导、倡议和支持下，天津大学遴选了 80 名德才兼备的重点培养教师，其中骨干教师 18 名、青年教师 62 名。18 名骨干教师被广大师生赞誉为“18 大罗汉”。后来，这些教师均成为了国家教育科学事业的栋梁。

陈国符，江苏省常熟县人。1932 年入浙江大学化工系学习。1937 年，陈国符远赴德国达姆施塔特工业大学（Technichen Hochschule Darmstadt）化学系学习深造。1939 年，陈国符获得特许工程师学位（相当于硕士），1942 年获得工学博士学位。1941 年底，中国政府对德宣战。由于德国政府将与汪伪政权建交，为保持民族气节，他便提前办理了回国手续。1942 年 3 月，陈国符受聘于昆明西南联合大学，先后任化工系副教授、教授。1952 年 10 月，陈国符被调到天津大学化工系创办造纸专业，把纤维素化学这门学科引入中国，为我国轻纺工业的发展、纤维素化学学科的形成做出了重要贡献。他特别重视中青年教师的科研能力和实验基本功的训练，在实践教学中，他十分重视对学生实际动手能力的培养。尽管学术上要求严格，但是在生活中他对学生关怀备至，甚至超过自己的子女。抗战结束后，学生张鎏准备赴美留学，但当时外汇储备比较紧张，很难购买。得知此事后，陈先生将自己的积蓄拿出，为他筹得一笔款项才使他得以顺利出国。陈先生对学生的关怀，让学生们对其充满敬意，恩情难忘。据其子陈启新回忆，每年大年初一，张鎏都会在八点前准时登门拜年，数十年不曾间断。至今，在天津大学，陈张两人的师生情谊已经成为教书育人、尊师重教的一段佳话。陈先生在学术上取得的诸多成就，源于他从青少年时期培养起来的对中国传统文化的感情和深厚的文史功底，以及在德国所受到的严格的科学方法训练和周密的理性思维，加之他锲而不舍的精神，使得他能够创造自己独特的研究方法，成就卓著，并终成一代学者之典范。

丁绪淮，字导之，安徽省阜阳县人。1920 年，13 岁的丁绪淮进入北京清华学校学习。1927年，丁绪淮以优异的成绩考入了美国密歇根大学，学习化学工程专业。1933年毕业后怀着“学以兴中国”的志向回到中国。他先后辗转于重庆大学、浙江大学和南开大学担任化学系教授。最终，在1952年回到了已经并入天津大学的原北洋工学院，担任化学工程系教授，后出任天津大学化工原理教研室主任。在科研方面，丁绪淮被公认为是最早开展工业结晶研究的科学家和该领域的奠基人之一。在教学方面，面对国内化工学科教科书严重匮乏的情况，丁先生和其他学者合作主编《化学工程过程及设备》、《化工操作原理与设备》，时至今日这些著作依然以其扎实的基础学术性体现着重要的学术价值。同时还主持翻译出版一系列国外教材和参考资料，如《化学工程》、《化学工程师手册》，并主持编译了全套七册的《化学工程译辑》。这些译作对于提高教学质量起到了非常重要的作用。丁绪淮先生曾多次谈过：我的一生，主要贡献在教学。在他几十年的教学生涯中，他也确实将自己的热情、精力、对于教育事业的认真、对于学生成长的关怀投入到每个教学日、每一堂课、每一次实验中，为国家培养出一大批化工建设人才。

潘正涛，1931年从上海震旦大学理科毕业后，进入法国巴黎大学学习，并于1935年获得应用化学博士学位。回国后，1956年，因全国院系调整进入天津大学，并担任教授、化工系主任、副教务长。之后，他亲自创立电化学专业，并于1958年正式建立教研室。潘先生以其深厚的学术素养，独特的学术视角，严谨的治学方法，严格的教学要求，培养了一批批优秀的化工学子。他领导促成了电化学专业的建立，为学校和学科的发展做出了巨大的贡献。潘先生为人十分和蔼可亲，平易近人，因此深受广大师生的爱戴。据他的弟子郭鹤桐、刘淑兰等人回忆，潘先生是一位谦逊朴实，对工作认真负责、对学生同事都关怀备至的好导师。在个人生活中，潘先生非常简朴。然而，他对朋友、同事却又非常慷慨。潘先生经常邀请青年教师、学生去他家吃饭，甚至经常自己掏钱给予他们经济上的资助。虽然当时他的工资也不多，但他每月都省吃俭用，把省下来的钱捐给生活贫困的学生。在实际工作中，潘先生更是一个一丝不苟、循循善诱的好教师。潘先生教学的最大特点是注重理论联系实际，启发式教学。他能将理论性非常强的课程讲得非常生动，与很多实际问题相联系，在传授知识的同时也培养了学生的兴趣。

余国琮，1939年考入西南联合大学化工系。1944年，他远渡重洋赴美国继续深造。1947年，他获匹兹堡大学博士学位。新中国成立以后，余国琮满怀报效祖国的赤子之心，冲破重重阻力，于1950年8月毅然返回祖国，成为首批留美归来学者之一。1952年院系调整后到天津大学，历任教研室主任、系副主任、化学工程研究所所长、名誉所长。1991年，当选为中国科学院院士。现任精馏技术国家工程研究中心技术委员会主任。60多年来，余国琮教授将满腔热忱和毕生精力都投入到化工分离科学与工程研究的事业中，投入到祖国现代化建设的事业中。他作风严谨，为人谦逊。在教学上，他刻苦钻研，循循善诱，培养出大批高级化学工程人才，奔赴祖国化工事业建设的四面八方；在科研上，作为国家重点精馏实验室、国家精馏工程研究中心等多部门的学术领导人，他主持建立了从研究、开发到生产的精馏重要基地，在国内卓有成效地推广精馏新技术，对提高我国的精馏技术水平做出了重大贡献；在学术上，他以60余载的辛勤耕耘终换得半个世纪的硕果飘香，取得了令人叹为观止的学术成就。所获得的一系列国家级奖项，可谓是对其学术研究的最佳回报。如今，余国琮先生已逾90高龄，但他仍努力耕耘于科教园地，将自己渊博的知识传授给学生，带领团队攻破新的科学难题，为祖国的现代化建设尽一份力。“欲穷千里目，更上一层楼”，余先生常用这句他所喜爱的诗句来鼓励自己继续前进，并用实际行动为后继的科教工作者树立了光辉的典范。

学高为师，德高为范。师德，不是简单的说教，而是一种精神体现！上述这4位“大罗汉”将毕生精力投入到国家的化工和教育事业中，在为国家、为社会全心全意的无私奉献中实现个人的人生价值，他们是为新中国科技事业毕生奉献的老一代知识分子的先进代表，对科学的不懈钻研，对教学的一丝不苟，对青年的无私培养都为后人所敬仰。

在教师队伍建设方面，天津大学着重抓好四个环节：

一是加强学术领军队伍建设。学校以海外高层次人才引进计划为契机，制订了海外高层次人才工作“按需引进、突出重点、尽力而为、量力而行、以用为本、做好服务”的指导原则，采取切实有效措施将高层次人才引进工作抓紧抓好抓实。

二是坚持严格的评价体系，采用国际通用学术评价体系，强调质量，突出同行评议、学术贡献与影响。注重选拔年青才俊，强调学术道德和治学态度。学校启动了“北洋学者·优秀青年学者计划”和“北洋学者·青年骨干教师计划”，这是针对青年教师特点设立的人才计划。上述两个计划分别针对不同发展阶段青年教师队伍需求和特点，力求搭建起系统的、与国家各级各类人才计划紧密衔接、相互促进的青年教师发展支持体系。同时实行了青年教师培养基金计划（青年教师自主创新基金），实现了青年教师启动基金的全覆盖。

三是每年进行导师考核，导师考核综合考虑导师考核周期内的科研水平和培养学生能力，强调师德与学风、科研水平、教学方法、时间保证等要素。明确申请晋升教学科研系列正高级专业技术职务人员的定性总体水平要求和定量业绩累积水平要求，建立灵活的破格申请机制，并通过严格的评审程序保证晋升人员质量，考核时引入学生评价指标。建立了专业技术职务评聘的流转机制，合同管理基础上的退出机制。

四是严格导师培训，博士生导师队伍建设是博士研究生培养质量的重要内部保障。近年来，天津大学按照“控制规模，提高质量”的遴选方针，充分利用学科建设管理平台，综合考虑师德、学术和实践创新水平，高质量、高效率地做好新聘博士生导师遴选工作。同时，连续举办多场新聘博士生导师培训会，使新聘博士生导师熟悉博士生培养过程的各个环节，明确岗位职责，深化对人才培养和师德、学风建设重要性的认识。导师队伍培训常态化已经成为学校最具特色的质量保障环节之一，切实了提高博士生培养质量。

1978 年恢复研究生招生时，天津大学研究生指导教师只有 67 人。截至 2013 年 5 月，共遴选 22 批，现已有 1 670 人（在岗硕导、博导），其中博士生指导教师 655 人，硕士生指导教师 1 018 人。

截至 2013 年 5 月，在研究生指导教师队伍中，有两院院士 14 人（如表

5-2-1所示)、国务院学位委员会学科评议组成员9人(如表5-2-2所示)、国家“千人计划”入选者26人、天津市“千人计划”入选者57人、教育部“长江学者”特聘教授和讲座教授34人、国家杰出青年基金获得者19人、“973计划”首席科学家11人。

表5-2-1 天津大学拥有两院院士14人

中国科学院院士	余国琮教授	著名化工蒸馏专家
	周恒教授	著名流体力学专家
	彭一刚教授	著名建筑学专家
	张春霆教授	著名生物物理学家
	姚建铨教授	著名激光与非线性光学专家
中国工程院院士	曹楚生教授	著名水利工程学家
	王静康教授	著名化工工业结晶专家
	沈家祥教授	著名制药工程专家
	叶声华教授	著名测试计量技术及仪器专家
	陈予恕教授	著名一般力学专家
	余贻鑫教授	著名电力系统分析、规划与仿真专家
	钟登华教授	著名水利水电工程专家
	邹竞教授	著名感光材料专家
	苏万华教授	著名内燃机动力工程专家

表5-2-2 天津大学拥有国务院学位委员会学科评议组成员9名

姓名	学科专长	学科评议组
罗纪生	流体力学	力学
郁道银	光学工程	光学工程、仪器科学与技术
李亚利	材料学	材料科学与工程
舒歌群	动力机械及工程	动力工程及工程热物理
董　峰	检测技术与自动化装置	控制科学与工程
曾　坚	建筑设计及其理论	建筑学
王元战	港口、海岸及近海工程	水利工程
孙　彦	应用化学	化学工程与技术
齐二石	系统工程与管理	管理科学与工程

二、强化学科内涵发展

百年校庆后，根据“211 工程”建设总体规划报告的精神和 1996 年天津大学学科建设工作要点的安排，经校长办公会议研究决定，成立天津大学学科建设委员会。1996 年 11 月学科建设委员会召开了第一次全体会议，确定了天津大学学科建设的思路。利用国家“211 工程”建设所投入的资金，重点建设 3 ~ 5 个优势学科，争取在 2000 年达到或接近世界先进水平；要面向 21 世纪世界科技发展的重点领域，立足学科发展前沿来规划天津大学高新技术学科的发展；加强理科建设，尤其是应用理科的建设，以支持学校工科学科的发展，为其增加发展后劲。调整学科结构，扶植经管文法学科建设。传统学科和薄弱学科可选择其中具有优势的研究方向，异军突起，予以适当支持，促使其快速发展。同时，为了加强学科建设的管理，在继续充实和加强校、院两级管理的基础上，各学科实行学术带头人和学科负责人制度，以加强各学科的建设和发展。研究生院将学位办公室更名为学位与学科建设办公室。由此，天津大学的学科建设由注重结构调整转向注重内涵发展。

1997 年 3 月，国家计委正式批复了《天津大学“211 工程”建设项目可行性研究报告》，天津大学“211 工程”建设全面展开。天津大学“九五”期间“211 工程”着重对以下学科进行重点建设：现代传质理论与分离技术、高效洁净化工新工艺研究、精密测试计量技术及仪器、光学技术科学、内燃动力工程、城市地热利用系统的节能与保护、系统工程与现代管理学科。天津大学“211 工程”验收时建设成效显著，重点建设的优势学科已成为天津大学学科结构的支柱，带动了天大学科的整体发展。

1997 年学校开始推行学院制改革，实行校、院两级管理体制，将原有的办学系和所组建为 11 个学院，为学院自主发展扩展了空间。

1998 年，教育部开始实施“985 工程”，自 1999 年起分别与部分省、市地方政府签订合作协议，分批将 34 所国内知名高校列入国家跨世纪重点建设的高水平大学名单，由国家、地方以及相关部委共同出资建设。2000 年 12 月，教育部与天津市人民政府共同签署了重点共建天津大学协议，天大跻身建设国内外知名高水平大学的行列。经过“985工程”一期3年的建设，天津大学的学科建设取得了突飞猛进的发展。

在全面、高质量地完成“九五”期间“211工程”建设任务的基础上，天津大学于2002年10月顺利通过了教育部专家组的立项审核，并于2003年11月经国家发展和改革委员会批准正式立项，被列入国家“十五”期间“211工程”建设行列。在学科建设方面，天津大学的目标为对以下学科进行重点建设：现代化工技术与绿色产品工程、生物分子工程与中药现代化、光电子信息关键技术及其应用、现代科技中若干新检测技术、新一代内燃机燃烧理论及相关技术研究、先进材料科学与工程、近海海洋环境及工程灾变研究、超高压电力系统安全稳定性分析与控制、生态建筑与城市空间的可视化研究系统、现代管理系统分析与决策。

“985工程”二期于2004年11月获教育部、财政部批复立项，主要建设内容包括师资队伍建设，绿色化学化工和精密测试技术2个Ⅰ类科技创新平台，内燃动力工程、港口与海洋工程、绿色建筑设计理论与工程技术、电气工程安全与控制、先进材料加工、化工过程工程化等6个Ⅱ类科技创新平台，以及现代企业管理技术哲学社会科学创新基地和两校合作办学等建设项目，总投资4.21亿元人民币。

在“985工程”一期建设成效的基础上，经过为期4年的“985工程”二期建设，至2008年项目结束时，天津大学在科研、教学、师资队伍建设、学科建设和人才培养等各个方面都取得了长足的进步，综合实力显著提高，已成为我国高层次创造性人才培养和知识创新的重要基地。在“985工程”二期建设中，天津大学以学科建设为龙头，以师资队伍建设为重点，以人才培养和科学研究为中心，积极探索“985工程”项目管理体制和创新机制，着力建设高水平的绿色化学化工科技创新平台、精密测试技术科技创新平台、内燃动力工程科技创新平台、港口与海洋工程科技创新平台、绿色建筑设计理论与工程技术科技创新平台、先进材料加工科技创新平台、电气工程安全与控制科技创新平台、化工过程工程化研究科技创新平台8个科技创新平台和现代企业管理技术哲学社会科学创新基地以及两校（天津大学—南开大学）合作办学建设项目。

经过全校师生的共同努力，天津大学已圆满完成了“985工程”二期建设目标和建设任务。其中“绿色化学化工”、“精密测试技术”、“内燃动力工程”和“港口与海洋工程”等高水平科技创新平台达到（或接近）国家实验室或国家重点实验室水平；围绕科技创新平台和哲学社会科学创新基地建设，建成了以4个教育部“长江学者与创新团队发展计划”创新团队为代表的一批高水平的创新团队，取得了一系列有显示度的重大科技成果，使化学工程与技术、仪器科学与技术、光学工程、水利工程、电力系统及其自动化等优势学科达到或接近世界一流学科水平。学校在队伍建设、学科建设、科学研究、人才培养及整体办学水平等各方面均取得了一系列丰硕的建设成果。

目前，天津大学形成了以工为主、理工结合，经、管、文、法、教育等多学科协调发展的学科布局。近年来，积极推动了学科布局调整。在软件学院和影视学院动画专业基础上组建了新软件学院，培养复合型人才。成立了管理与经济学部，为经济管理类学科水平的总体提升奠定了基础；成立了生命科学学院；调整了农学学科。天津大学现有54个本科专业，35个硕士学位授予权一级学科，27个博士学位授予权一级学科，21个博士后科研流动站。拥有一级学科国家重点学科7个（覆盖21个二级学科），此外有二级学科国家重点学科8个，二级学科国家重点（培育）学科2个。天津市重点学科27个。

天津大学坚持走以质量提升为核心的内涵式发展道路，不断优化学科布局，凝练学科方向，加强学科内涵建设。聚焦国家重大战略需求和世界科技发展前沿，结合学校自身实际，促进文理工交叉融合，提升学科群体水平，努力将工科优势转变为学科综合优势，提高学科优质率。2013年1月，教育部学位与研究生教育发展中心公布了2012年学科评估（业界称为第三轮学科评估）结果。天津大学在本轮学科评估工作中共有23个学科参评，14个学科（约60%）进入全国前十，较上一轮增加2个，8个学科（约35%）进入全国前五，较上一轮增加1个。其中化学工程与技术学科再次蝉联全国第一，实现三连冠；管理科学与工程学科由上轮第八升至全国第二；仪器科学与技术、光学工程和建筑学等 3 个学科分别位居全国第三；船舶与海洋工程学科位居全国第四；水利工程和风景园林学等 2 个学科分别位居全国第五。

第三节　研究生教育的制度保证

一、研究生教育管理制度的演进

制度文化是研究生培养工作的保证，先进的制度决定了良好的机制，良好的机制创造出积极的活力，积极的活力带来不断的发展。研究生教育涉及招录制度、导师制度、培养制度、学位制度等许多方面。天津大学目前已经形成了一套完整的、具有特色的学位与研究生教育制度。

1895 年北洋大学堂建立之初研究生培养依靠出国留学，这在当时是唯一可行的办法。为此设立留美学堂监督一职，由丁家立担任。

1935 年，《国立北洋工学院工科研究所招考研究生简章》及《工科研究所章程》中的条款，涉及研究生教育制度的内容。

1954 年，天津大学首次拟定了《关于培养研究生的规定（草案）》，是最早的完整的研究生管理规章制度。

1960 年贯彻“高校 60 条”和教育部颁布的《高等学校培养研究生暂行工作条例（草案）》，学校制订了《天津大学关于培养研究生的实施办法》对于研究生的学习内容、论文要求、时间进度以及导师的要求都做出了具体规定。其后，相继制订了《天津大学研究生学则》、《关于研究生毕业论文和答辩工作的几项规定》，体现了“严格保证质量，宁缺毋滥”的原则，但是学校研究生教育的管理制度尚未形成系统。

1981 年《中华人民共和国学位条例暂行实施办法》颁布实施以后，学校陆续制订了《关于研究生培养方案》、《天津大学研究生学籍管理暂行规定》、《关于论文答辩的有关事宜》等管理规定，天津大学研究生教育制度建设才逐步建立健全起来。

1984 年，国务院批准天津大学等 22 所重点高校试办研究生院，这是天津大学迎来研究生教育新时期的重要标志。为使研究生培养和管理有章可循，学校制订了《研究生暂行学则》、《攻读硕士学位研究生专业培养办法》等制度。

1985 年 11 月，天津大学召开了首次研究生教育工作会议。学校 1000 余名研究生导师、任课教师、研究生等参加了大会。在为期 4 天的会议中，与会同志讨论了一些文件和条例，如《关于加强重点学科博士生导师队伍建设的几点意见》、《天津大学硕士学位研究生指导教师条例》、《研究生院资助基础课教师科研基金条例》、《关于在职人员申请硕士、博士学位的暂行规定》、《研究生基金条例》等十多个文件，涉及招生、培养、学位、分配、思想政治工作等方面，将研究生教育摆到了十分重要的地位和作用，这次会议可称为学校研究生教育工作的一个里程碑。特别需要指出的是，1985 年研究生院率先在全国第一个设立“青年科学基金”。后经科研处组织，为促进研究生公共基础课教学质量提高，研究生院鼓励教师进行科学研究，从 1985 年起设立“研究生基础课教师基金”，制订了《研究生院基础课教师科研基金条例》，均收到良好效果。

90 年代初，学校陆续制订了《天津大学研究生暂行学则》、《天津大学攻读硕士学位研究生培养工作的暂行规定》、《天津大学硕士、博士学位授予工作试行细则》等近 20 种管理办法及规章制度。以博士生阶段教育为例，为尽快形成一支高水平的博士生导师队伍，天津大学制订了《关于加强重点学科博士生导师队伍建设的几点意见》；为选拔更多优秀学子攻读博士学位，学校先后制订了《关于选聘攻读博士学位研究生副导师的办法》、《关于硕士研究生直接攻读博士学位的施行办法》、《在职人员申请博士学位的暂行办法》等一系列文件。如，1997 年底，天津大学首次对在岗 67 岁以下的博士生导师进行考核，有两名导师因未达到标准而被暂停招生，这也标志着博导已成为一个重要工作岗位，不再尊享“终身制”。天津大学为了适应博士生教育发展需要，在及时对《天津大学博士学位研究生指导教师条例》进行修订的基础上，提出博士生导师资格条件，包括了5年内论文发表和科研项目要求等多项条件。

进入21世纪，研究生教育制度也进入了科学化、规范化阶段。2002年学校决定，对现行的21世纪90年代初制订的研究生管理文件进行集中修订。从4月份开始，学校研究生院发动全体干部对现行的所有研究生教育管理文件进行研究和修订，撰写新的管理文件，4次召开全院专题讨论会议，并广泛征求全校各方面的意见。研究生院在2002年7月召开了“天津大学第四届学位与研究生教育工作研讨会”，会议重点就研究生院新增和修订的32个文件进行讨论，力求这些文件明确、具体、切合实际、可操作性强。经过多轮的修改、讨论和征求意见，经校长办公会议讨论通过，有关研究生招生、培养、学籍、导师管理、学位授予等方面的32个文件正式发布，确立了新的研究生教育管理服务体系，成为学校研究生教育工作的新起点，得到学校和学院领导以及广大师生的好评。为方便广大导师、研究生教育工作者和研究生了解、应用，研究生院还将研究生工作管理文件35个及7个附件汇编成册，发放给全体研究生导师、研究生管理工作者和研究生。

2005年，研究生院再次召开全院会议，对现行研究生教育管理系列文件进行了专题研讨和修订工作，并根据需要起草了部分新的文件，经校长办公会议讨论通过，涉及研究生招生、管理、培养、学籍、导师管理、学位授予等方面的29个文件正式发布。

2007年，教育部开始部署研究生培养机制改革，这是新世纪新阶段，国家对研究生教育发展战略思维的重大调整。学校审时度势，从2008年起，较早实施研究生培养机制改革，并先后出台了《天津大学研究生奖学金暂行管理办法》、《天津大学研究生奖学金经费管理实施办法》、《天津大学研究生奖学金评定办法》；修订完成了《天津大学硕士、博士学位工作实施细则》、《天津大学博士生指导教师选聘与考核工作实施细则》；启动了硕士生实施弹性学制与按一级学科实施研究生培养工作相应的实施意见和细则，确保了学校研究生培养机制改革的顺利推进。

2010 年 7 月，学校再次组织研究生院全体同志、各二级学院研究生教育主管院长、教务秘书和合作单位代表等近 100 人，结合当前研究生教育的实际，对《研究生教育工作文件汇编》进行全面探讨，形成了《天津大学研究生管理规定》和《天津大学研究生课程管理规定》等文件。2010 年 9 月，经过修订的 36 份有关研究生教育的文件颁布，实现了研究生教育全方位的制度覆盖。

二、研究生教育制度的文化特征

纵观天津大学将近 80 年的研究生教育办学历程，学校长期以来在研究生教育制度的制订、执行、调整、评价过程中形成了特有的价值观、思想共识以及在实践中秉持的方法、规范，并打造出独有的制度文化。

其一，“实事求是”校训已内化为师生的自觉意识行为习惯。任何社会组织都需要通过制度解决自身运转中的行为规范问题，制度在本质上必然回归于“实事求是”，不从实际出发、不遵循客观规律的制度一定是不成熟的、失败的制度。加之“实事求是”已成为万千天大学人自觉笃信的校训，成为学校治理中制度设计的首要原则，也内化为导师和研究生的自觉意识行为习惯。

以完善导师制度，强化导师的指导责任，打造高水平导师队伍为例说明之。1985 年，学校制订并实施了《研究生导师条例》，对导师的职称、课题选择、科研条件、论著水平、授课能力等做了明确规定。随后不久，学校 26 名硕士研究生导师因不够《硕士研究生导师条例》的标准，被暂停招生。当时，全校研究生导师总数为 357 人，接近 8% 的导师被暂停招生，可见学校对管理规章制度“实事求是”的笃信程度。这一做法既淘汰了导师队伍中的落伍者，另一方面又优中选优，不断扩充更具水平和活力的新导师队伍。这样有进有出的活水长流式导师队伍建设思路，充分保证了导师队伍的良性循环，也切实做到了导师队伍管理和建设的高水平。

2012年3月，中央电视台“新闻联播”、“东方时空”、新华社、人民日报、光明日报、中国青年报、中国教育报、天津电视台“天津新闻”、天津日报等全国及天津主流媒体及百余家网络媒体，高度关注天津大学在师德文化建设方面所作的探索和取得的成效，纷纷进行深入报道或转载，在各校师生中引起强烈反响。天津大学师德之高、之优已成为海内外人士的共识，已经成为研究生培养的重要影响因子，这无疑得益于“实事求是”校训所孕育的完善的师资队伍建设的制度保障和浓郁的师德文化氛围。

其二，秉持了“严谨治学”精神，体现了从严治校的校风。学校尤为注重将其植入研究生教育中，分别从重视学术道德和学术规范、生源选拔中把握宁缺毋滥原则、各环节实施严格分流淘汰、完善导师制度等几个方面予以保障。

重视学术道德和学术规范，是研究生教育落实“严谨治学”校风的首要方面。研究生阶段正是从事学术与科研活动的初始期，通过开展多样化的研究生科学道德和学风建设宣讲、良好师德师风建设等活动，有效提升了天津大学研究生良好的科学道德水平和高尚风貌。近些年，学校已将学风建设和学术规范教育纳入研究生培养的必修环节，为每位博士生提供一册《学术诚信与学术规范》图书，建立“学术道德规范教育”网络课程，组织广大研究生聆听宣讲报告、网上自主学习、完成自测题、提交学习体会等。

宁缺毋滥原则在天津大学（北洋大洋）研究生招生历程中表现得尤为突出。时至今日，尽管因为高等教育大众化时代的到来，天津大学研究生招生平均考录比依然当属全国前列，有些院系在接收研究生中复试比例放大至1∶2，严格地贯彻了一贯的宁缺毋滥的招录原则。

不断完善各环节研究生分流淘汰制度是天津大学研究生教育长期以来秉持的重要理念。现时代，学校研究生教育规模增长速度很快，但培养质量方面难以同步跃升跟进，其影响因素固然很多，但研究生教育质量的本质是培养质量，而培养质量则取决于基于学术声誉体系的竞争文化，分流淘汰制无疑是当前研究生教育应当考量的首要方面。当学校形成铁面无私的淘汰制度，并慢慢确立良性的淘汰制度文化时，原本混文凭、不适合学术的人员便会望而却步，攻读硕士、博士学位必然抛掉原先功利化的目的，与个人旨趣与追求建立天然关联性，进而形成提升生源质量和研究生教育质量的良性循环。无论是完善研究生学习考核，增加招生计划和学籍管理的弹性，抑或加大课程教学、中期考核、开题报告、答辩、学位申请各环节的分流淘汰，均可有效促进研究生潜心学术和科研，给予他们自我完善和超越自我的不竭动力，使他们以优异成绩从学校毕业。

天津大学"严谨治学"方针之"严"支撑起"严而不死，活而不乱"的校园管理环境，内化为润物细无声的校风、学风，使研究生教育管理方式向"和谐管理"、"自我管理"、"人本管理"华丽转身，最终实现制度化与灵活性两者功能互补，发挥出最佳管理功效。加之，研究生教育的特点更多趋于"个性化培养"与"原始、集成、协同创新"的特色元素，实现了研究生自我发展和自我完善的机制。

其三，实施民主管理，尊重学术自由，建构研究生教育的制度体系。民主是制度文化所坚持的原则和方法，天津大学研究生院制订重大决策前，都会听取各研究生培养基层单位师生的意见和建议，特别是充分尊重学科专家和研究生导师的意愿，使研究生教育决策更加科学。重视学术自由，发挥充分的学术权力影响力，从而形成行政管理人员与学术工作者和谐协作的生动局面。2008 年，天津大学启动研究生培养机制改革。整个 11 月份，研究生院组织相关工作人员到所有涉及研究生培养工作的单位进行调研、访谈，听取导师代表的声音，以他们所需所想为工作出发点。导师们也是知无不言，充分发扬学术自由，对学校制订更适切的研究生培养机制改革系列方案提出了诸多良方妙计。这一良好传统，充分确保了研究生院的决策能够得到各培养单位的积极响应和研究生导师的鼎力支持，推动了学校研究生教育改革的不断深化和人才培养质量的不断提高。

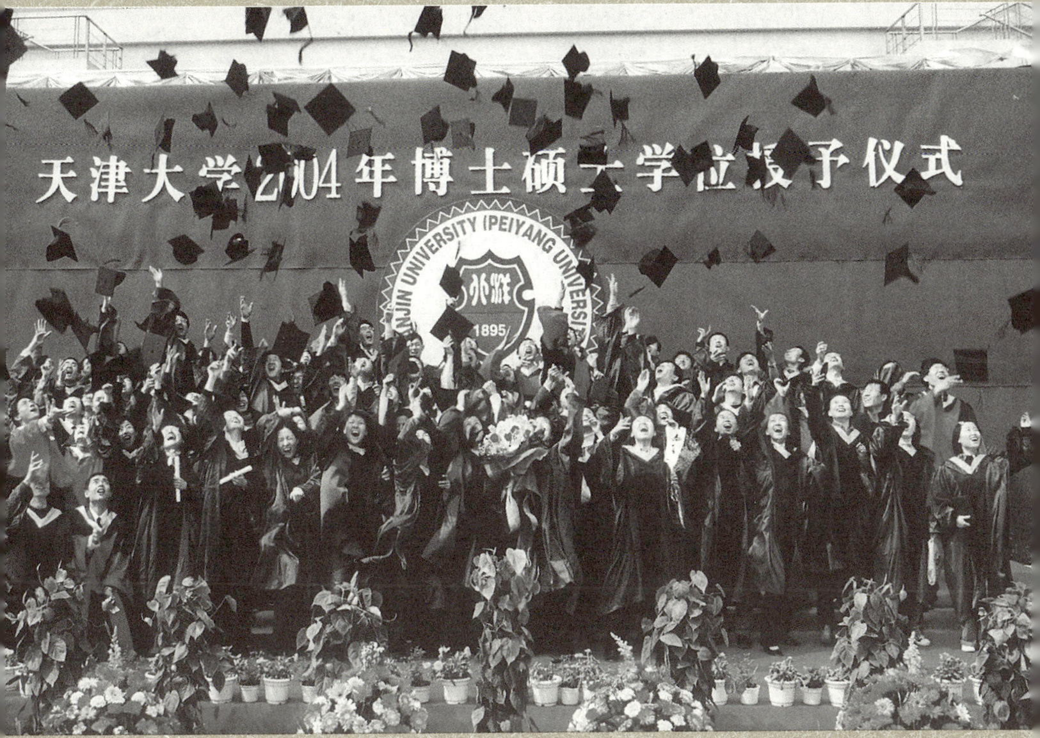

↑ 图 5-3-1　研究生毕业典礼照片

三、缔造富有前瞻性、哲思性的研究生教育新理念

研究生教育是科技第一生产力和人才第一资源重要结合点的集中体现，也是国家创新体系的重要组成部分。凝心聚力，联动整合，天津大学把研究生教育工作视为强校之路的不二选择。

从近百年中国研究生教育发展史看，真正具备研究生培养基地作用的院校也仅56所，约占全部研招单位总数的1/16。在我国高等学校的内部设置机构中，只有研究生院需经国家教育主管部门审批才能设立。由此可见，研究生院独特的价值地位，也昭示其对学校事业发展的先导性和引领性作用。众所周知，研究生院作为一个研究生培养单位，是实施研究生教育的必然形式，与全校学科建设、导师队伍建设、课题研究和创新人才培养休戚相关。保证研究生教育与学校各项事业发展的适切性，核心就是全方位调用政策引导、制度调控、经费保障和质量评估等手段，全校共同办研究生教育，以形成较高层次和水平上的优势组合和内生聚合力。天津大学研究生院除了常规的职能范围外，还承担了诸如学科建设、“985工程”、“211工程”、“2011计划”、工程博士等一批事关学校发展全局的工作。在这一背景下，既要给予研究生院对本校研究生工作进行集中、有序管理的领导和协调的权力，又要注意防止研究生院因承担过多的职能，而削弱其对研究生教育进行集中、有序管理这一主要职能的发挥。

作为研究生人才培养和孵化基地，研究生院自身的系统资源和固有能力在某种程度上决定了研究生的素质和能力。没有高水平的研究生教育和研究生院，就不可能有高水平的研究型大学，这是毋庸置疑的。

进入21世纪，天津大学研究生教育已经进入了以全面提高质量为核心任务的发展阶段，树立高标准要求，走内涵发展道路，积极缔造富有前瞻性、哲思性的研究生教育新理念显得尤为迫切。

1. 重点抓好博士生教育工作，改革培养模式，提升创新能力

（1）确定分层培养的理念。即区分出以就业为目标的硕士培养和为攻读博士学位做准备的硕士培养，其质量观、培养机制与培养条件将会大不相同。近

些年，天津大学直接攻读博士生和硕博连读学生占据了当年招生总数的一半左右，培养的资源充分向为攻读博士做准备的学生倾斜。研究生始终处在科研工作的第一线，特别是博士生的科研工作，一般处在本学科前沿，本身具有创造性，成为知识创新的重要力量。在博士生培养质量建设方面，分层培养理念切实保证了两方面：一是博士课题的设置要以科学问题（如新的科学假设、奇思妙想、原始创新）的探究为目标导向，而不以解决实际目标为导向；二是提升博士生导师的总体水平，导师的综合素质、学术业务水平及培养学生的责任心，乃至导师在精神与文化上的追求，这些都会对学生产生重大影响。确定分层培养理念，可以优化博士生生源质量，净化博士生学习学术空气，推进博士生教育层次、水平上移。天津大学通过构建科学合理的研究生课程体系，形成了明确定位、因材施教、分类培养的基本特色。对学术型研究生，按一级学科培养，拓宽培养口径，完善以提高学术创新能力为目标的学术学位研究生培养模式，为博士学位深造储备人才；应用型研究生，加强教学实践基地建设，突出实践教学环节，建立以提升职业能力为导向的专业学位研究生培养模式。

（2）健全责权机制，建设一流的导师队伍。首先是要加快博士生指导教师队伍建设。导师是博士生培养的第一责任人，导师的学术道德水平、学术水平、指导能力是保证和提升博士生培养质量的关键。一支学风严谨、思想活跃、勇于进取的导师队伍，成为研究生培养质量高低的关键因素。天津大学先后制订了《关于加强重点学科博士生导师队伍建设的几点意见》、《硕士学位研究生指导教师条例》，严把导师资格审核关，并在全校范围内开展研究生学位课评估，以学术水平、备课程度、课堂组织等 9 项内容 32 个标准，全面考核教师水平。其次是要改革博士生导师队伍管理模式，凡是具有教授、副教授甚至少量讲师专业技术资格的教师，只要被认为有研究水平和能力，均可担任博士生导师，有突出成绩者，破格直接晋升。如，1994 年 12 月，31 岁的何志敏教授被破格评为博士生导师，成为了我国最年轻的博士生导师。让学术上最富活力的教师指导博士生，这一理念已经在“诊断式”评估体系中得到重视并获广泛意义上的认可。最后是启动高水平研究生导师的遴选和评价机制，用国际通用学术评价体系反映教师学术水平，强调质量，突出同行评议、代表作及学术贡献与影响三方面。从国内外高等院校或其他领域特聘一批著名专家、教授、学者甚至企业家担任兼职合作博导；采用超常规手段，加快引进国内外一流青年博导；大力培养优秀的校内青年拔尖人才，使之尽快成为博导，形成基础扎实、思想活跃、年富力强的博士生导师梯队；返聘部分已退休的资深博导组成学科建设顾问委员会，资助其培养年轻优秀人才。

（3）建立与培养目标相适应的招生选拔制度。不断提高博士生生源质量，优化生源结构。美国约翰·霍普金斯大学首任校长吉尔曼认为，研究生教育是“培养同龄人中的佼佼者”，而“同龄人中的佼佼者”预示了博士研究生教育选拔的重要性，并直接影响博士生教育质量高低。天津大学博士生招生自2010年以后，选拔方式主要分为公开招考、硕博连读选拔和直接攻读博士学位生三种形式。2010年启动了全新的硕博连读选拔体系，把以往硕博连读和提前攻博的选拔合二为一，选拔时间为硕士研究生入校第二学年的第一学期，选拔范围全面放开，学生可以跨导师、跨学院乃至跨学科门类申请。这种选拔体系成为了学校探索合理评价和定位高质量博士生生源的重要渠道。面试考核内容在全面借鉴美国等国外选拔评价体系的基础上，结合以往选拔考核的优良传统，就价值观、学术能力、实践能力、个人综合素质与修养、综合能力5个大项21个小项依照相应比重考核打分。2012年，继校内硕博连读选拔采取新体系后，学校对2013年博士生招生考试再次做出重大调整：初试笔试科目将由三门降至两门，只进行外语和专业基础课测试；原本安排在笔试环节的第三门专业课考试将改在复试中进行，由各学院组织，统称为“3001专业综合测试”。这一改革旨在增加复试考核权重，增加复试中对博士生考生的创新能力、科研潜质、综合素质考查的内容含量，构建多元化的考核形式，更加注重学生实践能力评价，同时也扩大学院、学科和导师的招生自主权，有效确保博士生考核的公平性与科学性水平。

（4）构建拔尖创新人才培养平台。首先，对博士生培养重视创新，同时注意夯实基础、对接前沿。如研究生院在研究生课程设置方面普遍增设了启发式课程，鼓励学术带头人讲 0.5 学分的学科前沿讲座。课程基础、核心知识内容既相对稳定，又对接学术前沿，滚动发展，研究生们普遍反映很好。2002 年，研究生院启动“研究生精品课程建设工程”，拟定了《天津大学研究生精品课建设工程实施与管理办法》，初步建成体现研究型大学的课程教学模式，形成符合现代学科发展机理的课程体系。

其次为提高博士生专业外语水平，学校研究生院做出了几项大胆的尝试。如增加了双语教学课程，对全校大部分博士生课程重新编制了课程目录、教学大纲。为了提高研究生英语听说能力，积极筹划了博士生英语集训课程，全体博士生接受为期一个月的英语集中听说写训练，全部由外籍教师授课。课程结束后除进行口语测试外，还组织英语口语演讲比赛和模拟国际学术会议，以培养研究生英语思维习惯和提高研究生英语语言应用能力。参加学习的博士生对这种教学模式给予了充分的肯定，普遍感觉到了英语水平的快速提升。

最后，加大博士生国际化培养力度，与国际博士生教育接轨。扩大对外合作交流与联合培养是提升我国研究生教育水平和国际竞争力的重要途径，能够提高博士生的国际视野，帮助他们通晓国际规则、参与国际事务与国际竞争。如何准确把握国际研究生教育的发展趋势，学习借鉴国际先进教育理念和办学经验，积极引进国外优质教育资源，并运用国际化手段来提高博士生教育质量，是摆在博士生教育面前的重大课题。当然，今后一段时间，随着国内博士生教育质量的提高，国际化手段将会大大促进国际化人才培养、扩大中国文化影响力。

2. 是抓住“2011 计划”契机，积极探索协同创新研究生培养机制

2012 年 5 月，天津大学牵头，联合南开大学、中科院、中石油、天津渤海化工组建“天津化学化工协同创新中心”。2013 年 5 月，该中心成为全国首批 14 个“2011 协同创新中心”之一。该中心的组建是落实教育部“高等学校创新能力提升计划”（简称“2011 计划”）的重大举措，也是校校间、校企间、校所间加强协作的又一典范工程。天津大学与南开大学两校将发挥各自在化工、化学领域内全国领先的学科优势，面向科学前沿和国家重大战略需求，通过加强国际协作、突破原有体制和机制制约，实现强强联合与优势互补，打造在国际

化学化工学术领域内名列前茅的国际一流的科学研究和人才培养中心。中心将创新体制机制，组建高校、政府、科研院所和企业参与的“理事会组织管理体系”，由该组织负责重大事务的协商与决策，制订总体发展战略和路线同时成立以诺贝尔奖获得者、欧美科学院院士为成员的“国际专家顾问委员会”，为中心提供指导性意见和建议。这种良好的协同创新机制，有效促进了科技发展与人才培养的有机结合，为提升自主创新和区域发展能力提供了有力的支撑。

该中心的运行体系以“国家急需、世界一流”为目标，以机制体制改革为核心，以创新资源和要素的有效汇聚为保障，积极联合国内外创新力量，突破原有学科与体制的苑囿，构建化学化工学科交叉、基础研究与成果转化无缝对接的协同创新体制，为当前面临的能源危机、资源紧缺、环境污染、健康损害等重大问题的解决提供科学与技术支撑。中心将围绕“一个主题”（跨越分子与过程的设计合成）、“两个领域”（功能导向物质的设计与绿色合成、能源及资源的高效清洁转化利用），联合开展原始性、前瞻性、基础性和应用性创新研究，解决化学化工领域前沿科学问题与技术难题，培养、汇聚一批国际学术领军人才与科研创新团队，开发一批具有自主知识产权的重大原始创新成果，输出一批拔尖创新人才，创造出巨大的经济效益与社会影响，打造国际化学化工领域知名的科研平台、创新平台和技术辐射平台。

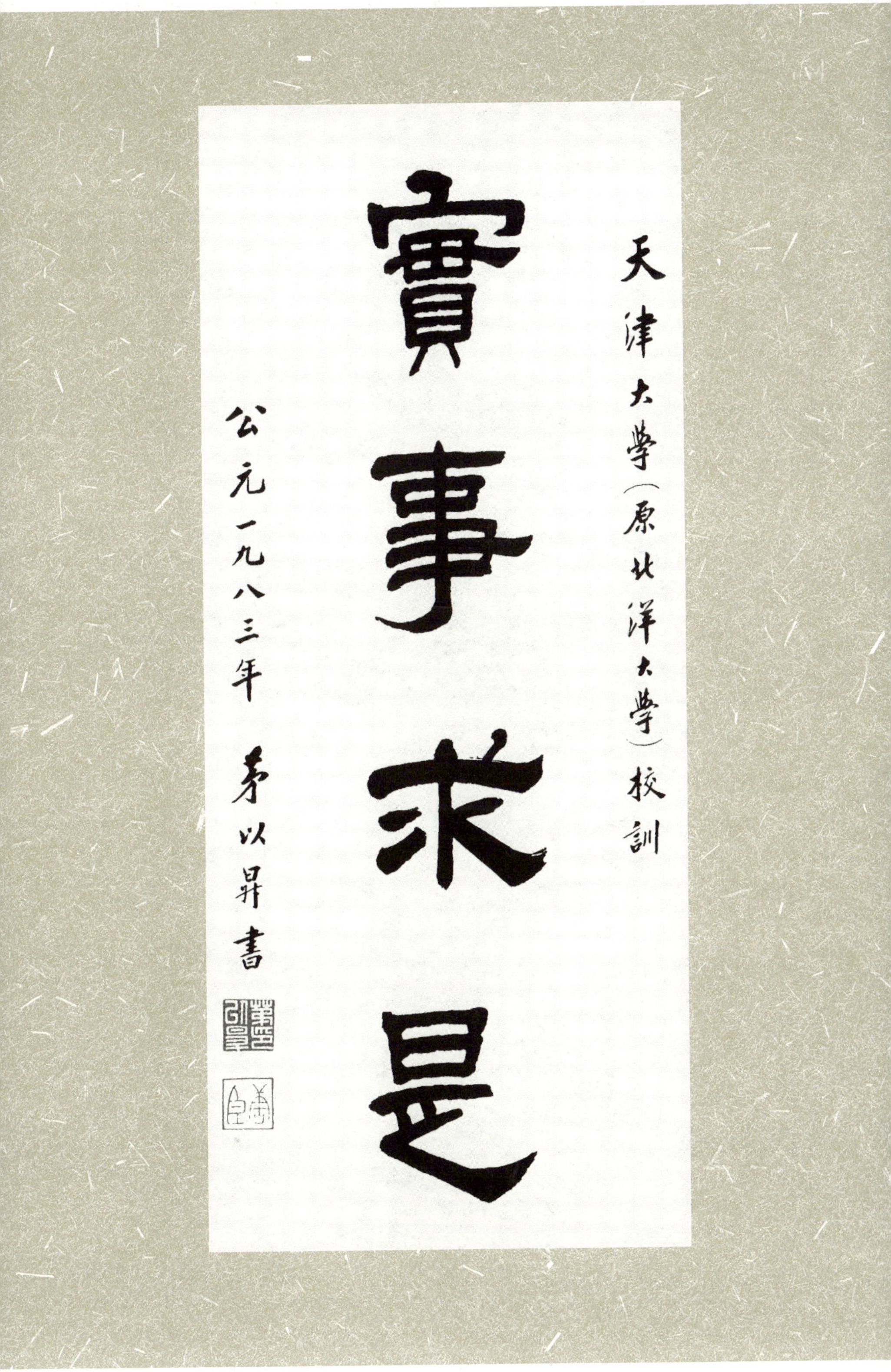

↑ 茅以升书写实事求是

第六章

典章规式的制度文化

制度文化是大学文化的重要组成部分，“先立典章，后建大学”是中国大学的一大特色。北洋大学创建就是先有制度设计而后实际建成的。一百多年来，重视大学制度建设始终是中国的大学传统和作风。改革开放以后，大学制度文化在不断创新中发展，体现出更加科学、民主、高效和与时俱进、日新又新的特点。

第一节　“参用西制”的典章制度

一、先立典章，后建大学

中国具有现代性质的高等教育的成长过程，与西方的高等教育有着明显的不同。被潘懋元先生称为“后发移植型”的中国现代高等教育，不是在古代高等教育的基础之上自然生长、转型而来，而是以西方现代大学为蓝本建立起来的。中国现代大学刚开始时是先有规章制度，而后才建学校，因此在中国“先立典章，后建大学”是近代高等学校初创的一个显著特点。这一特点集中反映了我国近代高等教育初创的曲折和艰难，以及深刻的历史原因。

北洋大学堂建校最早，盛宣怀的办学目的十分明确，就是“兴学强国”。这是国家和民族的最高利益。盛宣怀所草拟的创建北洋大学堂的办学章程——《拟设天津中西学堂章程禀》中明确表达了这一目的。《拟设天津中西学堂章程禀》是我国高等教育的第一个章程，也是我国大学的第一个章程，他在开启了中国现代高等教育先河的同时，也树立了中国大学的价值取向——“兴学强国”，这与清政府当时的政治需要是一致的，也与“救亡图存”的国人需求相一致。该章程获清廷批准，随后北洋大学堂建立。

其后，1896 年盛宣怀在上海建立南洋公学。其目的是为了在学科设置上与北洋大学堂互补，形成较为完全的高级专门人才的培养形制。他在《筹集商捐开办南洋公学折》中指出：“窃惟时事之艰大无穷，君子以致远为重。环球各国学校如林，大率形上形下，道与艺兼。惟法兰西之国政学堂，专教出使、政治、理财、理藩四门，而四门之中皆可兼学商务，经世大端，博通兼综。学堂系士绅所设，然外部为其教习，国家于是取才。臣今设立南洋公学，窃取国政之义，以行达成之实。于此次钦定专科，实居内政、外交、理财三事。”[1] 他在《请设学堂片》中对于南北两个学堂的关系作了阐述：“臣上年在津海关道任内，筹款设立学堂，招选生徒，延订华洋教习，分教天算、舆地、格致、制造、汽机、化矿诸学，禀经直隶督臣王文韶奏明开办。本年春间又在上海捐购基地，禀明两江督臣刘坤一，筹款议建南洋公学，如津学之制而损益之。”[2] 谈到开办南洋公学的目的他以日本为例，指出：“日本明治初元，魔岛马关战屡失利，诸藩皆择遣藩士翘楚，厚其资装，就学外国。今当路诸人率出于此。”[3] 可见，盛宣怀开办南洋公学与开办北洋大学堂的目的是相同的，都是参比日本维新的做法“兴学强国”。

---

[1] 交通大学校史编写组：《交通大学校史资料选编》，西安交通大学出版社 1986 年版，第 33 页。

[2] 交通大学校史编写组：《交通大学校史资料选编》，西安交通大学出版社 1986 年版，第 36 页。

[3] 交通大学校史编写组：《交通大学校史资料选编》，西安交通大学出版社 1986 年版，第 36 页。

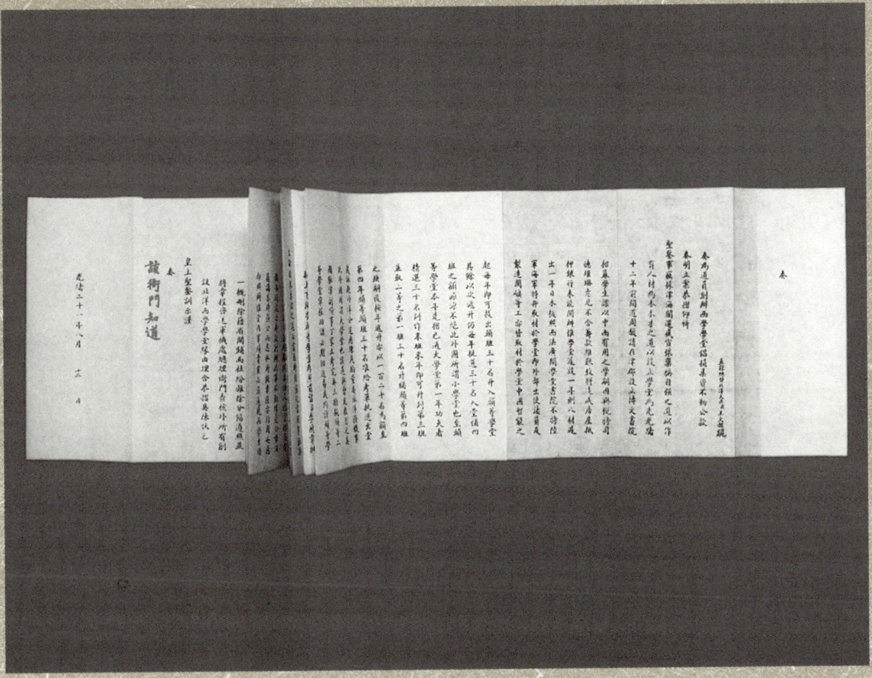

↑ 图 6-1-1　光绪皇帝对于盛宣怀奏设北洋大学堂章程的批件

不仅北洋大学堂和南洋公学属于“国批”，1898 年建立的京师大学堂也是如此。管学大臣张百熙在《奏筹拟学堂章程折》中明确提出了建立京师大学堂的目的和根本：“臣谨按古今中外学术不同，其所以致用之途则一。值智力并争之世，为富强致治之规，朝廷以更新之故而求之人才，以求人才之故而本之学校，则不能不节取欧美日本诸邦之成法，以佐我中国二百 [千] 余年旧制，亦时势使然。……所谓学校者，名存而已。今日而议振兴教育，必以真能复学校之旧为第一要图。”并再三提及：“臣此次所拟章程，谨上溯古制，参考列邦，拟定京师大学堂章程，并考选入学章程，暨颁发各省之高等学堂、中学堂、小学堂章程各一份。”[1]

《钦定京师大学堂章程》的第一章《全学纲领》中规定：“京师大学堂之设，所以激发忠爱，开通智慧，振兴实业；谨遵此次谕旨，端正趋向，造就通才，为全学之纲领。”[2] 由此可见，建立京师大学堂的目的与建立北洋大学堂和南洋公学的目的是一样的“为富强致治”而“兴学强国”。同时建立的步骤也是一样的由国家批准。

“先立典章，后建大学”的形成是有历史原因的：

其一，1895 年到 1900 年的 5 年间中国社会经历了一次新的大变故，面对国家民族的危机，“兴学强国”成为救国的举措。

其二，学习世界先进经验，认识到教育强则国家强，“兴学强国”必须像日本那样“援照西法”，开办西学。

其三，自 1840 年以来，战祸连连，创伤不断，清政府统治更加岌岌可危，朝廷恐慌，希望西学能够改变落后挨打的局面，又怕开办西学加深这种危机。在这种退亦忧、进亦忧的局面下，必然强调大学与国家的关系，大学为国家服务培养人才。由此确立了中国大学与国家之间的关系，形成了我国清末开办的大学都必须经过国家批准才能开办的情况，先立典章，经过皇帝审批再建大学，

---

[1] 北京大学校史研究室：《北京大学校史料》（第 1 卷），北京大学出版社 1993 年版，第 55 页。

[2] 北京大学校史研究室：《北京大学校史料》（第 1 卷），北京大学出版社 1993 年版，第 87 页。

成为我国近代大学初创时期开办大学的固定程序。

其四，我国近代大学初创时期开办大学的章程，虽然是学校办学的具体章程，但是和国家的教育章程有所混淆。如京师大学堂的办学章程，由于它既是国家的最高学府，又是国家教育的管理部门，因此其章程既是学校的管理章程又具有国家制度的法律性质。综上所述，中国近代大学初创制度体现了大学“国治”的原则。

我国近代大学初创时期“先立典章，后建大学”的特点，形成于内忧外患的特定的历史时期，封建专制的制度环境之中，西学东渐的时代影响之下，是特定的时空条件下的产物。“先立典章，后建大学”所确定的国家与大学的关系、大学的功能、大学的精神趋向和文化特点等，给中国大学造成了深远的影响。

二、“为继起者规式”的中国第一个大学制度

北洋大学堂建立于 1895 年，早于京师大学堂，是我国近代建立的第一所大学。其办学章程早于京师大学堂办学章程，是我国近代的第一个大学章程，因此，从时间节点上和客观形成上都具有史无前例的开创性。

盛宣怀向清政府上奏的《拟设天津中西学堂章程禀》，是中国现代大学的第一个章程。此章程虽没有其后开办的京师大学堂的办学章程全面，但是更加开放、实际，具有“为继起者规式”的开拓性。

其一，盛宣怀建立北洋大学堂就是要在中国树立一个新式教育的典范，进而改变洋务运动以来教育的状况。在建立北洋大学堂的章程中他两次强调设立这一学堂目的“职道之愚，当赶紧设立头等二等学堂各一所，为继起者规式”，头等“是以常年经费甚巨，势难广设。现拟在天津开设一处以为规式”。[1]“规

[1] 张凤来，王杰 :《北洋大学—天津大学校史资料选编》(第 1 卷)，天津大学出版社 1991 年版，第 4 页。

式”，就是规范的样式，他希望他所建立的新式学堂能够供以后开办的大学堂所借鉴，为它们做出榜样。

北洋大学堂也确实起到了“规式”的作用。北洋大学堂建成后两江总督刘坤一就立即致函盛宣怀讨要办学章程。1896 年盛宣怀到上海开办商务，即向刘坤一提出筹款拟建南洋公学。“初议筹设南洋公学，拟照天津分设头等二等两学堂。”[1] 得到刘坤一的大力支持，并随即着手南洋公学的筹建工作。10 月间，他奉命离津海关道职，接任铁路总公司督办，长驻上海，又连续向清廷呈递《条陈自强大计折》、《请设学堂片》等奏折，陈述“育才之要，西国之才之盛，皆出于学堂”，希望“宜令各省先设省学堂一所，教以天算、舆地、格致、制造、汽机、矿冶诸学，而以法律、政治、商税为要”。因“需才孔亟”，为“收速效”，他建议“在京师及上海两处各设一达成馆，取成材之士，专学英法语言文字，专课法律、公法、政治、通商之学”，并呈报“筹款议建南洋公学，如津学之制而损益之”。[2] 1897 年 1 月 26 日，盛宣怀创办南洋公学的奏折，得到清廷正式批准。他亲自担任南洋公学督办。南洋公学即现今上海交通大学和西安交通大学的前身。盛宣怀创办南洋公学的目的是与北洋大学堂互补：“臣今设立南洋公学，窃取国政之义，以行达成之实。于此次钦定专科，实居内政、外交、理财三事。”[3] 由此可见，北洋大学堂的创建为中国近代高等教育开了先河，以培养法工科人才为主，南洋公学以培养文科为主兼及政法、理财方面的各类人才，搭建起了我国高等教育结构的初步框架。

其二，北洋大学堂章程为在中国如何开办西式高等教育探索了经验。北洋大学堂创立之初设有头等学堂和二等学堂，创立了本科、预科两级学制。头等学堂为大学本科，二等学堂为预科，学制各为四年，经过八年，培养出专门人才。头等、二等学堂是一所学校里的两个层次，二等学堂为了解决头等

---

[1] 交通大学校史编写组：《交通大学校史资料选编》，西安交通大学出版社 1986 年版，第 1 页。

[2] 交通大学校史编写组：《交通大学校史资料选编》，西安交通大学出版社 1986 年版，第 1 页。

[3] 交通大学校史编写组：《交通大学校史资料选编》，西安交通大学出版社 1986 年版，第 2 页。

学堂的生源而建立，此外以直隶高等学堂作为头等学堂的预科学堂，这种在大学中设立本科和预科的做法与美国大学的做法一样。这一做法被京师大学堂所借鉴。“京师大学堂专门学生，现尚无人，将来由本学堂预备科卒业生升补外，其各省高等学堂卒业生咨送到京者，经考验及格，一并升入正科肄业。”[1] 其后，在大学中开办预科的做法被写入国家制度，一直延续到 1937 年抗日战争爆发后才中断。

其三，在北洋大学堂章程中盛宣怀指出，“自强首在储才，储才必先兴学”，率先、明确地提出了“兴学强国”的办学理念，确立了中国高等教育的历史使命和价值取向，被后起之大学所接受。张百熙在拟设京师大学堂的奏折中写道：“值智力并争之世，为富强致治之规，朝廷以更新之故而求之人才，以求人才之故而本之学校。”[2] 袁世凯在创建山东大学堂奏折中写道：“臣伏维国势之强弱，视乎人才，人才之盛衰，原于学校。诚以人才者，立国之本，而学校者，又人才所从出之途也。以今日世变之殷，时艰之亟，将欲得人以佐治，必须兴学以培才。”[3] 浙江巡抚任道镕在申请开办浙江求是大学堂的奏折中写道：“伏维国势之强弱在乎人才，人才之兴替视乎学术。古昔盛时，州序党庠，莫不以学为重。近日中西各国，亦务广建学舍，以励群才。盖非预储于平时，必难收效于异日。方今急务，莫先于此。”[4] 虽表述词语不同，但是所表示的意见与盛宣怀“兴学强国”的办学理念相一致。从“兴学强国”开始，抗战中的“教育救国”，新中国成立后的“教育建国”，改革开放后的“科教兴国”，国家责任始终是中国大学的最高责任。

其四，北洋大学堂的创始人盛宣怀在开办章程中提出的“参用西制”的办学方针开辟了中国大学的探索之路。“窃世变日棘，庶政维新，自强万端，非

[1] 北京大学校史研究室：《北京大学校史料》（第 1 卷），北京大学出版社 1993 年版，第 55 页。

[2] 北京大学校史研究室：《北京大学校史料》（第 1 卷），北京大学出版社 1993 年版，第 55 页。

[3] 王杰，祝士明：《学府典章》，天津大学出版社 2010 年版，第 175 页。

[4] 王杰，祝士明：《学府典章》，天津大学出版社 2010 年版，第 190 页。

人莫任，中外臣僚与夫海内识时务之俊杰，莫不以参用西制兴学树人为先务之急。”[1]他主张按照西学制度“兴学树人”，这为当时的青年人学习西方科学知识打开了通道，成为培养近代高级科技文化人才的发轫，并促进了资产阶级民主思想的传播，在中国近代教育史上起了积极的影响和进步作用。北洋大学堂的办学成就亦有目共睹，其后开办的高等学堂多以北洋为榜样，如山西大学堂西学专斋的科系设置和课程安排皆与北洋大学堂近似。

其五，北洋大学堂章程中所计划建立的学科是我国高等教育学科设立之始。头等学堂开办之初分设律例（法律）、工程（土木、建筑、水利）、矿务（采矿、冶金）和机器（机械制造和动力）四个学科，这些学科都是当时世界著名大学开设的前沿学科。在课程设置方面，北洋大学堂的头等学堂课程分为基础课和专业课，这些课程都是第一次在中国出现，体现了近代大学的基本特征，为中国近代高等学校的课程设置提供了范式。

其六，北洋大学堂开创了我国大学生出国留学之始和研究生培养路径。学堂章程中规定学生毕业后“准给考单挑选出堂或派赴外洋分途历练；或酌量委派洋务职事”，在头等学堂章程中列出“头等学堂年经费——所节省之经费，除另造二等学堂及每次考试花红外，其余积存生息，以备四年后挑选学生出洋川资经费”。[2] 1901 年，北洋大学堂第一批毕业生王宠惠、王宠佑、张煜全等 8 人到美国耶鲁、康奈尔和哥伦比亚三所大学留学。这是我国第一批大学毕业生出国留学。丁家立亲自担任留美学堂监督，带领学生赴美留学。丁家立把资送留学生作为北洋大学堂教育的继续，把送出国培养的留学生看做北洋大学堂自己的学生。他不仅负责把学生送往各相关学校读书，而且监督检查学生的学习，安排管理学生的膳食、住宿、医疗等，发放学费、文具费、试验费、衣装费、膳食费、住宿费、医疗费等，每月还发给比在校时更多的零用钱。在留学生中，除少数赴法国、德国、日本、比利时、英国外，绝大多数赴美入哈佛、耶鲁、

---

[1] 陈学恂：《中国近代教育文选》，人民教育出版社 1985 年版，第 76 页。

[2] 张凤来，王杰：《北洋大学—天津大学校史资料选编》（第 1 卷），天津大学出版社 1991 年版，第 7 页。

布朗、康奈尔、麻省理工等著名学府学习。1901 年至 1907 年，全国官费留美学生总计约有 100 余人，其中北洋大学堂就占有半数以上。这些人才，在 20 世纪二三十年代中国历史上都发挥着举足轻重的作用。

北洋大学堂的办学成果令世人瞩目，这也证明了其制度设计的成功。它所带来的影响和对于中国教育的变革所具有的开创性的意义，是划时代的。

第二节　社会主义大学的制度探索

一、以推动育人水平提升为核心的校务委员会制度

1949 年 5 月 30 日，北洋大学成立校务委员会，至 1951 年 9 月前，学校实行校务委员会负责制。校务委员会设立经常性的业务委员会，负责处理各方面重大事项。这些业务委员会包括招生委员会、教师聘任委员会、学习委员会、政治课程教学委员会、教学改进委员会、人民助学金评议委员会、购置委员会、电力设备改进委员会、安全委员会、公共卫生委员会、急重病互助委员会、小学辅导委员会等。校务委员会下设工学院、理学院等教学部门和教务科、秘书科、会计室、人事室等行政办事机构。

1950 年 6 月，教育部在北京召开第一次全国高等教育会议。根据会议筹备组要求，学校在 1950 年 5 月向教育部提交了《北洋大学校务委员会报告》。北洋大学校务委员会主席刘锡瑛代表学校参加了此次会议。根据会议提出的“坚决改造、稳步前进”的要求，学校初步改造的内容主要包括：

（1）增强教师阵容。学校成立了“教师聘任委员会”，该委员会由教务长、秘书长、理学院院长、工学院院长、各系主任、教授代表、讲助代表、学生代

表组成。由于发扬民主，聘任教师数量多、水平高，迅速增强了教师阵容。

（2）课程改革。学校成立了以张国藩为主任、专兼职政治课教师参加的政治课程教学委员会，系统讲授马克思列宁主义、毛泽东思想；成立了新民主主义教学改进委员会，对理工课程也实施初步改革，注意了教学的思想性、系统性、科学性。

（3）教学方法改进。为了保证实现教学计划，提高教学质量，各系科以教研室（组）组织教师互相观摩、评议、取长补短；对学生加强了考勤、考察和考试，建立了课代表制度。

1951年院系调整，北洋大学与河北工学院合并，定名天津大学。9月15日教育部任命了新的天津大学校务委员会，学校实行校务委员会制，行政会议代替常委会。随后确定了《天津大学校务委员会组织章程》13条，规定了校务委员会由人民政府任命委员17名、工会推举委员4名、学生会推举委员2名，共23名组成，就工作需要以主席、副主席、教务长、副教务长、秘书长、副秘书长组织行政会议主持学校日常工作。在校务委员会下面还设有教学科学研究、生产劳动、军事体育等工作组，校务委员分工负责研究这些方面的重大问题，为校务委员会提供情况和建议。校务委员会对学校的年度计划、提高教学质量、改进教学内容和方法、修订教学计划和教学大纲、整顿巩固校办工厂、师生参加生产劳动、深入贯彻党的教育方针等各项重大问题都作了讨论，并且作出相应的决策和决定，下达各系贯彻执行。院系调整后建立了天津大学党总支，学校党总支的重要决定也拿到校务委员会上集体讨论，广泛征求意见。

校务委员会成立以后，更便于及时集中各方面的信息，使集中领导建筑在广泛的群众基础上。由于校务委员会的成员包括各方面的负责人，他们和群众保持着经常的联系，就能够将来自系、教研室或师生中的带有普遍性而且比较重要的问题集中上来，反映到校务委员会，及时研究讨论解决办法，然后在实际工作中贯彻执行。例如提高教师的教学水平是提高教学质量的关键之一，教师特别是青年教师也迫切要求进修提高，但普遍感到时间不够用。这些意见提到校务委员会以后，校务委员会就委派了校务委员会委员、学校人事处长等成立了专门调查小组，选择水利、电工和精密仪器这不同类型的三个系进行了重点调查，并且仔细分析了26位教师在一周内的工作时间安排的具体情况，对一些教学任务负担过重、兼职过多的教师的工作作了适当调整，帮助教师合理地安排了工作和进修的时间。

由于校务委员会的成立，贯彻了集体领导、分工负责的精神，重大问题在校务委员会进行了充分的讨论，使校长更能放手大胆地进行日常工作，提高了行政工作的效率。校务委员会既体现了集体领导的作用，又发挥了领导和群众之间的桥梁作用，在新中国初建的国民经济恢复时期领导了学校的平稳过渡与改造、发展。

二、以教学科研工作为中心任务的党委领导制度

1953年高等教育部成立，学校由校务委员会负责改为校长负责制。1956年成立了中国共产党天津大学委员会，下设组织部、宣传部、党委办公室。党委把加强对教学和科学研究工作的思想领导作为党组织的中心任务，积极采取措施，从多方面细致地研究和领导教学工作，确保教学质量的提高。天津大学党组织在加强对教学的领导中，注意发挥校务委员会的积极作用，并且改进了自己的工作方法。党委委员分别重点联系一个系，深入了解教学情况，研究改进教学工作。各系党总支书记、委员深入教研室、班级，参加有关会议、听课、同师生交谈，及时发现问题、解决问题。党委会把修订教学计划和教学大纲作为工作中的一项重大基本建设，各级党组织的书记和委员都亲自动手，负担起由师生组织的核心小组的领导工作，发动广大师生敞开思想，反复辩论，并广泛征求校内外的意见。在修订工作中，充分体现严肃审慎的科学态度，贯彻深入细致、精雕细刻的精神，使得教学大纲真正成为培养合格建设人才的“施工蓝图”。

学校党组织特别注意发挥教师在教学中的主导作用，把加强教师的领导工作作为提高教学质量的重要一环。在这项工作中，注重发挥老教师的作用，党委会强调要紧密结合老教师的思想实际，进行思想政治教育工作，帮助他们更快地提高政治觉悟。很多系在党组织的领导下，采取师傅带徒弟的方法，指定一个老教师带一个新教师，通过科学研究以及生产实践等多种措施来系统地提高青年教师的教学水平。

同时，天津大学党组织在加强对教学工作的领导中，也加强了对学生政治思想的领导。动力机械系和水利系等党总支书记、委员轮流短期住在学生宿舍，深入了解情况。这一经验在很多系进行了推广。各系的党总支还抽调了一批党员干部担任级主任工作，他们和学生生活在一起，对学生的情况比较熟悉，再加上系党总支负责干部短期深入到学生宿舍，和同学同吃同住，这就使党总支能够细致地了解学生学习、思想和生活中的主要问题，及时帮助解决。土木建筑系党总支的领导在深入学生中，发现了给排水专业四年级甲乙两班的学生，曾经去工地劳动了五个月，学了施工方面的一套技术，对排水管道有了一些实际知识，因而滋长了自满情绪，存在着不同程度轻视理论学习的思想，个别人甚至认为青年教师的实际知识没有自己丰富。后来，由于功课的分量一天天加重，有些学生感到吃不消。同时，又由于青年教师一贯认为他们这两个班学习基础差，给他们指责多，耐心帮助少，师生之间闹不团结。不少学生由原来的自高自大转向相反的一面——自卑，失去了学习信心，甚至怀疑过去在劳动中的一些收获。针对这些思想情况，党总支书记就经常去找学生谈话，并通过教师党支部和学生党支部帮助大家解决思想问题。在党总支的领导下成立了教师和学生三结合教学小组，通过批评与自我批评，师生之间加强了团结，一些原先学习不够认真、情绪波动的学生纷纷表示要虚心向老师学习，努力学好功课。

同时，各级党组织的负责人，为了更细致地领导教学，有计划地提高自己的专业知识，钻研教学任务。常委会聘请学校的教授，每周一次给党委书记、常委们做专题讲座。各系党总支的成员也会选择最迫切需要掌握的业务基础课，开始系统学习。为了加强对学生的思想政治教育，党委会决定由党委会和各系党总支的书记和委员分别担任“社会主义与共产主义”、“中共党史”、“政治经济学”和“哲学”四门政治理论课的教学工作，并由党委会的四个书记分别担任教学小组的组长。

第三节　传承创新的制度建设

一、重建有序的管理体制

1978 年 10 月，教育部要求重点高等学校讨论并试行《全国重点高等学校暂行工作条例（草案）》，即新修订的“高校 60 条”。天津大学根据新“高校 60 条”的原则精神和具体要求，通过修订教学计划及教学大纲、编写新教材、恢复教研室、加强基础课和实践性教学环节等具体措施，整顿教学秩序。此外，在 1981 年，学校重新修订了《天津大学暂行学则》，新的学则严格规定了入学条件，健全了成绩考核制度，做出了关于升留级、休学、退学、转专业以及奖励与处分的具体规定，制订了关于加强纪律和考勤管理的具体措施，提出了关于毕业分配、授予学位、颁发证书的具体要求等。新的学则恢复了德、智、体全面发展的教育方针，也体现了天津大学一贯秉承的严格教学要求的原则，对于调动学生学习的积极性和提高教学质量起着不可替代的作用。

1978 年 2 月，根据国务院转发的教育部《关于恢复和办好重点高等学校的报告》，天津大学第一批恢复了“文化大革命”前直属教育部领导的重点高校地位。在学校领导体制上，实行“党委领导下的校长负责制”；取消了“文化大革命”前的校务委员会，设立了学术委员会。在校长或副校长领导和主持下，学术委员会对学校教育事业发展规划、科研和研究生培养工作中的重大问题提出建议或直接参与其中的重要环节。

伴随领导体制的改变，党政组织管理机构也随之变化。校党委下设党委办公室、组织处、宣传处、统战部、纪检委等办事机构和天津大学共青团委员会、教育工会两个群众组织；行政办事机构为校长办公室、调查研究室、人事处、教务处、科研处、财务处、基建处、总务处、外事办公室等。根据工作需要，在校长或副校长领导和主持下，吸收有关部门人员组成若干委员会，如：学术委员会、教师职务提升评议委员会、学报编辑委员会、图书馆委员会、计划生育委员会、房屋分配委员会等。这些机构协助校长或副校长研究、协商、咨询、管理有关方面的工作。

在总结办学经验的基础上，到1981年，天津大学陆续制订了一整套教学、科研和管理工作方面的规章制度，如《关于加强学生思想政治工作队伍建设的规定》、《天津大学暂行学则》、《研究生培养工作规定》、《关于教师职务名称及其确定与提升办法的暂行规定》、《关于校务行政管理的暂行规定》和其他有关财务、卫生、食堂等方面的具体规定和办法，使学校从行政、教学到后勤的各项工作都有章可循，逐步走向规范化。

1979年4月，根据天津市总工会文教工委相关会议精神，天津大学教育工会恢复了活动。工会恢复活动以来，围绕教学、科研大力开展群众性业务活动，同时还协助校行政有计划地组织教职工学习科学管理学校的经验和技能，加强教学、科研、实验、生产、后勤等各项工作之间的团结协作，较好地发挥了学校党政领导与广大群众密切联系的纽带作用。同年10月，根据中央相关精神和天津市委统战部的有关意见，天津大学民盟、民进、农工、九三学社这四个民主党派基层组织也恢复了活动。它们为教学、科研积极献计献策，为建设天津大学、维护安定团结发挥了重要作用。

各项条例办法的制订和恢复民主党派及教育工会的活动，标志着天津大学各项工作秩序已经稳定，学校运转有条不紊地走上正轨。

二、探索新形势下的制度构建

从 1982 年开始，天津大学全面贯彻党的十一届三中全会精神，在教学方面制订了“双严”方针，提出“严谨治学、严格教学要求”；在科研方面，与经济建设相结合、协作攻关方面取得重要进展。1983 年，学校提出必须高举改革的旗帜，进行创造性工作，开创天大工作新局面。同年，召开教学工作会议和首次科技成果发奖大会，制订教学改革的具体措施，鼓励全校师生积极开展科研；召开学生政治工作会议，加强学生教育；整顿机关作风，调整部门职能，提高效率，面向基层，各项工作取得了长足的进展。1984 年，学校以“振兴天大”为主题，提出管理改革与业务改革相结合、相促进的号召。1985 年，学校继续加大各方面的改革步伐，下发了 21 个管理改革规定，如《干部岗位责任制》、《教师工作规范》、《实验工作人员工作规范》、《工人岗位责任制》、《后勤经营承包责任制》、《物资供应承包责任制》等。

1982 年至 1985 年期间，是天津大学落实教育改革方案、探索中国特色高等教育模式的开始。1984 年 10 月，学校在广泛征求意见的基础上，形成了《天津大学 1984—1990 年发展规划》，提出主要奋斗目标是把天津大学办成具有工科、理科、文科和管理学科的综合性高等学校，在若干学科领域形成自己的特色，使之成为在国内居于领先地位，在国际上享有声誉的高等学府。该规划的制订为天津大学的发展绘制了美好的蓝图。

在领导体制上，学校继续实行“党委领导下的校长分工责任制”，凡属学校重大问题，提交党委常委会研究决定；经常性管理业务事宜提交校长办公会研究决定。为逐步完善校内领导体制，学校于 1985 年成立了校务委员会。作为学校工作的咨询机构，校务委员会在校长领导下开展工作，主要任务有：讨论研究学校建设的重大问题；对学校工作中某些专门问题进行调查研究，提出意见和建议等。

在推进学校管理体制改革的进程中，学校首先强化执行机构的作用，建立了运作灵活的管理机构：对系处级机构进行调整补充，明确系级党政分工，明确系行政的管理权限，形成分工合作、团结协作的系级领导班子；机关党政部门划清职责范围，建立岗位责任制，逐步完成了科室一级的基本管理单元建设，岗位责任制到人，规章制度到科，建立起一整套较为完整的工作制度。其次，学校强化管理能力，成立了研究生院，增设了出版社、老干部处等机构；为了加强科技开发与合作，成立了科技服务部和北洋科技开发公司。此外，为发挥民主管理、监督作用，学校成立了民主党派办公室，举办各民主党派成员参加的座谈会，听取民主党派和无党派人士对学校工作的意见。通过上述调整，逐步建立起了决策、执行和信息反馈三大系统，初步形成了党委领导下的管理、审议、监督的科学化自衡机制，基本建立起科学化、民主化的管理机制。这一轮管理体制改革的具体内容包括：对人事管理进行改革，并使人事制度、劳动制度、分配制度的改革三者有机结合；实行校系两级财务管理体制，由校财务处统一对外核算，部分财权下放到系、部、处级机构；物资供应工作实行企业化经营管理；基建修缮部门、生活后勤部门继续推广和完善经济承包责任制等。

学校管理改革从试点开始，由点到面，由单一到综合逐步推开，给学校带来了诸多可喜变化：给基层"松绑"，使基层有了改革发展的宽松环境，全校出现了生机；实行定岗定编定工作量的科学化管理，调动了职工的积极性；加强了机关和系级建设，畅通了工作渠道，形成了上下一心争创新局面的劲头；管理改革促进了业务改革，带来了业务改革的成果，使教学科研工作上了新台阶。

1992年，天津大学被国家教委列为校内管理体制改革的试点院校，学校以此为契机将改革引向深入。学校开展了以人事和分配制度为重点的内部管理体制改革，在人事分配制度改革的基础上，先后出台了管理体制、教育教学、科研体制三方面的综合改革方案，逐步建立起自我发展、自我约束的机制。在人事制度方面，实行了聘任制和合同制，完成了定岗、定则，按照不同的工作性质实行了人员分类管理；后勤系统逐步向后勤服务社会化过渡，企业系统实行事企分开，建立了企业编制；在分配制度方面，学校建立了校内津贴制度，试运行系级单位工资总额动态包干，从而加强了宏观调控，进一步提高了系级单位的管理水平和办学效率；在管理体制上，进行了学院制的改革试点，为全校推行学院制创造了条件。

从1997年开始，学校先后进行了学院制改革、校机关机构改革、人事分配制度改革、后勤社会化改革和校办产业改制等。通过一系列改革，学校物质资源和人力资源得到合理配置，办学效益显著提高。在学院制改革中，将28个系（处）级单位组建成11个学院，进一步整合了学科资源和教师资源，促进了学科交叉和融合；在机关机构改革中，精简了机关部门，提高了管理水平和办事效率；在人事分配制度改革中，极大地调动了全校师生员工的积极性和主动性，使教职工精神面貌焕然一新；后勤社会化改革，使生活后勤逐渐向经济实体转制，增强了后勤员工的服务意识，提高了服务质量；通过校办产业产权制度改革、建立高新技术产业园、优化整合资源，基本完成了校办产业的改制、重组和外迁工作，既为学校置换出教学和科研资源，也为企业开辟了更广阔的发展空间。

三、新世纪管理体制的改革和探索

1. 明确发展方向，孜孜探索改革之路

新世纪以来，学校党委不断解放思想、更新观念，全面协调地开展管理体制和运行机制的改革创新。通过加强制度建设和机制创新，实现学校事业的科学发展。

在2003年的中共天津大学第七次党代会上，学校提出了实施“三步走”发展战略和建设综合性、研究型、开放式、国际化的世界一流大学奋斗目标。学校积极借鉴国内外著名大学成功的管理经验，推进管理体制的改革和创新，建立科学规范的管理体系，逐步建立了科学的决策系统、执行系统、工作评估体系和决策支持系统，形成了一套领导决策科学民主、部门职责明确、工作程序严格规范的

高效的管理制度；分步实施校、学部、学院三级管理体制的改革试点，逐步完善了责权利相统一的分层管理体制，形成了有效的激励机制和高效率的运行机制。

在学校事业快速发展的新阶段，2007 年学校第八次党代会提出，以“培养具有社会责任感、全球视野和创新精神的高素质拔尖创新人才”为根本任务。学校围绕构建高素质拔尖创新人才培养体系，进一步调整、优化管理体制，加强和完善制度建设，努力建立符合中国国情和现代大学发展要求的管理体系，主要体现在以下三个方面：一是加强顶层设计，建立了党委坚强领导、决策科学民主、行政高效廉洁、监督全面有效的管理制度，完善了“决策目标、执行责任、考核监督”三个体系，确保各项工作规范有序、高效运行。二是加强教授治教，处理好学校行政权力与学术权力的关系，发挥以教授为主体的学术机构在学术权力中的作用；促进建立面向重大科学问题研究的新的教学科研组织形式，探索有利于提升创新能力的体制机制。牵头成立的天津化学化工协同创新中心，是由高校自己联合建立的首个实质性协同创新中心，也是国家首批认定的协同创新中心之一。三是探索产学研深度合作机制，建设滨海工业研究院，探索教育、科技、经济深度融合的机制与模式，与几十个省、区、市签订全面合作协议，成立多个校企联合研究中心，牵头组建并参与十几个产业战略联盟，与地方及行业企业的合作更加密切。

从 2010 年起，天津大学作为国家教育改革试点，积极推进学校内部管理体制改革。围绕人才培养这一中心，将改革项目的实施与教育教学、科学研究、管理服务等有机结合，促进办学水平的提升。本着“全面推进、重点突破”的原则，根据实际情况有针对性地选择二级单位进行试点改革，取得重点突破之后再在全校范围推广。如今改革已初见成效：

第一，学校内部治理结构进一步完善，推进了现代大学制度的建设。在学校层面，修订了“三重一大”决策制度，制订了学术委员会章程，组建了校院两级学术委员会，探索推进教授治学；加强教代会专门委员会建设，成立了民主监督专门委员会，更好地发挥民主管理和民主监督作用。在学院层面，成立了基层学术委员会和二级教代会，充分发挥教授会在人才引进、职称评聘和资

⇑ 图 6-3-1　天津大学首届党代会

源配置方面的作用。

第二，队伍水平进一步提升，人事制度改革更加深入。参考国际高水平大学教师管理模式，突破现有师资队伍管理机制，尝试构建“北洋学者人才计划”体系，创新聘用机制，初步建立了在合同制基础上的激励、遴选及流转、退出机制；创新培养机制，开设了“师资创新能力与职业发展——入职培训”，选派青年骨干教师出国研修，资助教师开展科学研究；创新激励机制，初步建立了以提升学校育人水平和核心竞争力为导向的绩效津贴激励体系；创新评价方法，探索针对高层次人才的各种制度，确保引进人才的质量、水平和他们作用的发挥。

第三，管理重心进一步下移，基层单位的创新活力得到激发。探索建立了新绩效津贴体系，形成校院“两级管理、两级激励”的管理模式，稳步推进试点改革：选择精仪学院进行综合学术实验区改革，实施教学责任教授制、首席科学家制、博士生导师评聘改革、资深教授制、滨海突破战略等举措；选择管理与经济学部进行学部制改革，改革的核心是完善治理结构，关键环节是人力资源管理改革，以教职员工年度考核方式的改革为突破点；选择求是学部进行教学管理模式改革，启动人才培养综合改革，按照矩阵式组织管理模式，统筹工程创新人才培养工作；选择滨海工业研究院进行科研组织模式和管理运行机制改革，深入产业腹地，探索科研组织模式、人员双向流动、考核评价、科技成果转化等产学研深度合作机制创新。

第四，制度建设进一步增强，管理服务得到优化。一方面加强制度建设，研究出台了几十个改革文件和规定，如财务的《财务管理体制的规定》等。另一方面优化管理服务，探索大部门体制，先后成立了资产处、离退休工作处、后勤保障部、科学技术发展研究院、校友与基金事务工作处，进一步整合机关职能、提高效能，例如财务处、资产处、科技处三部门在科研项目经费管理和设备采购工作中合署办公；推进学习型、创新型、服务型机关建设，加强统筹协调，完善工作流程，如财务部门推出“网上取号系统”和“投递式报账业务”，资产部门建设了大型仪器设备共享平台等，提高了工作效率和管理服务水平。

在推进管理改革的过程中，学校党委构建和完善了以四项机制为主要内容的管理运行机制。一是决策执行机制。修订完善了常委会、校长办公会议事规则、常委会执行“三重一大”制度的规定和院级党政联席会议实施细则，规范了决策程序，细化了决策事项，明确了决策执行责任；加强学术委员会的建设，完善了学术咨询、审议和决策的制度，明确了他们的学术责任。二是工作研讨咨询机制。通过定期组织召开院级党组织书记联席会、院长联席会、机关部处长联席会，以及民主党派、学术骨干和学术带头人情况通报会等，围绕学校的中心工作进行研讨和咨询，提出决策建议。三是民主管理监督机制。通过加强校、院两级教代会的建设，拓宽民主管理、民主监督的渠道，特别是对于涉及学校改革发展中的重大问题和师生员工切身利益的问题，在广泛深入调研听取意见的基础上，提交教代会等民主渠道充分讨论后再进行决策；建立“党员邮件系统”和定期编发《校务公报》、《学校工作进展》等刊物，丰富了党务、校务公开的载体；开设信息公开网站，定期召开信息发布会，坚持贯彻执行校务、院务公开制度。四是全方位沟通交流机制。通过建立领导联系基层单位制度、机关中层干部联系基层党支部制度、校领导学生接待日制度，促进了全校上下的沟通交流，充分发挥了师生在学校发展中的主体作用；通过聘任学生担任校长助理和部门助管，倾听他们的诉求；通过在网上设立“BBS 校务专区”、“建言献策信箱”、“校长信箱”等方式，拓宽渠道听取师生对学校事业发展的意见和建议。

在建立制度和执行制度的过程中，学校认识到建立规章制度要有正确的出发点：一是规范行为、保障秩序，鼓励按规矩办事的人获得利益；二是提高工作效率，尽量消除规章制度之间存在的管理不到位或者交叉现象；三是规章制度要公正、透明、公开，让人人知道制度。在执行规章制度时应保证制度的可操作性并严格执行，同时要求领导以身作则，加强制度的宣传，欢迎公众的监督。

在 2012 年的第九次党代会上，学校将“走以质量提升为核心的内涵式发展道路”作为发展的核心要求和紧迫任务，以津南北洋园校区规划建设为契机，通过完善保障体系建设，为学校内涵发展科学布局；深化体制机制改革，探索

↑ 图 6-3-2　天津大学首届教代会
↓ 图 6-3-3　天津大学民主党派举办活动

符合天津大学实际的、有利于可持续发展的新途径、新模式、新机制；提升大学文化，坚持大学精神，提高凝聚力和向心力——完善“物质、制度、文化协调发展”的内涵式发展支撑体系建设。

2. 求是严谨的“三重一大”决策制度

决策是科学发展的基础，改革是科学发展的动力，天津大学以决策谋划大事要事，改革创新体制机制。“三重一大”决策制度作为学校管理体制的根本制度之一，是党委领导下的校长负责制的集中体现，在贯彻执行中不断探索完善，形成了严谨求是的天大特色。

学校结合时代发展，从实际出发重新修订了“三重一大”决策制度。科学界定党委常委会和校长办公会议事范围，构建了决策权、执行权、监督权既相互协调又相互制约的权力结构和运行机制，在坚持和完善党委领导下的校长负责制上又向前迈进了一步，成为全国高校的首创。

在制度的贯彻执行中，严格规范决策程序。例如必须通过召开党委常委会研究和决策“三重一大”事项，且保证二分之一以上的成员到会，讨论决定重要干部任免时须保证三分之二以上的成员到会；对于“三重一大”的行政事项，校长办公会讨论可以拟订待决策方案或研究确定执行方案等。明确规定党委常委会是重大事项集体决策的基本形式，在集体决策中坚持“集体领导、民主集中、个别酝酿、会议决定”的方针，对集体讨论发表意见的方式等均有非常细化的具体规则，对“三重一大”决策情况以会议通知、议程、纪要、决定、备忘录等材料形式存档备查；严格按照预定议题进行，一题一议；邀请相关人员列席，保证决策方案的切实可行；在院级单位，规定党政联席会是集体决策的基本形式，是学院的最高决策机构。

在决策过程中，围绕学校的战略任务、中心工作、年度工作要点等事先对议题进行规划，“三重一大”事项须经过深入论证，广泛吸收意见后方可提交决策。建立各类专家委员会等决策咨询机构，改组学术委员会，加强学术权力在事业发展中的作用，使决策凝聚学校内外各个层面的智慧。

建立健全“三重一大”决策保障机制。一是注重决策事项公开载体建设。

"三重一大"决策事项一般通过校务公报、信息公开网、党员邮件系统等校院两级党务、校务、信息公开平台及时公开。学校在2009年专门设立《校务公报》这一刊物，每半个月编发一期，将党委常委会、校长办公会等重要会议的议题及结论在办公网上公布。院级单位在坚持党政联席会决策的前提下，讨论重大事项时邀请系部主任、党支部书记、科室负责人等参加，做到工作过程全程公示、接受监督，并向教职工大会、教代会、党员大会、学科带头人和学术委员会等固定渠道通报。二是建立健全决策执行保障机制。对于会议决定的事项，由领导班子成员按照分工组织实施，明确责任部门，要求他们及时汇报决策事项的完成情况。学校每年初将年度工作要点的任务分解到校领导和相关职能部门，由党委办公室、校长办公室等单位通过《学校工作进展》等刊物进行督办；纪检监察、审计等部门对决策执行情况进行监督检查；财务部门履行监管职能，对不符合决策程序的支出予以拒付。三是推进基层单位风险防控体系建设。通过编制"职权目录"，对涉及"三重一大"的人、财、物管理职权进行明晰和规范；编制"权力运行流程图"，明确权力行使的条件、程序和监督方式，保证权力的公开、透明运行；建立执行责任考核、评议、警示、奖罚制度，把重大决策的执行情况作为考核政绩和领导干部选拔任用的主要依据。

在重新修订制度、严格执行制度、明确决策形式、注重决策过程的基础上，学校紧密结合实际，探求高等教育管理的内在规律，在贯彻执行"三重一大"决策制度的过程中形成了严谨求是的特色。

一是注重科学决策，"三重一大"事项提交决策之前，要广泛、深入、细致地研究论证；对专业性、技术性较强的重要事项，事先进行专家评估论证，技术、政策法律咨询，形成论证报告或咨询意见，如需提交学术委员会审议的事项，决策前提交学术委员会等机构审议讨论；定期组织召开院级党组织书记联席会、院长联席会、机关部处长联席会，以及民主党派、学术骨干和学术带头人情况通报会等，围绕学校的中心工作进行研讨和咨询。例如，在"十二五"规划制订过程中，多次邀请专家进行论证，并采用"战略地图"的方式高度凝练、简洁描绘学校事业的发展战略及实现路径。

二是注重民主决策，拓宽民主管理、民主监督的渠道，对于学校改革发展中的重大问题和涉及师生员工切身利益的问题，经过广泛深入调研、提交民主渠道充分审议后再做决策；学校纪检监察部门负责人、党代会代表、教代会代表和学生代表等可根据工作需要列席会议。

三是注重加强领导班子的沟通，坚持“三会”制度，通过定期召开党委常委会、校长办公会，每周召开党政联席会研讨学校重要事项，议题经学校党委书记、校长审阅沟通后方可提交会议研究决策，主要负责人最后发表结论性意见。

四是注重紧密联系师生，通过建立领导联系基层单位制度、机关中层干部联系基层党支部制度、校领导学生接待日等制度，促进了全校上下的沟通交流，发挥了师生在学校发展中的主体作用。

五是注重统筹考虑、协调推进，在修订《“三重一大”制度》的同时，修订了《中共天津大学委员会常务委员会议事规则》和《天津大学校长办公会议事规则》，使三个文件能够相互衔接、彼此呼应。

六是注重二级单位的决策机制建设。2008 年，学校推动 25 个院级单位全部制订了《党政联席会议事规则》，基层单位坚持定期召开党政联席会，通过召开各种专题座谈会、培训会，及时将“三重一大”决策事项向广大教职员工宣传和公示，做到程序透明、操作公开、结果公平。

四、党建工作的探索与实践

1. 弘扬师德师风，将党的思想建设落在实处

教师是学校办学的主体力量，师德水平的高低不仅关系到师资队伍建设，关系到学校教学、科研管理，关系到良好校风、学风的传承，也是切实加强党的思想建设的重要内容。针对“如何加强教职工思想政治工作，弘扬师德师风，引导教职工做学生健康成长的引路人”这一命题，天津大学始终把教师道德建

设作为思想政治工作的第一要素，以师德建设为切入点，全面推进各项工作。

学校在长期狠抓教书育人工作的基础上，于2001年在全国率先推出师德建设工程。学校以“培养敬业精神，塑造师德风范，提高育人水平”为宗旨，以“造就一支师德优良、业务精湛、学识广博、身心健康，能够跟踪科研和教学前沿，能够担当跨世纪重任和参与国际竞争的优秀教师队伍”为目标，制订并实施了《天津大学师德规范》、《天津大学师德评价体系》、《天津大学师德评价体系》和《天津大学师德建设工程实施方案》等制度，建立了一套较为全面、明确的师德规范和考核评价体系。

在实施过程中，学校将教育与管理相结合、思想教育和规范引导相结合、榜样示范与激励约束相结合，抓住教育教学的各个环节，将师德规范转化为教师内在的理念和自觉的行动。师德工程实施以来，学校逐渐形成崇尚师德的校园氛围，广大教师按照爱岗敬业、教书育人、为人师表的要求，更加严格地规范自己，良好的教风得到加强。

学校与时俱进地探索师德建设，把师德文化作为教师队伍建设的核心内容，以“一个理念目标、两个组织机构和三个工作惯例”高扬师德建设的主旋律，建设符合党和国家要求、具有学校特色的师德文化。2006年，天津大学进一步提出“忠诚不倦、业务精湛、挚爱学生、率先垂范”的师德目标，牢牢把握“以师德文化育青年教师队伍，以师德之优创天大之优”的师德建设理念，把师德作为学校的立校之本和发展之本；成立了“天津大学师德建设领导小组”和“天津大学学风建设领导小组”两个组织机构，统筹全校的师德建设和学风建设，在教师职称晋升、研究生导师遴选过程中，对教师教书育人和学风情况把关；探索“三个工作惯例”，将举行新入职教师座谈会、新晋职教师座谈会和新遴选导师座谈会作为常规工作。从2008年起，学校为新入职的青年教师制订了120多学时、为期半年的专题培训课程，学校领导、院士、职能部处负责人亲上讲台，为青年教师讲解政治形势、教育发展规划、师德规范、学校文化和教学科研工作规范等，对师德建设提出明确要求。

学校还通过举行“三评比一立项”活动，树立身边榜样，开展宣传教育。

一是定期进行“教书育人、管理育人和服务育人先进”评选表彰。自1994年至今，每年举行“天津大学十佳杰出青年（教工）”评比，他们的事迹在教职员工和青年学子中广为传扬；从2001年开始，每四年举行一次面向全体教师的师德先进表彰，其中每两年进行一次青年教工表彰；每年举办“我心目中的好导师”评比，评选活动完全由研究生投票选举，得到全校师生的高度重视和广泛参与。二是学校于2011年在全国高校中率先开展师德建设立项工作，以天津大学校史上著名人物为主线，设立了多个师德研究项目，深入挖掘整理学校历史上师德楷模的感人事迹，了解其治学思想、工作成就和育人故事，使广大青年教师深受感染和教育，将天大优良的师德师风传统发扬光大。

针对社会上学术不端现象的时有发生，学校注重用管理制度引导和约束教师的道德行为，出台了《天津大学科学道德与行为规范》等文件，引导教师严谨治学，以严肃的态度指导和影响学生；同时实行“一票否决”和“转岗解职”两项制度，对不遵守师德规范的教师在职称晋升时实行“一票否决”，对师德问题严重、已不适合继续从事教书育人工作的个别教师实行转岗分流乃至解职。

2. 以党建立项为抓手，加强基层党组织建设

党建立项是将现代项目管理方法运用于党建工作的有益尝试，是天津大学党委推进基层党组织建设的一项重要举措。为激发基层党组织的活力，调动基层党组织和党员参与党建工作的主动性和积极性，使基层党建工作更加贴近师生党员的思想和工作实际，更好地服务于中心工作，学校第八次党代会将“加强基层党组织建设”、“创新基层党建方法”确定为党建工作的重心，把加强基层党组织建设作为承担一流大学使命的重要保证。

2008年，学校党委以“强基创先、创新发展”为主题开展基层党组织建设立项活动，鼓励和支持基层党组织和党员以项目的方式进行党建创新实践，汇聚基层组织和党员的智慧，以党建立项为抓手，探索高校基层党组织建设的新思路、新途径、新机制。

“强基创先，创新发展”基层党组织立项活动是在吸收党日活动、党员目标管理、社会实践等党员教育管理有效形式的基础上，积极借鉴高校科研课题规

范的立项管理的科学模式而创设的。各级党组织将党建立项作为一项“打基础、立长远”的重要工作来抓，引导党员干部从党建理论与创新实践的结合上开展讨论，在探索特色党建与促进部门工作的统一上深入研究，有效地丰富了高校党建工作的载体和内容。比如，各院级党组织重点围绕如何创新基层党支部的设置方式、充分发挥院级党委会作用、发挥支部和党员在促进本单位本部门事业发展中的作用等方面进行创新实践；各教工党支部重点围绕如何承担起培养高素质拔尖创新人才的任务、如何围绕学校事业发展的目标发挥党支部和党员作用、如何增强支部活动的实效性等方面进行创新实践；各学生党支部重点围绕如何加强党员的管理和教育、如何深化优秀党员和学习困难学生结对子机制、如何发挥党员骨干在大学生思想政治教育中的作用等方面进行创新实践。

同时，学校党委特别鼓励基层党组织和党员根据自身的特点进行探索性实践，极大地调动了基层党组织开展工作的主动性和创造性，激活了基层组织细胞，充分发挥基层党组织的政治优势、组织优势，使基层党组织、党员成为天津大学事业发展的力量源泉，为新形势下基层党组织的创新发展提供了动力。

多年来，天津大学党委注重“抓基层，打基础”，创新基层党组织建设，还逐步探索建立了以“院级党组织书记、基层党支部书记”为主体、以“兼职组织员、党建督导员、党务秘书、学生党建指导教师”为辅助的“两主四辅”基层党建工作队伍体系，在推进学校基层党建工作中发挥了重要作用。

2009 年，学校党委将“三强工程”作为为基层党的干部创造发展空间的一项重要工作，加强基层党组织书记队伍建设。“三强工程”是指开展思想状况滚动调查、全面培训、党建立项研究等多项工作，形成一整套基层党组织队伍的培养培训体系，把基层党支部书记培养成一支“党性强、能力强、影响力强”的基层党组织工作队伍。

从 2010 年起，天津大学党委通过开展创先争优活动进一步加强基层党组织建设，明确了教工、学生先进党组织“四个示范”，教工、学生优秀党员“四个过硬”的标准，以“如何有效开展好创先争优活动”、“如何创新基层党组织工作”等党建工作为课题，推进基层党组织建设的理论研究和实践创新。为加强机关与基层之间、教工与学生之间、党员与群众之间的联系，学校党委探索建立了“四联双谈”制度，要求机关每个党支部联系一个院级单位的基层党支部、各学院每个教工党支部联系一个学生党支部、每位中层以上领导干部联系一个教工或学生基层单位、每位院级党组织书记和副书记联系一位基层党支部书记，定期开展集体座谈或一对一重点谈话，并将联系活动与基层党组织建设的工作指导相结合，与调研摸底相结合，与服务师生相结合，与文化建设相结合，推进基层党组织建设。

3. 贯彻落实党委领导下的校长负责制，加强领导班子自身建设

党委领导下的校长负责制是党对高校领导的根本制度，是建设高水平大学管理体系的核心。近年来，天津大学党委围绕这一制度的内在要求，加强领导班子自身建设，以班子建设为重点提高领导水平，提高贯彻民主集中制原则的自觉性，坚持“集体领导，民主集中，个别酝酿，会议决定”的方针，加强领导班子决策“三重一大”事项的规范化建设，形成一整套民主化、科学化的决策程序，发挥领导的整体效能和集体智慧，将领导班子打造成为政治坚定、团结进取、勤政廉洁的领导集体。

学校领导班子着重从以下方面加强自身建设：

一是注重学习沟通。坚持中心组学习，加强中心组理论学习的制度化和规范化建设，每个学期制订详细的学习计划，明确学习重点，开展对各种理论著作的研习，提高班子的理论水平；书记、校长带头学习党和国家关于教育的方针政策，联系学校实际吃透精神。每周召开校领导班子碰头会，班子成员通报分管工作，及时沟通各方面的信息；坚持经常性沟通和换位思考，对重要问题、重要决策事先征求意见，统一思想，达成共识；在涉及职能交叉的工作时，分管领导之间也注重及时沟通、密切配合。

二是注重营造氛围。党委充分尊重每一位成员在决策过程中的平等地位，营造了班子成员畅所欲言的良好氛围，保证了集体决策的有效性。领导班子成员努力强化学校领导意识，在讨论决策时站在学校全局的角度发表意见，而不是首先强调某项分管工作。把提高领导学校科学发展的能力作为首要任务，立

↑ 图 6-3-4　天津大学校级领导班子学习会

足学校事业发展的需要，多谋大局、想大事，加强对学校改革发展重大战略问题的研究，做好学校事业发展的顶层设计，提高执行能力、推进校务公开、坚持校情通报。领导班子通过年终述职述廉会、师生报告会等途径自觉接受师生员工的监督。

三是注重改进工作作风。在班子内部，提高民主生活会质量，会前精心准备，班子成员谈心交流，认真准备发言提纲，把握民主生活会的思想性和原则性，深挖思想根源。通过开展批评与自我批评，在班子内部形成了心情舒畅、团结和谐的良好局面。在密切联系群众方面，建立和完善领导接待接访的长效机制、校领导联系基层的长效机制，领导班子经常深入基层和一线，加强与师生员工的沟通和交流，加强与学院、直属单位、机关部处的主要负责人、学术骨干、离退休教职工的思想和工作交流。充分发挥校长信箱、校领导接待日、BBS 校务专区等渠道的作用，问需于民、问计于民。坚持全心全意为师生员工服务，保持务实、清正、廉洁的作风，将领导班子打造成作风正、形象好、能力强、威信高的坚强领导集体。

领导班子的自身建设，有效地带动了干部队伍建设，增强了师生对学校的信赖感。在 2011 年中组部选人用人工作检查中，民主评议三项指标“满意和基本满意”率平均为 99.21%，在被抽查的教育部直属高校中满意率最高。

4. 健全完善惩防体系制度，扎实推进党风廉政建设

2005 年，党中央颁布了《关于建立健全教育、制度、监督并重的惩治和预防腐败体系实施纲要》(以下简称“《实施纲要》”)。它作为深入开展党风廉政建设和反腐败工作的指导性文件，为高校全面加强制度建设、提高管理水平提供了有力的支撑。天津大学在落实《实施纲要》的过程中，围绕如何通过加强惩防体系制度建设提高管理水平，进行了深入探索。

按照贯彻落实《实施纲要》的总体要求，学校对 1995 年以来出台的与党风廉政建设、领导干部廉洁自律、依法治校与民主管理、党内外监督等与监理惩防体系相关的全校性文件进行了初步梳理和摸底，对今后若干年党风廉政建设和反腐败工作进行了总体规划，构建了学校惩防体系的基本框架，在天津市高

校中率先制订了《关于贯彻落实〈关于建立健全教育、制度、监督并重的惩治和预防腐败体系实施纲要〉的具体办法》(以下简称“《具体办法》”)。在《具体办法》中，以“把党风廉政建设与从严治教、规范管理紧密结合”为指导思想，将落实《实施纲要》制度建设与落实党风廉政建设责任制相结合，把“建立完善反腐败领导体制和工作机制”放在制度建设首位，以落实“党委常委党风廉政建设岗位责任”、“党委常委会成员对分管部门和单位的党风廉政建设各负其责”作为制度建设的首要内容。在任务分解中，突出“部门各负其责”，明确了每项具体任务的牵头单位和配合部门。

制度建设是惩防体系建设的核心。《具体办法》将反腐倡廉制度与规范管理制度融为一体，以“规范决策行为、规范办学行为、规范管理行为、规范从政行为”为重点，做出了具体规定。

一是在规范决策行为方面。将坚持和完善党委常委会和校长办公会的议事规则和程序作为建设项目，修订完善了党委常委会议事规则和校长办公会议事规则，明确了“集体领导与分工负责”和“三重一大”制度；在严格遵守科学决策、依法决策、民主决策的基本原则，健全决策程序方面，就“建立完善重大决策和涉及群众切身利益的重要事项征求党内外意见、专家咨询论证、决策评估”等重新建立了相关制度，制订下发了学校定期向院士、杰出青年、长江学者、民主党派等通报工作的办法和定期召开院长联席会、机关部处长联席会制度等相关文件。

二是在规范办学行为方面。明确了规范办学秩序、加强招生考试管理、杜绝各类招生考试乱收费等建设内容，制订落实了一系列规范招生工作的文件，特别完善了文艺体育特长生、自主招生、保送生的招生规则和招生简章，进一步明确了纪委、监察室与教务处有关招生考试工作的联席会议制度和调整计划使用原则及办法。

三是在规范管理行为方面。将制度建设的重点放在财务、基建修缮、物资采购、医药、教材图书采购等职务犯罪易发部位。在财务管理上，以坚决清理“小金库”为基本原则，形成了学校关于进一步加强财务管理、严格执行“收支两条线”有关规定。在物资采购上，将原有成熟做法和暂行规定全部修订为正式文件和实施细则，制订了全校统一的招标采购管理办法，完善了各个领域招标采购实施细则，建立了学校招标采购工作领导小组和7个专项工作组，明确了工作机制和管理权限。

四是在规范从政行为方面。将加强领导班子思想政治和作风建设、加强对领导班子及其成员的监督列为建设项目，在原有制度的基础上制订了中层干部任期经济责任审议实施办法；对1997年制订的领导干部报告个人重大事项的规定重新进行了修订；制订了处级党员领导干部述职述廉实施办法、处级党员领导干部谈话制度实施办法、对处级党员领导干部进行函询的实施办法等，把述职述廉情况和落实党风廉政建设责任制的情况一并纳入领导干部年终考核内容。

在落实《实施纲要》的制度建设中，学校先后出台并作为正式文件下发的相关制度、办法等共计50余项，涉及规范办学行为、加强各类招生考试及收费管理、健全和完善财务管理制度、规范收费行为、领导干部廉洁自律、强化对领导班子及主要负责人的民主监督等各个领域。各部门和单位通过制度建设堵塞管理漏洞，将预防腐败与强化管理融为一体；通过制度延伸健全配套措施，将制度的强制性与有效性融为一体；通过制度落实强化责任意识，将反腐倡廉与业务工作融为一体。这些措施有力地促进了各单位的党风廉政建设和反腐败工作，取得了综合效应。

当前，学校党委更加深刻地认识到反腐败斗争的长期性、复杂性、艰巨性，把党风廉政建设纳入党的建设和学校发展的总体规划，坚持“标本兼治，综合治理，惩防并举，注重预防”的方针，扎实推进惩治和预防腐败体系的制度建设；落实党风廉政建设责任制，加强廉政风险防控机制建设；加大对贯彻执行党的路线方针政策和决议的监督检查力度，将责任追究等制度落在实处；加强廉政理论研究，推进廉政文化建设，以优良党风带动校风建设，力争形成风清气正的良好氛围。

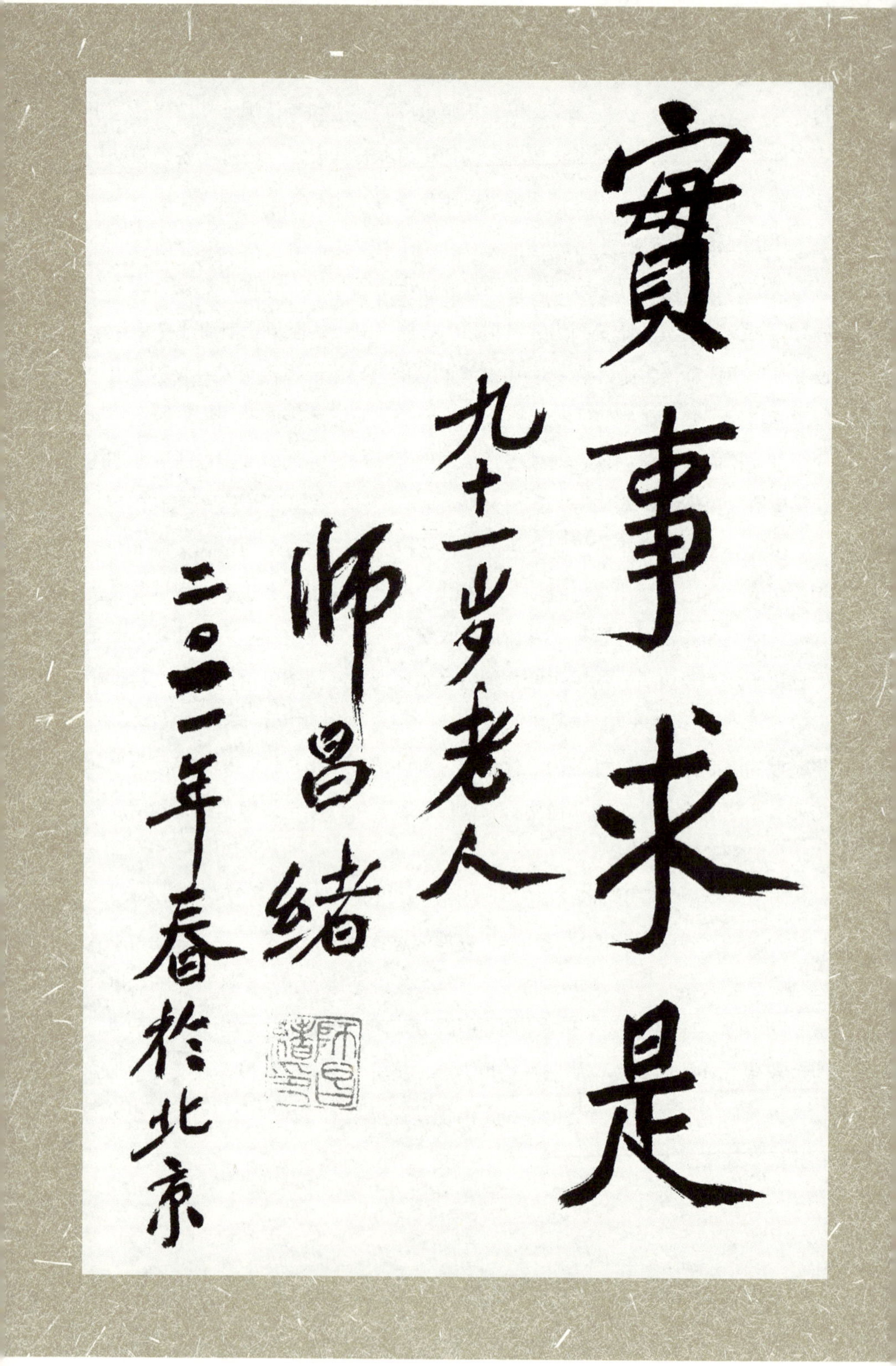

↑ 师昌绪书写实事求是

第七章

华雅多姿的文化育人

北洋大学的人才培养充满了先进的现代教育思想，不仅注意用现代科学知识育人，而且用德智体美综合发展的理念育人。新中国的天津大学更是坚持贯彻党的教育方针，根据时代的要求和对于人才培养认识的不断深化，创造性地探索新的育人方法，人才培养的内容和形式丰富多彩。步入 21 世纪，天津大学更是做到了统筹兼顾，布点铺面，强化内涵，立体发展：在培育文化教育活动品牌的同时，广泛开展各类文化活动；加强学生思想引领的同时，关注学生文化、艺术、心理等各个方面的需求；加强学生实体文化活动的同时，充分发挥好网络等新媒体的功能；在努力建设特色文科专业、高水平文化社团和品牌文化活动发挥示范作用的同时，着眼于文化的普及工作，以班级、宿舍和社团为单位促进基层文化建设；对内加大投入，整合资源，营造校园文化氛围，对外将名人、名家、名团、名作请进校，开阔学生视野，提升文体育人的内涵。

第一节 文武兼备的老北洋

一、北洋大学的学生社团

20世纪30年代，北洋大学在校学生仅400人左右，而校园中活跃的学生社团就达30多个，几乎人人参加社团活动，有的人甚至同时参加两三个社团。这些学生社团直接配合学校的工作运转，涉及业务学习、教学管理、日常生活、文化娱乐等许多方面，几乎涵盖了校园生活的全部。社团给初出茅庐的青年学子搭建了一个展示自我、提升学养的良好平台，既培养了学生的参与精神、团队情怀、独立意识、组织能力，也促进了学校的教学科研和民主管理，还有利于学生和校方的沟通，创建生动活泼、和谐友爱的校园生态环境。

北洋大学最早的学生社团组织可以追溯到宣统元年（1909年），该校留美同学王正廷、马寅初等人在美国组织有北洋大学同学会。1912年民国政府成立后，积极进行教育改革，废除了清末"忠君"、"尊孔"的教育宗旨，确定了以培养公民、公德为主体的新教育方针。受此影响，北洋大学风气大变，青年学生也在潜移默化中萌发了主体意识、民主追求与社会责任感。1915年，学生通过多方努力，创办了北洋大学季刊社，次年发行《北洋大学校季刊》杂志，其在发刊宗旨中明确宣称："莘莘学子，思承其乏……要本其刍献之心，以攻社会政错者，固未尝敢自沮焉。"[1]表达了希望承担更多社会责任的热切愿望。该刊创办后，大量刊登学生的学习心得、实验报告、校闻纪事、诗歌文艺等，深受学生喜爱。此外，杂志还登载一些政论文章，如《日俄在华近事溯源》、《满洲杂居问题》等，反映了北洋学生关心时政演变和社会走向的心声。以往学校一贯沉闷的空气，因《北洋大学校季刊》的创办，而清新活跃了许多。当时北洋大学的两任校长蔡儒楷、赵天麟也十分开通，不仅支持学生组织社团，肯定学生的

---

[1] 李义丹，王杰：《文化记忆》，天津大学出版社2011年版，第221页。

创造能力，而且倡导学生要敢于展示自己的才能，全面发展。于是，各种社团与学会相继成立。如北洋法科同学为了锻炼口才、增强国语表达能力，成立了国语演讲会；一部分北洋学生为提高英语会话能力、锻炼英语思维，成立了英语辩论会。

随着这些新社团的出现，不同科系间、不同年级间的联络越来越密切，为了维护全体同学的共同利益，实现学生的自我管理，1917 年北洋大学学生会应运而生。从目前所接触到的资料看，这是中国最早的学生会。后来教育部将学生会一律更名为自治会，北洋学生会也只好改名。学生会是北洋学生的领导机关，它对日后学生运动与学生生活产生了重要影响，同时也对其他社团的建立起到了示范作用。1919 年五四运动爆发。爱国主义思潮的激荡，大大增强了青年学生的民主精神、主体意识和社会责任感。各个大学的学生社团纷纷成立，形成了高校社团萌发的黄金期。北洋大学学生会在五四运动中表现突出，不仅组织罢课、请愿，声援北京学生，还成立了演讲团，深入城乡进行宣传。学生自治会所展示的严密而灵活的组织机制和有效的社会动员能力，为舆论所广泛报道，并受到社会各界的关注，这自然增强了北洋学生对社团组织的信心和勇气。五四之后，北洋大学的学生社团步入持续稳步的发展时期，新社团不断涌现，如成立于 20 世纪 20 年代左右的土木工学会、摄影学会、音乐社、电影社等。至 20 年代末，北洋的学生社团至少已达 20 余个。进入 30 年代，社团数量仍在增加，达 30 多个，步入北洋大学社团发展的鼎盛时期（如表 7–1–1 所示）。

表 7–1–1　北洋大学主要学生社团概况

学生社团	成立时间	首任会长	刊物	类型
英语辩论会	1915年左右	徐谟	无	学术
国语演讲会	1915年左右	徐谟	无	学术
北洋大学季刊社	1915年冬		《北洋大学校季刊》	服务
学生会	1917年左右		《北洋周刊》 《北洋半月刊》 《北洋大学季刊》等	管理

续表

学生社团	成立时间	首任会长	刊物	类型
学余社	1927年左右	朱玉仑	《学余月刊》	学术
采冶学会	1924年		《采冶年刊》	学术
电影社	1925年		无	文娱
摄影学会	1925年10月25日		无	文娱
土木工学会	1926年秋	周宗莲	《土木工学年刊》	学术
音乐社	1926年左右		无	学术
河滨社	1930年春季	能正珌	无	文娱
和和会（口琴会）	1930年11月15日	李伯宁	无	文娱
武库社	1930年		无	文娱
消费合作社	1930年左右		无	服务
抗日救国委员会	1931年9月		《抗日救国周刊》	政治
机械工程学会	1932年5月16日	张绍衡	《机械工程年刊》	学术
国剧研究社	1932年9月15日	李学孟	无	文娱
电机学会	1934年左右		《无线电周刊》	学术
新文字研究会	1936年5月		无	学术
双十半月刊社	1937年		《双十半月刊》	学术

二、北洋学生的文体活动

北洋大学建校之初，便把文体作为培养人才的重要环节。

国剧研究社成立于20世纪20年代，曾一度活跃，30年代初陷于沉寂。1932年，由一批嗜好国剧的戏迷同学重组。重组后，由李学孟同学任社长，他热心会务，积极筹划，国剧社会务迅速开展。每当校中有各种游艺或庆祝活动时，该社成员都有精彩演出，深得北洋师生喜爱。除此之外，国剧社还有一些享誉校内外的保留剧目，如《南天门》、《地宫》、《法门寺》等，都达到了相当高的水准。摄影学会有会员60余人，设干事4人，管理会中大小事务。学会经费多由会员赞助，设备则多由校中襄助。该会成立后，专门聘请本校美籍教授施博理先生为长期讲师，施先生研究摄影已 40 余年，对于会务颇热心，不仅为学会捐赠照片物品，还自编讲义多种，每星期为学会授课 1 次，使会员受益匪浅。摄影学会在 1926 年元旦专门举行了一次作品展览会，参观的同学极踊跃，大大提高了全体同学对于摄影的兴趣。展览会结束后，由讲师施博理、校长刘仙洲等人评定成绩，并颁发奖品以资鼓励。1930 年，新大楼落成，学会有了新的会址，会务更加兴盛。此外，校内比较有名的会社有艾克斯队、哈哈队、中队等。这些会社之间频繁比赛，成为校园课余生活动人心弦的一道风景。此外，各种同乡会也是学生校园生活的重要组成部分。北洋校内的各种同乡组织很多，几乎每一省都有各自的同乡会。同乡之间的联谊与聚会也很普遍，学生多籍同乡会联络感情，解决生活和学习中的困难。各种同乡会频繁活动，每逢毕业尤盛。同乡之谊，展现的是浓浓的乡情和相互信任的人际关系。

北洋大学一向崇尚体育运动，早在开办之初就按照西方大学做法安排了体育课程。当时的总教习丁家立毕业于美国达特茅斯学院，该学院以丰富的体育和室外活动著称。丁家立将这一做法引入北洋大学堂。

1897 年 11 月 26 日，全校举行赛跑比赛，运动项目有阻物跑、掷重物、先跑后跳、先立后跳、拾物跑、持棍跳高、递物赛等。据当时的《萃报》记载："初四日为北洋大学堂赛跑之期。计有头等、二等两学堂学生 170 余人，于 9 点钟，齐集于学堂围墙内之跑场，演赛各种奔跃之法。查赛跑一法，欧美各国学堂均有之，亦体操中之一端也。故本届始有此举。"[1] 这次比赛可谓中国高校体育运动会的发端。1899 年，北洋大学堂又邀请了北洋水师学堂、武备学堂、电报学堂，主办了天津学堂联合运动会。这是天津，也是近代中国首次校际体育运动会。同年，北洋大学堂与新学书院、普通中学堂、官立中学堂等组成天津中等以上学堂体育联合会，并自该年开始每年一届举行天津中等以上学堂联合运动会。

---

[1] 李义丹，王杰：《文化记忆》，天津大学出版社 2011 年版，第 229 页。

许多运动项目在中国的推广都不能不提到北洋大学。网球是最早落户于北洋的球类项目，在北洋球场上走出了全国第一网球选手时昌黎。他还在20世纪30年代创办了网球用品公司，自己设计制作网球拍，并以“时昌”冠名，可称运动员经营和开发自己的体育用品品牌的国内第一人。天津是国内最早开展篮球运动的城市。1903年，天津基督教青年会总干事格林安排美籍专家罗伯森（Roberson）到北洋大学堂传播篮球运动，此后篮球成为北洋大学的主要运动项目。天津是国内最早出现航空模型运动的城市，1935年，北洋大学成立航空系，到20世纪40年代中期，航空系的李元正、楼大为、李安格等人自发组织航空模型的制作和研究，并成功试飞了喷气式飞机的模型。李安格还因北洋时期的排球运动经历，在新中国成立后投身排球事业，创造了“单脚背飞”、“快抹”等技术，为现代排球技术发展和新中国排球运动的腾飞做出了突出贡献。

北洋初期的体育活动在引入现代体育运动的同时，也培养了学生的体育锻炼意识。赵天麟是北洋大学历史上最重要的人物之一。针对北洋大学“同学以课程太繁，力学过甚，以致有于体育不甚注意者”，赵天麟校长在1916年提出“强迫体操之法”，规定“凡学生均按其体格认一种以上之运动”，并“由体育教员易理士先生检查体格，以验有无进步”。[1]并把课间操规定为必修科目，同时辅以各种课外竞赛活动。据校友回忆：母校为注重学生健康，每晚自习时间中间，摇铃一次，同学可至风雨操场，自由参加各项室内活动。

1920年以后，虽校事更迭，但重视学生体育锻炼的做法为历任掌校人所坚持完善。学校体育逐年活跃，并日益呈现鲜明的注重兴趣能力培养的特征。据当时校友叶秀峰回忆，在校时为能占到网球场地练球，改换膳团，以便取“馒头数枚纳怀中即上球场，始能占先”。在校期间“练过对剑、对齐眉棍，及形意拳对手，并曾在天津拳术表演中出过场”。

1930年以后，北洋校内各种球类和田径运动广泛发展，运动水平明显提高。当时的学生参加体育运动蔚成风气，1933年毕业于北洋土木系的阎树楠曾回忆

[1] 王杰，韩云芳：《百年教育思想与人物》，天津大学出版社2010年版，第80页。

⇑ 图 7-1-1　北洋大学学生在做早操
⇓ 图 7-1-2　北洋大学学生在打篮球

说，文体方面，北洋学子相当活跃，单就篮球来说，校队堪称天津强队。“我班正式组有爱克斯队、哈哈队，不断和外界球队进行比赛，特别是爱克斯队，成绩斐然。记得我校体育室几乎每天晚上都有篮球打，经常分两班，人数不限，打起来很热火，有人比喻叫打电影。不管怎么说，这对健身很有好处。”[1] 据 1935 年的资料记载，当年在校学生 357 人，参加各类运动的学生达 1 077 人次，运动项目有 12 种。网球是选习人数最多的项目，357 名在校生中有 312 人参加网球运动。其次是篮球，再次是田径、越野、排球等项。体育课外，学校有各种比赛。学生以班、系、队为单位参赛。

北洋体育于学生强身健体和兴趣培养之外，亦自觉注重通过体育加强学生的人格和精神塑造，把体育纳入训育工作范畴，体育事项是学校训育会议基本审议事项之一。1934 年学校制订《国立北洋工学院体育奖惩规则》和《国立北洋工学院管理参加校外体育比赛学生规则》。前者在第一条就明确规定：本院体育之宗旨，不仅在保持学生体格之健康，发展学生身体之效能，尤须从体育上养成学生之高尚品行。故凡本院学生运动时有仁侠的精神、君子的态度，其足为一般学生之模范者奖励之，其忽视运动道德及自身之健康者惩罚之。后者更进一步对参加院外比赛学生提出“更须认清体育之目的在于训练自身之健康，既非徒为学校争名誉，尤不可妄希优待”，对外比赛尤须注重体育道德与精神之胜利”，“不须有粗野之态度或无礼之举动”等具体要求。

第二节　青春舞动学子风采

天津大学继承了北洋大学的文化衣钵，十分重视学生的全面发展，成立有

---

[1] 李义丹，王杰：《文化记忆》，天津大学出版社 2011 年版，第 228 页。

体操队、合唱团等多种学生社团，当时将文体活动与政治学习等社会实践紧密结合，形成了时代特色。

改革开放后，学校逐步形成了“第二课堂”，学生培养更加丰富多彩。

一、火红的青春——学生党建

火红的青春，因纯洁、坚定的信仰格外绚烂；火红的青春，因求真、奉献的精神绽放光彩。目前，在天津大学的校园中，有一支一万余人的学生党员队伍，每一名党员的青春在火红的党旗映衬下，熠熠生辉。

天津大学通过建设网上学生党建平台，充分发挥网络新媒体优势和学生主体作用，形成了一套虚拟与现实高度交融、覆盖全员、全天候、立体化的学生党建工作体系，实现了学生党建基础性工作“抓全”、“做实”、“盘活”的三个新突破。

1. “三位一体”建立好制度，不断强化和提升党员教育培养质量

近年来，天津大学根据学生党建工作的新发展和新要求，建立了思想建设、组织建设、作风建设三位一体的党员教育培养制度。随着学生党员队伍规模不断扩大，如何及时、有效地开展教育培养工作是思想建设面临的一大难题。目前，天津大学已经构建起由网上学生党校、院级学生分党校、预备党员党校、新生党员培训班和学生党支部书记培训班构成的，覆盖申请人、积极分子、预备党员和党员骨干的较为完善的培训体系，并将全体专、本、硕、博学生都纳入培养对象，实现了“全员覆盖”、“全程培养”、“全方位教育”。其中，网上学生党校针对入党申请人理论学习应知应会设置20节图文并茂的基础课程。学生完成自学后在线下提交一篇论文，通过结业考试，取得结业资格。每节课后均设有网上测试，学生只有通过测试后才能顺序学习后续课程。这种“闯关”模式一方面形式活泼，激发了学生学习的主动性；另一方面使学生在一点一点的积累、一关一关的考核中学得更扎实。通过传统党校和网上学生党校相结合的模式，天津大学每年党校培训合格人员从传统模式的3000余人增加到9000余人。

不断探索完善的学生党校培训体系只是天津大学提升党员教育培养质量的举措之一。此外，天津大学先后推动了学生党建工作立项、党支部达标创优工程，建立了“一帮一”长效机制，设立党员服务站、社会实践基地等，均收到了较好的成效。

2. 多渠道选优训强好书记，抓实基层党组织的带头人队伍建设

2010 年 11 月，精仪学院 08 级电科专业一班一名学生突发脑出血，生命垂危。08 电科党支部书记彭天铎带领支部成员组成 24 小时守护团队，轮流陪伴在病房外，并与兄弟支部共同发起爱心募捐活动，被同学们赞誉为“关键时刻的一面流动的党旗”。

天津大学制订了非常高的标准，通过上级党组织任命与支部党员民主选举相结合的方式，选拔政治坚定、学业突出、作风过硬、师生信任的党员担任党支部书记。目前的这支党支部书记队伍学业成绩基本在前 5%，均有在班团组织、各级社团中任职的经历，群众评议结果好。对于内部暂时没有合适人选的党支部，一方面通过举办新生党员培训班加强低年级党支部后备干部培养，另一方面选派辅导员老师或高年级学生党员担任书记，发挥老党员的先锋模范作用和“传帮带”作用。

为提升学生党支部书记的素质和工作能力，天津大学自 2005 年开始举办“支部书记培训班”，每学期一期，至今已举办 11 期。同时，依托天津大学团体辅导培训师队伍，每学期开展针对党支部书记的团体辅导活动，提升党支部书记的号召力和凝聚力。通过开展各级社会实践活动，组织党支部书记走进社会，参观学习、为民服务，提高责任感和使命感。

为促进党支部书记作用发挥，天津大学积极为党支部书记工作搭台。通过举办党建工作创新论坛和党员先锋论坛，搭建交流学习平台；通过学生党建工作系统的使用和推广，搭建规范化的党务工作平台；通过实施天津大学“示范性学生党支部”重点建设项目、“最佳党日”评比活动，搭建基层党组织建设的成果展示平台。

3. 新媒体打造新阵地，“红色网络家园”激发学生基层党组织活力

网上学生党建系统以天津大学“天外天”网站为依托，包括网上学生党校、网上学生党建工作系统和网上学生党建社区三个平台，全部由天津大学党委学工部自主研发。自2009年9月全新的网上学生党建平台运行至今，在校学生的实名注册率达到100%，日均访问量达上万次，24000余人次通过该平台参加党校培训，8078人通过平台审核顺利完成入党或转正手续。

网上党建社区打破传统互动类网站模式，融合了论坛（BBS）、社交网络（SNS）、博客、微博等形式。同时，网上党建社区根据学生党建工作需求，设有生活预报、党务公示、网上学习讨论等颇具特色的网络应用。

在创先争优活动中，学生工作部又制订了《天津大学学生党支部建设积分管理办法》，以党建社区作为最重要的平台保障，将全校所有基层学生党支部建设的行动和表现量化成积分，并通过一定规则转化为能够体现学生党支部建设实效的“活力值”。党建社区中，全校478个学生党支部列表按“活力值”高低动态排序，有效地激发了各学生基层党组织的比、学、赶、超的争创活力。支部成员回帖、上传图片，党支部发起或参与话题、活动（党建投票活动、调研活动、征集活动）等都将获得相应分数。“党支部的排名与每一步成员的行动息息相关，大家的参与热情大大提高了”，材料学院2009级硕士材料加工党支部书记李森说，“网上党建社区是我们支部的红色网络家园”。

网上党建社区开辟了支部建设的新平台，实时实地学习的特点促进了党员学习常态化。化工学院2011级硕士工程1班党支部社区主页的公告栏中写着：思想上入党是每个人一生的长期政治任务。党员尤要：以身作则，弘扬正气。

党建社区也大大提升了党支部在学生群体中的影响力，基层党支部的战斗堡垒作用、发展核心作用进一步发挥。很多学生党支部书记在工作心得中提到，有了网络社区之后，支部活动从预报到总结，可以及时、充分地公开和展示，所有学生都能看得到。“支部建设的影响力扩大了，参与和受益的人也更多了。”材料学院09硕士材料加工党支部的入党积极分子宋宗贤在看到支部以“我心目中的好党员”为主题的组织生活预报时，向支部书记提出了列席申请，并在第二天将自己参加学习的收获体会上传到社区中。“虽然我还没有入党，但通过社区我感觉自己和党组织的距离变近了，”宋宗贤现在每天都登录社区，“辅导员与我谈话的时候感觉我思想进步很快，我就告诉她是党建社区的功劳。”

“党建社区不是就党建说党建，学生支部展示的实际上是学生成长过程中的方方面面，教师可以有针对性地开展更精细化的思想政治教育，”化工学院党委副书记李霞说，“从这点说，网上党建社区真正建到了学生的心坎上。”

4. 选树典型激发活力，引领青年成长成才

天津大学在红色文化建设中树立了“十佳杰出青年”评选和“五四红旗示范团支部”创建及评选两大品牌，以身边的榜样带动全校学生思想素质的提升。1995 年推出“十佳杰出青年”评选，十余年来已有 200 余名青年获此殊荣，为青年教师和学生的脱颖而出提供了平台。从 2000 年开始的“五四红旗示范团支部”创建及评选活动，包含十大类型的评选标准，校、院两个阶段的创建过程，网上展示，现场评选的激烈角逐，不仅为支部的每个成员提供了展示的舞台，更是校园红色文化的集中展现。近 500 个支部已经成为全校各团支部学习的榜样。

另外，求实团校是学校红色文化建设、支撑学生党建工作的重要阵地。自 1998 年成立以来，经过十几年的建设，已经形成了“初团—高团—新袖班—太雷班”分层次培养、课堂讲授与实践训练相结合培养模式，开展了包括排演话剧在内的各种活动，累计培训团员青年 10000 余人，成为培养优秀学生的摇篮。

二、明媚的温暖——爱心助学

花朵有了雨露的滋润，更加鲜艳芬芳；小草有了大地的滋养，愈发生机盎然；青年学子有了爱的浸润，就能够健康快乐地成长。

家庭经济困难大学生是大学校园中较为特殊的群体，他们背负着因经济困难带来的种种压力，需要更多的关怀。天津大学针对家庭经济困难生的群体特点，将经济资助与素质教育相结合，创立了以“一二三助困工程”为主要内容的家

⇑ 图 7-2-1　求实团校开学典礼
⇓ 图 7-2-2　求实团校排演话剧

庭经济困难学生资助培养体系，帮助家庭经济困难学生顺利无忧完成学业，引导他们身心健康成长、拓展素质、提高能力。

一是“奖、勤、贷、助、补、减、免”全方位立体化资助体系，缓解学生经济压力。学校采取多项举措确保家庭经济困难学生成长成才。通过助学贷款、学费减免等措施解决家庭经济困难学生学费、宿费问题；通过勤工助学、困难补助、各类励学金和助学金等解决学生生活问题。学校共有奖学金、励学金、助学金138项，总金额2400余万元。近五年来，为学生办理国家助学贷款3049笔，总金额为5656.61万元；为1533名家庭经济困难学生减免学费377万元；投入981万元，为家庭经济困难学生提供5000余个校内勤工助学岗位；投入900万元，根据家庭经济困难学生实际情况发放困难补助。对于来自天津市低保家庭、孤儿和民政优抚对象子女，学校还通过学费减免政策保证了他们顺利入学。

为实现资助的纵向延伸，学校把新生“绿色通道”延伸到家庭经济困难学生家中，全力打造“从家到‘家’的全程服务”，让学生特别是家庭经济困难学生感受到学校家庭般的温暖。学校将国家和学校的各项资助政策随录取通知书寄送的同时，对于特殊困难学生，辅导员进行电话家访，了解情况，宣传政策。为填补家庭经济困难学生入学前和入学初的资助空白期，2008年首度设立“北洋励学金—新生专项基金”，用于资助新生中的家庭经济困难学生。评选文件随录取通知书一同寄出，在暑假接受申请并完成评审工作，资助方案在开学前告知新生。几年来，“北洋励学金—新生专项基金”共资助入学新生1385人，资助总额达267万余元，资助范围覆盖了新生中所有特困生，资助内容包括来校路费、宿费、保险费、生活费等入学所需费用，以及卧具、洗漱用品等生活必备品，实现新生入学前后资助体系的无缝对接。

二是以身体保健和心理健康教育两条途径，增进身心健康。从2002年起，天津大学实施了身体保健和心理健康教育两条途径并举的“阳光健康教育计划”。通过“早餐工程”、“水果工程”等健康工程项目，树立广大家庭经济困难学生“关爱自我、健康人生”的健康意识，同时以“为祖国健康工作50年”的理念在家庭经济困难学生中推广阳光健身系列活动、组建阳光足球队、实施自强之旅计划等，提高家庭经济困难学生的身体素质。

针对部分家庭经济困难学生中存在的心理问题，天津大学发挥“四位一体”的心理健康教育体系的优势，积极开展家庭经济困难学生心理健康教育和心理咨询活动。通过家庭经济困难学生心理团体咨询、心理讲座、心理剧等形式普及心理健康知识。通过个体心理咨询和专业的心理疾病治疗，为家庭经济困难学生打造心灵的守护神。积极提倡塑造乐观开朗的性格，通过“乐观教育”、主题大讨论、“阳光普查”等系列活动，使家庭经济困难学生正视贫困，培养家庭经济困难学生调节自我、战胜自我、完善自我的能力，消除经济困难可能带来的精神上的消极影响，还原家庭经济困难学生活力、自然的心灵。

三是通过开展深入细致的思想道德教育、多种形式的爱心回报社会活动、丰富多彩的文体活动这三项举措，促进人格提升。为做好家庭经济困难生的素质教育工作，学校于 1995 年成立了由家庭经济困难学生组成的天津大学勤工助学中心，同时完善院级勤工助学中心建设。积极发挥校院两级勤工助学社团作用，充分整合校内其他社团资源，在家庭经济困难学生群体中开展技能培训活动，如计算机软硬件培训、外语能力培训、学生干部技能培训、职业技能培训等，通过自我学习、自我教育、自我发展达到学生基本技能的普及和提高。历时六年的“自强之星”评选活动中，涌现出大批自立自强，励志成才的典型。不仅用榜样的力量鼓舞了广大家庭经济困难学生，更将自强的信念传遍了整个校园。发起于 2001 年的爱心家教，相继为天津市低保家庭、天津市红十字会联系的特困家庭、王顶堤单亲家庭，三潭东里、西里、苏堤东里、长江里、双峰道、赤峰道等 15 个社区的 650 多个家庭的近 700 名孩子做家教辅导，千余名家庭经济困难大学生积极投入其中。同学们在坚持中体验着成功的喜悦，爱心中分享着成长的乐趣。家长和孩子们的感谢信和锦旗，也让同学们体会到赠人玫瑰、手有余香的真谛。每年 100 余场“阅读百部书籍、观看百部电影”的“双百”系列活动，为家庭经济困难学生搭建了文化交流的平台，同学们撰写影评和读后感，开展读书观影交流会和改编剧大赛，在文化的浸润中拓展知识，创新思维，完成心灵的成长。17 年来，由学校家庭经济困难学生组成的义务支教团多次赴边远地区为孩子们送去知识和温暖；由家庭经济困难学生发起并参与的为灾区、智障儿童、重病学生等捐款捐物献爱心的活动达百余场；有多名家庭经济困难学生与患有脆骨症的“瓷娃娃”结对子，用爱心呵护他们的成长……

十多年来，学校从解决家庭经济困难生经济困难到促进其全面科学发展，从培养学生“自立、自强、自尊、自助”的品质到弘扬“自立、自强、诚信、感恩”的精神理念和阳光心态，全方位、多角度地开展了各类活动，促进家庭经济困难学生不断成长成才，并营造出温馨和谐的社团文化和“家”的氛围。“早餐工程”、“水果工程”、“暖冬工程”、“阳光健身”、“中秋慰问”等活动和一座“传递爱心、关爱永恒”的“爱心屋”，努力为家庭经济困难学生打造共同的温馨家园，使同学们切身感受到来自社会和学校的关爱与关怀。

三、灿烂的热情——实践奉献

天津大学以推进社会实践和青年志愿者服务两项实践活动为途径，培养和锻炼学生。在社会实践上，一是突破传统的社会实践在暑期进行的概念，通过“课余经常性实践”、“双休日重点性实践”、“寒暑期集中性实践”三种模式，为学生提供更多的实践机会。二是层层覆盖，实施“千百十工程”，即全校建设1000个左右的团支部社会实践基地，100个左右的院级社会实践基地，10个左右的校级社会实践基地，为更多的学生搭建实践平台。1994年在全国高校中率先成立的青年志愿者协会，至今共有注册志愿者8000余名，青年志愿者服务基地100余个。他们似星星之火，向社会播撒校园文化。

以“长期化、基地化、规范化”为建设方针，形成了以社会实践、青年志愿者服务、新世纪青年文明工程为主要内容的实践育人体系。每年参加社会实践的学生约占全校总数的80%，足迹遍及全国20余个省市地区，学校连续16年获得中宣部、中央文明办、教育部、团中央、全国学联的联合表彰。多年来，天津大学把学生社会实践作为高素质拔尖创新人才培养的重要环节。自 2006 年实施“千百十工程”以来，通过不断加强组织、完善制度、创新措施，逐渐实现了学生社会实践“时间覆盖全年，人员覆盖全校”的目标，已形成具有天大特色的学生社会实践长效机制。在此基础上，学校于 2010 年推出了“大学生社会实践质量提升工程”，充分激发学生在社会实践活动中的主体意识，取得了良好成效。

将学生主体意识贯穿全程，发挥学生参与的自主性。为进一步调动学生参与社会实践的主体意识，引入学生提案制度，即面向全校学生公开征集社会调研主题。2012 年全校共征集课题 120 余项，其中，“低碳环保，绿色中国”、“解读被城市边缘化的农民工”、“大学生幸福感调查”、“青年核心价值观”等关系国计民生、紧扣社会热点的社会调研主题受到同学们的普遍关注。经网络投票、专家评审等环节，中选课题得到学校的重点支持。在学校确定社会实践主题的前提下，采取社会调研主题海选这一新形式，充分尊重和体现了学生的关注热点，进一步激发了学生参与社会观察和调研实践的热情，提高了学生参与实践的主动性和积极性。此外，选拔学生评委参与社会实践成果评比、成立社会实践观察团等环节，将学生主体意识贯穿社会实践从启动到评比的始终，让学生真正实现了“我的实践我做主”。

打造网络交互平台，增强活动全程的互动性。天津大学依托全国高校十佳网站“天外天”社区、微博等网络平台，初步打造了一个集信息发布、信息共享、公开招募、在线组队、在线交流、过程管理、成果展示、网络评选等功能为一体的社会实践公共交互平台，使得社会实践活动的组织形式更加灵活、管理方式更加高效、信息分享更加通畅。例如，在以学院、团支部为主体等传统组队模式的基础上，通过网络平台，创造性地运用以项目为单位招募组队模式，打破了学院、专业和班级的限制，全校的同学们以兴趣为结合点进行自由组合，有的社会调研类实践队甚至招募队员上千人，队员们或以个人为单位，或以小组为单位开展社会调研。在社会调研的过程当中，队员们能够通过网络随时上传信息，最终由核心团队进行成果整合。此外，通过网络平台，各实践队之间可以随时互相学习和交流，分享调研动态体会。同时，学校和学院也可以通过网络平台随时了解各实践队的调研进展、思想动态等各方面情况，便于随时进行有针对性的指导和帮助。

加强分类指导力度，确保实践内容的实效性。多年来，天津大学注重引导学生将社会实践内容与理想信念教育相结合、与爱国主义教育相结合、与服务社会相结合、与专业学习相结合。今年，学校在进行主题引导的前提下，发放了《天津大学学生社会实践指导手册》，进一步加强了分类指导的力度，强调“走访类实践要做足，调研类实践要做深，专业类实践要做活，服务类实践要做实”，引导青年主动走入社会，有重点、有目的、有方法地开展实践活动。围绕年度社会实践的主题，开展“心系国计民生，勇担青年责任”社会调研，开展“三下乡”和“四进社区”、“就业创业，实践先行”、“学以致用、展青年本色”等主题活动，为学生社会实践指明方向。同时，发动专业教师、辅导员等参与并指导学生社会实践，从立项培训、知识培训、安全培训到成果总结与展示培训，为学生提供全面的指导，进一步提高了实践的质量。据不完全统计，各实践团队在实践地举办了60多场文体演出、近300场讲座、700余场宣讲会、500余场座谈会、120余场专业培训和90余场现场咨询活动，并向实践地捐赠图书、学习用品等。实践活动既使实践地受益，又使同学们得到了锻炼。

完善实践评价体系，实现实践效益最大化。学校把成果展示和评比活动也作为对学生进行实践教育的重要环节，例如通过先进学院、先进实践队、优秀志愿者、优秀实践报告评选活动，以及摄影图片展、DV展、实践队风采展等，使更多的同学能够在听与看的过程中分享实践成果，思考实践精神，养成实践习惯。学校制订《天津大学社会实践学分化试点方案》，积极推进建立将学生参与社会实践计入学分的制度。对前期培训、暑假实践、提交实践报告、参与交流活动效果良好的实践队成员奖励学分，调动广大同学参与实践的积极性，规范各实践队参与实践的过程。这些措施引导更多的青年学生主动关注社会、走入社会，积极做到学以致用，在实践中“受教育、长才干、做贡献”，使实践效益达到最大。

四、自然的清新——身心健康

天津大学始终关心学生的身心健康，将健康的身心养成作为文体育人的重点之一。

丰富多彩的学生课外体育活动是天津大学一大亮点，每天下午 4 点钟以后，所有体育场馆都将迎来大批的学生前来参加各种体育活动。这正是天津大学多年来坚持和要求的结果。为了推进阳光体育活动，学校不断完善群体工作机制和组织形式，在成立天津大学学生体育总会之后，先后成立了近 30 个学生体育社团，有 3000 多学生加入其中。学生体育社团得到体育部、学工部、校团委、场馆中心等部门直接支持，活动内容更加丰富多样，真正做到了天天有活动、周周有竞赛。特别是 2012 年初开展的学生有奖长跑活动更是别具一格，充分体现了天大特色，为全国之首创。这些活动不仅使学生身心得到锻炼，也极大地丰富了校园文化生活。

另外，天津大学还拥有包括男子篮球、女子篮球、田径和游泳 4 支高水平运动队。这 4 支高水平运动队分别组建于 20 世纪 80 年代末期和 90 年代初期，即天津大学被教育部确立为创办高水平运动队学校以后。20 年来 4 支队伍代表天津大学多次参加天津市及全国各类比赛，并取得优异成绩。尤其是游泳队，更是成绩显赫，他们代表天津市几次参加全国大学生运动会均获佳绩，同时在亚运会和奥运会上摘金夺银。在 2012 年第九届全国大学生运动会上，天大游泳队 5 人参加比赛，取得 6 枚金牌、7 枚银牌和 1 枚铜牌的好成绩，为天津市代表团获得金牌总数、奖牌总数和团体总分 3 个第一做出贡献。天津大学还在第八届全国大学生运动会上获得“校长杯”。

建立大学生心理健康教育中心，为学生成长成才保驾护航。“愿阳光打在你的脸上，温暖留在每个人的心里”、“如果你看到面前的阴影，别怕！那是因为你的背后有阳光”，沿着北洋广场往里走，敬业湖两边“暖心道旗”迎风飘扬，一句句暖心的话语、一张张温暖的图片，为敬业道增添一抹靓丽的风景。过往行走的天大学子每每经过这里常常会心一笑，尽情享受和体验天大心理健康教育中心及天大心理协会为大家营造的关爱心灵健康的暖心氛围。用学生的话来说：“这是我们专属的幸福！”

1990 年学校建立了心理咨询室，1998 年扩建为心理咨询中心，2003 年成立了心理治疗中心和心理研究所。2005 年与教育学院合作，成立应用心理学硕士点，再到 2011 年 8 月正式成立了心理健康教育中心。多年来的努力形成了独具天大特色，包含普及教育、心理咨询、心理治疗及心理研究的“四位一体”心理健康教育模式。如今的心理健康教育中心组成了由 6 位专职心理教师、2 位兼职心理医生、27 位兼职心理咨询师、200 余名心协成员，以及 1 400 余名心理委员的一个和谐、朝气的集体，可提供学生进行心理咨询、团体活动或小组训练、心理门诊及治疗服务。

心理健康教育中心在每位学生入学伊始，依托心理协会将不同主题的“暖心卡”发放到每个宿舍。为每一个天大学子营造关爱心灵健康、关爱他人的“暖心”、“贴心”和“用心”的氛围。中心还开展了“海河放灯”、“十佳心理委员评比”等趣味性强、具有创新性的心理活动，不仅丰富了学生们的课余生活，也为学生提供了互助的氛围和平台，提高了学生心理自助与互助能力。这些活动参与性、互动性强，能进一步激发同学们对身边生活的体验，关注自我心灵的健康。

特别值得一提的是中心联合心理协会举办了独具特色的心理剧大赛，让每一位学生都有机会参与编剧、策划和表演。心理剧大赛一方面为学生提供一种发现、思考和解决自身问题的思维方式，另一方面也充分地反映出了大学生常见的心理困惑，成为展现天大学子青春风采的良好平台。《那些年，我们一起追的篮球》、《羡慕》等剧目，不仅带给观众心灵的震撼，同时也让台前幕后的同学得到一次心灵的洗礼。通过大赛的表演，不仅反映了大学生在亲情友情、情感恋爱、梦想奋斗等方面的心理困惑，锻炼了同学们的能力，更重要的是，每一个参加活动的人都会从一个个鲜活生动的心理剧中得到感悟和启迪，明白了自己今后应该怎么做才能让心理充满阳光，让生活健康快乐。

五、高雅的享受——人文艺术

北洋艺术团前身为天津大学文工团，1985年正式更名为北洋艺术团，一直是天津大学文化的重要组成部分。如今，承载着艺术教育累累硕果的北洋艺术团，已经由最初的200余名团员发展成为由交响乐团、合唱团、军乐团、民乐团、舞蹈团、曲艺话剧团、艺术爱好者协会、越剧艺术研究会和演出中心9个下属团队，职能部门与行政办公室两个配套组织，1 500余名团学员组成的，有陈乐昌、张培豫等30多位国际知名音乐家为指导教师的艺术团体。

在20世纪的百年历史中，天津大学坚持“以美育人，以艺育人”的宗旨，构建以高雅艺术为特色的多彩校园文化。从20世纪50年代天津大学体操队、文艺队举办的各类活动，到近年来学校提出的“培养会拉小提琴的爱因斯坦”的艺术育人理念，天津大学一直注重学生综合素质与能力的全面发展，坚持以特色校园文化陶冶学生情操，不断追求高雅艺术，不断探索不同的艺术门类。天津大学浓郁的校园文化氛围因艺术教育的发展而愈加芬芳。

一是艺术诲人：打造“三个课堂”教育体系：开辟第一课堂，早在1984年，天津大学就在全国高校中率先开设艺术选修课，让科学与艺术握手。目前，不仅开设22门艺术选修课和30余门艺术实践课，而且结合不同专业特点在部分学院开设艺术必选课。充分发挥第一课堂优势，以艺术教育课程建设为突破口，艺术理论课与艺术实践课双管齐下，将艺术教育纳入人才培养的良性轨道。建造第二课堂，扶植高雅艺术，倡导先进文化，创造浓厚的校园文化氛围，实现艺术教育从精英教育到大众教育的转变。学校构建了以北洋艺术团为核心，以校园文化艺术节、周末音乐会为特色的艺术教育体系。多年来不仅大量零起步的学员成为艺术的知音与使者，而且每年几十场演出和学员们的自觉行动感染着校园中的每一个人。每周在固定时间、固定地点举行的周末音乐会使学生们沉醉在旋律的舞蹈中，感受来自心灵深处的共鸣与感动。拓展第三课堂，让精神在艺术中升华。艺术实践活动是学校艺术教育的第三课堂。天大一方面通过积极组织各类比赛，激发学生关注、热爱和参与艺术的激情。另一方

⇑ 图 7-2-3　20 世纪 50 年代天津大学学生体操队
⇓ 图 7-2-4　20 世纪 50 年代天津大学学生文艺队

面走出校门，送高雅艺术上山下乡。让学生们在朴实的共鸣中体会艺术的魅力，实现精神的升华。

天津大学学生在艺术类领域成就斐然。其中国际奖项 26 项，国家级奖项 74 项，市级奖项 115 项。2008 年、2010 年分别获得 CCTV 青年歌手电视大奖赛优秀奖、铜奖，人民网将北洋合唱团称作“非专业的 No.1”。2010 年，天津大学再次被教育部评为“全国学校艺术教育工作先进单位”。天大学子的演出足迹也已从国内渐渐蔓延到了美国、法国、西班牙、奥地利、匈牙利、斯洛伐克、韩国、新加坡、马来西亚等 30 余个国家和地区，他们用独特的个性与蓬勃的青春征服了观众。

二是艺术育人：培养会拉小提琴的爱因斯坦。德国诗人席勒说：自然只让我们存在，而艺术创造我们的人类。天津大学开展艺术教育不以培养专业或职业艺术工作者为使命，而是注重艺术教育的普及和高雅文化氛围的形成，发挥高雅文化对人的思想修养的积极影响。与重知识传承的功利主义专业教育传统不同，天津大学更愿意以一个慈母的胸怀给学生以广泛的人文关怀，培养大学生的创新意识和高尚品格，培养可以借助艺术的翅膀使科学思维飞翔的大师。在天津大学每年一度的学生评优中，艺术团获得各类奖学金的团员达到了 80%。近年来，艺术团的应届毕业生中有近 60% 的团员保送或考上研究生，超出了全校的平均水平。

对于艺术团，同学们都饱含深情。化工学院博士生薛博同学说，北洋合唱团是她的良师益友，教她音乐，教她做学问，教她做人。殷丽娜同学说，音乐可以使一个人高尚，音乐可以超越智慧、超越哲学，音乐可以从潜意识中影响着人、启发着人，使人的灵魂在乐曲的熏陶下升华。

在北洋艺术团里，每个成员都以一种诚恳热爱的姿态迎接艺术的灌溉与洗礼，徜徉在高雅艺术的殿堂，感受着思想的启迪、艺术的激扬，等待自己的青春如蝴蝶般无悔美丽的展翅。他们一齐向着文化向着艺术勇敢前进，挥洒汗水与青春，在春风化雨中塑造自己高尚的人格，培育对社会对未来的责任感。

三是艺术感人：用心声感动你我。在天大，校园文化与艺术教育紧密联系

⇑ 图 7-2-5　美国音乐之家天津大学音乐会
⇓ 图 7-2-6　天津大学北洋军乐团管乐名曲音乐会

在一起，共同成为连接学生及师生关系的关键性纽带。在天大芬芳浓郁的文化艺术氛围中，原本并不相识的同学及老师们因为对文化艺术的共同热爱而携手共同创作、共同前进，一起欢笑、一起流泪，共度青春。团体艺术生活使天大学子们树立了“责任”与“合作”的理念，体会到了团结一致的温暖，同时也让他们学会了如何在群体中更好地生存和发展，在群体利益得到最大满足的同时，也很好地体现了个人价值。艺术教育涤荡着学子们的灵魂，完善了他们的历史观、社会观和价值观；让他们学会爱祖国，也爱家人，爱别人，也爱自己；拓展了他们情感的长度、心灵的高度和灵魂的深度。他们在天籁之音搭建的爱的殿堂里，不断地成长与提升。

北洋大讲堂是天津大学中传播人文科学知识、营造浓厚校园文化氛围的主要阵地之一，是在全国高校中颇具影响力的讲座品牌。在天津大学这样一所以工科见长的综合性大学里，北洋大讲堂的存在，提供了关于科学与人文、科学与艺术、科学与工程技术、科学技术与社会发展等思想交汇的平台。“北洋大讲堂”开办至今，数百名家大师登台演讲，万千学子现场听讲提问。美籍华裔科学家、1997 年诺贝尔物理学奖获得者、美国能源部部长朱棣文就曾做客“北洋大讲堂”，以“能源与气候：共同的挑战，共同的机遇”为题，与师生分享成长历程，探讨可持续能源的世界发展趋势。国务院原副总理李岚清，诺贝尔奖得主杨振宁，著名学者余秋雨、刘墉，感动中国人物孔祥瑞、刘伟等社会各界知名人士，都曾做客北洋大讲堂，在这里留下了智慧的声音和思想的碰撞。

名家大师在此风云际会，贤才俊彦在此感悟人生。聆听百家之言，博采众家之长，同学们得以了解学术前沿，领悟深刻思想，分享实践经验，洞察社会热点，增长人生智慧。而这些，正是培养高素质拔尖创新人才、提升境界、启迪思维、增长才干、拓宽国际视野的重要途径。孔子杏坛讲学，苏格拉底设坛答问，讲座这种兼容并蓄的方式始终是交流思想、传播知识和交锋观点的重要平台，而北洋大讲堂就是这样一个广延名家大师与青年学子共同碰撞思想、品味人生、探求真理的殿堂。

⇑ 图 7-2-7　杨振宁博士作客北洋大讲堂

六、智慧的灵感——科技创新

培养具有创新精神、创新意识的人才，这是高等教育面临的重大实践课题，也是高等学校的立校之本。大学应当成为创新者的摇篮，源源不断地培养出大批具有创新精神和实践能力的高层次人才。

天津大学学生科技工作始终坚持“活跃校园科技创新氛围，指导学生科技创新活动，服务学生科技创新工作，展示学生科技创新能力”的工作宗旨，通过组织开展“挑战杯”大学生课外学术科技作品竞赛、“挑战杯”创业计划大赛、天津大学科普节、科技论文报告会、创新（拔尖）人才遴选培养等科技实践活动，打造由学生科技协会、学生知识产权协会等学生社团组成的天津大学学生自主创新平台，有效激发并培养了在校广大学生的科技创新及实践能力，在浓厚校园科技创新氛围、繁荣校园科技文化方面发挥了积极的作用。

一是鼓励创新：“挑战杯”学生课外学术科技作品竞赛。为进一步贯彻实施“科教兴国”战略，促进学生课外学术科技的发展，激励大学生积极参与科技实践，造就具有学习能力、实践能力和创新能力的高素质人才，引导青年学生自觉培养科学精神和科学态度，学校鼓励广大学生积极参与挑战杯竞赛。至今已经成功举办了 8 次“挑战杯”学生课外学术科技作品竞赛。

经过多年实践，已经形成了以品牌科技竞赛为龙头的科技竞赛模式。“挑战杯”竞赛、学科竞赛等是大学生课外科技活动中具有导向性、示范性、群众性的竞赛活动，能够引导和激励广大学生刻苦钻研、勇于创新，并在此基础上促进学生课外科技活动的蓬勃开展，进而发现和培养一批在学术科技上有作为、有潜力的优秀人才。

天津大学“挑战杯”学生课外学术科技作品竞赛自举办以来，在学校各级领导的大力支持下，在广大同学的广泛参与下，涌现出了许多优秀的学生科技创新作品，提升了学生的科技创新水平，被多家新闻媒体争相报道，产生了一定的社会影响力，营造了良好的校园科技竞赛氛围。

二是关注创业：“挑战杯”创业计划大赛。“挑战杯”创业计划大赛作为学生科技活动的新载体，在培养复合性、创造性人才，促进高校产学研结合方面发挥着越来越积极的作用。自天津大学参与“挑战杯”创业计划大赛以来，已经成功举办了 8 次。天津大学第八届天地伟业“挑战杯”大学生创业计划大赛共有 40 余支创业团队参加赛事，并有 10 支队伍代表学校参加了本次天津市终审决赛，成为入围天津市决赛创业团队最多的高校。经过激烈角逐，天津大学 10 支创业团队分别荣获金奖、银奖，取得总分第一的好成绩，并荣获“校级优秀组织奖”称号。在此基础上，经学校专家评审和全国组委会的最终评议，3 支团队入围全国“挑战杯”创业计划竞赛决赛。

在竞赛组织过程中，学校广泛动员，积极组织，系统指导，邀请管理与经济学部的专家教师，以及校外的创业导师，开展多次的模拟答辩、经验交流会以及创业计划书的修改培训，让学生充分了解了创业相关知识，掌握了创业的基本技能，提升了创业的基本素质，在校园内营造了良好的创新创业氛围。

三是匠心独具：天津大学科普节。科学技术的普及程度，是国民科学文化素质的重要标志，事关经济振兴、科技进步和社会发展。科技普及工作能够在校园内营造良好的科技创新氛围，增强学生的创新意识，提高学生的科学素质，培养科技后备人才。作为国家基础建设和基础教育的重要组成部分，科技普及工作是一项意义深远、永无止境的宏伟社会工程。

天津大学科普节期间，学校在大学生活动中心一层大厅举行了大型科普知识宣传展览活动，以精心准备的大量形象、生动的展板向学生展出了丰富多彩的科普知识。这些科普知识与学生们的日常生活密切相关又充满了新奇色彩，带给同学们不一样的“课堂”体验。各学院学生科协及下属协会将学生科技素质提高与专业优势相结合，也不断推出丰富多彩的特色科普活动：精仪学院“美新杯”传感器应用大赛、信息学院电子设计竞赛、建工学院结构设计大赛和混凝土设计大赛、管理与经济学部“渤海杯”模拟炒股大赛、化工学院和理学院“化联杯”趣味化学知识竞赛等。

四是注重积淀：学生科技英才工程。为鼓励学生的科技创新活动，学校 1997 年推出“学生科技立项工程”，投入专项资金支持本科生科技立项，激发了学生开展科技竞赛活动的热情。从1999年开始实施“学生科技英才工程”。随后又在2002年推出“学生中的诺贝尔奖——学生科学奖”的评选，每年评选出10位获奖者。此外，今年还进行了“中国青少年科技创新奖”的评审。“学生科技英才工程”分为“学生科学奖”及“学生科技英才”两部分，旨在培养一批具有创新精神和实践能力的科技先锋。自2002年开展以来，“学生科学奖”和“学生科技英才”评选已分别成功举办了10届和12期，共有102人获得“学生科学奖”荣誉称号，1000余人获得“科技英才”称号，涌现出一大批优秀获奖者。

五是锐意进取：天津大学创新创业教育中心、“宣怀班”。为了进一步推进创新创业教育工作的开展，更好地服务学校的创新人才培养，学校成立面向在校大学生及青年创业者的天津大学创新创业教育中心，中心下设创业精英培训班——“宣怀班”。“宣怀班”以学校首任督办盛宣怀命名，面向全校本科生、硕士生设立，每年从在校学生中招收一定数量的学员，以培养国际视野、创新精神、创造意识和创业能力为目标，实现理论学习和实践环节相结合。“宣怀班”与津南区共建的天津大学—双港青年创业基地，进一步探索校企合作培养、竞赛团队培养等多样化的培养模式。

六是追求卓越：自主科研实践体系。为了实现与第一课堂教育的充分对接，提高大学生的科技素质，造就新世纪的创新型人才，全力推进学生的工程创新实践能力培养工作，以学校工程教育改革、卓越工程师培养计划为契机，构建和推出了天津大学学生自主科研实践体系。

大学生自主科研实践体系以大学生创新精神和实践能力的培养为目标，形成以科研项目为主导、以学生为主体、以教师为指导的项目化运作模式，通过学生的自主科研实践，实现科研项目研发的实体化、实用化。该项目鼓励和服务学生广泛参加各类专业实践，利用所学专业知识，解决企业工程实践中相关技术难题，在过程中提升能力、开阔视野、增长才干。该体系的不断深入推进和实施，激发了学生的科技兴趣，培养了学生的创新能力，搭建了企业专业实践平台，真正实现“学以致用、用有所成”。

七、无尽的探索——网络前沿

当互联网在中国大地悄然兴起的时候，2000 年 6 月 8 日，在天津大学这青葱校园中，一朵美丽的白云载着“天外天”之帆羽，停驻北洋——“天外天”学生网站建立。天大的学生也在网络世界中有了属于自己的一片天空，一方乐土。

本着以师生需求为中心的原则，天外天搭建了界面友好且操作简单、内容丰富的各类栏目，并设法通过各种独具特色的栏目和功能增强师生对网站的感情，培养起了大批忠实的用户。师生来到天外天网站可以轻松地获取他们需要的各类信息和资源，这不仅方便了师生的教育、科研和生活，同时也为后来天外天的进一步发展提供了宝贵的用户群。

2000 年建站之初，天外天建设了一批如北洋广场、网上课堂、北洋艺苑、为您服务等在学生和网友中有很好反响的品牌栏目，用户数量在一年时间内不断翻新纪录。2002 年，天外天网站又整合了“求实网”、“思考者网”、“国防教育网”、“心情广场”等诸多教育类网站，凭借自身用户数量庞大的优势，为学生的思想教育提供了一个更为开阔的平台，逐步成长为一个集教育、学习、休闲、娱乐于一体，坚持“寓教育于信息、服务、娱乐之中”的综合性校园网站。2003 年 5 月，天外天网站又自行开发了“天外天邮件系统”，为全校学生提供终身免费服务，注册用户在很短的时间内就达到 36 万人，受到广大学生的欢迎。

学生的需求是多样的，不仅要了解学生的需求，还要引导和设计这些需求，以实现育人的核心价值理念，网络恰恰提供了这样的平台。天外天网站在建设中始终坚持以人为本，以解决学生的实际问题为宗旨，加强对学生思想教育规律的研究，提高管理和服务的水平。只有这样才能在不断变化的环境中掌握教育的主动权，使高等教育成为社会主义事业人才培养的熔炉。

天津大学校园网站的不断发展也印证了这种认识。随着网站内容和功能的丰富，学校各个职能部门、教学基层单位都开始意识到应该充分利用网络解决工作中遇到的问题，倾听学生的声音，更好地开展育人工作。2004 年，在校园论坛求实BBS上专门开设了“校务专区”，包括校长办公室、教务处、学工部、后勤集团等与学生学习生活密切相关的18个职能部门都在BBS上开设了专门的版面，由专人每日在版面上直接回答学生提出的各种问题，做了大量耐心细致的解释工作，倾听了学生的呼声。这样不仅解决了学生的问题，而且也促进了职能部门工作水平的提高。

2004年3月起，天津大学在天外天网站上又推出网上政治理论学习的新举措。其主要内容是在天外天网站开设“理论园地”栏目，由学生政治理论学习社团负责维护。每学期将学习内容上网，供各学院组织学生学习讨论。同时，天外天网站开发了“网上政治理论学习与考试系统”，每学期学校确定学生应该学习的内容和要求，天外天网站根据学习内容更新网上题库。在考试期间，所有学生可以通过自己的天外天账号和密码登录系统参加考试，系统自动随机在题库中抽取试题形成网上试卷，考试结束后系统自动给出成绩，未通过考试的同学可以重新参加考试，直到通过考试为止。每年有4万多人次通过了学习考试，覆盖了全校所有本科生，通过率均达到99%以上。网上政治理论学习与考试已成为天津大学网络校园思想文化教育的重要组成部分，也是学生综合考核的重要指标之一。

互联网的发展使得各种思潮不断涌现，在校园网的建设中，始终应该关注的是对学生的思想引领作用。如何将主流价值观以一种喜闻乐见的形式传递给学生？2004年天津大学利用天外天网站逐步探索并寻找到了一条思想引领的新途径。5月，天外天网站首次开设“学生党建”专区，并在5月7日开始试运行三级党校体系的基础平台——网上党校。网上党校将教学大纲规定的党的基本知识和基本理论的内容分成28课，并在每课后面设有测验。2005年4月，天津大学在学生党建专区中又推出党建工作交流专版，拓展学生思想政治教育的网络空间，开始利用网络的互动性开展学生党建工作，引导学生党建工作者和学生党员、积极分子和申请人进入党建专区对各类问题进行讨论，各学院的基层学生党支部将工作在专区内展示，学生党支部在网上进行及时交流。

2008年11月天津大学开始尝试在天外天网站建立社会网络服务（SNS）社

区，为全校近3万学生建立了个人首页。该社区最大的特点在于内容完全来自于学生的自我展示，而又通过一定的管理和组织模式有序地展现出来，为学生在网上建立了一个交际和交流圈。学生可以实时了解每一个个体、班级和组织的情况，促进了交流和学习。

2009年7月天津大学在天外天网站上设立了辅导员博客群，为每个辅导员建立了自己的博客。辅导员博客群的创新点不仅在于为辅导员个人提供展现的平台，同时辅导员可以通过该平台相互交流，针对一个问题共同发表建议和观点，从而在网上形成了合力。每个辅导员还可以利用博客群对其所负责的学生进行有效的管理，辅导员登录博客后将清晰地看到自己所负责的班级、社团和各个学生宿舍的信息，可以在网上对各个学生组织的活动进行评价和评选，并将评选结果及时反馈给学生。学生可以通过该平台与辅导员交流，并可以在网上约谈，通过平台实现实时沟通，解决了部分学生因为性格等原因无法和辅导员当面沟通的情况。这种双向互动的交流让辅导员以一个更加真实的教育者身份出现在网上，不仅提高了其个人感染力，也让各类信息真正有效地在两者间传递，增强了工作的实效。目前学校已经建立的辅导员博客约有110个，基本涵盖了高职生、本科生和研究生辅导员，辅导员开博客的比例达到了95%。博客每周平均更新篇数为280篇，博客群日平均点击率约10 000次。很多辅导员通过博客将重要的校园活动发布在网上，让更多的学生可以看到并参与其中，也通过日志直接将个人对一些社会现实、理想信念的理解传达给学生，让学生在阅读日志的同时受到教育，极大地增强了教育的实效性。学生对日志经常予以积极的回复和评论，并就一些观点和各自的辅导员进行交流。这样就达成了一种双向互动的模式，不仅能够通过一种学生所熟悉的模式让学生受教育，也让辅导员在沟通的同时了解学生的思想状况，从而建立了一种新的思想教育模式。

2012年天津大学首次将移动互联与社区建设相结合，让学生更便捷地获取各类服务信息，推出了手机端自习室查询、老乡查询、校园新闻推送等，增加校园社交网络的吸引力。

天外天网站发展的十多年见证了校园网络蓬勃发展的过程。一届届师生经过不断的努力，打造了全国首屈一指的高校综合门户网站，将他们的青春与才华奉献给了这个他们深爱的地方。

第三节　文化传承神采飞扬

一、枫叶红于二月花

文化需要传承，青年学子的成长更是离不开老一辈的言传身教。天津大学重视离退休老同志在文化传承中的重要作用，在政治上尊重、思想上关心、生活上照顾离退休同志。这些老同志老骥伏枥，志在千里，在学校文化育人中发挥了重要作用。

学校始终认为离退休同志是学校丰富的人力资源和宝贵财富，在校园文化建设中起到了承前启后的重要作用，为此实施了“老有所养、老有所医、老有所教、老有所学、老有所为和老有所乐”的“暖心工程”。

首先建立干部退休制度，形成了为离退休老同志服务的保障机制。学校成立了离退休工作管理处，深刻领会党中央、国务院对离退休干部工作提出的新要求，全面落实老同志的各项待遇。同时继承了老同志的光荣传统，自觉学习老同志的崇高风范，充分发挥老同志的重要作用。离退休工作管理处既有管理职能又有服务职能，而且服务职能大于管理职能。学校党委在人员编制和硬件配置上实行倾斜，配备了相应的领导和工作人员及活动场所。活动场所已经成为离退休老干部思想政治工作的载体、文化活动的场所、传播知识的课堂、老有所为的阵地。

其次是建立干部退休制度，为做好离退休干部服务管理工作奠定了基础。离退休工作管理处从管理与服务入手，制订了各项规章制度，明确了工作职责，建立了离退休老干部数据库，实行计算机网络管理，为老干部管理制度化、规范化奠定了基础。老干部工作的方针政策随着社会的发展而不断完善和丰富，从当初的“基本政治待遇不变，生活待遇还要略微从优，并注意很好地发挥他们的作用”到“全面做好新时期老干部工作”。“老干部”概念的内涵也在发生着变化，从特定群体到今天离休干部和退休干部的总称。随着党和国家对老干部工作的高度重视，老干部工作迎来新的发展机遇。离休干部人数逐步减少，退休干部已经成为老干部工作的主要群体。面对老干部工作的新情况、新任务、新要求，老干部管理者在生活中给老干部更多的人文关怀，尊重老干部的人格与尊严，以工作激情感染老干部，以人格魅力获得老干部的信任，为构建以身作则、以人为本的学校领导文化，为做好新形势下的老干部工作奠定了基础。

再次是建立干部退休制度，营造了“敬老、爱老、尊贤”的良好氛围。各级领导在思想上高度重视，把老干部工作摆上重要位置，全校自上而下为老干部服务建立了组织网络体系，形成尊重、爱护、学习、关心老干部的良好氛围。

二、博学而不穷　笃行而不倦

离退休老同志的文化活动是校园文化的重要组成部分，蕴涵着丰富的教育内容。

一是老有所养、老有所医是离退休老干部文化生活的基础。做好新形势下的离退休干部服务管理工作，在落实政治待遇方面严格执行并不断完善离退休干部阅读文件、参加重要会议和重大活动、参观学习，向老同志通报工作、走访慰问离退休干部等制度。切实加强离退休干部思想政治建设和党支部建设，推出一批“五好”离退休干部党支部，使之成为组织、凝聚老同志的坚强堡垒。在落实生活待遇方面进一步巩固好“三个机制”，确保“两费”落到实处。建立和完善特困老干部救助机制。针对离休干部整体进入高龄期和高发病期的实际，制定完善了老干部高龄养老的措施和办法。在推进政府机构、企事业单位改革和医疗体制改革中，注重制定相关政策和配套措施，切实维护好老干部的利益。每年的教师节前、春节前，学校都为老干部发放慰问金。重阳节期间，学校隆重举行祝寿会，并为两千多名老干部发放慰问卡，让老干部受益更多，共享改革发展成果。

二是老有所学、老有所教是老干部文化生活的内涵。在深化“亲情服务”的同时，不断满足老干部精神文化生活，是照顾好、服务好老干部的一个重要方面。通过老年大学开设了计算机（基础、提高）、书法、绘画（国画）、交谊舞、摄影基础、桥牌、声乐（基础、提高）、服饰表演、手工手绘、葫芦丝基础、中老年电子琴和钢琴等十多个班。退休协会下设合唱团、轻音乐组、舞蹈组、服饰艺术组、健身操组、服饰沙龙、晨练组、阳光健身组、瑜伽组、越野行走组、太极拳组、乒乓球组、风筝组、书法组、诗词组、绘画组、手工手绘组、摄影组、扑克牌组、竞技麻将组等二十多个活动组，依托老干部活动中心和退休活动场所为离退休老干部提供学习的课堂、交流的平台和娱乐的中心，为离退休老同志提供全方位、多层面的服务。每年近千余人积极参与，通过学习、交流，融进了新的文化领域，既丰富了其知识面，又享受美好时光。

三是老有所为、老有所乐是老干部文化生活的新目标。老干部群体人才荟萃，是推动经济社会发展的重要政治和智力资源。许多老同志离退休以后，仍有继续为党和国家发挥余热、奉献力量的真诚愿望，支持和满足老干部的这一要求，组织他们在自觉自愿、量力而行的基础上，围绕高校建设和事业的发展，尤其是教书育人方面发挥作用。

三、老骥伏枥　壮心不已

时间将曾经的辉煌留给历史，也将无限的希望带给未来。新形势下天津大学发挥离退休干部的积极作用，以“六个老有”为目标，开展主题鲜明的实践活动。活动中做到五个结合：一是坚持政治性活动与文化娱乐健身活动相结合；二是日常活动与大型活动相结合；三是坚持自娱自乐与竞技比赛相结合；四是室内活动与室外活动想结合；五是集中活动与分散活动相结合。以形式多样、丰富多彩的文化活动为老干部提供了展示才华、发展个性的舞台。

天津大学建立了“关心下一代工作委员会”，简称“关工委”。关心下一代是功在当代、利泽千秋的崇高事业。广大老干部在长期的革命生涯中，铸就了坚定的理想信念、政治立场，形成了优良的传统作风，具有鲜明的政治优势、智慧优势和经验优势。天津大学共有离退休人员 4 200 余人，其中党员 1 525 人，设有 61 个党支部。在关工委领导下组建了“老党员理论宣传组”、“老干部讲传统组”、“老教授科普教育组”、“学生党建工作指导组”、“学生邓研顾问组”、“学生社团顾问组”等十余个组，参加其中的离退休老同志近千人，这些老同志通过这些载体各尽所能、奉献才智在文化育人中发挥作用。

关工委举办各种革命传统教育讲座、人生理想报告和科普报告达数百场，受益大学生和青年教师达 10 万多人。许多老同志与大学生结成忘年交，做青年学生的引路人。资助贫困生，关注学生的学习和生活。老同志做青年教师的辅导员，搭建与学工队伍的交流指导平台。与此同时，学校依托老干部活动中心组建了“关心下一代教育基地”和“大学生党员教育基地”，使其成为关心下一代工作的学习中心、交流中心和大学生思想疏导教育中心。鼓励和支持离退休干部以他们的亲身经历和人格魅力教育、影响年轻党员和干部，关心教育下一代健康成长。

离退休教师继续在“三育人”岗位上发挥作用。大学校园就是一个深广的文化知识的海洋，大学生在这海洋中就是水手，教师们摆着舵向，引领学子们走进人类文化的圣地。学校诸多知名教授退休之后，仍然奉献在教育事业上，继续培养学生。每年约有千余名退休干部由各单位聘请在教学、科研、党政管理、后勤服务等岗位上，为学校的建设与发展继续服务。由离退休教师组成的教学督导员队伍随时督导课堂教学质量，发现问题，及时提出建设性建议，对于

↑ 图 7-3-1　天津大学关工委工作总结会

改进和提高学校教学质量发挥了重要作用。同时，离退休老同志中，有的是科研强手，有的是教学名师。他们活跃在学术讲坛上传播知识、传承文化、教书育人，展现了老专家的风采，深受学生的欢迎。还有一批老教师关心青年学生的政治思想和专业成长，常年担任学校青年志愿者的顾问、心理咨询导师，坚持开展心理咨询，为大学生身心健康成长奉献心智。

做改革发展的“智囊团”，为学校事业发展献计献策。组织离退休干部运用自己的政治优势、经验优势、专业优势、智慧优势、威望优势和人文资源优势为教学、科研、管理和党的建设中的各项工作和活动出谋划策，为科学决策做贡献。随着改革开放和社会主义现代化建设的深入发展，新矛盾、新情况、新问题层出不穷。这就需要摸清情况，一切从实际出发，根据实际情况决定工作方针。离退休干部正好可以利用时间优势，开展广泛调研，并提供咨询服务。学校通过年度工作会议、教代会、情况通报会、征求意见会、专项报告会、论证会、咨询会、恳谈会等请老同志出主意、献良策。老同志提出的建议和希望，对学校的发展和人才培养起到了很好的作用。

天津大学离退休工作开展了 30 年，取得了显著的成绩，先后多次获得全国和天津市的先进集体，受到表彰。在中组部、中宣部、老干部局和中央电视台联合举办的首届老年人风采大赛中获集体铜奖，获个人风采奖。各类活动小组参与全国、天津市的各项大赛也取得可喜的成绩。这些老同志离退休后，离休不离党、退休不褪色，继续书写着五彩斑斓的人生辉煌，继续为学校发展和人才培养做出重要贡献。事实证明，这些老同志不愧为党和国家的宝贵财富，也不愧为学校发展的重要力量。30 年春华秋实，验证了邓小平同志掷地有声的断言：这是一件值得大书特书的事。

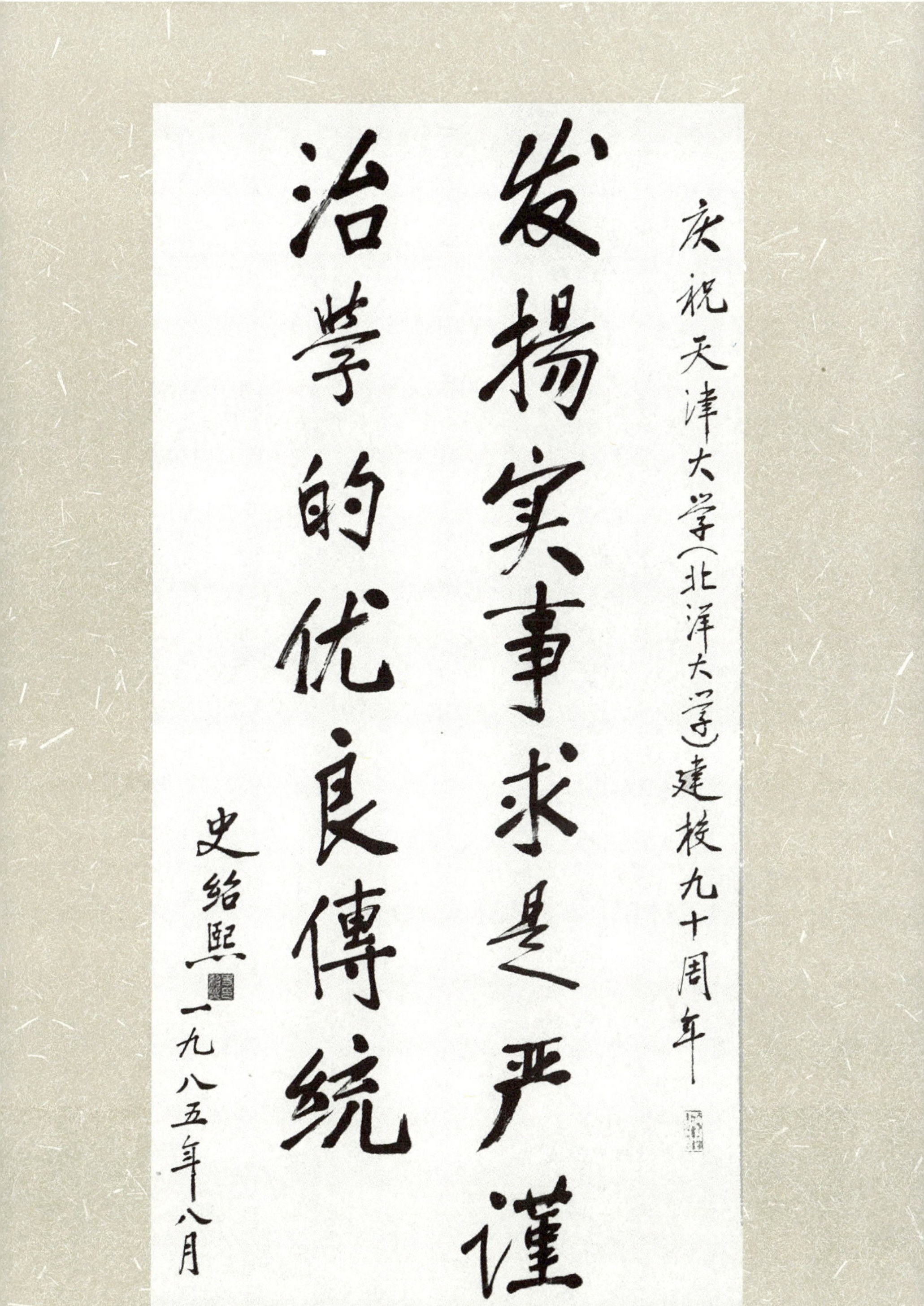

↑ 史绍熙书写实事求是

第八章

桃红棠丽的校园环境

天津北运河畔的桃花堤以其姹紫嫣红成为老天津卫风景之巨擘，卫津河边的海棠季以其独有的娇艳成为天津人喜爱的新风貌。桃红棠丽是天津大学百年办学风景线上的两张色泽艳丽的名片，将特有的色彩留给世人、留给世界，更留在师生和校友的心中。

物质文化是大学文化的物质载体，反映着大学精神的内涵。天津大学老校长吴咏诗曾经说过：办大学从某种程度上来说，就是办氛围。这句话后来被广泛引用。这里的氛围，一方面包括大学的精神方面，如实事求是、自由探索、独立思考、团结宽容等，另一方面，包括校园风貌，即学校的建筑布局、建筑、人文景观、植被等蕴含的积淀与神韵。很多人评价天津大学的毕业生：工作态度认真、工作条理性强、工作基本功扎实……这一评价，除了有学校实事求是的校训、严谨治学的校风、爱国奉献的传统和追求卓越的精神熏陶，更与天津大学独具特色的校园环境分不开。正如世界屋脊孕育了嘹亮高亢的天籁之音，广袤的草原产生了宽广的长调，杏花春雨江南伴随的则是悠扬婉转吴侬软语一样，不同的校园风貌对学生都有着潜移默化的影响。

第一节　融汇中西的北洋园

一、国有成均　在河之滨

天津地处华北平原东北部，东临渤海，背依燕山，西靠北京，为海河流域下游，素有“九河下梢”、“海河要冲”之称。海河的五大支流——南运河、北运河、子牙河、大清河、永定河在此汇合入海。

河海衔接造成了天津河网密织、沽水棋布的地域特征。“九河下梢”流滋润泽，“七十二沽”星罗棋布。由于天津水路通达，自明朝定都北京以后，天津就成为了北京的货物和粮食的转运枢纽。第二次鸦片战争以后，天津开辟为通商口岸。开埠前，天津仅为国内的贸易城市，开埠后，则成为了世界与中国贸易的窗口。近代工业、近代贸易、近代金融在天津成长起来。19 世纪末，天津建立的许多工厂企业创造了中国之最，如天津机器局、开平矿务局等皆是举国闻名的大型工矿企业。此时还有许多外国企业在天津投资建厂。据统计 1895 年到 1919 年间，国外企业在天津建厂近 60 家，行业包括造船厂、机器厂、电灯厂、发电厂、面粉厂、化工厂等。同时，国内外的金融资本也流向天津，自 1880 年起外国在天津开设的银行有：英国的汇丰银行、麦加利银行，俄国的华俄道胜银行，德国的德华银行，日本的正金银行等。国内的金城银行、大陆银行、盐业银行等一大批银行业也将天津作为经营重点。此时的天津已是中国北方最大的工业、金融、贸易城市。

天津在吸纳西方近代物质文明的同时，还吸纳了西方近代的精神文明，使天津成为了当时中国最具活力的城市。加之天津拱卫京畿的地理位置，在国防和外交的重要性上，超过了最早开埠的广州和上海，成为清末的第一重镇。

当时，天津相对先进的经济、文化为吸引先进人才提供了市场，天津的现代教育由此应运而生。1881 年在天津开办的北洋水师学堂，“实开北方风气之先，立中国兵船之本”[1]，是我国最早的军事专科学校和海军军官学校。1885 年天津开办了北洋武备学堂，1894 年天津开办了北洋医学堂等。这些学堂的开办，为北洋大学堂的诞生奠定了基础。

1895 年 10 月北洋大学堂创建时，校址为海河南岸的原博文书院旧址。

博文书院由盛宣怀的前任津海关道周馥于 1886 年筹建，是一所课以“中西有用之学”的中等学校。此时的中国正处于洋务运动时期，开办西学是其主要内容之一，尤其是带有西文、西艺性质的中等教育比较盛行，许多通商口岸城市和省会城市都开办有这类学校，天津也是如此。基于当时的社会背景，“兴学强国”的心情远不如甲午之战以后迫切，也没有建立大学的诉求。博文书院的开办经费由海关税收中拨付，津海关道周馥与时任津海关税务司英国人德璀琳意见不合，导致开办费用迟迟无法落实，一拖就是七八年。书院没有开办成，只好将校舍抵押银行还贷。博文书院胎死腹中。

在博文书院停办七八年之后，甲午之战爆发，盛宣怀提出建立大学的主张。北洋大学堂开办时作为救国之急务，不能够等到新建好校园再开学，因此盛宣怀想办法奏请由粮道筹款从银行赎回博文书院旧址，用于北洋大学堂办学。对此，王文韶奏折《津海关道盛宣怀创办西学学堂禀明立案由》中明确写道：“光绪十二年，前关道周馥请在津郡设立博文书院，招募学生，课以中西有用之学，嗣因与税务司德璀琳意见不合，筹款维艰，致将造成房屋抵押银行，未能开办。”[2]北洋大学堂“所有头等学堂，即照前督臣李鸿章批准周馥原议，以博文书院房屋为专堂”[3]。

原博文书院旧址位于现在的西临解放南路，东至海河边的台儿庄路，北临南京路，南界绍兴道区间。校内主楼是哥特式建筑。建筑技术高超精致，又富有艺术性。主楼背对海河，沿河有亲水平台。站立于平台之上，眼前苍茫无限，

---

[1] 王杰，祝士明：《学府典章》，天津大学出版社 2010 年版，第 36 页。

[2] 张凤来，王杰：《北洋大学—天津大学校史资料选编》（第 1 卷），天津大学出版社 1991 年版，第 16 页。

[3] 张凤来，王杰：《北洋大学—天津大学校史资料选编》（第 1 卷），天津大学出版社 1991 年版，第 17 页。

浩浩荡荡的海河奔流入海，波澜壮阔。这是我国近代第一所大学的发源地，也是天津大学118年前的第一个校址。

二、花堤蔼蔼 北运滔滔

天津北面自西向东流淌着一条人工河——北运河。北运河是现今红桥区与河北区、北辰区的界河。北运河的西岸，自勤俭桥至北洋桥有一条长约2公里的护河堤，大堤之上遍植桃树，人称“桃花堤”。

与“桃花堤”共享盛誉的，是紧邻的北洋大学堂。其实，现在的桃花堤并不是新中国成立前桃花堤的位置。现在的桃花堤位于北运河的西岸，是原北洋大学堂校门的方向（校门朝东）。学校门前架有木桥一座，木桥横跨北运河，乃师生出行的通道。原来的桃花堤则在北洋大学的西面，是北洋大学堂和市区之间的边界。据史书记载：北洋大学堂校园广阔，建筑宏伟，峨轩曲廊，花木掩映。前临北运河，后带桃花堤，柳岸桃林，相夹成荫，蔚为津沽名胜之巨擘。《北洋大学校歌》中也写道：“花堤蔼蔼，北运滔滔，巍巍学府北洋高。”尽管桃花堤从学校的后身移到了前门，但是“桃花依旧笑春风”，仍然开的是那么繁荣、灿烂，生机盎然。

北洋大学堂乃津门文脉之首，中国高教之最，声名远播海内外。世人大多认为桃花堤便是北洋大学堂诞生地，其实不然。桃花堤乃是北洋大学堂的第二故乡。

1895年，盛宣怀创办北洋大学堂于博文书院旧址。1900年，八国联军侵略天津，北洋大学堂的校舍被八国联军强占为兵营，学校被迫迁址到西沽武库重建。武库，坐落在天津城北八里的西沽村以北，占地约350亩，原为天津老三营的兵器库，现为北运河畔桃花园至北洋园西侧。1903年教学主楼建成，开始复校上课。因为该校为光绪皇帝御笔硃批建立，因此，新建的教学主楼的大门上方镶嵌带有皇权特征的团龙图案，故有“龙牌大学”之称谓。这就是桃花

⇑ 图 8-1-1　北洋大学民国初年校门
⇓ 图 8-1-2　北洋大学 1925 年校门

堤畔北洋大学的第二故乡。

北洋大学在此办学时间最长，从1903年至1937年七七事变后西迁入陕，抗日战争胜利后又在此复校，直到新中国成立后的1951年定名天津大学。因此，蔼蔼花堤不仅是北洋学子的情感家园，也是天大学子的精神圣殿。

第二节　卫津河边天大园

一、天津大学的校园——整齐规范的楷模

1951年国家进行院系调整，北洋大学与河北工学院合并，定名天津大学。新的天津大学选址在天津南开区七里台的卫津河畔。其后，卫津河畔的天津大学就成为了北洋大学的第三个校区。

新的校区，新的规划。因此，天津大学建筑布局整齐、形制规范宏大，令人赞叹。路是东西南北笔直的，教学区与家属区的分界线是明显的，同学们的学习区、生活区的划分也是鲜明的。更有新生走入天大之后惊奇地感叹："哇，这敬业湖居然是四四方方的！"

进一步走入天大后，更会发现，学校保存的20世纪初的徐志摩、马寅初的学籍，中共早期重要领导人之一张太雷烈士的毕业证书至今完整，学校的规章建制齐全而有效。走入课堂，会发现教师上课一丝不苟。查阅教学档案，会发现保存得系统完整。参加一两次学校的会议，从学校大会到学生组织的小的活动，从时间的把握、议程的安排，从服装的得体到会场的布置，几乎滴水不漏。

是什么在约束着天大人？可以说"规范"贯穿了学校的始终：整齐的校园，透出一种大气；规范的建设反映出一种正气。这些都在潜移默化地影响着代代

天大学子。

莫要小看了这布局、这规范。就是这样布局规范，与长期的教育紧密集合，慢慢形成了天大学子从大处着眼，从细微处着手的习惯，养成了识大体顾大局的风格。

一是一条中轴线，穿越东西。

步入天津大学东校门，一条中轴线，贯穿到底。单是这一条中轴线，就足以让人们惊叹！可以说，一条中轴线，横亘东西方的文化，融进了北洋大学到天津大学的血脉，见证了天津大学的发展。最关键的是，让学生挺起了“要实地把中华改造”的脊梁。

中国人尚“中”。一个“中”字蕴含了太多的文化精髓。在规划上，更是处处得以体现。一条中轴线，完美地体现了城市规划的哲学和美学思想。从唐代长安的未央宫，到元明清的皇宫，都严格遵照着中轴线，不仅最高统治者位于中轴线的正中，这一座皇城更是位于一座城市的正中，稳坐天下。

天津大学的校园中轴线，在全国高校中并不是唯一的。但传统的中轴线多为南北方向、对称式布局，天津大学则不同，虽有中轴却并不是“轴对称”。多少年来，天津大学一直还保留着这条中轴线。一直遵照着这条中轴线而建设。它不仅体现着学校的历史，更表明了学校的办学理念。

规划中，哪座建筑坐落在中轴线上，可以直接看出最高权力机构的理念。长安城、北京城的中轴线，正是体现了“普天之下莫非王土，率土之滨莫非王臣”的思想。而天津大学的中轴线上则不然，压在中轴线最终的，不是行政机关，却是天津大学第21教学楼——建筑学院。

传统的中轴线都是南北方向，似乎中国人习惯了“面南背北”的感觉。而在天津大学，这条中轴线则是横贯东西，是否与北洋大学创立伊始，即以“西学体用”为宗旨有关？不可而知，而且巧合的是，从西沽的北洋大学旧址，到卫津路校园，再到天津大学津南区的新校区，都以东西方向为轴线，这莫非也是悄然注定？

巍峨的金字塔形的东门象征着“只有不断攀登，才能达到光辉的顶点”。从这里开始，首先让人肃然起敬的，是鲜艳的国旗迎风招展。随后沿着这条中轴线，2005 年落成的“梦成真”三峡石巍峨耸立，百年校庆落成的北洋纪念亭厚重雄浑，张太雷雕像注视着来往的师生，紧接着是 90 周年校庆落成的北洋广场和求是亭、敬业桥，一直到建筑学院。如果再往西，甚至可以贯穿到家属区。这样的一条中轴线，在其他高校的校园很少找到。

天津大学的中轴线，不仅横贯了东西，也能看到历史在这条线的南北两侧上演。北侧，古色古香的第 5、6、7、8、9 教学楼沉稳质朴，是 20 世纪 50 年代的典范，素雅而安静。南侧，25 教学楼、16 教学楼、19 教学楼、科学图书馆、北洋科学楼等改革开放后的建筑则朝气而富有激情。

这样的中轴线，不仅穿过了陆地，还穿过了敬业湖的粼粼波光；不仅穿过了校训、校歌纪念亭，还穿越了张太雷、马寅初纪念碑这样优秀的毕业生代表和代代学子要为国家建设成为栋梁的“美梦”（“梦成真”三峡石）；不仅穿过了求是（亭）、敬业（湖）天大的灵魂，更穿越了天大的未来……

二是规范设计、规范施工，融入天大人血脉。

陶行知先生说过，教育是一个缓慢而优雅的过程。这个过程如何，那么教育出来的学子就会如何。

天津大学校园的发展，就是这样一个“缓慢而优雅”的过程。在这个过程中，丛生的杂草不见了，建起了从第 1 到第 26 教学楼；一汪汪蚊虫肆虐的脏水不见了，代之而起的是波光粼粼的湖泊和参天的古树、绿草如茵的校园；一代代学子离开了，但继承着北洋大学优秀传统的天津大学的身影更加伟岸。

这个建设过程，就是一代代学子成长的过程。曾经，刚刚毕业的学子留下来，与老教授一起参与学校的规划；曾经，同学们自己用轱辘马（过去煤矿等地用来运送煤炭的轨道上的工具车）挖深泥塘，奠基高楼。现在的北洋广场，过去也曾经是敬业湖的一部分，就在这里，师生们用双手修建了独具特色的喷泉。

如果说，这个过程让同学们参与了劳动，锻炼了体魄，则没有说中根本；如果说，这个过程让同学们参与了实践，锻炼了能力，也只说中了一部分。

在这个过程中，最重要的，是让学生们明确了科学严谨的态度和实事求是

⇑ 图 8-2-1　建于 20 世纪末的建筑学院教学楼
⇓ 图 8-2-2　建于 21 世纪初的第 26 教学楼

的精神，懂得了做任何事都要有规矩。

天津大学第 9 教学楼，巍峨耸立，成为天津大学的标志性建筑。从建成以来，历经 60 年风雨而不朽，历经 1976 年的 7.8 级唐山大地震而不倒，至今已经是天津市历史保护建筑。这座建筑以其独特的风格，成为很多电影的取景地，如金城武主演的《马永贞》等。而这座楼也有着很多的故事。1958 年 8 月 13 日，毛泽东主席就是在这座建筑的缓步台上，向着天津大学的师生挥手，问候大家。就是在这座楼前，天津大学建校 90 周年校庆、建校 100 周年校庆庆祝大会隆重举行，李鹏、李瑞环、李岚清等党和国家领导人也是在这里向大家致以亲切的祝贺。

很多人以为这栋建筑是用多么高级的建筑材料修建而成的，但当建筑工人维修时敲开表皮却有点目瞪口呆，一层层“火头砖”的背后，竟然是用一层一层的“三合土”盖起来的。

一层层的三合土，何以能支撑这座大楼？这其中最根本的原因，就是建筑这座大楼是严格按照规矩来的。

在天津大学建校过程中，有这样一则故事。在建设工地上检测建筑材料是否合格，不是凭目测，而是严格到了几乎苛刻。比如用来做混凝土的沙石，要求不能有一点杂质，必须用清水过了一遍又一遍。检测者手戴雪白的手套，把手插入沙石中随意抓取，抽出手来，去掉沙石后，如果发现雪白的手套有一点变色，那么就说明沙石清洗得不够标准，必须重新来过。就是这样简单却极为有效的方法，保证了学校建筑的质量；就是这样的精神，让天津大学的学生学会了什么是严格，什么是规范。

不仅如此，在天津大学内，还有一座完全由学生修建的宿舍——第三十四斋，至今仍然在使用，完好如初。学生动手参与实践，不仅是现在的传统，在过去修建钱塘江大桥的时候，茅以升校长带领北洋师生去实践，克服钱塘江复杂的水文条件，终于完成了我国自行设计、建造的第一座双层铁路、公路两用桥。这座大桥历经 60 余载，而依旧肩负着繁重的交通任务。无论是建桥还是建宿舍，都培养了学生规范管理、规范施工的行为习惯，铺就了学生踏实认真、一丝不苟的人生之路。

三是天津大学的“斋”与“楼”，命名的深意“道”与“路”。

曾经有一个笑话，形容天大的工科女。一个女生让同学帮忙从食堂带一角大饼回来，同学问她带多大的饼，她毫不思索地说：“带一块60度锐角饼……”成为广大师生传递的一段笑话。但透过笑声，可以看出天大的学生，就是靠这样的思维来工作，甚至已经把这样的严谨带入到生活中。

在天津大学，严谨、规范不仅是体现在分区上，更是渗透到各个角落。学校教学楼统一叫做“楼”，而住宿则统一叫做“斋”，刚刚入学的新生知道这个原则之后，就弄不错上课的地点。天津大学道路命名则遵守天津市的习惯：南北走向的叫“路”，东西走向的则叫做“道”，而且每条道路都有着自己的由来。

天津大学学生宿舍的“斋”，是学生心中一道独特的风景。

“斋”本有书房、学舍之意。因此，“斋”本身就传递出一种对文化的敬仰。历史上很多名人，都给自己的居所或书房命名为“斋”。一个斋号，体现了主人对世界的看法与思考。七录斋、抱残守缺斋、德乐斋等，都是著名的斋号。《容斋随笔》、《聊斋志异》，都以斋名而传下不朽名著。甚至人们以斋名来称呼一个人，南宋诗人杨万里的斋名为诚斋，人们称其为杨诚斋，南开大学的范曾先生，经常在画上署名“抱冲斋主”。

作为知识殿堂的大学，有意无意地，都曾用“斋”来作为学生居住之所。比如北京大学就有“德、才、兼、备、体、健、全”七斋，而清华大学在新中国成立前，建有“明、善、新、平、静”的前五斋，和新中国成立后的“强、诚、立”后三斋，共八斋，均为学生宿舍。同古人一样，这些斋的命名，基本体现了建设者的一些理念，或以体现中国哲学思想精髓的字词来命名。而随着岁月的流逝，有不少的“斋”成为了办公场所，甚至有的长满了荒草。

天津大学的“斋”则不同。从迁址开始就用做宿舍，一直到如今，这一规则未变，且前面用数字冠名，从迁址卫津路校区的一斋，一直到今天，已经排列五十七斋。这体现了天津大学的特色，也是历史形成的烙印。

天大的斋是有分区的。过去一到二十四斋，在七里台；二十五到四十六斋则在六里台（四十二斋原为教师培训住所）。再后来随着发展，学校在七里台除保留了二十三、二十四斋外，把一到二十二斋拆除，建设了四十七到五十二斋。再到后来学生住宿依旧紧张，在校医院旁边，重新建设了高层——鹏翔公寓——但即使鹏翔公寓里面的四栋楼，也排上了五十三到五十六斋。原来的青年公寓改为学生宿舍后，又有了一个新名字——五十七斋。

就是在这样的“斋”里，学子们成为了“斋友”，在这里苦读，在这里嬉笑，在这里卧谈。毕业了，又从这里惜别，走向四面八方。

天津大学的道路命名，也有着这样的特点。

天津大学校内的道路，原来并没有明确的名字。在百年校庆之际，学校发起了为道路起名的活动，全校上下一起参与。这些道路采用了与历史结合的命名方法。于是，一条条纵横的道路，就有了灵魂。

学校中轴线两侧的主干路，自然最重要。中轴线两侧，坐落着学校诸多主要的教学楼：敬业湖南侧的道路叫做北洋道；敬业湖北侧的主干路，叫做敬业道。二者均从中轴线的起点（卫津路主校门）而起，围着敬业湖，最终又汇合到了一起，到建筑学院西侧而结束。而贯穿学校教学区南北的也有两条主干路，一条从北洋广场东南角与北洋道开始，直通天津大学北门，因经过著名校友张太雷的雕像，为纪念这位中国共产党的创始人之一、中国共青团的创始人、广州起义的主要领导人、北洋大学的优秀毕业生，这条路被命名为“太雷路”。敬业湖西岸的这条道路直接指向了大学生活动中心和学生的生活区，为提醒学生不要忘记读书的根本，这条路被命名为“求是路”。不仅如此，其他几条道路的命名也有其独特的含义：学校最东侧的路最早可以见到太阳，故叫做“旭东路”，教学区最西侧的路靠近老干部活动中心，故名“金辉路”。而东西向的“道”则分别被命名为“铭德道”、“益智道”，贯穿六里台学生宿舍最集中地方的一条道则被命名为“集贤道”，更显学校对学生的期盼。

北洋、太雷、敬业、求是，给道路赋予了历史的记忆，赋予了学校的灵魂。师生耳濡目染，不断传承着北洋风范、太雷精神，秉承着敬业、求是的风骨，一路前行。

↑ 图 8-2-3　学生宿舍楼

二、天津大学的建筑——朴素实用的风范

“重实验、薄雕虫”，“不从纸上逞空谈，要实地把中华改造”是天津大学校歌里的一句歌词。从1935年9月23日学校颁布以来，这首校歌就一直在校友中传唱。在歌声中，学校的优良传统被带到了祖国各地，在歌声中，这其中的精髓就一代一代传了下来。至今，化工学院的老师记得张建侯先生的告诫：做人做事要踏实。而每位天大的老师都会以自己的行动教育学生：要务实，要实干，不睦虚荣，不尚浮华。踏实、朴实、扎实，这也是众多企业对天大毕业生的评价。

建筑师崔愷说：实际上，建筑就是一种中间状态。每个建筑完成的只是一个具有可能性的空间，它会继续被发展、完善、利用。同是一片土地，修建皇家园林，则富贵华丽；修建隐居之所，则恬淡宁静。空间的状态如何，完全取决于什么人在用、什么人在完善。走入天津大学，人们会发现：天津大学的校园给人的感觉，就是这样的“踏实、朴实”，让人放心。在天大校园中，每栋建筑几乎都没有浪费的空间，每一处都发挥了应有的作用。这也许就是天津大学所特有的吧。

一是建筑朴素的风格、巧妙的空间。

本色的建筑：在当今，很多的建筑，都以其漂亮的颜色夺人眼球，让人远远地就注意到了它。但天津大学的建筑，却几乎找不到绚丽的色彩。建校之初的第1、2、3、4教学楼，都是红砖的基本颜色，第5、6、7、8、9教学楼与老图书馆，包括一斋到三十七斋，都是用的火头砖，外面不加粉饰。几十年过去了。当过去“光鲜”的建筑纷纷上了年纪，韶光逝去的时候，天津大学的这些建筑依旧如刚建成的样子，稳重古朴、稳如泰山。

天津大学其后的建筑，也有意无意中按照这个理念建设着，即使是重新修整，也是按照建筑的本色进行。而冯骥才文学艺术研究院——这座2000年落成的建筑，从开始，就保持着水泥的本色。十多年过去了，这座建筑不仅以其独特的外形获了大奖，而且在爬山虎的掩映下，从春天的鹅黄，到秋天的火红，

整个建筑益发焕发出青春。最新投入使用的第26教学楼，则采用了砖色外墙，也许一开始有人会觉得它不够鲜艳，但相信它也会同第17教学楼、20教学楼一样，逐渐显现出自身的风范——这一点，与天大人是何其相像！

平缓的校园：与坐落于山城的一些大学校园相比，华北平原上的天津大学，似乎少了一些变化。一进学校正门，就是一片开阔的草坪，走在校园里，几乎找不到一丝的起伏：路是平的，湖面坦荡如砥，连桥都是又平又直的。就像天津大学长期坚持育人为本的理念不曾变化，110多年来“穷学理、振科工”、“要实地把中华改造”的风格不曾改变，从北洋大学到天津大学“实事求是”的精神不曾改变一样。即使在敬业桥上，也感觉不出有何变化，这座天大校内唯一的桥，与道路一样的高度、一样的路面。

而最为特别的，就是求是亭。亭是典型的中国建筑。在中国人的传统理念中，亭是雕梁画栋的，代表着秀美，甚至代表着“风月”，一出昆曲《牡丹亭》演绎的爱情故事至今仍然传唱。但天津大学的求是亭，虽也是倚水而建，但秀美的感觉被质朴替代，传统红木头柱子被粗壮的水泥方柱子替代，传统的琉璃瓦也被水泥瓦替代（瓦是从教学楼检修时拆下来的旧瓦）。常见的亭子上悬挂的潇洒飘逸的“邀月”、“听风”等词语也不见了，代之的是90周年校庆陕西校友会赠送的四个隶书大字——“实事求是”。朝霞中，亭内书声琅琅；夕阳下，学子们一起在亭中赏敬业湖中的落日，已经成为美好回忆。

巧妙的灵动：天大人与天大校园一样的朴实，但并不是说，天大的校园只有质朴，而缺乏灵动。一个求是亭，就已经体现出设计者的匠心独具了，更多的巧妙则在建筑中处处体现。图书馆北馆，一进大门，安静的环境就让人一下子不再浮躁。走过一道长长的楼梯，才可以走上二楼。经过无数师生的脚印，水刷石的楼梯闪烁着岁月的光芒。走上楼梯，两侧是安静的自习室，众多学子安静读书。而当走到楼梯尽头，茅以升校长题写的校训高悬，需仰视才见，益发催人奋进。而一回头，却见李曙森校长题写的“巍巍学府”四个大字，怎能不自豪？

说到巧妙地运用，可以仔细体味一下冯骥才文学艺术研究院。这个外观全是混凝土本色的建筑，里面也多处不加装饰，完全是混凝土本色，做到了表里如一。但这质朴的混凝土结构里，却有着另外的灵动。从外观上，虽然这是代表着中国传统的院子，周围有高高的围墙，但步入其中后，会发现这里并没有院子带来的与外界的隔绝感，没有感觉到被围困，反而能看到被保留的树木、水和一片属于你自己的天空——围合但并不拒绝，院墙上大小各异、形状不一的洞口在减少了局部高达 22 米 的院墙压迫感与封闭感的同时，也有选择地形成了院内空间与周边开放空间的沟通与景观互借。周边的保留树木、西侧的湖景与外墙的材料、色调以及明暗关系也尽量做到相融。院子里青砖墁地，水池边瓦片立砌，木板路勾勒高雅，又充满着质朴。

整体上院子并不大，大概 60 米见方。常规做法无非是房子在院子一边，剩下的部分做院子，但是对于冯骥才文学艺术研究院来讲，这样处理，本来不大院子就会更局促，也无法满足研究院的空间需求。为此，设计者把房子整合成一长条，和院墙合二为一，东西向置于院子中部偏南，然后整体架空，这样，院子就又被还了回来。房子方向也不再是正南正北，而是稍作偏转，通过透视使得院子东北角主入口处的视觉效果达到最大，而斜向扭转的建筑和穿插着的水池，于平淡中化出了神奇，“外拙”的表面下，深藏着“内秀”。

走入其中，会更发现内部设计的巧妙，走进研究院拾阶而上，一整面超比例的落地长窗把西侧青年湖的湖景尽收眼底。最精妙，也应该是设计师神来之笔的，是三层通高的中厅。原木本色的木条自下而上，覆盖了整个右侧墙面和屋顶，就像一把梳子，梳理着自顶泻下的阳光，木色弥漫着整个中厅，黑色大理石的楼梯自上贯通而下，也形成了一个阶梯教室。这里可以做讲座，也可以演出，著名钢琴家刘诗昆就在曾在这里演奏。

特别值得一提的是，在这样一个现代科技发达，建筑速度不断被刷新的年代，这个 6 000 平方米的建筑，用了 4 年，才最终完工。

二是建筑实用的功能。

天津大学的校园里，各个建筑朴实无华，虽然不尽华丽，但却非常实用。设计师们在设计之时，已经将各项功能考虑得十分完善。以北洋广场为例，它就兼具游览、学习、集会等多项功能，成为天津大学的新地标。

北洋广场位于敬业湖东侧，1984 年 4 月开始动工，1985 年 5 月随着张太雷烈士雕像落成而竣工。广场占地一公顷，水面面积 1000 平方米。据彭一刚的文章介绍，1000 平方米面积虽然与周围的建筑物比较和谐，但人仍然不易接触。为了避免人在近处不易接近水体的弊端，设计师借鉴太原晋祠“鱼沼飞梁”，于池中架设了一周的圆桥，将水池分为内外两环，无论远观还是近看均较为适宜。中心水柱周围有 16 个环周喷嘴向外斜射成帘状，外面有 12 个涌泉喷嘴，圆桥外圈是 28 个喇叭花造型喷泉分为四组，优美而宁静。人们远远就可以看到喷出 15 米高的水柱，水声隆隆，而走进之后，还会发现宁静的 28 个外围喷泉。每到夜晚，灯光开放，喷泉也被打扮得五光十色，成为师生休闲的好去处。

在读书功能设计方面，北洋广场周边，设计了不少的石凳，可以休息，也可以在龙爪槐的树荫下读书。另外，花池档墙、大台阶、喷水池栏板等都按最方便坐凳的尺寸设计，整个广场处处可坐，处处可读书，又大大方便了各种重大活动的举办。1995 年 10 月 2 日，北洋大学—天津大学百年校庆的纪念大会，就在第 9 教学楼前召开，数万师生校友就在这北洋广场上，听到李岚清副总理代表党中央、国务院发来的贺电。

在天津大学的校园里，实用功能的设计处处可见，有的甚至成为天大人司空见惯的常态。巍峨的第 9 教学楼是天津大学的标志性建筑，传统的屋顶让这栋建筑风格与众不同。在屋顶中心，两个交叉的齿轮高高托起一个金属连杆，顶端是一颗金色五角星，在阳光下金光灿烂，熠熠生辉，为整个第 9 教学楼起到了画龙点睛的作用，第 9 教学楼也因此有了另外一个称号——“金星大楼”。但假如你以为这只是个装饰，就大错特错了，其实这个五角星连同下面的装置，起到了避雷针的作用。

说到功能的实用性，必须提到天津大学的四个湖。在这 4 个湖的湖边，常年听着同学的书声、感受着师生们的脚步，它们送走了一批批学子。这 4 个湖已经是天津大学学子脑海中最深的记忆。但平时大家可能不注意 4 个湖泊除了美观之外最根本的功能——蓄洪。2012 年 7 月北京暴雨，引发城市内涝、山洪暴发，造成了重大损失。而 7 月 25 日夜到 26 日暴雨移到天津，津城最大雨量破 300 毫米。就在马路可以撑船，可以开摩托艇的时候，天津大学校园内的主要地区基本上做到了雨停路干。这都依赖于天津大学几个湖的蓄洪功能。有校友回忆说：在天大的几年，还真不记得蹚过水……

三、天津大学的人文景观——平实和谐的美

人文景观是历史的积淀，是人们生产生活过程中有意或无意创造的审美对象，是一所大学办学理念、精神面貌、文化特色的直接体现。静雅的湖泊、各具特色的建筑、富有人文气息的雕塑等，都是一所学校的人文景观，甚至可以说是一所学校综合实力的展示。人们对大学的初步印象，首先是来自人文景观：北京大学富丽典雅的西门、清华简洁质朴的“二校门”、南开大学汉白玉雕刻的总理像、天大巍峨庄严的“北洋大学堂”等，都成为学校的标志，能增加学校的吸引力。

大学人文景观本身的重要作用，并不仅仅是展示，更重要的，是要为完成育人这一根本任务服务。因此，历来各个高校，都十分重视人文景观的塑造，以之引导学生、启发学生。而校友对母校的热爱，也会物化在学校的一草一木上。

从北洋大学到天津大学，在实事求是、严谨治学精神的引导下，学校的各种建筑、雕塑也都朴实无华、简洁大方。比如在北洋广场修建过程中，喷泉采用的是离心泵抽水，这个泵站建在何处曾让设计者颇费脑筋。因为既要与环境协调，又要保证方便操作管理，最后结合北洋广场与敬业湖的地形，在敬业湖最东南角设计了一座半地下式水泵房。泵房下半部分采用石砌墙，用料、建筑方法与敬业湖湖岸相同，使之自然融入了敬业湖湖岸。因为是半地下式，降低了高度，泵房没有一点突兀感。特别是设计者丝毫不放弃门窗做法等细节，仔细推敲，采用的砖石与北洋广场十分协调。在高大的柳树和广场绿植的掩映下，很多人几乎都没有注意到这个泵房，让敬业湖与北洋广场完美地融为一体。

做事求实效，求真、善、美，不去注意是否引人注目，这是北洋广场设计师的理念，也体现了天大人的习惯。天津大学的人文景观几乎都是如此，在天津大学，几乎看不到异常高大、造型奇特夸张的景观，一切都是那么中规中矩，与周围的环境和谐共处，让人在不知不觉中受到影响。因为人文景观的含义很广，对于建筑前文有专门的论述，这里只单独说学校的雕塑、建筑小品等。

1. 人文景观，引导师生实事求是

天津大学的校训“实事求是”内涵深刻，不同的人，有着不同的理解。学校近 120 年的发展中，一直在实事求是的指引下，沿着实事求是的道路不断前进。这条道路就是：求强国之是、求育人之是、求科学之是。徜徉在天津大学校园，你会无意中发现，学校的人文景观，其实就在这样引导学生。

一是引导大家求强国之是的雕像：盛宣怀、马寅初、张太雷。

天津大学中轴线上及附近，有三个天津大学发展史上重要人物的雕像，即盛宣怀、马寅初、张太雷。这三位除了北洋这个共同的关系之外，还有一个共同的特点，即用自己的思考与行动，一直寻找强国之是。

盛宣怀的浮雕像在位于中轴线上的北洋纪念亭中。清末，风雨飘摇，大厦将倾，特别是 1894 年甲午海战中国战败，世界震惊。一些有识之士在寻找强国之路，洋务运动的主要成员之一盛宣怀提出“自强首在储才，储才必先兴学”的理念，创办了北洋大学堂。秉承着这样的理念，1896 年，盛宣怀在上海又创办了南洋公学，即后来的交通大学。洋务运动失败了，但盛宣怀探索的兴学强国之路却开辟了中国现代高等教育的先河，留下了天津大学、上海交通大学、西安交通大学等人才培养的基地，为国家的发展做出了重要贡献。

与北洋纪念亭南侧正对的，是另外一位寻找强国之路的北洋人胸像，他是新中国之后北京大学首任校长，也曾任浙江大学校长，并曾在重庆大学、东南大学等多所高校任教，这位北洋人就是马寅初。马寅初是著名的经济学家、人口学家。他一生忧国忧民，坚贞不屈，曾因无情抨击“四大家族”而被幽禁贵州息烽集中营，也曾因著名的《新人口论》被康生、陈伯达等围攻。历史终究给予了他高度的评价。百年校庆之际落成的雕像由李瑞环端端正正地书写“马寅初先生”五个字。

在中轴线上，还有一尊雕像，纪念另外一位为寻求强国之路、为建立人民政权勇于实践而献身革命的烈士——张太雷。这座雕像面朝东方，背靠北洋广场，深邃的目光注视着来来往往的师生。张太雷本名张曾让，后改名太雷，寓意震醒痴顽，打击强暴之意。张太雷1916年至1920年在北洋大学法科学习，在天津的几年时间里，张太雷走过了他人生重要的岁月，转变了人生的航向。张太雷不仅完成了北洋大学的学业，而且积极参加五四爱国学生运动，迅速转变为马克思主义者并在天津及周边地区从事早期的共产主义运动。1927年12月，领导广州起义时牺牲。20世纪70年代，中共中央决定，为了使子孙后代永远铭记中国革命的历史，首先在全国建立十位革命领导人的塑像，张太雷就是其中的一位。1985年8月1日，张太雷塑像落成，聂荣臻元帅题词“北洋之光”，徐向前元帅题词“革命先驱”。

这三尊雕像位于学校最重要的开阔地带北洋广场，不仅提醒人们学校的发展历程和突出贡献，更重要的是在提醒日日过往的师生，继承先贤为强国之路探索、实践和勇于牺牲的精神，为振兴中华努力奋斗！

二是求育人之是的雕像：史绍熙、徐中。

在天津大学并不是所有的雕像都在公共场所。很多院系为了纪念自己专业的先辈，制作了雕像，放在学院里。比如在机械学院的内燃机燃烧学国家重点实验室，有燃烧学泰斗、天津大学原校长史绍熙的雕像；在建筑学院大厅进口处，有学院创始人、著名专家徐中的雕像。

史绍熙校长的胸像并不高大，但他在中国科技界、教育界的形象却是伟岸的。2010年12月25日，时任天津大学校长龚克与天津市委常委、教育工委书记苟利军共同为史绍熙校长铜像揭幕。史绍熙1939年毕业于北洋大学机械工程系，1949年在英国曼彻斯特大学研究院毕业，成为我国第一位内燃机领域的博士学位获得者。1951年6月，他舍弃国外的优厚待遇回到祖国，次年在天津大学创建了我国高等院校最早设立的3个内燃机专业之一，并领导编写了我国第一套内燃机专业教材。在天津大学工作的半个世纪中，他培育了上千名内燃机专业的大学本科生，并作为我国首批博士和硕士研究生导师，为我国高层次人才的培养做出了突出贡献。他亲手建立、深切关怀的燃烧学国家重点实验室和内燃机研究所的建设和发展取得了长足的进步。作为优秀的教育专家，他在天津大学转型发展时期担任校长，提出了学校建设世界一流大学的战略发展目标，为天津大学的发展做出了重要的贡献。

徐中先生的雕像位于建筑学院一层大厅中，灯光照耀下，熠熠生辉。雕塑中的徐先生目光深邃，似乎在构思一幅最美的规划，又似乎在倾听学生的设计构思，随时会提出自己的意见。徐中先生是作为我国著名的建筑学家、建筑教育家，是天津大学建筑学科的主要创办人之一，长期担任天津大学建筑系主任，对天津大学建筑系的教学思想、方法的形成起到了重要作用，同时也为中国现代建筑教育事业做出了杰出的贡献，其将毕生的精力贡献给了国家建筑教育事业。在 20 世纪 50 年代，人们评价“清华有位梁思成，天大有位徐中”，他们是比肩的中国建筑权威。2012 年 7 月 28 日，纪念徐中先生诞辰百年学术研讨会上，彭一刚院士、戴复东院士、崔愷院士等学生深情回忆了徐中先生，回忆他对于一代又一代建筑大师的影响，对中国城市建筑的影响。

三是求科学之是的牛顿苹果树。

在天津大学标志性建筑第 9 教学楼前的草坪中，有一颗貌似普通，却极不平凡的树。这就是中国第一棵直接引自牛顿故居原木枝条的牛顿苹果树。这棵树在天津大学长势良好，已经结果。它在这片土地上生根成长、开花结果，已经完全适应了天津大学的风格。如果没有前面一块石碑注明，可能别人并不知道它的血统——这块石碑也成了它唯一特殊的待遇。

天津大学引进这棵牛顿苹果树有着自己的想法。相传年仅 23 岁的牛顿被突然掉下来的一颗苹果砸中脑袋，因此受到启发发现了万有引力定律，开创了物理科学的理论基石。无论这个故事是否属实，牛顿那种独立思考、追求真理、不断求索的精神，也逐渐被转移到那颗苹果树上。经过友人相助，2007 年天津大学开始着手引进牛顿苹果树，2009 年 9 月 11 日，正式为这棵苹果树揭牌，就是为了引导师生独立思考、追求真理、自由探索。

个 图 8-2-4　天津大学校内的牛顿苹果树

据说这棵著名的苹果树原本生长在牛顿的故乡伍尔斯索普庄园（Woolsthorpe Manor）里。众所周知，苹果树并不属于长寿树种。在1820年，它被暴风雨刮倒后断成数截。大多数牛顿研究学者认为它从此消失于历史的烟尘中。但后来英国约克大学的基辛博士依据偶然获得的庄园保留下的一张18世纪素描，按图索骥，惊奇地发现画中所描绘的地点有一颗与图中非常相似的苹果树。这棵树不仅与图中区别不大，而且还抽出新芽。基辛博士据此认为，当初的那棵苹果树被刮倒后其主要树干仍保存下来，并重新生根发芽。后来《当代物理学杂志》发表了基辛博士的分析成果。据统计，全世界共有近20个大学、研究所拥有牛顿苹果树，如英国国家物理研究所、牛顿数学研究所、剑桥大学三一学院等。

这棵苹果树背靠第9教学楼，迎着阳光，面向北洋园，现在已经成了天津大学独特的景点。毕业之前，学生们都愿意与它合影。天津大学教授、著名作家冯骥才先生题写了碑名，时任学校副校长胡小唐教授亲自撰写了碑文。天津大学也将此苹果树综合利用，将树叶收集起来，作为最为独特的奖品，奖励给每年在学校科技竞赛中获奖的学生，以此鼓励大家秉承实事求是的校训，严谨治学、求真创新，为国家做出自己的贡献。

2. 人文景观，引导师生求美

1948年，北洋大学校长张含英在《工程师的修养》中曾经谈到，作为工程师，要追求真、善、美。今日工程师所缺者，就是“美”。“美”虽与工程师的职业无直接关系，但缺此则无圆满的人生。

张含英校长如果健在，看看今日学校所建的建筑，他应该欣慰了，因为天津大学现在的景观，不仅有着真和善，更是美的。

一是建筑的自然之美。

在天津大学朴素的建筑之中，如果非要选出一处造型比较独特的，非属坐落在青年湖西北角的大学生活动中心不可。这座洁白的建筑，宛如一艘即将起航的、召唤着青年学子开启人生的巨轮。有意思的是，这座建筑的设计者，就叫杨帆，来自天津大学规划设计研究总院。

这座建筑承载着天大各种建筑的共性——朴实而实用：一层能容纳500人的报告厅，几乎天天爆满，“北洋大讲堂”的讲座，周末音乐会的讲座，各种报告，络绎不绝。这里是天津大学的艺术教育阵地：教室、排练室、展室占满了整个建筑，北洋艺术团的各个团体如合唱团、管弦乐团、舞蹈队等都在这里训练彩排。连报告厅外墙上，也请建筑学院董雅老师画了大学生学习的壁画。

大学生活动中心与天大其他建筑最大的不同，除了外形之外，就是它是坐落在水上。走在环桥之上，脚下就是青年湖的湖水，透过栏杆伸进来的，是高高的芦苇，时而还有水鸟从芦苇丛中游过。清晨，学生在这里读书，书声琅琅，傍晚，北洋合唱团排练的歌声、乐队的器乐声从此传出，更显出校园的宁静。

顺着楼梯登上三层的顶部，是一片平台。倚栏，吹不尽的是青年湖的风，近处是波光粼粼的湖面，远处是鳞次栉比的天津市楼群。当晚霞映照整个湖面时，洁白的大学生活动中心也随之变换着颜色。有人因此给楼顶起了一个富有诗意的名字——水云间。

二是建筑的和谐之美。

有人曾经说过，凡是美好的事物，都有一个共同的特点，那就是和谐。天津大学的各种景观之所以美，就是因为到处都体现着和谐：个体与个体和谐，局部与整体和谐，人与环境和谐。

天大的雕塑就是一个明显的标志。科学图书馆前，“孔子”带领孩子游戏的雕塑，即符合校园的环境，又将尊师重教的传统彰显出来。建筑学院南北两侧，南侧是中式建筑传统的斗拱雕塑，北侧是西方的爱奥尼克柱式雕塑，代表中西的建筑，相互拱卫着这栋大楼。一个不锈钢制作的齿轮造型，可能感觉会冰冷，但在机械学院门前，配上后面朴实的教学楼墙壁上金属打造的“机械学院”四个大字，十分和谐，成为了机械学院的标志。更为独特的，在机械学院前面，校友专门制作了一个雕塑，那雕塑竟然是一张的机械制图作业，上面还加盖着方形的图章，让人既惊叹创意，又浮想联翩。而一个网架的雕塑则清晰地说明了楼里的土木工程学科身份。

在天大雕塑中，最令人惊叹的，是在第7教学楼前的一个雕塑——梅。它

↑ 图 8-2-5　天津大学大学生活动中心

不是艺术家笔下的干湿浓淡、皴擦渲染的红梅、墨梅，而是将化学中最常见的分子结构模型，巧妙地结合成了梅花的外形。让人佩服设计者想象力的同时，更会体会到：科学与艺术的美，竟然是如此的相通。

3. 人文景观，引导师生求实

天津属于华北平原，市区这片土地，更是“九河下梢”，土地平坦开阔，水网密布，人杰地灵。但盘桓水畔，似乎总感觉少了一些什么。

在中国的传统中，与水相伴的是山。从山水画中的烟雨蒙蒙，波光潋滟，到“仁者乐山、智者乐水”的洒脱；从“山不在高，有仙则名；水不在深，有龙则灵”的感悟，再到“巍巍乎若高山，洋洋乎若江河”的知音难觅。因此，山和水就成了永远不可分开的一体。

在天津大学，虽少地势上的起伏，却依然有依山傍水的感觉，这是因为天津大学有了小的“山”——石头。

《增韵》云，石者，山骨也。《易·说卦传》云，艮为山，为小石。有了石，便有了山。有山有水的地方，自然就充满了灵秀。所以，哪怕是一个盆景，也要有石有水。在天津大学，也不例外，石几乎都与水相伴——从敬业湖畔的假山、石头坐处，到青年湖畔巧夺天工的巨石湖畔；从东门喷泉旁的“梦成真”三峡石，再到冯骥才文学艺术研究院的三峡石、王学仲“四我庭”中的假山石，无不水因石而秀，石因水而雄。

天津大学的石头还有另外的一个特点，就是自然、质朴。

中国人对石历来是很欣赏的，并传承了一套石文化，特别是相石，从柳宗元的“形、质、色、声”到米芾的“秀、瘦、雅、透”，这些石的形状、质地等都要突出一个“奇”字。在天津大学，石则多质朴，保持着原始的生态，与校园的平实相一致。比如校史博物馆旁边的几块巨石，就是方的。而青年湖西南角的“卧牛”巨石，则像一尊历经风雨的汉代雕塑，雄浑而质朴。

天津大学的石头还带着一种人文的思考。冯骥才文学艺术研究院的三峡石十分珍贵。这几块来自三峡的巨石，身上磨满了纤绳的凹槽。望着这些岁月的沟壑，几乎可以听到纤夫的号子声。东门的“梦成真”三峡石，是从三峡大坝

↑ 图 8-2-6 “梦成真”三峡石

的基础花岗岩岩芯钻探而出的，至今，在石上依旧可以清晰地看到水泥灌浆和金刚石、铁砂钻进的痕迹。天大校友多成为各界栋梁，传统的土木水利工程更是如此，在国旗之下的这块“梦成真”三峡石，足以引发人们思考。而在青年湖东南角的一根高高耸立的“独乐石”则来自蓟县——安史之乱中安禄山起兵叛唐之地，让人们不禁深思，到底什么样才是真正的“乐”？

“石”与“实”同音，坚如磐石象征着稳定，而“实”则是“实事求是”的根本基础。在天津大学，这些几乎随处可见的“石”，正引导着师生走上求实之路。

四、天津大学的水面——北方小江南

在科学家眼里，水是生命之源。

在哲学家眼里，水至柔却至刚。

在教育家的眼里，水是“上善”的标志。

而在天津大学的师生中，水则是美好大学生活的标志，因为在天津大学，水伴随着大家学习、生活中的每一个部分。无论从北洋大学的“北运滔滔”还是到天津大学的卫津河畔，无论是年长的老学长还是刚刚入学的新学子，在大家心中，水包含着的美好太多太多。

一提到水，无论是烟雨蒙蒙，还是波光粼粼，似乎都与北方少了些关系。但在天津、在天津大学，水几乎是学校环境中的灵魂。至今天津大学的老照片里，仍然保留着当初学校里处处水面、学子们荡舟水上的照片，而“一条扁担两条鱼”的捕鱼的场景，跳出宿舍窗户就到湖里游泳的欢乐也保存在老天大人的记忆中。随着时代发展，学校水面曾经一度缩小。但从 20 世纪 80 年代起，天津大学决定，无论空间怎么紧张，必须保留现有的水面，绝不再缩。自此，学校水面一直保持到如今，成为全国高校中很少的保留几大水面的大学，也成为天津大学的一大特色——敬业湖、青年湖、爱晚湖、友谊湖，就这样守卫着天津大学。

1. 曾经的波光潋滟

天津大学卫津路校区位于南开区。“南开”就是天津南部的“大开洼”，所谓“大开洼”，用现在的通俗语言讲，基本上就是湿地，因为天津位于九河下梢，靠近渤海，因此水域面积较大，从天塔往四周看，至今也多处波光粼粼，可想当初了。天津市历史上曾经有东开、西开、南开、北开几个地名，就是东西南北几个“大开洼”。在这些“开洼”中，水草植被茂盛，地表多为浅水，动物繁衍生息，一派生机。

天津大学迁址卫津路六里台与八里台之间时，就是这样的场面。据资料显示，当初学校水面很多，在现在鞍山西道以北的北五村，曾经是宽阔的“和平湖”，在现在家属区新园村的位置，曾经是“西大坑”。当初建设校园，很多建校的物资，都是通过船只运送过来的。

水是生命之源，回馈着人们。天津大学曾经的湖泊，除了给师生们带来视觉的享受，更带来物质上的丰收，留下了美好的回忆。据校友回忆说：水多，且水质好，没有污染。逮鱼、捞虾是我们最爱干的活。找一只玻璃的罐头瓶，将其放在湖边浅水中，不一会瓶子里就钻进几条小鱼。将废纱窗放到湖边浅水中，不一会就能捉到几只青虾。学校每年都在秋季组织捕捞，然后按照单位集体分鱼。捕到的鱼大多是胖头鱼，大的鱼重有百十斤。活蹦乱跳的鱼被一网网打上来，摆在湖边，几千教职工在湖边分鱼，人人手上都拎着尾尾活鱼，欢声笑语，那场面犹如江南水乡渔汛期的丰收景象，十分壮观。

至今，天津大学的老照片上，还可以看到当时的校园场景。

2. 朴素的命名蕴含深意

水是有生命的。湖的名字也经常富有意境。“衔远山、吞长江，浩浩汤汤，横无际涯”的八百里洞庭，让人一看顿感天宽地广；无限月色下的“荷塘”，则幽静之中成就着观者的内心世界，给人带来诗情画意。

天津大学的几个湖，则依旧承载了学校的风格。就像老教师回忆的一样，除了青年湖已经有了名字，原来天津大学很多湖并没有名字，在建校 100 周年之际，学校发起全校师生和校友为道路湖泊命名，最终确定了其他几大湖泊的名字。

敬业湖——静。位于学校教学区最中间的湖，也是中轴线上的湖，叫做“敬业湖”。敬业湖长方形，是几大湖泊中唯一有建筑物的湖。东西狭长，一座敬业桥横跨南北，连接天津大学老图书馆和新图书馆（科学图书馆）。湖的东侧是求是亭，借助台阶，与北洋广场浑然一体。在敬业湖的四周，第 9 教学楼、第 6 教学楼、老图书馆、第 7 教学楼、王学仲艺术研究所、第 18 教学楼位于北岸，在南岸，则是第 16 教学楼、第 19 教学楼、科学图书馆、北洋科学楼等新式教学楼巍峨耸立。而在湖畔西侧壮观的，则是第 21 教学楼——建筑学院。

敬业桥、求是亭，已经成为天津大学的标志性建筑。敬业湖虽然不是天津大学水面最大的湖泊，但因为东西狭长，颇显广阔。最为明显的特点，是静。无论何时，这一方池水，都十分安静，加上湖南岸天津大学最古老的柳树，北岸的绿色植被，似乎告诉人们做学问要心如止水。无论是“春和景明、波澜不兴，上下天光、一碧万顷”，还是中秋前后明月东升“浮光跃金，静影沉璧”，“清风徐来，水波不兴”，都深深凝固在学子心中。几十年来，天津大学敬业的精神一直未变，这敬业湖的“静”也一直未变。

青年湖——活。天津大学的湖如果说最为宽阔的，则非青年湖莫属。它也是学校里最早命名的湖。它位于青天津大学宿舍区与教学区之间，如果用一个字来形容这个湖，则可以用一个“活”字。

青年像早晨八九点钟的太阳，而天津大学的青年湖也极富青春活力。每天清晨，锻炼散步的人们就围着湖开始做运动了。晨风中，众多学子苦读的书声就响在整个湖岸。日间，学子们步履匆匆，湖岸北岸是学生宿舍，每到晚上，点点灯光洒落，笑声朗朗，穿过湖面，对对情侣窃窃私语，更是让整个湖充满着活力。

青年湖的一大特点，是湖岸。青年湖南岸，以无数巨石堆积成岸，质朴而天然，看似简单却美得让人流连忘返。野草、芦苇和不知名的小花在巨石间隔中自由地生长着。岸边，每隔不远就是一个休息用的椅子，总有学子或坐椅子

个 图 8-2-7　敬业湖

个 图 8-2-8　爱晚湖

上读书，或于巨石上纵论世界大事，激扬文字，意气风发。

爱晚湖——秀。爱晚湖位于老干部活动中心东侧，紧挨着金辉路，故名“爱晚”。爱晚湖虽然是四个湖中面积最小的湖，但却最秀美。

“四面荷花三面柳，一城山色半城湖”虽然是济南的真实写照，但用于这个湖中却是最恰当不过了。这个湖是天津大学各个湖中唯一有荷花的，或疏或密，散落在湖的四周，而除了金辉路一侧，其他三侧的湖岸，则是万条丝绦垂下。微风吹过，柳丝拂动，白的粉的荷花摇曳顾盼，仪态万千。确实平添了万种绰约。

友谊湖——幽。同青年湖的充满激情不同，在天津大学国际教育学院对面，有一个十分幽静的湖。因为面对的是留学生公寓，所以起名叫“友谊湖”。

友谊湖面积不算大，但却是最深的。据老教师介绍：当初学校修建教学楼，就地取材，在这个位置挖坑取土，越挖越深，水慢慢渗出来，形成了现在的这个湖。

这个湖与南开大学交界，东岸临着国际教育学院，西岸是一条通道，直通现在的建筑学院西院，南侧因为与南开大学交界，也没有其他建筑，北侧则为校内西门。整体上，十分幽美。湖侧面芦苇成片，风过之后，苇叶刷刷作响，更显得幽静。

五、天津大学的绿化——静谧而心安

现代的都市，车水马龙，公路上的热浪与喧嚣，容易让人心浮气躁。但是，只要走入天津大学校园，哪怕是炎热的夏季，也立刻会感觉到学校的静谧，让人心安。据测量，天津大学校区内夏天的温度，比校外低 3 摄氏度左右。

这一切，都得益于学校的绿化。从蛙声一片的开洼地，到今天书声琅琅的美丽校园，代代天大人用心、用智慧让这片土地更加美丽，更加富有诗意。

1. 独特的一道风景——春回天大看海棠

↑ 图 8-2-9　繁花似锦的海棠树

天津的地方，盐碱比较多，很多植物在这里不好生长。因此，天津市的高大植物，少见松柏等，多是耐盐碱的绿叶树，其中的代表之一，就是天津市的市树——白蜡。但这并不是说，天津市没有了鲜花盛开的灿烂。在天大人对母校的思念中，肯定会有一个空间，专门留给学校的海棠。那一树树的花山，那一片片坠落的花瓣，那一种清香，一种思念，都永远留在了每个学子的心中。

天津大学种植海棠，应该是自迁址开始的。据后勤长期从事绿化工作的马俊荣老师回忆，新中国成立后，北洋大学重获新生。后迁址天津市西南方向的六里台，大面积种植海棠，大约有 1 500 多棵。后来随着学校不断发展，现在还剩余海棠 700 余株。至今在水利馆里还保留着第一批种植的海棠，已经 60 岁左右了。

天大的海棠品种有 90% 以上是西府海棠。在人们印象中，海棠是没有香味的。张爱玲曾经有三恨：海棠无香，鲥鱼多骨，红楼梦未完。但这西府海棠，却是既香且艳。清晨起来，伴随着琅琅书声，这花香更让人陶醉。“春回天大看海棠”，看的其实不仅仅是海棠花，还是体会天津大学的文化氛围。

无论你在教室推开窗，还是走在下课的路上；无论你从图书馆匆匆而过，还是在实验室繁忙中抬头一瞥，那海棠都会闯入你的眼帘，冲撞着你的心房——从料峭春风中刚刚钻出的嫩芽，到鲜红的花蕾，如胭脂点点；从欲放的花苞，到完全绽放的花瓣，似晓天明霞。忽而一阵春风吹过，花瓣漫天飞舞，如少女般曼妙婀娜，从天而降。飘落的花瓣甚至可以铺满道路，让人不忍心下脚。

天津大学为何会有这么多的海棠？是巧合？还是有什么深意？

海棠花开似锦，虽艳却不俗，素有“花中神仙、“花尊贵”之称，是“富贵”、“美好”的象征，因此，在园林种植中，常与牡丹、玉兰、桂花等配植，寓意“金玉满堂”之意。在西方的文化中，海棠的文化寓意为“游子思乡”。管理与经济学部教师殷红春认为：学校大面积种植海棠之际，正是新中国成立后，全国院系大调整之际。一方面，天津大学集中了并入院系的优势，成为当时全国规模最大的多科性工业大学之一；但另一方面，学校前后有 14 个院系、专业调入其他学校，从天津大学调出的科系历史悠久、优势突出，把北洋大学的优良传统带到了祖国各地，为新中国工业体制的建立与教育事业的发展，做出了重要的贡献。这些植根于60年前的海棠，会不会是别离的寄托？

如今，天津大学的海棠，已经成为了学校的文化符号之一。2012年4月，天津大学举办了首届“天大海棠季”活动，这“天大海棠”，更是走入了千家万户，走入每个师生校友的心里。

2. 天大的树木——绿荫掩映、苍翠欲滴

说起天大的树木，先想起来韩少功《马桥词典》的“肯”词条，在马桥人眼里，万物有灵，常人看起来的死物如田、柴、天、锄头等都有自己的意志，以至于可以自行决定“肯”抑或“不肯”，如田肯不肯长谷、柴肯不肯燃烧、天肯不肯下雨、锄头肯不肯入地等。由此再看天大的树木“肯”和“不肯”的问题：来自天南海北的不同树种肯不肯在这片盐碱地上扎根生长？成活之后肯不肯长高长壮？长大之后肯不肯为新的基建规划让路被迁移砍伐？……自然界一棵树从小到大，要克服的只是自然条件的考验，而到了天大这个环境里，这棵树可能要克服更多的艰难险阻——硬化包围、害虫蛀咬、车撞、迁砍等。能一一躲过这些劫难而留下的堪称树中高材，那是必须仰望而且珍惜的。所以天大的树木要成活成长乃至最后完成一个完整的生命周期，只有自己“肯”那是不行的，还要环境“肯”，人“肯”，车“肯”，规划“肯”……最后加上坚强的运道，那才能笑傲江湖独领风骚。

一是白蜡和白杨。

要检点天大校园内胸径40厘米以上的大树，白蜡、毛白杨得占七成以上。由此看来，这白蜡、白杨、白海棠在天大都是十分“肯”长且运气极佳的。

白蜡在百多年前在中国算是外来物种，现在俨然是天津乡土树种的典范，君不见天津市树便是此君。天大校内随处可见就是白蜡树，从天塔上往天大方向一看，整个校园几乎是被埋在一片连绵树海里，其中大部分都是白蜡树的树冠。可以说没有白蜡树便没有天大绿化的雄厚底子。不需刻意栽植培养，有点泥土的地方，飘过点种子来年可能就是一片小苗，几年不注意就长成一片次生林。夏有浓荫可遮阳，秋有金叶可欣赏，看着枝繁叶茂的样子就带劲。树坑挖上，小苗栽上，成活率轻轻易易就是百分之百，也用不着多么精心养管，过个几年回来瞧瞧，棵棵都那么精神抖擞，一排排一片片都那么整齐漂亮。

比起白蜡来，毛白杨的数量无疑少得多，但是量虽少却都是精品。这是中国土生土长的优良树种，其树形雄壮大气，在世界上广有声誉。天大树如有魂魄、有脊梁、有领袖，毛白杨自是不二之选。茅盾老先生曾著《白杨礼赞》，盛赞白杨的壮丽与品格，这个赞誉也只有毛白杨当之无愧。天大中轴线上的白杨树群，庶几寄托着建校之初那一辈天大人的雄心与激情。每每徜徉仰望这些参天白杨，心中总是涌起豪情万丈。树叶啪啪地轻拍着，仿佛爽朗的笑语：天大人，无论走到哪里都要挺直脊梁，顶天立地，豪情不坠，壮志不折。

二是“桃花堤”。

“花堤蔼蔼，北运滔滔”能被写入校歌，被每一个北洋校友传唱追念，桃花堤可谓大名鼎鼎。可惜的是几经流散，天大人不但失却了北洋大学的校名，最后竟然也失去了桃花堤，天大师生寻根北洋之时，竟然要去别处看“花堤蔼蔼”了——好在还有花堤路。不知是不是缅怀当初的桃花堤，青年湖东畔的步行道的名字就这样定了下来。不同于“敬业”、“铭德”、“求是”这些路名的肃穆端庄，“花堤”这个名字格外清灵隽秀，仿佛天大那些工科班里的几朵小金花。不知从何时起，花堤路的绿化思路悄然经历了一次重要的变化：从开始近乎执拗地为了重现桃花堤而遍植桃树，到后来百花争妍，引进樱花、紫叶李等多种花灌木，更有月季、鸢尾、萱草等低矮花草做陪衬，花开烂漫，万紫千红，风景似乎还比单一的桃花略胜一筹。

三是毛桃、紫藤与水竹。

先说毛桃，天大似乎总跟桃树有剪不断理还乱的缘分。要说早春开花最早的树，毛桃无疑能列入前三甲，最妖娆的则莫过于王学仲艺术研究所门前那几株。早春万物正萧条，偏偏是她们就争先恐后绽开了笑颜，通红的树皮儿，粉嫩的花朵儿，不及碧桃浓艳，不及海棠华丽，一眨眼就咋咋呼呼开满了一树，像是毛手毛脚的毛丫头，不管三七二十一就抢在了大伙儿的头里，奔着跑着急不可耐就把春给报了，倒把正主儿迎春落在了后头。不知道王老先生站在他屈曲的水庭里深思创作时有没有被这毛毛躁躁的野丫头从墙头探头探脑地打搅过，抑或是被那淡淡芳香正好勾起了灵感转而奋笔疾书？在春花陆续盛开之际，路过白壁粉墙，却见毛桃凋零只剩几朵，兀自倔强停留枝头，全不顾东风正催着满地落红，忽然想起“人面桃花相映红”里的桃花，一定是这清丽无邪的毛桃花儿吧。

紫藤与水竹却要放在一起说，无他，都在水利馆尔。不知是不是沾了水利馆的水灵气儿，别处长不好的紫藤和水竹在水利馆里里外外长得无比滋润活泛。谁说天津竹子长不好呢？君不见水利馆的水竹地里年年长出无数的新笋尖儿，挤着头往上蹿，要是哪片空地孤零零钻出一个笋芽儿，不几年就是一大片。别处的竹子一个照顾不到经常蔫头耷脑，这里的竹子通体碧绿，一棵赛一棵地拔高撒欢儿，一恍惚还以为到了江南的小院。水利馆门前的紫藤花廊在天大也是独一份儿，钢筋混凝土的廊架从里到外透着雄健粗犷的味道，偏偏被紫藤柔密的花枝儿紧紧地裹着，每逢紫藤花开的日子，满架紫色的风铃努着、挂着、叠着、晃着，在风中尽情摇曳欢笑，肆无忌惮地宣示着力与美，柔与刚。

天大的远期绿化规划中曾有一个设想，每个学院的园林绿化，都做出自己的特色来，也许只是三二桃花，也许就是满园翠绿一架藤花，以上两例，庶几可作为学院绿化的先行参照。

3. 松与柏

松和柏是北方最常见的常绿植物，原本不分什么伯仲好坏，然则这二者在天大却有着截然不同的遭遇，不禁令人感叹奇哉怪也。

松树有几种，在天大能长好的却只有雪松一种。传统文化中，松的地位绝高，不论是“松竹梅岁寒三友”，还是“寿比南山不老松”，又或是“大雪压青松，青松挺且直”，松被赋予了高洁、长久、坚韧等种种优良品格，也深受人们的喜爱。东校门一入校，最先进入眼帘的就是两排威武雄壮的雪松，其树形高大，枝叶平展，四季常青，内敛庄重，仿佛两排重甲卫兵，将正门处气场浓浓一敛，一下子就由大门外的极度喧嚣过渡到门内的极度沉静，大巧若拙，名校风采底蕴尽在这一动一静转换之间。

相比较于松的高贵雍容，柏无疑容易亲近得多，成活既易，种类也多，跟松树共同构成北方冬季的基底色。这样的好树种本应大力推广，广而栽之，但在天大却是有将近十年都没有一株柏树栽下，不能不说是咄咄怪事。令人欣慰的是，近几年这种状况终于被打破，龙柏、地爬柏等柏树种类陆续“破冰”栽植，长势良好。

4. 爬山虎与地锦

一开始，很多人都觉得爬山虎和地锦是一个东西。后来区分开来了，中国爬山虎，美国地锦。有趣的是，这二者似乎是两个国家民族的性格缩影：中国爬山虎长得慢，藤叶细小，但坚韧有长力，一步一个脚印，缓慢却坚定，攀爬能力强；美国地锦长得快，藤叶肥大，攀爬能力却弱，脚下有点不稳当。开始大家都喜欢美国地锦，爱它长得大爬得快，后来冯骥才先生却反其道而行，在北洋书院栽下了一圈中国爬山虎。几年光景过去，美国地锦依旧郁郁葱葱却还在贴近地面处爬行，中国爬山虎仍是瘦瘦弱弱却后发制人，不经意间就攀上了几十米高墙，用坚韧的身躯绘制出一幅幅美丽的画图，自有一股睥睨苍生的傲气。

总之，天大校园占地面积 146.57 万平方米，总绿化面积 52.98 万平方米，可绿化面积完成率 81%，绿化覆盖率 47.7%，林木覆盖率 32.5%，人均绿化面积 26 平方米。多年来，天津大学被全国绿化委员会评为“全国绿化三百佳”，获得“天津市绿化先进单位”、“天津市绿化花园式单位”等荣誉称号。天津大学是一所风景秀丽的开放式花园学校。三季花常开，四季绿满园，黄土不露天，草木葱茏，湖光水色，亭台水榭，喷泉假山，鸟语花香，美不胜收。为学校师生员工的教育、科研、学习、休憩提供了一个优美和谐的环境。

第三节　生机勃勃新校区

一、巧合历史的校区选址

新校区建设是天津大学事业发展的重大历史机遇，承载了天大人的美好愿景。

天津大学新校区规划与建设将与学校的办学理念、发展目标、特色及历史文化风格相适应，体现文化传承、育人为本、学科融合、厚重纯朴、生态和谐、开放便捷等理念，建设成为科技校园、人文校园、绿色校园、和谐校园。

历史和现实有时就是这么充满奇异，在上述规划和建设理念的指导下，新校区的选址竟然会将天津大学现有的文化元素一一再现，津南新校区依然会与卫津河、北洋园、八里台及南开大学相守相伴，就连新校区的地形图也酷似当年的北洋大学盾牌校徽横亘在津南大地上，这简直是天作之合，令人惊叹。

1. 同依卫津河

卫津河是位于天津市南部的一条人工河，自 1952 年北洋大学自旧址迁至七里台现址定名为天津大学以来，就一直护卫着这所历史名校。一个甲子以来，卫津河因为天津大学而更加充满了智慧，天津大学也因为卫津河而更加富有了灵性。卫津河成了一代代天大学子梦中的牵挂和抹不掉的回忆，他们带着对卫津河的眷恋奔赴祖国的四面八方乃至世界各地。多年后的今天，在蜿蜒了 20 余公里后的卫津河下游河畔将再次留下天津大学发展的足迹，百年老校与世纪之河的邂逅必将开启天津大学一脉相承的校园文化新篇章。可以想象，未来的新老校区之间，可以划船来往，泛舟互动。翩翩小舟，帆影点点之间，流淌着的是卫津河的汩汩清流，传递着的是百年老校的文化血脉。

2. 邂逅北洋园

北洋大学旧址的桃花堤，在天津城市美化过程中被开辟为北洋园。每到春夏之交，桃花堤十里飘香、花海如霞，北运河水波光似锦、蜿蜒绵长，掩映北洋园古老的建筑与厚重的雕像，让人流连忘返。

为延续北洋的历史记忆与情怀，学校在七里台校区内修建了北洋园，如今已成为天津大学的象征甚至是代名词。她集巍巍学府历史沧桑于一身，集广场、雕塑、园艺、喷泉于一体，堪称是一座露天博物馆。

真可谓无巧不成书！天津大学新校区所在的海河教育园区也称“北洋园”，是未来天津国际化和区域化职能扩展的重要地区，作为全市空间规划布局调整的重点，一座新的大学城将在这里诞生。昔日巍巍天大学府里的“北洋园”，今日将在津南海河教育园继续延伸，未来天大的新主人们仍将沐浴着“北洋园”的四季风而成长成才。从七里台来到津南区，因为有了“北洋园”，所有的天大人将不会有陌生感，因为，天大人一直都将“北洋园”视为自己心灵的家园。守望心灵家园，每一个天大人都会从心底深处油然而生一种踏实的感觉。

3. 相守南开居

在中国的很多城市，都有两所旗鼓相当的名牌大学。在天津，天津大学、南开大学两所历史名校只有一墙之隔。曾经，这段围墙不存在，校界间有许多条通道，最著名的当属天南街，穿梭于此间的人无法分辨它究竟属于天大还是南开。如今，这片繁华之地已被 2007 年两校合建的“天南大联合研究大厦”占据，只留下天南街的种种传说。“天南大联合研究大厦”的南面是南开的，北面是天大的。大厦底部形似大门，行人从中穿过，可以自由通行，大家就给这个楼道起了不同的名字，天大的同学叫它“天南门”，而南开的同学叫它“南天门”。

如今，天南大新校区再次毗邻而建，看来，下一个百年，这两所百年老校要继续做亲密无间的邻居了。天南大新校区的相守而居，正如英国的牛津和剑桥在竞争中成长一样，在过去的日子里，天大南开两校相互尊重、和睦合作，在未来的百年，这两所名校也必将携手发展，共创新的辉煌。

4. 地形似校徽

天津大学的前身北洋大学的校徽是以欧美高校校徽为蓝本进行设计的，在形状上，它采用盾形，而西方高校校徽的轮廓就多为盾形。天津大学的校徽继承了原北洋大学盾形校徽，设计整体呈圆环形，象征着功德圆满、学业有成、和谐统一。环形内部添加棱角分明的线条，将其齿轮的形状以最简单的线条抽象化，并向着四面八方延展，一方面象征着学校发展四通八达，另一方面象征着天津大学是以理、工、文、管相结合的综合性大学。标志中心为古老的盾形图案，是集成原北洋大学标志的部分，盾形上面写着中国古典文字“北洋”二字，代表着学校前身为北洋大学，同时突出了学校为中国第一所现代大学。1895为学校的建校时间，反映出了学校悠久的建校史。同时盾形代表着庄严、权威。圆环内部写下了天津大学的中英文，英文天津大学括号内为北洋大学，由此可见，学校在实事求是校训的指引下，全体师生正朝着建设世界一流水平大学的目标而不断努力前进。

拥有一百多年历史的天津大学，将在海河中游南岸崛起一座崭新的校园。除了大师的创意，由天大在校师生组成的“师生工作营”也全程参与新校区的规划、建设意见征集、讨论和决策。北京奥运会建设项目中方设计总指挥崔恺，北京奥林匹克公园总体规划中方总建筑师周恺，“鸟巢”中方设计主持人李兴钢……这一串星光熠熠的名字，都是中国建筑界当之无愧的大师。作为天津大学的校友，他们齐聚母校联手加盟天津大学新校区规划建设工作。当工作营的师生们凝神揣摩新校区选址地块，规划未来美好蓝图时，一个惊人的发现令人称奇——经过卫星拍摄的新校区地形图恰似北洋大学的标记及镶嵌于天津大学校徽中心的盾形校徽，横亘于津南大地上。这一不甚规整的地块却给了设计师驰骋想象的空间和挥洒奇思妙想的机会。大师们用神来之笔在这块盾形地块上挥毫描画着天津大学的未来，书写着天津大学美好的明天！

二、以人为本的总体规划

为高水平、高质量做好天津大学新校区的总体规划，学校在对兄弟院校新校区建设充分调研的基础上，聘请了一批国内外知名建筑规划专家与校领导、师生代表组成了工作营，通过沟通交流及调研座谈等形式全面征询校友、教师、学生的意见建议，为学校提供强力技术支撑和思路，保证新校区建设规划工作高起点、高水平展开。

1. 体现以人为本，打造充满活力的新北洋

新校区规划采用紧凑型有利于促进融合交流的可步行校园发展模式，确保校园的人性尺度，建筑平均高度与密度中等合宜，以学生培养为核心，传承天大的校园文化与风格，保留足够的产学合作的培训与研究空间，打造国际尖端的示范性可持续发展的绿色校园。总体规划充分彰显了以人为本的理念和天津大学的特色。

规划承袭天大现有校园的传统，以东西中轴均匀划分校园空间，为中轴南北两侧预留宽阔的发展区块。并使校园的入口与北侧的道路交口保持了适当的距离，东西中轴与反映新校区基地周围都市肌理的南北支脉，构成了新校园的基本格网体系，入口区采用圆形前院，巧妙舒适地将入口轴向转换为东西轴向，打造了可供建筑面南的东西向校园轴向。

营造以学生公共活动为中心的中轴空间。将公共教室、图书馆与学生活动中心等学生最常用的设施，设计在中心轴线两侧，与由行政管理中心、会议中心、文理学院等组成的主楼综合体在校前区共同形成高活力、高象征性的校园骨干；以学院建筑组团为门面，打造对外学术形象。各个学院或学群组团依据规模的大小及资源共享等因素，有机地配置在中轴的两侧，各学群组团在校园周边城市道路上，均有前庭门面，形成校园对外的学术形象。

精心打造环形生态景观园廊，成为促进院际交流的绿链。优美闲适的运河、阳光草坡与林荫小径，形成具有“花堤蔼蔼，北运滔滔”浪漫风情的天大特色公园，成为促进院际交流的纽带。公园西侧，空间逐渐开展，形成大片生态湿地，是校园可持续发展的重要基地，能发挥净化污水、滞留雨水的功能，同时也是学生休憩、浪漫的去处；建构了学科组团内各具特色的通廊。各个学群前均设置了回廊环抱、气势恢宏的学群前院，成为平日学生活动及庆典活动的多功能空间。各个学群内，均设置各具特色的内庭、街巷、穿堂序列，构成学群

内各院系的交流通廊；学生宿舍以便于管理的规模，错落地镶嵌在中轴两侧以及学院组团之间，为学生在校园内的行动，提供了最便捷的步行距离。学生生活区包括食堂、交流平台等沿运河的界面设置具有公共使用特性的空间，有效地强化了“绿链公园”的活力与公共意象。

转化公交路廊为校际交流及资源共享的促媒。于校际公交走廊与地铁站的交点，发展催化转运的校际生活服务设施，形成转运枢纽。并沿校际公交路线尽量设置促进校际资源共享的学生活动中心、北洋音乐厅、图书馆、各种体育设施等，践行了海河教育园区公交导向的发展形态；均衡配置三个正式的运动设施组团，满足教育部评荐要求的设置标准。此外，有机地利用绿链公园、学群前院、岛上滨河绿地及中心广场，作为随兴的学生运动活动空间。

预留充分的校园成长空间。各学群可沿学群轴向，有机地向南北成长，沿环路充分地预留可与校园结合为一体的开发地块，作为新学院设置或产学合作计划的成长空间；整合地运用成熟的节能与绿色节能技术、雨水滞留及生态型的中水净化技术、节废减排技术，成为国际最先进的可持续发展校园；采用地方烧制的页岩砖，以可行的现代工艺，延续天大原有校园建筑的朴素语汇；同时结合成熟的绿色建筑技术，诗意地营造可持续发展精锐基地的意象与品牌。以体现实事求是精神的建筑语汇，承传天大文化传统。

2. 追寻大学之道，构筑绿色可持续发展校园

总体规划充分体现了现代教育理念，突出了以人为本、以方便学生生活与学习为根本，中轴空间以学生公共活动为中心。校园的中轴线代表了明德、求实、求知、迈向创新、止于至善的大学之道。由东向西依序为校园入口门户，气势恢宏的校前区主楼及行政大楼，绿林环绕、尺度恢宏、气氛静谧的“北洋园”。通过主楼的穿堂，来到校园中轴的首段——明德大道，行人漫步在林荫树阵的韵律中，接受自然秩序的洗礼。走过明德大道，来到与天大绿链公园相交的集贤广场，这里是欣欣向学的学子与孜孜不倦传道授业的先知学者不期而遇的场所。向前进入求实大道，为大学新生提供坚实基础通识教育的公共教室建筑群沿大道两侧设置。蜿蜒的路径坚定地朝着明确的方向前进，道旁的连续回

廊，以及间歇设置的院落，结合便捷的饮食提供，为学子们开创了随时坐下休息及交心的机会。象征知识宝库的图书馆地标性地竖立在大道的端头，锚定校园的中心。大气恢宏的建筑主体与两侧的回廊围绕出前后两片林荫庭园——求知园，为学子进入图书馆静思之前，静默地做澄心的洗礼。亲民广场面对着勾起旧校园记忆的青年湖，该湖结合生态湿地及容纳各种校园养护设施的山丘，共谱天人合一的“至善园”，为学生提供“处身自然，珍惜自然，维护自然”的学习机会。规整的中轴线体现了天大自身文化的特色，成为承接历史、面向未来的空间载体，也融入了“大学之道，在明明德，在亲民，在止于至善”的古训。

3. 传承老校风格，建设面向未来的新校区

天津大学历史悠久，为了体现对师生的人文关怀和对学校文化传承的责任，新校区的规划保留了淳朴厚重的老校风格，新老校园实现了校园气质的传承、典型空间元素的传承、建筑材料与建筑性格的传承，并充分体现了安全便捷、优雅生态、可持续发展的特色。新校区总体规划贯穿以下五个概念，体现了传承中的创新。

概念一：以学生为中心的新型校园模式。新校区的“心脏”是学生日常活动区域，置于整个校园的中心位置，围绕公共建筑布置，与公共建筑一起形成了具有鲜明特色的“小镇”，使学生可以更为便捷地参与到公共活动中去。以学生生活和学生活动为中心并不是要削弱教学的功能，而是要在学生生活、公共活动和教学活动之间建立起更加积极的联系。除集中设置的体育场之外，宿舍区的周边散布着许多足球场、篮球场、网球场、排球场等各种活动场地，便于学生就近使用。

概念二：多层次的校园空间气质。由图书馆、学生活动中心、北洋音乐厅等公共建筑共同围合成一个正方形中心广场。由碧水环绕着的中心岛恰似一条绿宝石项链，创建了自由交流的公共空间，中心公园绿带、组团间的绿带与各种公共活动的整合将扩大人际间的交往。另外，学校的四个校门各设置了一条通向中心广场的线形序列广场。教学区沿学校的外围布置，为学术对社会开放、加强社会交流提供了可能性。教学区采用学科组团式布局方式，将几个交叉学科整合成一个学科组团，为多学科的合作研究搭建了交流平台，创建了“学术村落”和一个“活生生的学习实验室”。

概念三：建筑与绿化相融共生的建筑布局。与整个校园的整体构架格局相契合，整个校园的绿化、水体体系呈环状布置。北洋园将外部开放空间转入校内，形成了个性化的绿色校园。东侧的北洋园将外部开放空间舒适地转入校内，经过铭德大道上的列列绿林至集贤广场，空间豁然展开。环形的绿带公园环绕于校园核心，在西侧汇聚于青年湖中；青年湖结合生态湿地及山丘地势，共建天人合一的山水绿园。校园中轴上是公共教室、基础实验室及图书馆、活动中心等公共设施，在环形绿带两侧分列着各大学院群，学生宿舍错落地镶嵌其间，与教室、学院群及各项公共设施紧密地结合在一起。校园四周用绿化和景观水体进行围合，以突出生态特色，营造优美的校园环境，体现了“园林风光、大气洋气、稳重朴素、富有内涵”的设计理念。

概念四：人行优先，车行可及的交通设计理念。整个校园设置了多个校园入口，分别与东侧海河教育园区的中心绿廊、南侧的地铁站、东北侧的校际联络线、北侧的双港经济园区建立有效的连接，形成对社会开放的校园“性格”。学校外环路为最主要的车行路，各个学科组团和科研建筑均在这条路上设有开口。在校园内合理设置了机动车停车场。主要的机动车流被设置在校园的外围，使校内形成连续的步行空间。在校园内设置一个可将各个功能区连接起来的绿色公交体系。

概念五：“可生长”的校园，可持续发展的理念。将一期、二期和远期统一规划，整体设计，建筑单体采用枝状生长的形态，为校园的长远发展打下了坚实的基础。

三、传承创新的单体设计

新校区分两期建设，一期建设 83 万平方米，共计 21 个组团，70 余个建筑单体。所有单体设计方案都是传承与创新的完美结合体。

1. 尺度宜人的师生生活组团

六大组团容纳 2 万师生入住。天津大学新校区生活设施共分北区、中区、南区、硕士生、博士生、教师公寓 6 个组团，位于新校区中心区域，总建筑面积近 30 万平方米，其中每个组团由一个或多个地块组成，每个地块中包括 1 个或多个功能用途，并规划了预留用地。

为了将生活区建设成为多层次、尺度宜人的场所，让学生在宿舍区内能够充分交流、打破以往三点一线的单调的学校生活方式，设计人员在空间布局上，将地块划分成生活区、休闲区、后勤区以及二期预留用地四个部分。生活区采用院落围合的方式，体现以学生生活为中心的设计理念，创造半开放式的院落空间。院落的第一层次为半开放的广场，利于人流的集散；院落的第二层为相对私密的生活交往空间，让学生在组团内部形成轻松愉悦的氛围。组团将采用社区化的管理模式。每栋宿舍楼在首层提供了一个公共服务平台，包括超市、洗衣房、自习室、书吧等。考虑到硕士生和博士生的生活需要，在硕士生和博士生公寓内有大功率用电房，并具有简单厨房功能。

2. 书院气质的图书馆组团

新校区图书馆由天大知名校友、国家级建筑设计大师，北京奥林匹克公园中方主设计师周恺领衔设计。新图书馆将是学校卫津路校区图书馆南馆、北馆和建筑分馆总建筑面积的近两倍。

新校区图书馆位于新校区东西主轴线上，是校园核心岛的中心，与未来的第一教学楼和信息网络中心共同构筑校园的核心公共建筑群。图书馆用地西侧为校区的公共景观绿地，且面朝远处的校园景观湖；东侧为沿校区主轴线两侧布置的教学实验楼组团；南北侧均为教学楼群。

方案从校园空间的特色出发，借鉴中国传统建筑中以庭院为中心的空间组织模式，力求营造一个现代校园精神中所强调的具有公共性与开放性的内聚型书院文化精神场所。建筑本身的意义可以从三个方面得以诠释：一是书院气质。从整个校区的空间秩序而言，图书馆不仅仅是一个精神意义、功能意义和形式意义的象征，而更应是一个校园生活的核心空间，一个富有书院气质的中心领域。新图书馆在进入方式上采取传统书院的空间组织方式，首先经由东侧的大跨架空空间进入中心广场庭院，然后再经由庭院南侧主入口进入图书馆主阅览区，整个空间序列欲扬先抑，层层推进，赋予了图书馆以厚重的礼仪性和庄重性。二是场所精神。新图书馆的空间结构为校区提供了一个可供师生交流、共享的公共活动空间。在这里人们既可以举办各种学术交流活动或学校仪式典礼，也可以驻足欣赏庭院景色或休息交流，可穿越的空间结构不仅为空间体验带来了愉悦感，同时共享公共空间的设计也展示了当代校园文化中所提倡的公共性与平等性的人文需求。三是阅读氛围。从建筑本身的功能需求而言，所有阅览功能围绕中心庭院布置，空间组织清晰且明确，内聚型的院落空间为阅读者提供了一个静谧舒适的阅读氛围。

3. 面向未来的综合实验楼组团

综合实验楼组团为基础实验教学类建筑，是面向全校本科生开放的实践教学场所，总建筑面积 39 856 平方米，包括了物理教学实验中心、电气电子教学实验中心及语音教室、计算机教学实验中心三部分功能。遵循校园总体规划设计，建筑的高度、边界、材料等与周边建筑相协调，形成了完整有序的整体性校园空间。协调建筑与周边环境的关系，轴线两侧的建筑基本对称布局，通过体量的切分形成韵律，并结合建筑的入口形成具有标志性的点睛之笔；整组建筑沿绿化景观带的一侧也都作了退台的处理，所形成的适宜尺度，使建筑与绿化空间建立起了对话关系；提供了多层次的室外开放空间、交流空间；除地面的广场空间、庭院空间外，在建筑不同标高上设置可上人的屋顶、平台等，形成立体的开放空间，为学生的交流活动提供了场所；营造了宜人的校园空间氛围。宜人的建筑体量、建筑饰面材料砖的选择、开放空间的设置，均是为了塑造一个具有文化氛围的校园环境。坚持面向未来的、绿色节能的、可持续发展的设计理念。通过庭院的设置，使建筑获得最好的自然通风、自然采光：对室内光线控制有要求的机房、实验室，设置镂空墙、室外挑檐等，达到遮阳的效果；结合建筑的屋面和硬质铺地设置雨水收集系统，同时与整个校区的雨水收集系统连为一体，为校区的景观用水提供水源，以达到节水的目的。

4. 稳重端庄的行政管理中心

新校区行政管理中心总建筑面积 27 870 平方米，为学校校级行政、党务机关部门办公、接待来访、对全校师生咨询服务的中心，包括党务、行政、财务、学生事务、教师事务、外事及研究生院等部门。位于学校礼仪性大门附近，是学校整体对内、对外的象征，展现天津大学庄重、大方、朴素的形象。

行政管理中心总体布局尺度亲切，融于自然，将优美的自然环境通过庭院插入办公环境。主入口“柱林”的概念隐喻“十年树木，百年树人”的教育理念。设置缓冲空间，形成独特的建筑造型。体量关系简洁，光影变化丰富，稳重端庄，整中求变，舒展大气，体现了百年老校的悠久底蕴，展现了新校园的时代特征。

5. 凭湖临风的学生活动中心

新校区学生活动中心位于广阔的新青年湖畔，总建筑面积 10 000 平方米，主要包括：学生科技创新实践区、学生社团实践区、艺术教育活动区，供学生组织各种活动以及就业招聘会使用。其坐落在新校园主轴线的尽端，突出水面的半岛将其引向开阔的自然景观，与轴线序列空间中端庄的校园景象形成对比。在这块东西长、南北窄的地段上，三个简单的矩形体块依次排开，从与教学中心区的严整对位，逐渐过渡到湖区的自由舒展。它的造型，既考虑了与校园风格的协调，又结合了湖区的自然景致；既体现了天大严谨的校风，又描绘了年轻人的活泼，乃至浪漫。

校前区建筑遵循校园规划中的整体设计风格，将饰面页岩砖作为建筑的主体材料，这不仅是对天大老校园特色的延续，而且对于新校园整个建筑风格的统一十分重要。清水混凝土作为另一种重要的建筑材料，与饰面页岩砖形成对比，起到突出建筑体量，增加建筑细节的作用。

不久的未来，天津大学新校区将跃然呈现在世人面前，“一体两翼”的天津大学，必将焕发出她夺目的生命光彩！

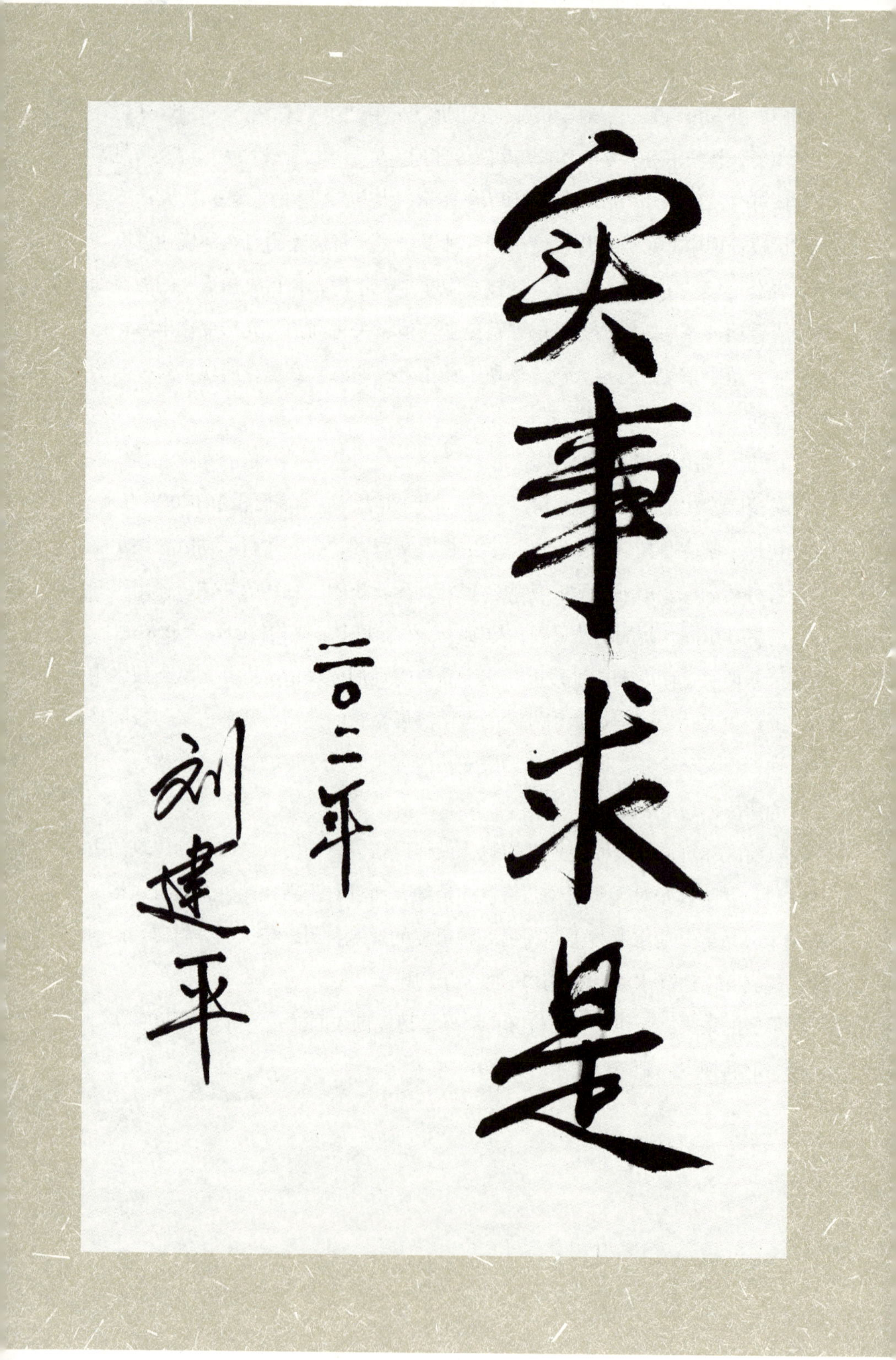

↑ 刘建平书写实事求是

第九章

日新又新的文化繁荣

赵天麟校长在纪念北洋大学建校30周年的贺词中有两句话，一句是：一得之愚，实事求是；另一句是：人文渊薮，日新又新。实事求是已经成为校训，为师生所尊崇。人文渊薮，日新又新则是告诫我们，在这人才汇聚、人文浓郁之地，不仅要重视文化传承，更要重视文化创新。只有如此，大学文化才能具有无限的生命力。

百余年间，从北洋大学到天津大学，形成的以“实事求是”、“严谨治学”、“爱国奉献”为核心内容的文化传统代代相传，在传承中又不断创新发展，形成了今天繁荣兴盛的新局面。

第一节　讴歌时代的文化宣传

一、跟上时代的脚步　奏响校园主旋律

以人为本、爱心育人是人才培养的主旋律。在2012年新生入学期间，与

“秋老虎”热浪滚滚相伴的是一个同样热得发烫的新闻事件——天津大学设立爱心帐篷，解决新生家长住宿难题。学校在新体育馆为部分学生家长搭建了爱心帐篷，不仅免费提供给家长住宿，还免费开放体育馆内的洗浴间，提供空调、热水等配套服务。当新华社发布爱心帐篷图片后，迅速在全国范围引起反响。全国主流媒体纷纷跟进报道，并展开讨论，盛赞天津大学的爱心之举。小小的帐篷成为新生入学教育的生动课堂。许多新生不住宿舍，要和父母一起在帐篷内感受长辈的疼爱和母校的温暖。

一个简单的关爱举措引起这样大的反响，许多校友在学校官方微博上留言，盛赞学校“亮了”、“威武”、“给力”。中央电视台记者于夜间到体育馆现场采访，新生家长对学校的迎新工作非常满意。一位有三个孩子在重点大学读书的河北籍家长说，天津大学是他见过的最好的学校。

师德建设是师资队伍建设的主旋律。2012 年 3 月 15 日，中央电视台“新闻联播”节目播发学校以师德为本培育青年教师的工作报道，新华社以“聚是一团火，散是满天星”为题发表学校青年教师师德建设的长篇通讯报道，《光明日报》在 3 月 16 日头版显著位置以“三尺讲台‘天大’责任”为题刻画了天津大学优秀青年教师的群像。《人民日报》、《中国教育报》、《中国青年报》等全国主流媒体纷纷给予报道，形成了一次新闻宣传高潮。

“十一五”以来，天津大学迎着开发开放滨海新区战略的东风，进入事业发展的快车道。新闻宣传工作也进入火热的季节，对主旋律的讴歌无处不在。卓越工程师培育计划启动、科技工作大会召开、国际化战略推进、新校区和滨海工业研究院建设……一个个重大的战略决策通过文字、声音、图像、视频及时传递给每一位师生。115 周年校庆、开学典礼、毕业典礼、天大“海棠季”……一个个重大活动在师生心中留下深深的印迹。虚怀若谷格自高的杰出校友师昌绪、家庭与事业并重的青年女科学家李小英、爱心助学 15 载的青年教师陈天霞、螺丝钉也会闪光的普通后勤职工宋春华，一个个活生生的天大人物感动了每个人。对主旋律的讴歌凝聚了人心，提高了学校的影响力和美誉度。

全媒体时代，需要构筑适应新形势发展需要的全方位媒体宣传平台。近年

↑ 图 9-1-1　天津大学宣传活动照片

来，天津大学对原有的校报、有线电视台、校园广播站等新闻宣传平台进行更新改造。2009 年完成了新版天大新闻网建设，新闻容量大幅提升。2010 年开展有线电视台硬件提升工程，电视新闻和专题的制作数量和质量全面提高。2011 年完成了校报电子版更新改造；开通校园新闻视频网站，当年实现学校重大活动网上视频直播；宣传部接手天津大学官方微博管理工作，粉丝数量快速增长，成为有广泛影响的宣传平台；宣传部与信息网络中心共同建设天津大学官网手机版，手机上网看天大更加快捷。2012 年校园广播站改造工程完工，以全新的面貌和优质的声音传播天大的声音。

全方位立体化的新闻宣传平台成为讴歌主旋律的渠道，刻画了天津大学师生员工奋发一心，共建国内外知名高水平大学的精神风貌，展现了天津大学各项事业的发展成就。

二、墨犁耕校史　文章著精神

中国高校校报作为大学文化的重要载体，真实地记录着学校的发展历程。她几乎与中国的高等教育同期发展，至今有百余年历史。天津大学前身北洋大学作为中国第一所现代大学，也是出版校报最早的大学。北洋、天大校报已经走过了 100 多年的历程，至今已出版了 1800 多期、3600 多万文字。校报一直秉承严谨求实的精神，真实生动地再现了学校发展的每一个重要历史时刻，记录着学校成长奋进的足迹。

1. 北洋报刊：高校的先锋，时代的号角

1895 年北洋大学堂建立后，由于师生的需要，学校自己印制的印刷品在学校中首次出现。据 1924—1928 年担任北洋大学校长的刘仙洲回忆录记载，1897 年北洋大学堂印制了《北洋大学堂题录》，该题录是检索类刊物中描述文献外部特征的工具性刊物，也是中国的大学中最早出现的自己的印刷品。

进入 20 世纪后，北洋大学的校报逐渐规范。1906 年《北洋学报汇编》(周

刊）出版，历经 1909 年北洋大学堂留洋学生王正廷、马寅初等人创办的《北洋大学同学会会报》、1915 年的《北洋大学校季刊》、1919 年的《北洋大学日刊》、1924 年的《学余月刊》到 1927 年《北洋周刊》创刊，北洋大学时期的学校报纸在不断地改进中发展和完善，之后又出版了《北洋半月刊》、《国立北洋大学周刊》、《北洋月刊》、《北洋抗日救国周刊》。此间校报一直很难坚持连续出版，直到 1932 年 3 月 24 日，校报正式更名为《北洋周刊》才一直出版至 1937 年 7 月 9 日。抗日战争时期，北洋大学西迁，《北洋周刊》被迫停刊。1946 年，北洋大学在天津复校，1947 年 5 月，《北洋周刊》正式复刊。1948 年 10 月，学校出版了北洋大学时期的最后一期报纸。

《北洋周刊》为北洋—天大校报史书写了辉煌的篇章，除抗战时期停刊外，《北洋周刊》共出版了 241 期，800 多万文字，是存在时间最长、出版数量最多、内容最为丰富的综合性刊物。她集校报、学报、校友通讯为一体，在学校发展中具有重要的地位。北洋大学时期校长蔡儒楷、赵天麟、刘仙洲、茅以升、李书田、张含英等都曾为校报作序或致发刊词，对校刊十分重视。

抗战前期，《北洋周刊》积极宣传抗日思想，号召民众保家卫国，对于激发师生反帝爱国热情起到了重要作用。《北洋周刊》始终全面记载北洋大学时期学校各方面的发展状况及校友人物，为后人保留了珍贵的校史资料。20 世纪 80 年代天津大学编撰的校史中，许多资料来源于《北洋周刊》。可见，《北洋周刊》对于北洋校风的形成、北洋精神的传承及推动北洋大学发展做出了卓越贡献。

2. 天大校报：珍贵的文献，育人的沃土

1951 年，北洋大学定名为天津大学。1953 年 2 月，校报《天津大学》正式创刊。20 世纪 50 年代的天大校报开设了许多栏目，建立了学生记者和通讯员队伍。1952—1966 年的这 15 年中，天大校报紧跟时代步伐，全面记载了学校发展历程，见证了许多难忘的历史瞬间，如全面记录了毛泽东、周恩来、邓小平 3 位伟人来学校视察的难忘时刻。

1966 年 6 月，校报出版了 430 期之后因“文化大革命”停刊。至此，天大校报已出版了 800 多万文字。1969 年初，校报复刊改为《宣传简报》，5 月又变更为《津大战报》，1978 年 11 月恢复为《天津大学》，1989 年底改为《天津大学报》一直沿用至今。经系统考证，现在天大校报的期号应该从 1969 年初恢复出版的《宣传简报》算起，历经《宣传简报》、《津大战报》、《天津大学》、《天津大学报》4 个发展时期，历经 40 多年时间。

20 世纪 70 年代初，校报不定期出版。改革开放给校报带来了发展的大好机遇，校报出版开始步入正轨。从 20 世纪 80 年代以来，校报坚持按新闻规律办报，无论文章体裁、题目、内容，还是版面设计都精雕细琢，显示了新闻性强、信息丰富、时效性高的特点。1999 年 6 月，《天津大学报》获得了新闻出版总署颁发的《中华人民共和国报纸出版许可证》并被授予了国内统一刊号，校报进入了新的发展时期。2005 年 3 月，校报进行了全面改版，印刷版由黑白改为套红，电子版更加方便读者阅读与查询。2006 年之后，校报更加注重提高质量，按社会大报标准高要求，在减少差错率上下工夫。此间校报突出专版专刊特色，及时配合学校重大重点工作，加大宣传力度；同时继续深入总结凝练学校百十年来的治学传统，在工作中深入挖掘出一批珍贵的校史资料，涉及国家领导人、精英校友、老校长、办学特色、革命事迹等，填补了许多校史领域的空白。1985 年、1995 年、2005 年的校报均全面报道了学校 90 周年、100 周年、110 周年校庆的盛况，为宣传弘扬北洋传统和天大精神，凝聚海内外校友力量做出了积极的贡献。

回顾历史，天大校报历经沧桑风雨，与学校蓬勃发展的潮流相契，与时代前进的步伐相和，在建树天大良好的社会形象、培植一流的校园文化及造就高素质的栋梁之才等方面发挥了不可替代的作用。

一是鼓而呼，唱响时代主流旋律。北洋时期的校报与时代脉搏同律动，是高校的先锋、时代的号角。抗战前期，北洋报刊旗帜鲜明地站在反日前沿，肩负时代重任，号召师生爱国奉献。

天大校报创立半个多世纪以来，始终坚持全面贯彻党和国家的教育方针和各项政策，牢固确立为高等教育改革发展服务、为培养人才服务的办报宗旨，围绕党和国家的工作大局，紧密结合学校人才培养和教学科研的中心工作，唱响时代主旋律；校报长期以来为学校的发展成就鼓而呼，每年开设多个新栏目、出版专版和专刊对学校的重要工作进行重点宣传，积极引导师生员工为学校事业的改革与发展做贡献，在建设世界一流大学的过程中，发挥了号角和旗帜的作用；校报为学校的改革与发展提供了精神动力、思想保证和舆论支持，其时代作用不可低估。

二是记载历史，见证学校发展历程。百余年来，天大校报一直秉承“实事求是”的校训，真实生动地再现了学校发展的每一个重要历史时刻：从建校初期开中国高等教育先河的辉煌创业到抗战时期高擎爱国旗帜的艰苦办学；从新中国成立后的院系调整到改革开放后学校日新月异的发展。其中大到学校发展思路的确立，教学、科研成果的取得，小到一次学生的文体活动或者一篇师生的生活感悟，一件件辉煌业绩，一个个动人故事，校报将其镌刻为永恒。自1983年起的30年来，天大校报一直承担着每年组织编撰、刊发《天津大学大事记》的任务。复刊900期以来，校报还总结收集了3位伟人视察天大、将军校友等珍贵史料，为学校留下了宝贵的档案文献。

新闻是历史的底片，是历史的草稿。校报以新闻为载体，成为学校历史真实的写照与再现。她见证并记录了学校各个阶段的发展历程，真实可信。从某种角度而言，学校的历史就是以校报为基础提炼整理完成的。天大校史编撰过程中大量采用了《北洋周刊》和《天津大学报》上记录的史实。《天津大学报》就是纸上的“天津大学”，校报这种与学校同行同步同发展的功能目前在高校媒体中是特有的。天大校报是学校唯一的不仅得到完整保存而且内容最连续丰富的校史资源库，从1927年《北洋周刊》至今，80多年的校史资源尽在其中。校报已成为学校的珍贵档案，她的历史使命是神圣的。

三是塑造精神，凝练传承校园文化。百余年来，北洋、天大校报不断总结北洋传统，凝练北洋精神，弘扬先进的校园文化。校报刊发的逢十年华诞的校庆活动报道及校史回忆文章，对凝练传承北洋精神具有重要意义。传承至今的校训、校歌最早就是刊载于《北洋周刊》上的。之后的天大校报继承了北洋报刊的传统，继续深入挖掘优秀校友事迹，凝练学校办学特色、治学理念等。校报成为学校精神史的标记。

此外，文化是大学发展的根本，学校的文化活动丰富多彩，校报作为校园文化的传播者、记录者和参与者，同时又是校园文化的载体，大量报道诸如社团活动、学术报告及“北洋艺术节”、各类学生竞赛等特色校园文化活动，不仅丰富了校园文化的内涵，还起到了引领文化潮流、促进校园文化发展的重要作用。

四是传播信息，搭建师生沟通桥梁。最广泛地传播信息是新闻媒体所特有的功能。天大校报作为新闻传媒每一期都在报道新闻事件，传达学校精神、推广最新科技，传播学界动态。她适时地把学校各方信息凝聚在方寸的小小报纸上，又传播开来，所以它的上情下达、下情上传、沟通各方信息的功能尤为强大，而且她的“凝聚精华”的优势使读者可以在最短的时间内获取所需要的最多的信息。校报还具有自己独特的受众群体，成功地搭建起了学校和师生间、校友间信息沟通的桥梁和纽带。

五是培育英才，滋润心田培养新人。学校的中心任务是育人，校报的任务和作用之一也是育人。几十年来，天大校报始终坚持正确的舆论导向，以科学的理论武装人，以正确的舆论引导人，以高尚的精神塑造人，以优秀的作品鼓舞人。她以亲切的面孔和师生对话，“政策解析”、“热点问答”、“人物访谈”、“师生论坛”等主题栏目的内容吸引读者参与其中，报纸的作者和读者群体都是天大人。校报每期发行万余份，已成为学校广大师生员工和校友的良师益友。

天津大学的事业正在快速发展，《天津大学报》的事业与其同行。一个富有思想内涵、新闻资讯和文化情感的版面，正是校报追求的目标，也是校报立于不败之地的关键。

三、用心编织文化传播的网络

天津大学有线电视台始建于 1993 年春，其依托单位是学校电教中心，创建电视台的直接动因是学校为了改善职工住宅区电视收视效果、丰富校园文化生活。学校有线电视领导小组成立以后，组成新的领导班子，负责筹建学校有线电视台，由电子系工程队负责有线电视网络建设。

学校有线电视网络于 1993 年 7 月 1 日开通，转播中央电视台、部分省市和香港卫视共 14 套节目，极大地丰富了校园文化生活。

1995 年，是天津大学乃至中国高等教育发展历程中具有里程碑意义的一年。这一年，天津大学迎来了她的百年华诞，也标志着中国高等教育走过了一个世纪的光辉历程。这一年，经国务院批准，由国家计委、国家教委和财政部联合制订的《“211 工程”总体建设规划》出台，首批申报“211 工程”院校接受国家部门预审工作全面展开。而通过国家“校园文明建设验收”是申报“211 工程”国家部门预审的前提。这一年，天津大学的工作要点是打好“三大战役”，即动员全校师生大力加强校园文明建设，迎接国家验收；全面总结百年办学经验、科学规划 21 世纪发展思路，迎接国家“211 工程”部门预审；隆重举行百年校庆。学校电视台（电教中心）主动承担了电视新闻报道、校园文明建设汇报专题片策划与制作、“211 工程”预审汇报专题片策划与制作、百年校庆大型文献片《风雨世纪行》策划与制作、百年校庆庆典大会和联欢晚会现场直播等一系列重要任务。在时间紧、任务重、人员少、无经费的情况下，倒排工期、超常安排、交叉岗位、多头并进。在迎接文明建设验收中，全校师生的感人事迹层出不穷，记者编辑加班加点，打破周报惯例，当天新闻当天播出，受到专家组的高度评价。从此，电视台每逢重大活动一律进行当天播报。在策划“211 工程”部门预审汇报片的过程中，与百年校庆文献片统筹考虑，把优秀历史文化与工科特色优势并重，充分展现学校软硬实力，按学科互动规律和产学研关系，科学阐述了新世纪发展思路，被专家组指定为汇报范本。

通过参与学校重要事项策划和组织实施，大大开阔了电视宣传工作的眼界，从百年校庆开始，学校电视台不再拘泥于校内新闻和科教信息节目，逐步把镜头聚焦到学校的中心工作，延伸到教学、科研、学科建设、产学研结合及社会服务的主战场。以策划和制作电视专题片的形式配合机关各部处、各院系申报教学科研立项、各类成果报奖和专项工作汇报，如党建工作评估汇报《旗帜》、工会教代会工作汇报《民主治校》、招生宣传片《奋进中的天津大学》、研讨会专题《思政工作进网络》、成果鉴定《新世纪化工人才培养》、《激光视觉在线检测》、《内燃机燃烧与排放新技术》等，每年承接校内外各类专题片20部左右，为学校中心工作做出了贡献。

在对外宣传方面，围绕学校建设国内外知名高水平大学战略目标，确定了“立足天津、着力江南、与央媒合作、向境外拓展”的外宣策略。与中央电视台《新闻联播》、《历史上的今天》、《东方时空》等栏目合作，与中国教育电视台、上海教育电视台、凤凰卫视中文台等合作，制播了一批宣传学校百年办学历程、优秀历史文化、杰出的国家栋梁和科技精英的专题节目。1996年，应上海教育电视台邀请，参加全国百集《院士风采》系列专题人物片拍摄，《导火者——史绍熙院士》、《人生的华彩乐章——余国琮院士》入选播出。这是学校第一次与南方省级电视台合作。后来有《百年名校——天津大学》在福建卫视播出、《城市名片——天津大学》在山东卫视播出。

1998年，电教中心与党委宣传部合并。此后，对外图文与电视报道量急剧增加。从2000年开始，由过去每年不足百条题材，跃升为1200多条，由过去以与地方媒体合作为主，变为以与中央和行业媒体合作为主。当时与央视合作制播的主要专题片有《历史上的今天——北洋大学创建》、《天津大学“211工程”建设巡礼》、《东方之子——冯骥才》等。

后来，天津大学参与拍摄的《国之大学》在央视播出以后，在社会上引起很大反响，全校师生和广大校友备受鼓舞。学校首次斥资百万加强节目制作硬件建设。

伴随广电技术的迅猛发展，校电视台抓住发展新机遇，在无带化、高清化方面紧跟技术前沿，整合学校相关设备，加强人员队伍建设，努力以新技术、新机制推动事业发展。在学校115年校庆之际，校电视台充分利用社会资源，完成了对校庆大会的现场多机位直播，引发师生关注。

2010年底，校电视台进行设备升级，直接提升了电视台的制作能力。每年制作专题片及实录的数量提升至60余部，为学校各单位提供了高品质视频服务。同时，在学校开学及毕业典礼、迎新及毕业晚会、科技大会、学生代表大会等大型活动中，校电视台均在现场进行大屏幕直播，提升了现场效果。2011年6月，“天津大学视频新闻网”开通试运行，为电视台开拓了新的媒体平台。网站还建设了网络直播平台，打破了校园有线电视网的区域界限，能够对所有大型活动进行网络直播，极大地提升了宣传影响力。经过多年的发展，校电视台已经成为师生最喜爱和依赖的文化窗口。

第二节　校园文化的精神家园

一、北馆南馆——知识的“云库”

图书是知识的载体，图书馆是知识的圣殿。天津大学图书馆作为中国大学的第一座图书馆百年沿革，文脉绵延。1895年，天津大学图书馆的前身北洋大学堂图书馆随近代第一所大学——北洋大学堂的诞生而设立，为全国大学图书馆之最先者。初创时期的北洋大学堂图书馆，设备组织均甚简陋，由校中文案兼任管理员，职名为通判衔兼图书馆经理官。

1914年，为解决学生自备价值昂贵原版教材之困难，图书馆实行了贷书制，由学校购买教科书，经过图书馆借给学生，用毕，如本人愿留下，交半费归己，否则还回图书馆备下届学生使用。1916年、1920年分别聘美籍爱温斯和东伊那任图书馆名誉管理员和图书馆主任，管理制度及目录组织等均采用美国图书馆管理方法，直至新中国成立后仍沿用了一段较长时期。

民国时期，受时局动荡之影响，北洋大学经历艰难曲折，图书馆发展缓慢。据史料记载，至国立北洋工学院时期（抗日战争爆发前），图书馆仅有藏书室

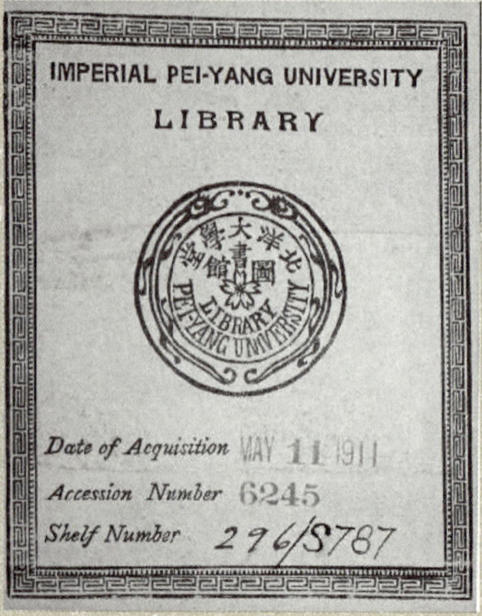

⇐ 图 9-2-1　北洋大学堂图书馆藏书票　⇒ 图 9-2-2　北洋大学校图书馆藏书票

四五间，阅览室由宿舍改建，1934 年时馆藏书刊约 5.5 万册，有馆员 4 人，1936 年增至 9 人。抗日战争时期，学校沦为日军兵营，贵重图书随学校外迁，另辗转寄存 60 箱图书于德商兴华公司、美商慎昌洋行。剩余图书遭日寇洗劫一空，部分图书流至天津市立第一图书馆。1939 年夏市立第一图书馆遭洪水浸淹，幸得馆长王君石及馆员精心保护得以保存。1946 年抗战胜利复校后，恢复北洋大学图书馆，从天津市立第一图书馆收回书籍 200 余箱（均为西文原版书及中国古籍），西迁的部分图书和寄存外商公司的图书也一并收回，部分被日军劫去的图书也辗转收回。天津解放前夕，在中国共产党地下组织领导的护校运动中，书刊得以完整保全。

1951 年 9 月，北洋大学图书馆与河北工学院图书馆合并成立天津大学图书馆。此后到“文化大革命”前，天津大学图书馆有了较大发展。1952 年，图书馆随学校迁至七里台新址，以第四教学楼之主楼作为图书馆馆舍。经院系调整，天津大学图书馆重点收藏理工各科有关图书，文史法等社科图书分别拨给南开大学和河北师范学院，同时专业图书随同调整专业而调出。1958 年，9 858 平方米的图书馆建成投入使用并一直沿用至今。因为该馆坐落在敬业湖北岸，师生昵称为“北馆”。

改革开放后，学校逐渐发展壮大，图书馆也进入了发展的最好时期。1985 年图书馆扩建了 4 570 平方米的书库，1990 年 10 968 平方米的科学图书馆（逸夫馆）建成，因为该馆坐落在敬业湖南岸，师生昵称为“南馆”。同期还建成了 300 余平方米的建筑分馆。时至今日，天津大学图书馆已经发展成为资源系统丰富、设施精良齐全、环境优雅悦人、服务人性化、管理自动化的现代化图书馆，并不断向数字化、网络化、智能化方向发展。

天津大学图书馆现有馆舍总面积约 2.6 万平方米，并已动工兴建 5 万余平方米的新校区图书馆。2012 年，北馆被评定为“天津市历史风貌建筑”。馆舍经不断挖潜改造，设有各种功能的阅览室 10 余个，阅览座位 1 500 余席，其中包括拥有 140 台机位的两个现代化电子阅览室、84 席设备先进的视像室和容纳 70 人在线同步教学的网络教室；另设有学术报告厅、多功能会议厅等。

⇑ 图 9-2-3　天津大学图书馆（北馆）
⇓ 图 9-2-4　天津大学科学图书馆（南馆）

百多年来，馆藏资源从最初的仅有纸质书刊，到 1989 年订购第一张西文光盘数据库，再到纸质文献和电子文献相互补充，实体资源和虚拟资源并行发展。如今，通过引进、自建与共建，已形成了一套学科门类较为齐全、重点学科重点保证、以工为主理工结合、经管文法协调发展、包含多类型多载体多语种的文献保障系统。截至 2012 年底，馆藏纸本图书 256.81 万册，中外文纸本期刊 8295 种，电子期刊 2.3 万种。收藏有《闲情偶记》、《御纂周易折中》、《西湖志》等珍贵古籍、数百种线装书和名人手稿等，并藏有百年历史的全套多类工科日文刊、俄文刊、英文刊。引进中外文数据库平台 84 种，涵盖中文全文电子期刊 1.1 万种，西文全文电子期刊 1.2 万种，电子图书 85 万册；建成了摩托车信息资源库、中国古建筑图片数据库 2 个特色资源数据库。

百多年来，读者服务工作无论是从内容还是形式都发生了巨大的变化，服务内容从最初的简单借还服务到 1989 年开展国际联机检索服务、光盘数据库检索服务，再到如今的书刊借阅、文献传递、查新查收查引、素质教育等数十项服务；服务方式从最初的目录卡片查找图书到 1995 年引进计算机集成系统，初步实现图书的计算机检索与管理，再到如今的藏借阅一体化、24 小时网络服务。近年来，图书馆仍持续不断地细化基础借阅服务，深化信息服务，拓展素质教育，力求全方位提升读者服务质量。

在学生人文综合素质培养方面，图书馆于 1998 年与教务处、学工部、研究生院、团委、宣传部联合创办了学校文化素质教育基地之一——知学读书会。经过多年探索，逐步形成了“围绕素质教育的常态化工作，开展品牌特色活动，创办‘一报两刊’”的运行模式。每年开展素质教育活动数十场，年受众人数 2500 余人，被团中央授予“全国优秀青少年读书俱乐部”、“新世纪读书计划优秀青少年新世纪书屋”等荣誉称号。知学读书会充分践行了图书馆作为学生第二课堂的职能，在培养大学生爱读书、读好书，提高大学生综合素质，推动校园文化传承与创新等方面发挥了重要作用。

适应师生对图书馆服务的新需求，图书馆全体馆员正在积极探索现代图书馆的转型发展之路，赋予“知识圣殿”以新的内涵。

二、校史馆——心灵的驿站

天津大学的百余年办学历史就是中国现代高等教育的缩影，其档案馆就是历史文化汇集之地。如何将百余年的办学历史形象地展示给世人，起到文化育人的作用，始终是学校想要落实的文化建设内容。

借着文化建设的春风，学校启动了天津大学校史馆建设项目。经过一年的努力，2010 年 4 月，天津大学校史馆建成并对外开放。

天津大学校史馆馆址坐落在校园内铭德道上的第一教学楼。它是 1951 年迁址新建的第一所建筑，承载着几代学人的精神寄托。选择这样一所建筑，本身就体现了其文化价值。校史馆总建筑面积 2 000 余平方米，校史展览布展面积近 1 000 平方米。展览分为两大部分，共展出了学校百余年的珍贵历史照片千余幅，档案史料、实物、油画、模型等 200 余件。

天津大学校史馆是一幅绵长的历史画卷，借以丰富的档案史料，内容涵盖了学校的变迁和发展、人才培养、科学研究、社会服务等诸多方面，内容翔实，记叙生动，特色鲜明，系统地展现了学校悠久的办学历程，彰显出学校优良的办学传统、独特的精神内涵及文化魅力，透过浓郁的人文精神，缅怀先辈，垂范后学，弘扬学校精神，激发师生“知校、爱校、荣校”的情怀。

校史馆建设以校史为基础，通过解读学校的历史文化精髓，凝练出学校不同时期的陈列主题，精心构思，高度概括学校的发展史与办学传统。在校史馆展陈内容的设计上充分体现以下特点：① 突出思想性：整个展陈，充分体现天津大学兴学强国的办学宗旨和实事求是、严谨治学的优良传统。② 把握引领性：天津大学作为中国第一所大学，开中国现代高等教育之先河，展览力求体现天津大学作为中国高等教育的先行者在办学模式、教育改革等方面的积极探索与贡献。③ 抓住关键点：展览主题突出每个关键阶段的标志性事件和人物。④ 追求创新性：突破以往高校校史馆展陈以平面布展为主的格局，塑造陈列形式的多样化与独特性，充分表达展览主题，以达到强烈的视觉效果。

在展示手段上，校史馆坚持“以器物诠释内涵，以实物记述历史”的布展原则，采用历史照片、翔实图表、档案史料与实物、艺术作品、场景复原等多种展示方式有机结合，将浓厚的历史氛围和现代技术手段融为一体。首先，充分运用色彩、灯光的变化来营造适合主题的意境、烘托主导展品、强化展品与所述内容之间的相关性，让展品自身说话。如在校史馆首层的序幕厅迎面为“时光隧道”，使用金、蓝两色交相辉映，融为一体。金色代表天津大学的前身北洋大学在中国近代高等教育史上的特殊地位；蓝色为学校的主色，学校地处渤海之滨，面向大海，又是中国第一所学习西方教育和现代文化知识的大学，蓝色体现了学校的先进性，预示着天津大学敞开胸怀，融会中外，不断进取。“时光隧道”右侧的10个灯带，是学校发展的十个重要时期的时间节点，显示屏上滚动播放着学校在这10个时期的重要历史图片。左侧墙壁上的石版画“国之大学开源图”，是依据档案史料和历史照片再现创作刻制的，真实地反映了作为中国第一所大学的初创历程。“时光隧道”引人入胜，让人身临其境，去探索天津大学百余年的发展史。其次，注重复原陈列与创作艺术作品，以增强艺术感染力和说服力。根据史料，在校史馆中复原了盛宣怀与丁家立共商创办北洋大学堂的情景，复原了专办工科时期具有先进试验条件的水工试验所、航空实验室和机械实验室3个实验室；创作了油画《大学招考》、《七星灯火》，铅笔画《返津复校》以及巨幅雕塑《五四运动中的北洋学子》等艺术作品。其中《大学招考》标志着北洋大学一改中国数千年科举取士之传统，由学校直接面向社会招考报名的情景。《七星灯火》描述了学校在抗战期间被迫西迁入陕，在汉中城固七星寺设立分院，莘莘学子在艰难条件下潜心苦读，开夜车成风，火烛光焰彻夜不息的情景。这些艺术品的创作，让整个展览陈列丰满立体起来，产生更强的视觉冲击力，让参观者身临其境，更容易引起观众的理解和共鸣。再次，展陈了大量的历史档案，让档案发声讲史：有创建中国第一所大学——北洋大学堂的朱批奏折、中国第一个大学章程——《北洋大学堂头等学堂章程》、中国的第一张大学毕业文凭——颁发给中国近代法政精英第一人王宠惠的“钦字第壹号考凭”；有名教授的备课笔记，中国第一台飞机发动机试制者邓曰谟、国际大法官徐谟的学籍册，茅以升校长亲笔批改的作业；有北洋师生参加五四爱国运

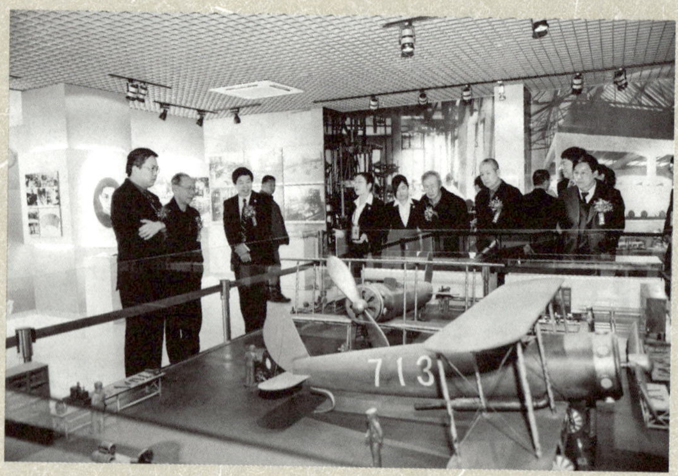

⇑ 图 9-2-5　天大学子在参观校史展
⇓ 图 9-2-6　天大校友在参观校史展

动的珍贵影像，中国共产党创建人之一、广州起义领导者张太雷在北洋大学求学的毕业文凭；有历代党和国家领导人多次视察天津大学的照片，著名科学家钱学森应邀来校为师生作学术报告的照片；有李曙森校长执笔起草的《关于高等学校贯彻党委领导下的校务委员会负责制的工作条例（草案）》的手稿等。校史馆为广大校友打开了记忆的闸门，让双鬓尽染的老校友得以回首他们与学校休戚与共的一段过去，回忆他们壮志满怀的青春岁月；让在校的青年学生得以对校史作一次透彻的解读和审视，目睹昔日景象，更感任重而道远。

历史在延续，天津大学作为中国第一所大学，它曲折发展的历史是中国高等教育历史的缩影。时代在进步，天津大学校史馆也将本着“知史鉴往，开创未来，缅怀前贤，启迪后学，传承文脉，光大传统”的宗旨，不断调整充实，使其功能日臻完善，为学校建立起一座经得起时间磨砺的历史的纪念之所，一座情系千万校友的驿站。

三、西园东院——艺术的殿堂

天津大学有两所艺术的殿堂，一所是坐落于校园西部的黾园——王学仲艺术研究所，另一所是坐落在学校东部的北洋书院——冯骥才文学艺术研究院。

王学仲艺术研究所的建筑十分雅致，既有南方徽派建筑粉墙黛瓦的风格，又含有日式建筑的结构。研究所于 1986 年成立，馆舍随后落成，建筑面积 600 平方米，为天津大学彭一刚院士设计，日本友好人士安田熏等捐资兴建。建成以来，已举行各类展览近百场。幼儿园小朋友的作品、退休同志的书画作品、校内外摄影爱好者图片展览，都时常在这里展出。特别是 2010 年 10 月，建校 115 周年“实事求是书画展”在这里举行，百名书法名家书写的“实事求是”，不仅给人们带来艺术享受，更让人们领略到天津大学百年的办学精神所在。

研究所建筑以传统的四合院形式为基础，加入时代特色，北侧为高大的二层展厅，西侧为学术报告厅，南侧为一般的单体建筑，东侧则为连廊，整个建

⇑ 图 9-2-7　天津大学王学仲艺术研究所

筑错落有致，虚实结合，实体墙上的菱形小窗，藏而不露，“中而不古，新而不洋”。这所艺术研究所的名誉所长，就是我国国学大师，被徐悲鸿称为诗书画“三怪”的天津大学教授王学仲。

王学仲，原名王黾，字黾子，晚年自号黾翁。门口悬挂着“黾园”二字，则表明了王学仲先生数十年的勤奋。他开创了“黾学学派”，提倡“二言——欧风汉骨，东学西行；四感——文化的厚重感，历史的沧桑感，诗人的苍凉感，艺术的高贵感；四我——扬我国风，励我民魂，求我时尚，写我怀抱”。走进王学仲艺术研究所，无论沿着哪一侧走，都会情不自禁地被中间的小院所吸引。院子不大，但却有小桥流水，锦鲤畅游，最引人注目的，是院内竿竿修竹枝叶茂盛，近旁的假山石上刻着三个大字“四我庭”。这“四我”，就是黾学的精神支柱。“我提出‘三自一超’主张，即：发现自我，认识自我，轶出自我，超越时代。作为一个书法家或画家，不应该停留在对自我的表现上，必须把‘小我’与‘超越时代’的‘大我’联系在一起，与国家、时代、民族联系在一起。”他曾说：“国富则艺贵，国贫则艺轻。只有国家富强了，经济发展了，人民生活水平提高了，书画事业才会兴旺发展。”[1]

王学仲先生一生黾勤，他不仅是一位诗文书画皆有建树的文化学者，还是一位具有独立见解和开拓精神的书画理论家、美学思想家。就是在这个小小的庭院中，他与范增、沈鹏、韩美林、于复千、霍春阳等诸多大家曲水流觞、赏月品茗，探讨诗书画的真谛；汪国真、关牧村、马玉涛、郁钧剑以及寇梦碧、梁琦、王双启、龚望等也曾在这里与王学仲先生交流思想；日本友人上条信山、今井凌雪、安田熏等都曾到这里与王学仲先生切磋艺术。“四我庭”里水虽不深，却容得下日月；王学仲研究所虽然不大，却超出了自我，思考着中华民族文化的“大我”。

冯骥才文学艺术研究院以它虚怀若谷的建筑设计，体现了博大的艺术胸怀。在 6000 平方米的建筑空间中，分布着多个展室，不同风格的展览，给人们带来

---

[1] 李义丹，王杰：《文化记忆》，天津大学出版社 2011 年版，第 292 页。

⇑ 图 9-2-8　天津大学冯骥才文学艺术研究院

了关于什么是美的深深思考。

意大利建筑大师伦佐·皮亚诺 (Renzo Piano) 说，美，并非浪漫，而是一种坚实。在冯骥才文学艺术研究院，水泥本色的建筑，给人带来一种坚实的美，而冯骥才先生扎扎实实开展的各项工作，更给人带来一种人性美。冯骥才文学艺术研究院的电子屏上有一副对联，不停地闪耀："挚爱真善美，关切天地人。"这是冯骥才先生建院的宗旨，也是他自己的目标。看到的人经常会思考——我们为什么求学？求学要求什么？怎么去将求到的学问，应用到真善美中，应用到天地人上？冯骥才先生在这里用整个研究院的空间，用自己的言行，为学生们带来了一种诠释。这里，不仅举办过意大利绘画巨匠原作展，举办过"丝绸之路上的敦煌"摄影艺术展、长江三峡摄影展。

在冯骥才文学艺术研究院，整个空间，本身就是一个博物馆。从院子里陈列的三峡石，古色古香的门楼，到楼道间的古代石雕，处处都洋溢着文化的光辉。这座艺术圣殿中，有三个国家级的研究中心：中国民间美术遗产保护与研究中心、中国木板年画研究中心、中国传统村落保护与发展研究中心。而每个中心，冯骥才先生都是呕心沥血，他为保护中国文化的血脉而奔走，他为保护中国传统的根而呼号。正是怀着这样的一种责任，冯骥才不但研究奔走，而且在努力地收藏着，这6000平方米的空间中，包含着7个大大小小的博物馆"厅"：百花厅、民间雕花厅、花样生活厅、民间画工厅、年画剪纸厅、蓝花印布厅、木活字厅等。

在这些展厅里，浓烈的乡土气息，艳丽的色彩，淳朴的风格，仿佛一下子把人们带入了那片故土。比如在花样生活厅，一件件过去十分常见的家具、农具，甚至生活用品，精美的窗花等，让人们意识到，这样的生活是多么的美好。参观之后，更会突然发现，这些过去的美好，几乎已经成为尘封的记忆，如不是在这里看到，甚至不曾意识到，这样的"花样生活"，正被阵阵喧嚣掩盖着，破坏着，因此更加佩服冯骥才先生的努力，更加意识到责任。花样生活厅门口挂着一幅冯骥才先生书写的对联："民间文化浓如酒，乡土艺术艳如花。"这句话可能是冯骥才先生对"真善美"的挚爱，对"天地人"的关切的具体表现吧。

第三节　面向未来的大学梦

一、天津大学文化繁荣计划

文以载道，化成天下。大学的文化传承与创新作用是党和国家对于中国大学提出的重要职能。大学文化建设是大学自身提高办学水平的重要途径。大学文化是大学的灵魂，优秀的大学都有优秀的文化，建设世界一流大学必须建设一流的大学文化。为此，天津大学在“十二五”期间，认真回顾和总结百年文化成果，梳理文化建设发展思路，瞭望学校文化发展前景，找准文化建设重点，着手推动学校校园文化繁荣发展计划，提升学校的文化软实力。

《天津大学文化繁荣计划》的总体目标是：通过制订实施天津大学文化繁荣计划，把天津大学建设成为文化立意高远、内涵丰富、特色鲜明、日新又新、引领性强、凝聚力大、美誉度高的文化高地和核心文化作用凸显、多元文化相容并存、文化内涵丰富深厚、文化形式多彩生动的文化校园，为学校“三步走”发展战略第二步战略目标的实现提供坚强的文化保障，并为第三步战略目标的实施奠定坚实的文化基础。

文化繁荣计划遵循如下基本原则：一是文化传承和文化创新相统一。既要大力弘扬天津大学（北洋大学）的优良文化传统，又要积极学习借鉴国内外文化发展的优秀成果，以文化创新为动力，建设传统文化和时代文化有机结合、具有鲜明特色的天津大学文化。二是目标导向和文化现状相统一。既要深刻认识学校“三步走”发展战略特别是第二步战略实现对文化的需求，以此确定学校的文化建设目标，又要立足学校当前的文化现状，甄别学校文化的优势劣势，制订扬弃结合、切实可行的文化发展规划，推动学校文化稳健而快速发展。三是整体规划与分步推进相统一。既要从顶层设计上做好整体规划，构建文化建设的系统工程，又要根据文化建设的任务和学校资源状况，依据各项任务的重要性，制订分步建设的计划和措施，保证文化建设有序推进和整体规划目标实现。

为此，学校着力推动四项文化繁荣工程。

1. 师德和学风建设工程

一是做好社会责任意识强化工作。强调继承和弘扬学校爱国奉献的光荣传统，努力营造浓郁的政治文化氛围，积极进行爱党爱国爱社会主义的教育，增强师生的社会责任感和建设国家的使命感，使广大师生以更宽广的胸怀、更高远的眼光、更宏大的气魄，自觉服务于国家的改革发展，主动承担国家重大战略需求。

二是育人为本理念根植工作。努力使全校教职员工深刻理解并牢固树立育人为本的办学理念，形成自觉进行教书育人、管理育人和服务育人的师德文化；建设“忠诚不倦、业务精湛、挚爱学生、率先垂范”的教职员工队伍，开展师德先进表彰和“我心中的好导师”评选等活动，树立一批师德先进典型。

三是求真务实学风养成工作。积极开展诚信教育和以学术规范与学术道德为主要内容的学风教育，树立求真务实的学风，弘扬严谨治学的校风，形成以德为先的崇德文化和风清气正的学术文化氛围。

四是工作体制机制建设工作。要建立校院两级师德和学风建设的领导管理机构，强化校院两级单位对师德和学风建设工作的领导和管理；要建立师德和学风的教育管理制度，表彰先进，惩戒落后，提高师德建设和学风建设的水平。

2. 文化传承工程

一是校史文化研究工作。组织专职人员、特约研究员、校友组成的专兼结合的校史研究队伍，通过校史研究立项等方法，对天津大学（北洋大学）历史进行梳理、充实，对学校文化进行挖掘、甄别，凝练文化内涵，升华文化精神。120年校庆之前，要重点开展建校初期、西迁时期、院系调整时期的历史和北洋大学学生运动史研究，凸显第一所大学的历史地位，厘清西迁时期的历史文脉，彰显新中国成立初期学校对国家高等教育发展的贡献，充实爱国奉献传统的历史佐证，使学校的发展历史脉络清晰，文化传统内容丰富，文化核心认同度高。

二是校史档案征集工作。加大向档案管理机构、社会各界征集学校发展过程中关键时期、重要人物的史实史料的力度；进一步向校友及家属征集校友的实物、文字、影像等资料；开展高龄著名教师和校友的声像资料采集和回忆文章的征集工作；启动学校老旧教学科研设备征集工作。

三是校史文化弘扬工作。要以文学文艺的多种形式表现校史研究成果，并以此开展学校传统教育和向社会展示学校风采，增强师生的文化认同度和学校文化对社会的影响力。

四是环境文化建设工作。不断加强校园环境建设，提高建筑物、景观、雕塑的校史文化气息；实施校史文化进教学楼、宿舍楼、办公楼以及接待场所的工作，拓展校史文化的传播渠道。

3. 文化创新工程

一是大学文化研究工作。以高教所为骨干组建天津大学文化研究中心，专门研究国内外高等教育发展规律和发展现状，研究国内外一流大学的文化发展规律和文化特点，探索建设世界一流大学的文化体制、机制，探索中国特色的现代大学制度，形成天津大学建设世界一流大学的文化战略。

二是精神文化提升工作。重点要营造好三个文化氛围，建设好三种类型的文化校园，提升符合时代要求的精神文化水平：① 营造崇尚学习的文化氛围，建设学习型校园。倡导向书本学习、向实践学习、向同事（同学）学习、师生相互学习的文化，推动师生学习党和国家方针政策、了解国内外发展形势、不断更新各种知识素质能力，使师生不断拓展视野，把握时代脉搏，增强聚焦国家重大需求和国际学术前沿的能力。② 营造勇于创新的文化氛围，建设创新型校园。引导师生增强创新意识和创新精神，帮助师生掌握创新方法和创新途径，提升师生敢为人先、干事创业的信心和魄力。③ 营造团结协作的文化氛围，建设和谐型校园。引导师生深刻了解大科学时代科学技术的发展特点和对大学教学科研的新要求，树立“互信合作、凝心聚力、提携后学、共赢发展”的团队协作理念，建设团队协作的体制机制，形成相互尊重、相互支持的包容性文化生态，彰显团队协作的合力效应；大力开展尊师爱生的活动，形成领导与师生、教师与教师、教师与学生、学生与学生之间具有浓厚人文关怀精神的亲情文化。

三是多元文化建设融合工作。根据学校“三步走”发展战略和天津大学国际化战略要求，积极引导师生了解世界各国的文化，学习借鉴世界各国优秀文化，提高“走出去”的文化适应能力和跨文化合作能力；建设适宜国外专家和国际留学生来校工作、学习和生活的开放包容的文化环境，形成有利于扩大学校国际化程度、提高学校国际化水平的多元文化，为实现学校的战略目标消除文化障碍。

四是文化品牌建设工作。通过文化品牌建设，形成生动活泼的文化局面。① 积极创办品牌性国际论坛和国际会议，拓展师生视野，提高师生水平，营造国际化文化氛围；提升北洋大讲堂的文化品位，扩大北洋大讲堂的知名度和文化影响力；系统规划文化节、艺术节、科技节等相关活动，提升文化含量，形成高水平的科技文化艺术活动的品牌；建设“天津大学荣誉体系”，开展年度人物、十佳杰出青年、自强之星等先进典型的评选活动，增强活动的品牌效应，扩大先进典型的示范作用；强化开学典礼、毕业典礼和重要颁奖典礼的组织工作，发挥典礼的教育和激励作用；围绕党和国家重要节庆日建设政治文化活动品牌，围绕学校和师生重要节庆日和纪念日建设校史文化活动品牌。② 品牌团队建设。加强各种创新团队、教学团队的文化建设，形成示范性强的品牌团队文化；加大北洋艺术团的建设力度，更好地发挥其在学校艺术教育和营造艺术氛围、扩大学校社会影响力方面的作用；加强太雷班、天麟班、社研会建设，发挥其政治文化优势；挖掘求是学部、茅以升班的文化内涵和文化作用，扩大命名型班级和团队数量。③ 品牌基地建设。加强王学仲艺术研究所、冯骥才文学艺术研究院的建设，同时建立新的高水平文化机构，发挥文化高地的作用，提升学校的文化品质；充分挖掘校史博物馆和校园雕塑建筑的文化内涵，比如校园内的砥砺发奋牛的雕塑就象征着奋发向上、积极拼博的精神，学校使其更好地成为内聚人心的精神家园和外树形象的文化载体；进一步宣传牛顿苹果树的文化意义，并建设更多反映科学精神和人文精神的文化标志。④ 学院及学科文化建设工作。要支持各学院建设具有天津大学文化共性和学院、学科特色的文化，建设若干项符合学院、学科人才培养特点的特色品牌活动，促进人才培养，丰富学校文化内涵。

↑ 图 9-3-1　砥砺发奋

4. 影响力提升工程

一是全员宣传格局建设工作。引导师生校友充分认识学校社会影响力的重要作用，树立彰显学校、学院和师生校友各项成就的观念。建设高水平的专兼结合的新闻宣传队伍；扩大学校与师生校友的信息沟通渠道，主动向师生校友传达学校信息；建立师生校友对外宣传学校的机制和制度，增强师生校友主动向社会各界、业务联系单位、生源中学和亲朋好友等宣传学校的意识，特别要搭建校友服务学校招生、就业和教学科研合作工作的平台，形成人人参与的宣传大格局，扩大学校的社会影响力。

二是传播载体建设工作。建设并投入使用天津大学视觉识别系统；规划学校教材、专著及人文书籍的出版工作；加强出版社、期刊中心建设，提高发行能力，扩大天津大学出版在业界和社会各界的影响。

三是传播工具建设工作。加强与社会媒体的沟通和合作；加强校内报纸、电视、广播、网络等宣传媒体的建设，开辟短信平台、手机报、博客和微博等新型传播渠道和传播方式；建设高水平的英文网站，扩大学校的国际影响。

总之，通过文化繁荣计划的实施，发挥文化对于学校事业发展的基础作用、引导作用，实现建设世界一流大学的宏伟目标。

二、天津大学战略发展规划

1. 一个目标——明确奋斗方向

世纪之交，随着国家“985 工程”的实施，高等教育在获得巨大投入同时，因校际之间投入上的巨大差异，也使得大学间的办学环境和条件的差距不断加大。应当如何科学判断形势并妥善应对，应当设置什么样办学目标和定位，选择何种发展道路，如何理顺内部关系获得最大的发展内部动力等等，是所有优秀大学面临的必然挑战。

2003 年，天津大学召开第七次党员代表大会，面向新世纪，学校制订了到本世纪中叶的“三步走”中长期发展目标。报告对于发展面临的形势做了如下描述：“进入新世纪，经济全球化正在深入发展，科技进步日新月异，国际间综合国力竞争日趋激烈。综合国力的竞争，集中表现在科学技术的竞争，归根到底是人才的竞争。天津大学作为我国近代第一所大学，在百余年的办学历程中一直与国家荣辱与共、兴衰共存，为我国高等教育的开创和近代工业的创立做出了不可磨灭的历史贡献；是我国最早沟通中国与西方高等教育的桥梁；是为中华民族的振兴培养高层次人才的摇篮；是我国实施‘科教兴国’战略的重要基地。面对国际形势和党和国家对高等教育的新要求，作为具有悠久历史和优良校风的百年名校，我们必须站在时代的前沿，勇敢地承担起‘培养高层次人才、发展高科技研究，为社会主义现代化服务’的重大历史使命。”[1]

2. 一套体系——理顺内部关系

大学工作千头万绪，从功能而言至少是四种：人才培养、科学研究、社会服务、文化传承与创新。那么高校的根本任务是什么？各项工作间的联系是什么？而多所大学的校长都指出：人才培养是学校的核心与基础。那么该如何处理人才培养与其他工作的关系？2007年，学校召开第八次党代会，面向一流大学的建设目标，如何实现各项工作的科学摆位和协同发展是这次会议的重要内容。学校经过长时间的研究讨论，逐步形成了共识：提高自主创新能力，建设创新型国家是国家发展战略的核心，是提高综合国力的关键。要实现这个目标，关键是要有一大批高素质拔尖创新人才。为此，学校必须“以培养具有社会责任感、全球视野和创新精神的高素质拔尖创新人才为学校的根本任务，着力构建以高水平师资队伍为核心、以高水平学科为平台、教育教学与科技创新紧密结合、师生创新智慧竞相迸发的高素质拔尖创新人才培养体系”。[2]

---

[1]《天津大学第七次党代会文件》，2003年。

[2]《天津大学第八次党代会文件》，2007年。

3. 一条道路——选定发展思路

高等教育进入大众化阶段后面临的共同问题，就是通过什么样的方式不断提高教育质量。2012 年，天津大学召开了第九次党代会，在认真分析当前形势和自身实际的前提下，明确了走内涵式发展道路的总体思路：在继续加强“高素质拔尖创新人才培养体系”建设的基础上，构建和完善“内涵发展支撑体系”，进一步突出体现系统的思维和对内涵式发展的理解。

一是把握内涵式发展实质，确立工作思路。

中华民族伟大复兴的梦想实现对高质量的高等教育需求日益迫切。对高校而言，需要进一步提高人才培养质量，提升科技创新和服务社会的能力，促进文化的传承创新，履行好高等教育职能，探索以质量提升为核心的内涵式发展道路。

处理好内涵和外延的辩证统一关系是内涵式发展的前提。内涵式发展特别强调“系统性”和“统筹兼顾”，在深挖内部潜力的同时，不拒绝争取外部资源；在激发内部活力的同时，不抵制引入外部的激励；在优化内部结构的同时，不排除根据外界环境重新布局，要实现内外双方的结合，促进外延对内涵的支撑和外延向内涵的转化。提升内涵是其目的，外延式发展是实现内涵提升的一种手段。提高质量是内涵式发展的核心，必须树立科学的质量观，进一步坚持各项工作、各项改革的质量导向，完善有利于质量提升的体制机制，引导教师潜心育人，深化教育教学改革，提高科学研究、社会服务和文化传承创新能力，形成相互支撑、整体提升质量的格局。“人”是内涵式发展的根本要素。没有“人”这个根本，一切发展都是外在的。对于高校而言，坚持“以人为本”，就是要本着“一切为了人，一切依靠人”的出发点和落脚点，着力加强拔尖创新人才培养，着力提升教师队伍整体水平，促进师生的全面发展。激发内部活力是内涵式发展的关键。内部活力是推动内涵式发展的最有效力量。激发内部活力，产生内生动力，首先在于改革和制度建设。必须激发教师队伍的活力，特别是激发学生的学习动力和兴趣；必须突破体制机制壁垒，加强统筹协调，改革办学资源的配置方式，实现全校各单位的有机联系和管理效益最大化。激发内部活力，产生内生动力，还必须注重文化建设。必须坚守大学精神，倡导科学精神和人文精神，营造文化育人的环境，以师生认同的文化内核凝聚人、激励人，营造共谋发展的大学文化氛围。

二是构建内涵式发展的支撑体系，为可持续发展提供保障。

坚持内涵式发展，要特别注重内涵式发展支撑体系的构建，不断完善基础条件、深化体制机制改革、加强文化建设，并实现三者的协调发展。

构建长远发展的空间格局，夯实内涵发展的物质基础。学校的建筑空间格局、基础设施、信息网络保障等基本办学条件是学校改革和发展的物质基础，关系到学科布局、管理体系、育人氛围等方方面面。要实现世界一流大学的建设目标，必须有与发展需求相适应的硬件支撑，有着眼长远的规划布局。天津大学正面临新校区的建设，处理好新校区建设与提高办学质量的关系是当前的重要课题。学校注重以新校区建设为学科交叉、高层次教师的培养引进、人才培养模式改革、产学研合作等搭建大平台，促进改革的深化和办学质量的提升。例如，以学院组团方式建设有利于高水平学科群聚集的建筑空间格局，促进学科的交叉融合；以学生为中心规划建设校园，切实完善环境育人体系；做好校园资源整合和利用，实现校园功能和学科布局与区域创新体系的良好互动；进一步深入滨海新区腹地，服务滨海新区开发开放。这些都是以外延式发展为手段，促进内涵式发展，进一步提高办学质量的有力体现。

深化内部改革，促进社会参与，完善内涵式发展的制度保障。内涵式发展道路主要通过深入改革来激发活力、增强实力、提高竞争力，在量变引发质变的过程中，实现实质性的跨越式发展。体现内涵式发展的改革思路不完全是“内向”的，也要依靠外部力量。近年来，学校深化“内部管理体制”和“产学研深度合作”两项改革，推进试点学院改革，并初显成效。未来一段时期，学校将围绕现代大学制度的构建和完善，一方面积极深化内部管理体制和运行机制改革，完善学校治理结构；另一方面引进多方力量支持学校改革发展，探索社会支持和监督学校发展的长效机制。

以“兴学强国”为魂，推进文化传承创新。内涵式发展要求大学必须有一场精神的革命，实现大学文化的更新。对于天津大学而言，特别是要体现“兴学强国”的文化灵魂，一方面要“兴学”，这是办大学的根本任务；另一方面要“强国”，这是办大学的重要责任。要进一步传承体现天大品格的大学精神，弘扬“实事求是”的校训、“严谨治学”的校风、“爱国奉献”的传统。同时，要弘扬科学精神，提升文化创新能力，推进文化与科技相结合，以学校科研优势促进文化创造力提升。还要进一步发挥冯骥才文学艺术研究院、王学仲艺术研究所、国家文物重点科研基地等文化高地的作用，为中华民族文化创新和发展作出更大贡献。

天津大学自创立之初就以“兴学强国”为己任，正如校歌所唱“穷学理，振科工，重实验，薄雕虫”、“不从纸上逞空谈，要实地把中华改造”，与今日“空谈误国，实干兴邦”的号召不谋而合。站在新的历史起点，天津大学必须把握内涵式发展的要义，扎实走好内涵式发展道路，努力提高办学质量，勇敢担当起中国第一所现代大学对实现“中国梦”的应有责任，在中国特色社会主义新的伟大征程上创造新的辉煌！

主要参考文献

一、专著

[1]鲍尔生. 德国教育史[M]. 北京：人民教育出版社，1986.
[2]白莉民. 西学东渐与明清之际教育思潮[M]. 北京：教育科学出版社，1989.
[3]陈学恂. 中国近代教育文选[M]. 北京：人民教育出版社，1985.
[4]崔生祥，周鸿. 管理学[M]. 武汉：武汉理工大学出版社，2005.
[5]丁钢. 大学：文化与内涵[M]. 合肥：合肥工业大学出版社，2006.
[6]方曾泉. 近代中国大学与社会现代化[M]. 北京：北京师范大学出版社，2006.
[7]高奇. 中国高等教育思想史[M]. 北京：人民教育出版社，1992.
[8]胡金平. 中外教育史纲[M]. 南京：南京师范大学出版社，2001.
[9]黄宇红. 知识演进过程中的美国大学[M]. 北京：北京师范大学出版社，2008.
[10]金林祥. 中国教育制度通史（第6卷）[M]. 济南：山东教育出版社，2000.
[11]金耀基. 大学之理念[M]. 上海：生活·读书·新知三联书店，2001.
[12]康永久. 教育制度的生成与变革[M]. 北京：教育科学出版社，2003.
[13]李义丹，王杰. 天津大学简史[M]. 天津：天津大学出版社，2006.

[14]李义丹，王杰. 文化记忆［M］. 天津：天津大学出版社，2011.
[15]樊纲. 渐进改革的政治经济学分析［M］. 上海：上海远东出版社，1996.
[16]曲士培. 中国大学教育发展史［M］. 太原：山西教育出版社，1993.
[17]史贵全. 中国近代高等工程教育研究［M］. 上海：上海交通大学出版社，2004.
[18]舒新城. 中国近代教育史资料（下册）［M］. 北京：人民教育出版社，1961.
[19]天津大学宣传部. 难忘的记忆［M］. 天津：天津大学出版社，2009.
[20]王冀生. 大学理念在中国［M］. 北京：高等教育出版社，2008.
[21]王冀生. 大学文化哲学：大学文化既是一种存在更是一种信仰［M］. 广州：中山大学出版社，2012.
[22]王冀生. 大学之道［M］. 北京：高等教育出版社，2005.
[23]王杰. 学府史论［M］. 天津：天津大学出版社，1999.
[24]王杰，韩云芳. 百年教育思想与人物［M］. 天津：天津大学出版社，2009.
[25]王杰，祝士明. 学府典章［M］. 天津：天津大学出版社，2010.
[26]王文泉，刘天路. 中国近代史［M］. 北京：高等教育出版社，2007.
[27]吴崇恕. 世界知名大学校训校标［M］. 武汉：湖北人民出版社，2003.

[28]吴寅德．中国教育制度通史（第4卷）［M］．济南：山东教育出版社，2000.
[29]吴玉章．吴玉章文集（下册）［M］．重庆：重庆出版社，1987.
[30]杨东平．大学之道［M］．上海：文汇出版社，2003.
[31]阎崇年．大故宫2［M］．武汉：长江文艺出版社，2012.
[32]张博树．现代性与制度现代化［M］．上海：学林出版社，1998.
[33]张凤来，王杰．北洋大学—天津大学校史（第2卷）［M］．天津：天津大学出版社，1990.
[34]张凤来，王杰．北洋大学—天津大学校史资料选编（第1卷）［M］．天津：天津大学出版社，1991.
[35]张瑞璠．教育哲学史［M］．济南：山东教育出版社，2000.
[36]赵孟营．社会学基础［M］．北京：高等教育出版社，2006.
[37]中央教育科学研究所．中华人民共和国教育大事记［M］．北京：教育科学出版社，1983.
[38]周德昌．中国教育史研究（明清分卷）［M］．上海：华东师范大学出版社，1995.
[39]朱坚强．教育经济学发凡［M］．北京：社会科学文献出版社，2005.
[40]左森．回忆北洋大学［M］．天津：天津大学出版社，1989.

二、论文

[1]陈华新，朱伟强．“勤、检、敬、信”耀千秋——上海交通大学早期校训评析［J］．上海交大报，1994（747）：4

[2]李翚．我国大学校训的历史演变与发展走势［J］．高等教育研究，2005，（1）．

[3]李金桥，时章明．大学校徽的功能与意义［J］．现代大学教育，2008，（1）．

[4]李书田．工程学者所应树志之标准［J］．北洋理工季刊，1935，3.

[5]李文山．中国大学精神的内涵及其演变［J］．河南大学学报（社会科学版），2006，（6）．

[6]蒋树声．诚朴雄伟，励学敦行——百年传统与南京大学校训［J］．江苏高教，2002，（4）．

[7]王杰．茅以升工程教育思想今日谈．茅以升科技文选：纪念茅以升诞辰100周年［C］．北京：中国铁道出版社1995年版.

主要人名索引

后　记

21世纪初，在教育部的支持下，北京大学、清华大学联合高等教育出版社成立了“大学文化研究与发展中心”。国家先后批准了全国教育科学“十五”教育部重点课题“先进文化建设中的大学文化研究”、全国教育科学规划“十一五”教育部重点课题“中国大学文化百年研究”等，强调“中国大学文化百年研究，是一项具有战略意义的重大课题”，“以史为鉴探索新形势下教育和大学创新之路”。

首批参加大学文化研究与发展中心组织的“中国大学文化百年研究”课题的院校有：北京大学、清华大学、天津大学、南开大学、南京大学、上海交通大学、西安交通大学、浙江大学、中山大学、湖南大学和云南大学，二批增加到24所。总课题下按照学校设分课题，我校党委书记刘建平既是总课题组成员，又是“天津大学百年文化研究”课题组长。其后，大学文化研究与发展中心陆续召开了开题会、高层论坛等，我校有多位校领导参加。大学文化研究与发展中心对于我校十分重视，中心的专家王冀生教授多次来我校，特别指出：天津大学是中国最早建立的大学，是中国大学文化的开端，希望学校搞好文化建设的同时抓好研究工作。

随着课题开展的不断深入，中国大学文化研究中心决定将研究成果汇编为《中国大学文化百年研究系列丛书》，由高等教育出版社统一出版，成立了《中国大学文化百年研究系列丛书》编委会。要求分课题各校，由学校领导挂帅，组织具体的工作班子，确定主笔人，并给予经费支持。随后，我校决定由党委副书记李义丹具体负责此项工作的组织领导，确定高等教育研究所的王杰教授为成果主笔人，教育学院（教育科学研究中心）院长王世斌教授协助组织，给予具体的支持。学校成立了由两办、宣传部、学工部、团委、教务处、科研处、人事处、研究生院、人文社科处、校友会、图书馆、档案馆、离退休工作处、后勤保障部和教育学院领导和有关人员组成的课题研究组，展开课题研究。

2011年出版了分课题“天津大学文化百年研究”的中期成果《文化记忆》一书，为高质量完成课题和最终成果做准备。在此基础上深入开展研究工作，搭建了《实事求是　日新又新——天津大学文化研究》一书的框架。而后，召开了两次论证会，分别邀请天津市和教育部大学文化中心的专家、学者对此进行了论证。书稿草成后，又报请大学文化研究与发展中心专家王冀生教授、胡显章教授、王义遒教授给予斧正，并于2013年5月29日邀请三位专家来校听取修改建议。三位专家给予了充分的肯定和热情的指导，提出了中肯的修改意见。王义遒先生指出：你们的书基础还是很好的，我读了以后很有感受，对北洋大学和天津大学刮目相看，确实在中国高等教育中发挥了引领作用。胡显章先生指出：天津大学开启了中国高等教育发展的道路，天大文化研究在中国大学文化领域有着特别重要的地位。认真完成好天津大学文化研究，其意义必定超越天大一校，而是带有全局性意义，所以，天大文化研究也肩负全局性的责任。这次在整体上对天大在缘起阶段所起的开拓性作用和后来办学中的引领作用做了比较全面的论述，是难能可贵的。王冀生先生指出：北洋大学是中国第一所近代大学，开辟了中国高等教育从传统向近代转换的新纪元，形成了优秀的文化传统和光荣的革命传统。110多年来从北洋到天大为祖国、为民族、为人民做出了重大贡献，是毋庸置疑的，因为这是历史事实。我们的基本态度应当是实事求是，以史实研究为基础，以大学文化为主线，以大学精神和办学理念为核心和重点，以大学人为主体，摆事实，讲道理，努力做到思想性、学术性和可读性的统一。听取专家意见后，课题组成员多次开会，进行讨论、研究，反复修改，形成了课题研究的最终成果。

这一课题的完成是集体智慧的结晶。刘建平书记和李家俊校长高度重视，多次关注和推进此项工作，并且给予大力支持，批准在全校开展文化建设成果的收集与研究工作。李义丹副书记承担了课题的组织领导、方向把关、条件支持和稿件审定等工作。两办进行综合协调，教育学院给予条件支持和具体操作，各单位通力合作，将该工作作为学校文化建设的重要内容来认真完成。

《实事求是　日新又新——天津大学文化研究》一书的具体撰写分工如下：前言，第一、二、三章由高等教育研究所校史研究室撰写；第四章由教务处、校友会与高等教育研究所校史研究室合作撰写；第五章由研究生院、人事处合作撰写；第六章由两办、人事处合作撰写；第七章由学工部、团委、离退休工作处合作撰写；第八章由宣传部、后勤保障部合作撰写；第九章由宣传部、图书馆、档案馆合作撰写。最后，书稿由王杰主笔总成。

本书图片由宣传部图片社和档案馆提供。

天津大学各学院、部处给予了积极支持，提供了大量资料，高等教育出版社和大学文化研究中心给予了鼎力帮助，书中使用了一些来源于报刊等媒体和个人著述的资料，在此一并表示诚挚的感谢！

"天津大学文化百年研究"课题组

2013年6月

图书在版编目（CIP）数据

实事求是　日新又新：天津大学文化研究 / 李义丹，王杰主编．—北京：高等教育出版社，2013.10
（中国大学文化百年研究系列丛书 / 王冀生主编）
ISBN 978-7-04-038470-3

Ⅰ．①实…　Ⅱ．①李…　②王…　Ⅲ．①天津大学－校园文化－研究　Ⅳ．① G649.282.1

中国版本图书馆 CIP 数据核字（2013）第 219019 号

策划编辑　丁艳红　　责任编辑　丁艳红　　装帧设计　张楠　余杨　　协办　王洋　　责任校对　王雨
责任印制　朱学忠

出版发行　高等教育出版社　社址　北京市西城区德外大街 4 号　邮政编码　100120　购书热线　010-58581118
咨询电话　400-810-0598　网址　http://www.hep.edu.cn　http://www.hep.com.cn
网上订购　http://www.landraco.com　http://www.landraco.com.cn

排版　北京锋尚制版公司　印刷　北京信彩瑞禾印刷厂　开本　787mm × 960mm　1/16　印张　30.75　字数　450 千字
版次　2013 年10月第 1 版 · 印次　2013 年 10 月第 1 次印刷
定价　62.00 元

物料号　38470-00